グローバル人材
育成教育の挑戦

大学・高校での実践ハンドブック

グローバル人材育成教育学会
THE JAPAN ASSOCIATION FOR GLOBAL COMPETENCY EDUCATION

IBCパブリッシング

「グローバル人材育成教育の挑戦」
刊行にあたって

グローバル人材育成教育学会会長　小野　博

　グローバル人材育成教育学会は2013年9月、福岡大学で発足記念大会を開いて以来、早くも5年が経過しました。2018年10月に名古屋の名城大学（A・クマーラ実行委員長）で5周年記念全国大会を開催するにあたり、全国各地の教育機関におけるグローバル人材の育成への取り組み状況をまとめた書籍の出版を計画しました。すでに多くの実績があり、常に新しい取り組みで話題となっている大規模大学をはじめ、予算の少ない中で海外との学生交流を始めた地方の小規模大学や高校の果敢な挑戦ぶりを紹介し、多くの大学、高専、高校関係者の参考になるように工夫しました。内容的には、この1冊で、グローバル人材の育成に関する政府や経済界の要請から教育政策の変化、各大学等の考え方と具体的な活動内容が一覧でき、自分たちの学校の取り組み状況と比較して、どこからどのように手をつけて行けばいいのか、改善へのヒントを発見し、勇気が得られるような出版物にすることを目指しました。

　本学会は年1回の全国大会を2014年に国際教養大学、15年に明治大学、16年に大阪大学、17年に北海道情報大学と全国を縦断する形で開催していますが、年々、会員が着実に増えて各地域の支部大会も活発に行われています。そうした支部大会の盛り上りの原動力は、他の学会ではあまり見られない学生の素晴らしい実践報告にあります。地元の大学生、高校生たちによる海外でのサマースクール、ワークショップ、あるいは、インターンシップなど実体験に基づいた発表を聞いていると、彼らが教員の期待以上に精神的に大きく成長して、帰国後も次の海外経験へ向けて、ステップアップ・プログラム等でもっと高いレベルの英語力を身につけようと意欲的に取り組んでいる様子がよくわかります。

本学会の発足記念講演で、日産自動車COO（最高業務責任者）だった志賀俊之氏（現産業革新機構会長CEO）が「日本の大学生はもっともっと勉強してほしい。今、世界の企業は英語とIT（情報技術）に強い学生を求めているが、英語ができてITに強い学生ならインドにいくらでもいる。しかし、日本の国際企業は仕事ができて英語とITに強い日本人の若者がほしい。日本の学生は世界の精鋭に伍して勝てるよう、何事にも挑戦する勇気とたくましさを身につけてほしい」と呼びかけました。そのメッセージが「いかに世界で活躍できる優れた人材を育てるか」という学会活動の原点になり、学生たちの自信に満ちた実践報告に接するたびに、この学会の意義を実感しています。

　活躍の場は何も海外だけには限りません。国内でもいろんな人種、国籍の人たちとともに働き、生活する「多文化共生社会」化が急速に進んでいます。そこではコミュニケーション能力と異文化対応力が高く、必要な英語力を身につけたグローバル人材がますます強く求められるようになっています。当然、大学もまたそうした優れたグローバル人材を育てることにもっともっと真剣に取り組む必要があります。その意味でも本学会の意義はきわめて大きい、と私たちは自負しています。

　本学会のもう1つの特徴は、常に「本音で議論しよう。悩み、困っている会員は、成果を挙げている会員からどんどん学ぼう」を合言葉に活動を続けており、会員同士の仲間意識が非常に高いことです。多くの学会では会員同士が研究のライバルとして競い合っていますが、この学会は「学生を育てる」という共通の意識で繋がっています。本書を読まれたグローバル人材育成教育関係者が、自分も一緒に学んでいきたいと仲間に加わっていただくことを期待しています。

グローバル人材育成教育の挑戦　目次

「グローバル人材育成教育の挑戦」刊行にあたって......2

第1部　グローバル人材とは？......7
座談会

第2部　大学・高校におけるグローバル教育の実施状況......23

●各校の取り組み● 大規模大学

東北大学......26

明治大学......34

中央大学 理工学部......44

早稲田大学 文学学術院......53

早稲田大学 国際教養学部......60

名城大学 外国語学部......68

大阪大学......76

関西大学......88

近畿大学(国際学部、生物理工学部)......96

福岡大学......107

長崎大学......114

鹿児島大学 総合教育機構......121

●各校の取り組み● 中規模大学

北海学園大学 経営学部......127

北海道情報大学......131

4

北海道文教大学 外国語学部 ……………………………………136

北星学園大学短期大学部 ……………………………………142

東京海洋大学 …………………………………………………147

東京工業大学 …………………………………………………153

東京都市大学 …………………………………………………163

産業能率大学 …………………………………………………169

松本大学松商短期大学部 ……………………………………178

西九州大学 ……………………………………………………184

●各校の取り組み● 単 科 大 学

札幌大学 ………………………………………………………190

小樽商科大学 …………………………………………………195

室蘭工業大学 …………………………………………………200

国際教養大学 …………………………………………………208

共愛学園前橋国際大学 ………………………………………213

芝浦工業大学 …………………………………………………220

広島文教女子大学 ……………………………………………228

福岡教育大学 …………………………………………………234

鹿児島工業高等専門学校 ……………………………………240

●各校の取り組み● 高 等 学 校

市立札幌旭丘高等学校 ………………………………………245

北海道丁歳高等学校 …………………………………………252

札幌創成高等学校 ……………………………………………257

札幌龍谷学園高等学校 ………………………………………261

北海道札幌国際情報高等学校 ………………………………264

東京学芸大学附属高等学校 …………………………………269

明治大学付属明治高等学校明治中学校 ……………………276

順天高等学校‥‥‥‥‥‥‥‥‥‥‥‥‥‥‥‥‥‥‥‥‥‥‥‥283

名城大学附属高等学校‥‥‥‥‥‥‥‥‥‥‥‥‥‥‥‥‥291

大阪府立箕面高等学校‥‥‥‥‥‥‥‥‥‥‥‥‥‥‥‥‥299

中村学園女子中学・高等学校‥‥‥‥‥‥‥‥‥‥‥‥306

現場からの追加報告

グローバル人材の育成にかかる費用をどうマネージするか？‥‥‥‥‥312

グローバル人材育成に求められる発音教育とは‥‥‥‥‥‥‥‥‥320

明治大学における「トビタテ！留学JAPAN 日本代表プログラム」の学生サポート体制‥‥327

大学の英語教育現場からグローバル人材育成‥‥‥‥‥‥‥‥‥334

論理的思考力育成の授業実践‥‥‥‥‥‥‥‥‥‥‥‥‥‥‥340

国際バカロレア(IB)の教育手法を参考とした英語授業実践‥‥‥‥349

ICTを活用した協働学習モデルの実践と検証‥‥‥‥‥‥‥‥355

教育連携部会・高大連携マニュアル‥‥‥‥‥‥‥‥‥‥‥‥367

海外で活躍される皆様へ"GO GLOBAL"‥‥‥‥‥‥‥‥‥373

異文化対応力育成研究専門部会の発足から現在までの活動について‥‥376

第3部　資料編‥‥‥‥‥‥‥‥‥‥‥‥‥‥‥‥‥‥‥‥387

[解説]グローバル人材の育成を求める戦後教育改革の流れ‥‥‥‥388

[年表]戦後日本の教育行政とグローバル人材育成の動き‥‥‥‥401

[参考]民間におけるグローバル人材育成の取り組みなど‥‥‥‥414

学会誌「グローバル人材育成教育研究」目次‥‥‥‥‥‥‥‥‥419

[あとがき] 世界で信頼・尊敬される日本人像を求めて‥‥‥‥438

第1部

グローバル人材とは？

● 座談会 ●

第1部　グローバル人材とは？

【座談会】

出席者(順不同)

小野　　博　　会長　グローバル人材育成教育学会

大六野耕作　　副会長　明治大学副学長

内田　富男　　理事・事務局長　明星大学教育学部准教授

斎藤裕紀恵　　前理事・記念刊行物編集副委員長　早稲田大学・明治大学・
　　　　　　　東京理科大学兼任講師、㈱Y&S Visionary代表取締役

賀川　　洋　　IBCパブリッシングコンサルティンググループ会長

司会：

勝又美智雄　　理事・前副会長　国際教養大学名誉教授

グローバル人材育成と学会の取り組み

勝又　本日、司会をさせていただきます。最初に、ご出席の皆様それぞれのお立場でグローバル人材育成という課題にどう取り組んでいるかを、簡単にご紹介ください。

小野　10年以上前になりますが、大学生の学力低下が大きな社会的問題として注目されました。中学生並みの学力しかない大学生が急増しているという状況に、学生と教員が納得する中学・高校の学習のやり直し教育の研究が必要だと痛感しました。それが2005年にリメディアル（Remedial）つまり補習教育を考える学会の発足に繋がりました。しかし、大学の課題はそれだけではありません。日本経済の成長が鈍り、少子化、人口減少が進む中で、大学には海外に出てグローバルに活躍できる人材を輩出する仕組み作りが求められてきました。この課題に教育現場はどう取り組むべきか、また、事前学習をしっかり行った学生を海外にいか

●座談会●

にして大量に派遣し、求められている成果を出させるかなどの研究が必要だという声が大学教員の中から高まり、2012年にグローバル人材育成教育学会が福岡で設立されました。端的にいえば、グローバル人材として足りない力をどのようにして日本人学生に身につけさせるかを研究し、実践していくのが本学会であると考えています。

勝又　この問題は、古くは明治時代に「近代化」を担う人材として洋学派を養成したころから始まって、戦後は経済の発展に伴って1970年代の「国際人の育成」という話から繋がっています。ここにご出席の内田先生の調査によれば、1980年代半ばから高等教育で「国際」という言葉が頻繁に使われ始め、1990年頃には「国際」は「グローバル」に取って代わられた、とのことです。そこで「グローバル人材」の育成というのは古くて新しい問題であるし、要は「異文化との摩擦を恐れずに自分を主張し、かつ相手と協働できる人材」のことだと私は思っています。「グローバル人材」のイメージとしては、企業では海外との折衝力を持った人材像に重きを置くし、語学力の育成に力点を置く学会もあります。その点、本学会は、中学・高校・大学を通した学校教育現場でのさまざまな実践課題と取り組み、大学の枠を超えて交流するところに特色があると思います。

内田　そうですね。本学会の一番の特色は、中学から高校・大学まで、学校の枠を超えて教師や学生・生徒まで交流するところですね。学会の5年間を振り返るとそこが本学会の魅力であり、強みでもあるかと思います。でもその方向性というか特色が明確になるまでは少し時間がかかりました。学会の英文名^(注1)を決める際の議論も色々と意見が出た。本学会の会員名簿を整理してみると設立当初は理事も一般会員もビジネス関係の大学教員が多く、学会の名称が「人材」や「育成」といったビジネス寄りの言葉が使われたのはその辺の背景があるでしょう。現在は、英語教育や留学生教育を専門とする会員が増えています。全国大会や支部大会、学会誌論文の流れを見るとグローバル人材育成関連の様々な分野の教育実践の報告があります。学会誌の詳細はホームページにバックナンバーが公開さ

注1　The Japan Association for Global Competency Education

れていますので、ご覧いただくと具体的に大学等の実践の様子が詳しくわかります。例えば、勝又先生の秋田の国際教養大学は、すべての授業を英語で教え、茶道や生け花など日本の伝統文化までも英語で教える。また1年間の留学を義務付け、相手校との交換の仕組みにも配慮されている。そして新設ながら就職率100％を続けている。まさにその教育実践で、グローバル人材育成のモデル校になっておられますね。

勝又　ありがとうございます。2004年の開学からまだわずか14年ですが、地方の小さな大学だからこそ、他でできないこと、前例がないことに新しく挑戦しよう、と頑張っているところです。それが全国的にも関心を呼んでいるわけですが、首都圏の大規模校で実績を上げるという点では、明治大学が大いに注目されています。大六野先生からご紹介いただけますか。

大六野　明治大学の場合は、留学体験をさせることに力を入れています。学生は、価値観の異なる国や地域に出て行って現地の若い人と交流することで大きな文化的衝撃を受けます。その経験が自分の目標を見出すきっかけにもなっている。本学のデータでは、短期留学経験者の20〜25％は再度留学し、そのうち70％は長期留学および海外での学位取得にでかけます。とくに7年前から始めたカリフォルニア大・バークレー校や、スタンフォード大学、ペンシルバニア大学等をはじめとするアメリカ、イギリスのサマーセッション（6〜12週間）を経験する学生が年々増えています（2017年度は50名余り）。明治の学士と海外大学の学士の双方を4年間で取得するダブルディグリーや、明治の学士と海外大学の修士を5年間で取得するデュアルディグリーの挑戦者も着実に増えています。留学プログラムは、大学全体の国際教育センターが統括するものと、各学部・研究科がそれぞれの教育目的に応じて用意したプログラムの双方があります。こうした努力の結果、2017年度末の留学経験者は2009年に比較して約5倍の1,796名に達しました。留学促進には学生の語学力や資金面など障壁はたくさんあるのですが、1学期最高300万円を給付する助成制度を整える等、きめ細かな対応を行い学生が留学しやすい環境を作るようにしています。また、授業時間を100分（50分に分割可能）にし、週2回200分の授業で2単位科目を8週間で終えることのできる制度も整備し

ました。「泥臭い」と評される明大ですが、学長のリーダーシップで、先進的な取り組みが軌道に乗ってまいりました。

勝又　明治大学の例でもわかる通り、今はそれぞれの大学の実力が厳しく問われ、サバイバルのためにも競い合いをする時代です。全国に大学が768あり、入学定員が60万人なのに対して、少子化の結果、受験生の数も60万人程度で、今や「大学全入時代」が到来している。その中で、いかに優れた学生を集め、鍛えるかでどの大学も苦労している。その点で「グローバル人材」の育成という教育目標・理念を掲げる大学が多くなっていますが、その実状の問題点についてはいかがでしょうか。

小野　グローバルリーダーとなると今の多くの学生にとっては、実力以上の内容が求められている面もあります。そこで、各大学は、分厚い中間層の学生が海外で働き始めることを考慮した人材育成法の導入を急いでいます。そのため、どの大学でも利用可能な事前研修プログラムの開発研究や、効果的な実践例を共有する仕組み作りが課題だと考えます。すなわち、グローバルリーダーの人材育成を目ざすだけでなく、コミュニケーション能力や異文化対応力に優れた資質を培った人材を大量に輩出する新しい人材育成法が注目されています。地方の大学の中には、「地元の中小企業でも世界を相手にしないと事業が成り立たない時代になった」ことを感じ、国際ビジネスに対応できる人材の育成教育に重点を置く大学も出始めています。実は、グローバル人材育成は、教員の意識改革が進めば、小さな大学、地方の大学にも導入可能な教育なのです。

内田　全くその通りで、大学におけるグローバル化への対応は一部のトップ校や大都市だけでなく、日本中の大学の最も層の厚い膨大な中間層のレベルアップ、そしてそれをグローバル志向に向けることが高等教育機関の使命になっています。そのための基盤として中等教育がとても重要で、特に、中学・高校の英語教育への期待は大きく、責任も重大でしょう。

大六野　その通りですね。漠然と英語力のレベルアップというだけでなく、「使える英語」を教える方向にシフトすべきです。もちろん、授業の現場を預かる先生方の協力と意識改革も必要となります。

斎藤 私は、授業の現場を預かる英語教師として、グローバル教育コンサルタントとして社会人に英語を教えながら、大学本来の英語教育の在り方はどうあるべきかをいつも考えさせられます。ビジネスの現場では大学在学中に、実践の場で使える英語を身に着けることができる英語教育を提供して欲しいとの要望を頻繁に聞きます。しかしながら、大学では使える英語を身に着ける機会を提供しながらも、大学の本来の目的であるリベラルアーツを「学ぶ場所」として、様々な分野の原書をゆっくり読ませて、その内容を議論するような場所を設けるべきだと感じます。企業の要請に合わせすぎると、人間として成長する大事な時期をあくせくと過ごすのではないかという心配もします。

賀川 私はこれまで企業人の研修をたくさんやってきましたが、会社経営者の間では社員教育に当たって「大学でちゃんと教えていない」という不満ばかりが出てくる。企業内教育という考え方が、とくに地方の中小企業ではできてないですね。

大六野 大学の在り方や教育の使命にしても、どこにものさしを置くかが揺れている。これが日本の今日的課題ですね。全般に、ものごとに挑戦する意欲が失せているのを感じます。

小野 学生も大学も外から強く求められないと変わらないようです。学生が「海外に飛び出したい」と考えるきっかけ作りには、教員の後押しが重要ですが、グローバル人材の育成となると、多くの大学は英語教員をリーダーに祭り上げ、任せてしまう傾向があります。専門科目の教員が積極的に参加し、海外で生きた知識を学ぶ機会をいかにして作るかが重要です。そうした試みも一部では始まっています。学会の全国大会や支部大会で海外研修に参加した学生の成果や苦労した事例などの発表を聞き、参加学生は貴重な経験を共有し、参加教員には「うちの学生にももっと同じような体験をさせる機会を作ってあげたい」と、考えさせる学会にしたいと考えています。

● 座談会 ●

本当の「コミュニケーション力」と教育

勝又 先ほど企業内教育のお話が出ましたが、今、どこの企業もじっくり人を育てるという体力的余裕がないのかもしれませんね。現実のグローバル経済は厳しく、いつ倒産やM&A（合併・買収）が起きるかもしれない。目先の必要から「すぐに使える人材を」と大学に求め、大学は何とか就活がうまく行くことだけを考える、本当に「使える」だけの実力があるのはほんの一部の学生なのに……。大学は、小野先生の言う「リメディアル」で教育をやり直す仕組みも持たねばならない段階に来ている気がします。

賀川 求められるグローバル人材の能力、とくに折衝などを通して人間関係を築くコミュニケーション力を育てるのはかなり難しいことではないでしょうか。商談や発注などのやり取りはできても、人として和やかに、お互いに尊重される関係を作るのは、また別の能力ではありませんか？ たとえばパーティの席などで同席した人と、シェークスピアを熱く語るなんていうことこそ、必要な能力ではないでしょうか。ところが日本人ビジネスマンの多くはそういう社交的な雑談、スモールトークができないですね。

勝又 おっしゃる通りですね。英語を使えることと、それで中身のある会話ができることは違います。とくに、日本人なら、日本の文化をちゃんと学び、かつロジカルに話せないと、海外では「この人は知的レベルが低い」と見なされ、人間としてあまり尊敬も信頼もされることはないですね。

内田 今どきの学生は、スマホでSNSなどを使いこなして、流行にも敏感で、いわゆる「コミュニケーション」能力には長けているように見えます。本人たちもそう思っている。でも、それは内輪だけの「友達会話」で、閉じられたグループでの「内緒話」。開かれた空間での対話や発信は苦手で、それは異文化の人との接点を創り出すものではないですね。しかも画像では「発信」できても、中身のある言葉、外国語、で「発言」はできない。まあ、昔の学生も外国語での発信力は弱いので、「今どきの若い者」を一方的に責めるのも申し訳ないですけど。

斎藤　大学も企業も人材の語学力イコールコミュニケーション力と捉え、TOEICなどの点数だけで判断しがちですが、相手の言いたいことを理解し、中身のあることを話せるかどうかを見る物差し、実際にグローバル社会で必要な英語コミュニケーション力を測る物差しが必要なようですね。また内田先生がおっしゃっていたようにITを駆使して、SNSで発信できる力も、肯定的な力に変えて、それにプラスで必要とする力を足してあげることができるようなことが教育現場でできるといいですね。SNSを使って、英語で海外に自分たちがしているプロジェクトの取り組みを教室から世界に向けて発信するなど、世界に向けて対話をする機会にも繋げることができると思います。

大六野　何ごとにつけても自分の意見を持ち、それを発言することが、海外では存在を認められる条件です。しゃべらないのは見識がないからだとみなされてしまいます。米国の大学の街・ボストンには「Book Party」という定期的な集まりがあって、大学関係者や地元のVIPなどが集まります。そこで言われたのは、「日本人はしゃべらないから、日本の大学の事情はわからない」ということでした。日本を代表する大学の先生方もたくさん参加しているはずなのに、です。「彼らは、隅っこのソファに座ってシャンパンを飲んでいるだけだよ」とつまらなそうに言うのです。「では、私はどうですか」、と言って明治大学のPRを盛んにしてきました(笑)。

賀川　たしかに、英語での会話に参加するのは、それなりに場数が必要だと思います。でも、好奇心はあるはずだから、拙い英語でいいから「聞いてみよう」とすれば良い。ネイティブでないことは分かっているから、ちゃんとそれなりに対応してくれる。すると、こちらも聞かれるから、何とか答える。それがコミュニケーションを成立させますよね。

大六野　失敗をしても別に恐れることはないんです。相手の言っていることが分からない時に、「もう一度言っていただけますか」と言えればいいのです。

勝又　明治以来、過去150年の日本の教育行政というのは、画一的な正解を覚えさせる、間違いを言わせない、失敗させない、ということに一番の価値を置いて、先生の気に入る優等生を作ることが最大の目標だったと思います。また日本は長

い間、島国の中の農耕社会という閉鎖社会で、均質性の高い「暗黙知」で成り立つ社会でした。言葉で説明しなくても「空気を読め」「忖度しろ」という。しかし特に米国は真逆です。移民が作っている国だから「暗黙知」なんて限りなくゼロに近い。ともかく話すことで自分を主張し、存在を認めさせるしかない。知らない人と交わる社交とはそういうものだと最初から思っている。日本のビジネスマンでも活躍できるのは、海外に友人がたくさん作れる人ですね。英語力でなく、人としての信頼感と魅力を感じさせることができる人です。

斎藤 暗黙知を組織化することで近代化には成功したけれど、今の日本は、グローバル化できていない、企業も世界で戦える企業ではなくなっているということでしょうか？

賀川 ビジネスマンのプレゼンテーションのことですが、会社の概要や商品の説明などに関してはスマートにプレゼンできるようにはなったけれど、次のQ&Aになるとオロオロするシーンをたくさん見てきました。正解を伝えることだけを考えているから、変化球というかアドリブに弱い。現場では何が起こるかわからないという経験値が低い。

斎藤 コミュニケーション力があり、社交も上手で、臨機応変に対応できるのがグローバル人材だとしたら、その育成を大学にゆだねるというのは、かなり難しいのではないでしょうか？

賀川 社会人になってもまた大学に戻りやすい仕組みを作るべきですね。オープンカレッジのように……。学生も、そこでいろんな経験をした多世代の人とも交流できる。

勝又 世界的にも「21世紀はリカレント教育の時代」と言われますね。Recurrentつまり、就労と教育を循環させる生涯教育を充実させることの重要性が指摘され、文科省も動いています。単位の認定方法や資格の付与などはまだ検討課題ですし、一部には「老人教育」にしかならないのではないかと言う声もありますが、トレンドはその方向に動いています。

第1部　グローバル人材とは？

グローバル人材と英語力の関係

勝又　ここで少し話題を変えますが、グローバル人材に英語力は必要かというお話をしていただきたいと思います。私自身はグローバル人材にとって英語力は必要条件でも十分条件でもない、それ以上に職業人として優れた知識、能力を持ち、他人から尊敬され信頼されるだけの人間的な魅力、つまり総合的な人間力とでもいうものの方がはるかに重要だと考えています。ところが現状は「グローバル人材に英語力は不可欠」「グローバル人材を育てるにはまず英語力をつけなければならない」という大合唱が社会的にも学校現場でも起きている。そこではこれまでの英語教育への批判が強くある。その点、学生の英語語彙力やコーパス（言語集積）の研究をされ、明星大学で教鞭もとっておられ、英語の教員養成・研修にも携わっている内田先生のご意見から伺いたいと思います。

内田　勝又先生、コーパスという言葉をご紹介頂き、ありがとうございます。コーパスは、ごく簡単に言えば、計画的に収集され、パソコンで処理できるように電子化された言語データの集積ですが、私は主にそのデータを使って英語の語彙習得研究や教材への応用を少しやったりしています。例えば、日本の高校生や大学生などの言葉の使い方を見ていると、発信できる語彙はかなり少なく、偏っています。特に、あまり指導されていないため形容詞やコロケーション（単語の組合せ）などは、貧弱と言うしかありません。これでは自信をもって英語で発信できないのも無理はないなあ、と思ったりします。自信が大事。これまでの英語教育には確かに限界があった。その反省を踏まえて、LRSW、つまりListening（聴く）、Reading（読む）、Speaking（話す）、Writing（書く）、の４つの技能を見る方向になりました。しかし、この４技能の得点が高い人だけがグローバル人材の予備候補かとなると疑問です。分母が小さすぎる。リーダー層の育成なら話は別ですし、お金持ちは通訳を雇えば良い。英語ができなくても完璧なAIの時代が来るかもしれない。でも、私が考えているのは、大量の中間層をどこにでもいるグローバル人材にするための英語教育で、４技能の得点とは別の見方で育てる方法

●座談会●

が必要だと思っています。

小野　自分から進んで海外の人と交わろうとすれば、学ぶ機会も増えて、語彙も場に合った形容詞も自然と豊かになると思います。問題はそれ以前の入り口、大学が「海外に出て行こう」「外国人と交わろう」と思うモチベーションを持たせ、後押しすることです。若い人が興味を持ちそうなところに入口を広げる。その有効な方法として認知されてきたのが研修ツアーやワーキングホリデー。これを留学やインターンシップにつなげていく。

大六野　グローバル人材の裾野が広がるという意味では、いわゆる「おもてなし」の接客現場にいる人たちもその一部かもしれません。長野・野沢町のソバ屋さんの例ですが、近年、温泉目当ての外国人客が増えているそうです。お店の人は「会話ができなくて困る」と言っていましたが、簡単なやり取りはすぐ覚えるし、「おもてなし」の気持ちは伝えられているようです。民宿なども客と友達になって長い交流ができるようになっている。その意味では、グローバル人材育成に英語力は絶対に必要だとは思いません。

勝又　かつてグローバル人材育成を検討した政府の推進会議では、まず人材の要素として３つを掲げ、その１番目に「語学力、コミュニケーション能力」を置きました。そして能力水準の目安として５つのステップを示しましたね。海外旅行の会話レベルから始まって日常生活の会話、業務上の文書・会話、２者間の折衝・交渉ときて、最後が多者間の折衝・交渉レベルになっています。しかし、これらのステップ間には大きな溝があります。日常生活とビジネス文書が扱えるというのとではレベルが違い過ぎるし、さらに交渉・折衝レベルとなったらハードルはものすごく高い。第一、どこの会社もそんな権限を現場の担当者に任せていないでしょう。若い人たちの１割をこのレベルに達する潜在候補にしようというのですが、あまり現実的ではないですね。教えるべきことはもっと別にあるでしょう。

内田　上位層、中間層といった発想で縦方向にレベルを分けるだけだと無理がある。グローバル人材としての寿司職人とグローバルビジネスの企業戦士は、横方向に住み分けている。また企業戦士でもリーダーと中間層が必要でしょう。それぞれにグローバル人材であると考えた方が良いと思います。大六野先生の言われ

17

るローカルなソバ屋さんだけではなく、今日ワールドフードの地位の寿司屋となるとソバ屋以上にグローバルの激流が押し寄せています。寿司ネタの英語メニューがあっても寿司職人さんとのカウンター越しの会話が楽しめないと、「もう一貫行こうかな」という風には発展しないでしょう。英語のプレゼンやディベートが流行りですが、当面、寿司職人さんには、プレゼンソフト使って、英語でプレゼンやディベートできるスキルを身に付ける必要はないでしょう。むしろ外国人があまり口にしないような出世魚の味や舌触りの違いとか職人のウンチクを楽しみながら食べる方が、日本に来て、本当の寿司を食べた気になるでしょうね。反対に寿司ネタのディベートは売り上げに貢献しないですよ（笑）。寿司ネタについて英語で説明して、美味しくたくさん食べてもらうのはとても実践的な英語の「おもてなし」スキル、立派なESP(English for specific purpose)for sushi mastersの一部です。高度なスキルに聞こえるかもしれませんが、だいたい四季の寿司ネタはルーチンですから、話すネタも定形表現だけでしょう。もちろん寿司職人がA Midsummer Night's Dreamを語りながら寿司を握るのも「おもてなし」かもしれませんが。

斎藤　ビジネスマンから英語でEメールを書けるように教育して欲しいという要望が大学に寄せられますが、果たして、それは大学で教えるべきことかなという疑問があります。大六野先生が話されたBook Partyの例、内田先生が挙げた寿司職人の例、賀川会長がお話されたスモールトークの例に共通するのは、場面ごとに応じた言語の使い分けができる能力かと思います。私自身、専門分野として場面に応じた言語の適切な使い方に関する語用論を研究していますが、語用論では文化的背景を理解しながら、場面や会話に参加する人にあった言語の使い分けができる言語能力育成の必要性もあらためて説いています。例えば、日本人は英語が直接的な言語だと考えがちで、パーティに誘われた際に直接的にお断りしてしまう人もいますが、お断りする場合には日本語同様に英語でも間接的な表現や躊躇の表現を用いてお断りをすることが頻繁にあります。そのような場面に応じて、言語を使い分ける必要性についても、大学の英語の授業の中で学ぶ機会を設けていくことができればと現場で立つ教師として、また社会人に英語を教える講

師として思います。

勝又　パーティの席でのシェークスピアのように、スモールトークの話がありましたが、海外の知識人層は文学や芸術、思想などの話を好みますね。教育現場でそれを網羅的に教えるのは現実的ではないけど、思考を深め、批判精神を養う訓練はできる。亡くなられた灘高校の橋下先生のように、中勘助の小説『銀の匙』を３年間かけて読ませるような授業をするのも、後々、教養を高める土台作りに役立っていると思いますね。英語という道具を目的化して学ぶのでなく、手段の一つとして活用できるようにしておくのが教育の役目でしょう。

グローバル人材育成教育学会のこれから

勝又　さて、しめくくりの話題になりますが、私たちのグローバル人材育成教育学会が果たすべき役割や課題について、皆様のご意見をお聞かせ願えますか。

小野　学会には多くの大学での実践事例が集まってきます。その中で育成教育プログラムがうまく機能している大学というのは、理工系や経済などの専門教科を教えている教員が、自分たちの過去のグローバル経験を学生に伝えようとしている大学だと思います。逆にうまくいっていないのは、英語教員や国際交流担当教員だけに任せっぱなしにしている大学に多いようです。

勝又　国際教養大学は、化学も音楽も体育も含めてすべての教科を英語で教えています。すべての大学にすぐに適用できる方法ではないですが、ちょっとした気づきとやる気で先生方のモチベーションも違ってきて、全学的な協力体制が築けるのではないでしょうか。たとえば数学の先生が海外の授業を見せながら数学の美学を語ってくれるとか、政治学の先生が、ホッブスとリンカーンを例に上げて「フリーダム」と「リバティ」の違いを語ってくれたりしたら、学生の好奇心に火がついて、何かが少しずつ変化する気がします。本学会もそういう事例をたくさん紹介できるようになるといいですね。

内田　受験オンリーでしかものごとが考えられない保護者や校長も少なくない。

本当は未来を生きる子供たちのために遅くとも高校生の時からそういう環境を作ってあげないといけないですね。近頃、注目されているCLIL（Content and Language Integrated Learning 内容言語統合型学習）は中長期的に見て、大きな効果が出るのか、否かはまだ分かりません。4技能テストにしても入試制度が新たな落ちこぼれを作る機会に繋がりかねない。トップよりもミドルクラスの子たちの「英語嫌い」を増やすことになったら本末転倒です。

小野　大学に進学した時点で、学生の英語力と日本語能力を調べた結果からは、両者に明確な相関関係がありました。つまり日本語のできる学生は英語もできる。その逆もまたしかりなので、英語教育だけに注視しても課題解決にはならない。さまざまな教科が学生のモチベーションに火をつける工夫、やる気を引き出すフックを仕掛けてくれたら、成果は多重に広がるのではないかと思います。

大六野　いや、数千人規模の学生をみてきても、そのフックにひっかかってくれるのは数％です。簡単には成果は出ない。そこで諦めずに、色々な仕掛けを増やし、教職員の意識を10年がかりで変えてきました。本当の成果が見えるまでには20〜30年は必要でしょう。

勝又　そういう点を含めて大学こそグローバル化しないとだめですね。ところで小野会長に伺いますが、この学会の活動は時限的なものとお考えですか。

小野　いいえ、社会的課題に高等教育機関がどのような取り組みをすべきかを研究し、互いに交流を図る場としてはずっと続くと思います。ただ「グローバル化」という問題に人々が関心を寄せる「旬」というものはあるだろうし、名称を含めて活動の重心を移すような時期は来るかもしれません。

内田　JAGCEは2012年に福岡で産声を上げ、設立以来、会員数は順調に伸び、学会誌の投稿も増えているところではありますが、「グローバル化云々」と言わずに済むようになるのが一番（笑）。また高大連携も進んでいますから、学会も全国展開を始めた専門部会「教育連携部会」等の実践の場を高校に置くようなことも増えてくると思います。

勝又　学会には現在、三百数十人の会員がいますが、その8割までが英語の先生ですね。知見を広げるには、他の教科や小中学校の先生も参加するようにしたら

● 座談会 ●

良いし、出版社や企業などからの会員も増やした方が良いように思います。20年
後の日本は、人口構成や経済規模、さらに生活や文化もすべてが変わっているは
ずです。その変化が見えているのは教育関係者よりも、斎藤さんのようなコーデ
ィネーターなど外部で広く活動している方々ですから、その力を借りるしかない
と思います。

小野　現在は資金も人手も十分とは言えない規模の学会です。これを大きくして
活動を広げるために将来は、何らかの法人に組織替えした方が良いかもしれませ
ん。しかし、今は無理はできません。この座談会のように、学会という場がある
ことでさまざまな情報が集まり、違う視点を持つ人に接することも多いようです。
肝心の学生たちにもワークショップのような形で参加してもらう工夫はできてい
ます。そうした事例や知見を持っている会員が多いことが知られて、学校や企業、
自治体や行政のグローバル人材育成に少しでもお役に立てれば幸いと考えていま
す。

勝又　皆様、本日はご参加ありがとうごいました。

21

第2部

大学・高校における
グローバル教育の実施状況

大学のカテゴリーに関しては文部科学省の規模別大学一覧表を参照しました。
www.mext.go.jp/component/b_menu//1280065_16.pdf

はじめに

　「大学・高校におけるグローバル教育の実施状況」と題したこの第2部には、全国から31校の大学(高等専門学校を含む)、12校の高等学校におけるグローバル教育の実施状況報告、現場からの追加報告10本が集まった。

　一口にグローバル教育といっても、大規模大学、中規模大学、単科大学では、そのあり方は当然ことなってくる。たとえば首都圏の大規模大学であれば、比較的豊かな予算や人的資源を動員して、世間の話題を集めるような大規模事業を展開できるかもしれない。中規模大学や単科大学にはそうした大規模事業は無理だとしても、大規模大学ではなかなか望めない「学生と教職員の距離の近さ」という"メリット"を活かして、学生の目線やニーズに細やかに対応したグローバル教育を展開できる可能性がある。実際、大規模大学に所属する筆者は、この第2部に寄せられた、中規模・単科大学のグローバル教育の実施報告の中に、「こんなことができるのか！考えてもみなかった」と思えるような素晴らしい事例を発見して驚嘆した。

　また、大学にはそれぞれ建学の理念があり、どのような人材を生み出そうとしているのかについても、ことなった考えがある。さらには、大学の所在地域によって、特定の国・地域(たとえば、九州なら韓国・中国・香港・東南アジア、北海道ならロシア等)とのつながりの中で、グローバル教育戦略を考えた方がよい場合もあろう。さらには、大学が立地する地域の産業界と協働して、産業界とともにグローバル教育戦略を考える方が有効な場合もあるはずだ。外国語系大学、理工系の単科大学、教育系大学のように、大学の性格によって求められるグローバル人材像もことなり、これに応じて、グローバル教育戦略が多様なものになるのも当然である。結局、"One-Size-Fits-All"(万能な)グローバル教育戦略などはなく、それぞれの大学が自らが置かれた条件を熟慮し、自らのニーズに合ったオプションを"tailor-made"で作り上げる他はない。

　高等学校に目を転じると、そこには、時代の要請ともいえる「教育のグローバル化」と「大学入試への対応」という、一見、相反する2つの要請の中で苦労しながら教育のグローバル化に取り組んでおられる姿が見えてくる。文部科学省が打ち出した大学入試への英語4技能外部試験の導入や大学入学共通テストへの対

はじめに

応も急務となっている。それでも、ほとんどの先生方が「生徒の留学を応援したい」という気持ちを持っておられる。「トビタテ！留学JAPAN」の意識調査によれば、「強くそう思う25.6%」、「まぁまぁそう思う36.9%」、「どちらかといえばそう思う28.3%」を合わせた留学応援派は90.8%に及んでいる（トビタテ！留学JAPAN, News Release, 2018年7月5日）。大学入試という現実が横たわってはいても、できるだけ早い時期に外の世界を見てほしい。海外留学、海外ボランティア・インターンシップ等を通じて視野を広げ、自分の殻を破って国の内外で活躍できる人材になって欲しい。そんな思いを持っている高校の先生方は、数多くおられる。また、大阪府立箕面高等学校のように、校長先生の強力なリーダーシップと教員・生徒の意識変化によって、大阪府中堅の公立高校が、高校から直接に世界のTop Schoolに生徒を送り出すという事例もある。

　このハンドブック第2部に目を通すことで、読者の皆さんは必ずや何らかのヒントを手に入れることができると確信している。これまで、全く想像もしなかった教育手法やイノベーション、留学プログラムの実施方法、自分の学校では無理だと考えていたプログラム実施の"ノウハウ"に出会い、目からウロコが落ちるという思いをされるかもしれない。あるいは、規模の大小、学校の所在地を問わず、どこの大学・高校でも同じ問題を抱えている、という思いを抱かれるかもしれない。さらには、通常のガイドブックや手引書では決して得られない、秘密の"ノウハウ"が隠れているかもしれない。事実、筆者はすべての原稿に目を通しながら「そうだったのか」、「こんな方法もあったか」、「やっぱり、どこでも同じだ」と何度も心の中で呟いていた。

　最後に、第2部の構成について簡単に触れておこう。大学・高校からの報告は原則として、(1)学校の基本情報、(2)各学校のグローバル人材に関する考え方、(3)各学校のグローバル教育戦略、(4)留学の効果、(5)外国語（英語）能力の養成、(6)留学推進の課題、(7)その他、グローバル教育のヒントの7つで構成され、ひと目で各学校の特徴や、それぞれの学校におけるグローバル教育の実態を把握できるように工夫し、この後に、10本の現場からの追加報告が続く。

　編集委員一同は、この第2部が、高校・大学で教育に関わる方はもちろん、受験生やその保護者の皆さん、企業の皆さんの、ひいては日本社会全体のグローバル教育への指針になることを心より祈念する次第である。

（明治大学 副学長　大六野耕作）

● 各校の取り組み ● **大規模大学**

東北大学／明治大学／中央大学／早稲田大学(文学学術院)／早稲田大学(国際教養学部)
名城大学／大阪大学／関西大学／近畿大学／福岡大学／長崎大学／鹿児島大学

東北大学
学内と海外で育成するグローバルリーダー

1. 基本情報

学校名	国立大学法人 東北大学
所在地等	〒980-8577 宮城県仙台市青葉区片平2丁目1-1 (代表)022-717-7800 https://www.tohoku.ac.jp/japanese/
学部・研究科、学生数等	10学部 17研究科、18,019名(大学院含)
留学生数	2,217名(2017年11月1日時点)
派遣学生数	646名(2016年度実績)
海外協定校数	大学間協定36ヵ国・地域226機関 (2017年度末) 部局間協定60ヵ国・地域497機関 (2017年度末)
国際交流事務室等の形態	全学組織として教育面に関しては高度教養教育・学生支援機構の中にあるグローバルラーニングセンターが、事務・運営面については本部事務機構内にある留学生課および国際交流課の管轄にある。加えて、各部局内にも国際交流業務を推進する部署がある。

国際交流関係職員数	留学生課41名　（常勤27名、非常勤14名） 国際交流課16名　（常勤11名、非常勤5名）
留学生奨学金等	日本政府（文部科学省）奨学金（国内採用）、文部科学省外国人留学生学習奨励費、その他民間財団奨学金（16財団）
派遣学生支援制度等	東北大学基金グローバル萩海外留学奨励賞 スタディアブロード奨学金（東北大学）、JASSO他
派遣留学生の単位認定等	・各学部・研究科の規定による ・留学先大学等での取得単位を互換・認定する仕組み及び環境整備を目的とし、事前確認シートを活用した交換留学時等の単位互換・認定マニュアルを策定、各学部・研究科に通知

2. 東北大学グローバルリーダー育成プログラム

2.1　プログラムの概要

　東北大学は、文部科学省「経済社会の発展を牽引するグローバル人材育成支援」（その後「スーパーグローバル大学創成支援」にも採択された）、2013年度より「東北大学グローバルリーダー育成プログラム」（以下、TGLプログラム）を開始した。TGLプログラムでは、専門基礎力に加え、(1)語学・コミュニケーション力、(2)国際教養力、(3)行動力の3つの力(以下、グローバル人材力)を授業や課外活動で修得し、さらに海外研鑽を積み、所定要件を満たすことで、グローバル社会を牽引するための素養を備えたグローバルリーダーの認定を目指している。TGLプログラムは、学部学生を対象の登録制プログラムであり、2018年度現在、学部学生の3割にあたる約2,900名が同プログラムに登録している。

2.2　TGLプログラムの認定要件

　「グローバルリーダー認定コース（以下、リーダー認定コース）」と「TGLプログラム修了コース（以下、修了コース）」の2つがある（図1）。TGLプログラムはポイント制で、1単位相当の授業・活動を1ポイント（以下、pt）としている。「リーダー認定コース」では、グローバル人材力および海外研鑽の各サブプログラ

第 2 部　大学・高校におけるグローバル教育の実施状況

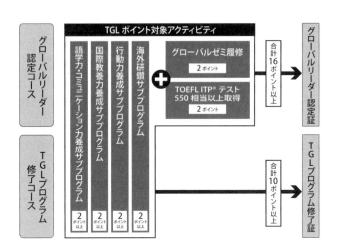

図1　TGL プログラムのモデル図

ムから最低2pt以上を取得するだけでなく、グローバルゼミの履修と成績・英語要件（TOEFL ITP®550点相当以上*1）を満たし、合計16ptを取得することでグローバルリーダーに認定している。「修了コース」は「リーダー認定コース」同様、各サブプログラムから2pt以上、合計10pt以上を取得することでコース修了できる。年間数十名のグローバルリーダー認定者とプログラム修了者がいる。

2.3　TGL プログラムのポイント制度

　TGLプログラムでは、上記のグローバル人材力を養成するサブプログラムとして指定された授業や課外活動を通してポイントを取得できる。これらの授業や課外活動は毎年の担当教員からの申請により決定される。海外研鑽は東北大学での単位を伴う留学に参加することでポイントを付与している。その他、ボランティア活動や国際交流活動など、学生の申請により、その活動がプログラムに相応しいと認められた場合もポイントを付与している。

　さらに、プログラム登録者はTGLフォリオと呼ばれるe-ポートフォリオを用いて、ポイント申請や進捗状況を確認できる。後述の「グローバルゼミ」履修者とアカデミックアドバイザーのやりとりもTGLフォリオを介して行っている。

3. TGLプログラムの代表的な取り組み

3.1　グローバルゼミ

　TGLプログラムを進める上で教員のサポートの必要性が学生から指摘され、支援体制の強化の一環として、2016年度より「グローバルゼミ」を開始した。グローバルゼミは、TGLプログラムでグローバルリーダーに認定されるための必修の授業として、学生同士の横と縦のつながりや大学側の内なる国際化へ向けた体制改善を目指している。2018年度現在、各学期3〜4名の教員が同科目を担当しており（各クラス定員20名）、履修者は、倍率の高い選抜テストをくぐり抜けた上で履修できる。そのため、意識と基礎力が高い履修者が多く、各担当教員も質の高い授業を提供できるよう創意工夫している。

　グローバルゼミはアクティブラーニングの要素に基づいてデザインされており、学生主体の授業である。各担当教員が「アカデミックアドバイザー」として履修者らと授業終了後も繋がることで密な関係を構築し、グローバルリーダー認定に向けて気の知れた教員からの円滑なサポートの提供を可能としている。グローバル意識の高い学生が集まった授業で切磋琢磨することは、集団全体のレベルアップに加え、個々の成長にも良い影響を与えている（水松, 2018）。

3.2　国際共修

　2009年度には、国内学生と国際学生が交流しながら共に学ぶ全学共通科目「国際共修」を開設した。その背景として、近年、留学生の受入数が急増したものの、日本人学生と留学生の接触・交流の場が不十分[*2]だという指摘があったことが挙げられる。そのような状況の中で、国際共修は正課で異文化交流の実践の場を整備しながら学内での国際化を推進することを目的に実施されているもので、国内学生と留学生の交流に一役買ってきた。2018年度現在、50科目以上の国際共修を開講している。

　国際共修の特徴は、プロジェクトベース型授業が多い点であろう。具体例には、地元企業や地元市民など地域と連携しながら一緒にプロジェクトを行うようなものがある。このような取り組みは、本学が位置する仙台のような地方都市において、大学のキャンパスだけでなく、地域と一丸となって国際化推進をすることを可能にしている。このように、地域と大学双方がwin-winの関係を保つことで、

持続可能な国際交流の環境を整えられている。また、留学生と国内学生の仲が深まり、留学生が孤立する問題も解決することも期待される。今後益々加速するグローバル社会において、様々な背景を持つ人々と共通言語を使いながら共に問題解決に挑むという状況に直面することが予測される。その際、国際共修の果たす役割は大きく、東北大学としてもより一層力を入れていく方針である。

3.3 英語学習支援

2015年度に東北大学イングリッシュアカデミー（TEA）を立ち上げ、学生の英語力向上のために多角的な支援を行っている。中でも、ELS[*3]の教授法を用いた英語ネイティブの講師による課外英語講座は、国内の大学では初の画期的な取り組みと言える。毎年、学生の英語レベル別に、前・後期中それぞれに150～180名程度（各クラス15名定員）、夏季休暇、春季休暇中に60～90名程度、合計で年間約450名程度の学生が受講している。同講座は、少人数の参加型授業によって、スピーキングとライティングのアウトプットスキルの強化に重点を置いている。留学に必要となる英語力の向上のため、四技能を万遍なく向上させ、実践的な英語を身につけることを目指している。アカデミックアドバイジングサービスもあり、英語学習方法のほか、留学のためのエッセイ作成など、学生のニーズに合わせた指導を行っている。その他、年4～5回のTOEFL ITP®（無料受験も実施）や年数回のTOEFL iBT®を実施し、英語力の把握と学習計画の振り返りの機会を大学内で提供している。TOEFL ITP®については、TEAの他、各学部の英語科目の中でも実施している。

3.4 短期海外研修

2012年度に「経済社会の発展を牽引するグローバル人材育成支援」に採択されて以来、海外協定校で2～5週間の研修を受けるスタディアブロードプログラム（Study Abroad Program）（以下、SAP）を実施している。2017年度は春と夏に合計8ヵ国・地域、17プログラムを実施した。SAPは、TGLプログラム同様、語学・コミュニケーション力、国際教養力、行動力をバランスよく身につけることを目的として、多種多様なテーマを英語「で」学ぶ機会を提供している。SAP参加者は、現地研修だけなく、複数回の事前・事後研修、事後報告会にも出席する必要があり、総合的に学びを深めるプログラムである。また、2016年度からの新たな試みとし

て、ファカルティレッドプログラム（以下、FL）を取り入れた。FLは、SAPと異なり、本学教員が現地でも終始引率しながら行う研修で、現地での学びがより深くなるメリットがあり、今後、力を入れていく予定である。

　また、SAPやFL参加者全員に対し、経済的な支援をしている。具体的には、JASSOまたは大学独自の奨学金、および現地授業料の大学負担を合わせて、一人当たり20～40万円程度の経済支援を行っている。経済的な理由が学生の海外研修参加を阻害することを最小限にすべく、最大限の経済的支援を提供できていることは、本学の短期海外研修プログラムの特徴の一つと言えるだろう。

3.5　入学前海外研修

　2013年度よりAO入試合格者を対象にした「入学前海外研修」を実施している。近年では、2プログラムを実施し、毎年合計35名前後の参加者がいる。SAPと同様、英語「で」異文化理解などのテーマについて学ぶ研修であり、今後AO入試合格者が増加するとともに、この研修の定員を増やす予定である。また、研修参加者全員分の現地授業料（一人当たり20万円程度）を大学で負担し、参加しやすい環境を整えている。学部を超えた仲間たちと共に、大学入学前から海外の大学で学ぶ経験をすることで、大学生活へのモチベーションの向上に繋がっている。

4. プログラムの効果

　TGLプログラム登録者数は毎年増加し、2018年度現在の登録者は約2,900名である。短期留学者総数はTGLプログラム開始当初の121名から363名（2017年度末時点）と3倍近く増えた。

　SAP経験者の交換留学への参加割合は2012年度の2割から2017年度には6割となり、SAPが長期留学の一助となっていると考えられる。

　また、ゼミ履修者は、3つのグローバル人材力全ての向上を認識していた。さらに、

図2　TGLプログラム登録者の推移

SAP履修後とゼミ履修後の学生を比較すると、ゼミ履修後の学生の方が社会の一員としての自覚・責任感が高かった。つまり、取り組み次第では、海外に行かなくても向上するグローバル人材力があることがわかった。（富田, 2018）

　課外英語講座に対する学生の授業評価は常に高い。加えて、学生の英語力向上も確認されている。2017年度前期の受講者がTOEFL iBT®の公式模試を実際の試験と同様の環境で行った結果、講座受講後に平均で6.0点向上していた。

　さらに、グローバルリーダー認定者、プログラム修了者の数は毎年増加傾向にある。2017年度のプログラム修了者数の増加は、2016年度のグローバルゼミ履修者の多くがプログラム修了したことによる。グローバルリーダーは3年生から申

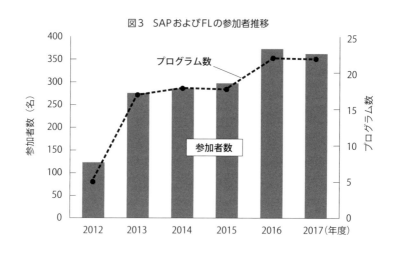

図3　SAPおよびFLの参加者推移

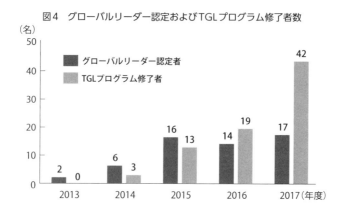

図4　グローバルリーダー認定およびTGLプログラム修了者数

請可能であるため、初年度ゼミ履修者が3年生になる来年度以降、グローバルリーダー認定者数の増加が見込まれる。

5. 今後の課題と方向性

　グローバルリーダー認定者、プログラム修了者の数は増加傾向にあり、今後は年間100名まで増やす予定である。制度改革と共にグローバルゼミを開始したのは、担当教員がアドバイザーとしてきめ細かい指導をすることで、より多くの学生をグローバルリーダー認定に導くためである。グローバルリーダー認定を目指す学生の多くは、計画的なポイント取得を進めているが、英語要件を満たすことが難しい学生もいる。いかにプログラムを通じて英語力を高められるかが鍵となるだろう。

　また、これまでTGLポイント対象の科目や課外活動、留学プログラム等の数を増やしてきたが、今後は各授業やプログラムの質の向上に力を入れる必要がある。さらに、現状のTGLプログラムの運営には、その都度対応する業務も多く、学生にもわかりにくい。今後は、同プログラムの進め方やメリットをより明確にするため、副専攻化など教務システムに取り込むことを視野に入れている。

＊1　TOEFL iBT®80点以上、TOEIC®730点以上、IELTS6.0以上
＊2　一例として、東北大学留学生学生生活調査(2016)の結果、回答者の7割以上が学内に日本人の親しい友人が4名以下と回答している。
＊3　北米を中心に世界中の650を超える大学と提携している大手語学学校。これらの大学との間に英語を習得する前に条件付入学許可をもらえる仕組みを確立している。

参考文献

　富田真紀(2018)国際課題・途上国問題に関する学習活動のグローバル人材育成への有用性の検討―東北大学および国際協力機構のプログラムの事例から―『東北大学高度教養教育・学生支援機構紀要』第4号，259-267頁.

　水松巳奈(2018)「内なる国際化」としてのグローバル市民育成に関する事例研究『東北大学高度教養教育・学生支援機構紀要』第4号，135-147頁.

（東北大学 高度教養教育・学生支援機構 准教授　富田真紀）

（東北大学 高度教養教育・学生支援機構 助教　水松巳奈）

第2部　大学・高校におけるグローバル教育の実施状況

明治大学

「未来開拓力」を備えた人材育成：
質の高い短期留学から学位取得へ！

1. 基本情報

学校名	明治大学
所在地等	〒101-8301 東京都千代田区神田駿河台1-1 （代表）03-3296-4545　http://www.meiji.ac.jp
学部・研究科、学生数等	10学部 16研究科、33,357名（大学院含）※2018/5/1現在
留学生数	2,077名（2017年度末）
派遣学生数	1,796名（2017年度末）
海外協定校数	396校（40ヵ国、学部間協定との重複を含む。内237校と学生交流協定）（2017年度末）
国際交流事務室等の形態	国際連携機構の下に、国際連携本部、国際教育センター、日本語教育センターが設置されている。事務組織として、国際連携部（国際連携事務室、国際教育事務室）が置かれている。また学部には、独自の国際交流委員会が設置されている。
国際交流関係職員数	専任職員25名、嘱託・派遣職員、委託業者からの派遣
留学生奨学金等	1　明治大学独自の奨学金：①明治大学グローバル選抜助成金、②明治大学私費外国人留学生特別助成金、③明治大学私費外国人留学生奨学金、④明治大学連合父母会外国人留学生奨学金、⑤東京駿河台ライオンズクラブ明治大学外国人留学生学習奨励、⑥国際化サポート外国人留学生奨励金、⑦明治大学外国人留学生緊急援助積立金、⑧私費外国人留学生授業料補助 2　学外機関の奨学金：①日本政府（文部科学省）奨学金留学生、②文部科学省外国人留学生学習奨励費、③学外財団奨学金

明治大学

派遣学生支援制度等	独自奨学金：①海外トップユニバーシティ留学奨励助成金、②外国留学奨励助成金（海外留学授業料助成・海外留学経費助成）、③国際化サポート留学奨励金、④各学部等独自の留学助成金。留学プログラムによっては、（独）日本学生支援機構（JASSO）の「海外留学支援制度」に採択されている。
派遣留学生の単位認定等	留学先で修得した単位は、所属学部・研究科において所定の手続・審査を経ることで、明治大学の単位として認定される。 各学部等が行っている留学プログラム、事前の学部の承認を受けた全学のプログラムは、基本的にはすべて単位として認定される。また、学生が自分で留学先の大学（高等教育機関）を選んで留学する場合も、所属学部・研究科が認めた場合に単位を認定する（認定留学）。

大規模大学

2. グローバル人材の考え方

　明治大学では、「どのような地域にあっても、その地域が持つ多様な歴史・文化・社会的背景に対する深い洞察力と尊敬の念を持ち、自らの歴史・社会・文化的アイデンティティーを深く意識しながら行動できる人材。自らとは異なった価値観を認めながら、異なった価値観を持つ人々に積極的に働きかけ、グローバル化がもたらす多様な価値の世界で、自ら考え、自ら意思決定し、自ら新しい価値を創造する人材（未来開拓力に優れた人材）」と位置づけている。文部科学省の「スーパーグローバル大学創生支援」事業では、毎年の卒業生8,000名を「未来開拓力に優れた人材」として育てることを目標としており、毎年4,000人の海外派遣、海外留学をしない学生についても、国内で何らかの形で国際交流体験をすることとしている。これによって、4年間で32,000人（ほぼ全学生）が、「未来開拓力」を身につけることを目標としている。

3. 明治大学におけるグローバル人材の育成戦略

　比較的同質的な文化の中で育てられてきた日本の大学生は、「周囲3m」の限られた空間で物事を認識している場合が多く、多様な価値観の中で自分を相対化す

35

ることに慣れていない。先ずは、「人生観が変わるような経験」(Life Changing Experiences)が生じる環境を準備する。これは国の内外を問わないが、たとえ短期間であっても、日本とは全く価値観の違う国や地域に学生を送ることが早道だ。

日本とは異なる価値観が存在する国や地域の若者と交流することによって、学生たちは文化的衝撃を受ける。短期留学(インターンシップ、ボランティア活動を含む)を経験した学生は、それまでとは異なった、物の見方を持つようになる。この経験を通じて、曖昧だった目標が明確になる場合も少なくない。たとえば、政治経済学部のデータによると、短期留学経験者の20～25％は2回目の留学に出かけるが、そのうちの70％は長期留学(海外での学位取得を含む)に出かけている。

「短期留学」→「中・長期留学」→「海外での学位取得」というサイクルを生み出すように各種のプログラムを段階的に設置している。本学では7年前からカリフォルニア大学バークレー校におけるSummer Sessions (12週間)に年間30名前後の学生を派遣しているが、最初の2週間ほどは、「講義についていけない」、「基礎知識が不足している」、「レベルが高すぎる」といった問題に苦しめられる。しかし、アメリカ人学生、世界からの留学生と競い合う中で、自らの弱みを克服する知恵と明確な目的意識が生まれている。こうした学生の中にはDouble Degree あるいは Dual Degree といった海外での学位取得、国連、NGO等でのボラティア活動、国際インターンシップなど、明確な目的意識に基づいた活動に取り組む者も少なくない。現在ではSummer Sessionプログラムは、Harvard University、Stanford University、University of Pennsylvania、University of Cambridge (Pembroke-King's Summer Programme)、London School of Economics、University of Sussex、Syracuse University、Boston University などにも拡大し、2018年は合計50名の学生が7校のSummer Sessionに参加した。

4年間で本学と海外の大学の学士号を取得するDouble Degreeは、Northeastern University (政治経済学部)、University of Victoria (経営学部) との間で実施されており、2018年度からはサンフランシスコ州立大学(政治経済学部)、西シドニー大学(同)が加わる予定である。また、本学の学士号と海外大学の修士号を約5年間で取得するDual Degreeは、Temple University (全学)で実施されており、2019年度からはBoston University (同) でも開始される予定である。さらに、本学経営学研究科とマレーシア工科大学、韓国ウソン大学ソルブリッジ国際経営大

学院との間では、双方の研究科での修士号を取得するDouble Masterプログラムが実施されており、既に多くの修了者を輩出している。

このように、本学では、国際連携機構の下にある国際教育センターと並んで、各学部・研究科もそれぞれの教育目的に対応した短期・中期・長期（学位取得も

図1　2009年度〜2017年度 海外留学者数（送出し）

（出所）明治大学国際連携機構

図2　2006年〜2017年度 協定数推移

（出所）明治大学国際連携機構

含む）のプログラムを積極的に開発している。本学におけるグローバル人材養成は「トップダウン型」ではなく、各学部・研究科、国際連携機構が競い合いながら全体としてグローバル化を推進して来たと言ってよい。こうした「分散型のグローバル戦略」によって、2009年には355名に過ぎなかった海外留学経験者数は、2017年末で1,796名と、ほぼ5.4倍に拡大した（図1参照）。また、海外の協定数も2006年の45から396へと8.8倍に拡大している（図2参照）。通常、「大学の一貫した国際化政策の下で、学部・研究科等の国際化を統一的にマネージするモデル」が望ましいとされることが多いが、大規模でしかも各学部・研究科等の自立性が高い大学の場合には、各学部・研究科の特質を活かした活動を促進しながら、大学全体の政策との連携を図るという留学促進策も決して間違った選択ではないと考えている。

4. 留学の効果

　年間1,796名の留学経験者といっても、これは学生全体の5.4％に過ぎない。しかし、仮に毎年この規模で留学者が出続ければ、留学経験者総数は4年間通算で7,148名（重複を含む）となり学生全体の21.3％に達する。このように、5人に1人が留学するようになると、キャンパス全体の雰囲気も大きく変化する。同級生の中に留学経験を持つものが増えると、「厚い中間層」を形成する大多数の学生の意識も次第も変化していく。先にも述べたように、現在の大学生の「コミュニケーション空間」が身近な「周囲3m」の友人関係にあるとすれば、周辺に留学経験者が増えることは、留学未経験の学生の意識の中にもこれまでとは異なった視点や価値観がインプットされることになり、結果として留学未経験者の視野も拡大してゆく。

　近年目立ってきているのは、留学経験者が自らの留学経験を同級生や後輩に伝えようという自発的な活動である。たとえば、官民協働の「トビタテ！留学JAPAN日本代表プログラム」（本学は第1期から第9期までの通算で66名が参加。合格者数は、国公私立全体で11位、私立大学では3位）の経験者が自発的にFacebook上に、トビタテ応募支援サイトを立ち上げ、在学生のトビタテ応募支援を始めている。また、日米学生会議参加者も同様の活動を行っている。さらには、英語によるテーマ別の意見発表活動であるTED x Meiji University（https://

www.meiji.ac.jp/koho/press/2015/6t5h7p00000kgfc9.html）も組織されてきており、多くの留学未経験学生が参加している。国際連携機構では、こうした学生の自主性を尊重しながら、学生の要望に応える形でコラボしてきた。現代の学生は、いわば官製（大学による）の組織化には全くといってよいほど関心を示さないが、自分達が主体となる活動への大学の協力には大きな関心を持っている。

　学生の意識が変われば、教員の意識も変わってゆく。数年前までは、海外留学は一部の学生に限定されたものとの認識もあったと思われるが、現在では教員も学生の留学を後押しするようになっているし、各学部・研究科も留学促進の方策を積極的に模索し始めている。海外留学を経験した学生は、より明確な目的意識を持ち、勉強にも積極的に取り組むものが多いからである。

5. 外国語（英語）能力をどう向上させるか

　しかし、英語が聞けない、読めない、書けない、話せないでは、海外の学生との交流も限定され、その効果も半減する。この意味で、英語能力の向上も重要な課題だ。ましてや、海外協定校への長期留学となれば、最低でもTOEFL iBT® 61点、IELTS® 5.5以上、海外TOP SCHOOLへの長期留学、Summer Sessions、学位取得となれば、最低でもTOEFL iBT® 85〜90点、IELTS® 6.5〜7.0、Harvard、Stanford、Penn、CambridgeとなればTOEFL iBT®100点、IELTS® 7.0〜7.5 以上が求められる。海外でのインターンシップやボランティア活動のように、たとえアカデミックなものではなくとも、それなりの英語力が求められる。学生の夢を叶えるためには、英語4技能の運用能力向上が欠かせない。

　本学では、各学部がいち早くこの必要性を認識し対策を講じてきた。経営学部では20年以上前からTOEIC IP®テストを学部全体で導入し、現在では全ての学部がTOEIC IP®テストを実施している（各学部によって実施回数は異なるが、少なくとも入学時に1回、その後は希望者）。学部よっては年に4回から5回のIPテストを無料で受験できる。また、TOEFL iBT®、IELTS®等の得点によって英語の単位認定を行っている学部もある。高額な受験料が必要なTOEFL iBT®やIELTS®の受験については、費用助成を行っている学部も少なくない。

　経営学部ではGREAT（Global Resources English Applied Track）と呼ばれる英語と専門科目の融合コース（CLIL: Content Language Integrated Learning）

が実施されている。政治経済学部では4技能に重点をおいた英語授業ACE（Advanced Communicative English）を実施する傍ら、海外のTop Schoolから招聘した教員による専門講義（Top School Seminar）でアカデミックな英語能力の向上を図っている。商学部では、2018年度からCLASP（Commerce Language Advancement Studies Program）を導入して、国際的なビジネスパースンの育成を狙った英語力向上を図っている。さらには、国際日本学部では4技能英語22単位という圧倒的な量の実践的英語科目が必修科目として組み込まれている。法学部でも、外国語（英語）で学ぶ専門科目を設置し、英語で法律の仕事のできる人材養成を図っている。この他、全学部の学生が履修できる「学部間共通外国語」を通じて、英語力を向上させることも可能になっている。この他にも、文系7学部の学生が履修可能な「国際教育プログラム」や各学部に置かれた英語による講義科目（他学部履修により履修可能）を合わせると、英語で行われる講義科目は657科目（2017年度）に達している。

　こうした各学部の努力の結果、この9年間でTOEIC LR®で550点（CEFR B1）以上の学生の割合は全学生（約30,278人）の約30％、9,158名、730点以上の得点者は2,000名、約7％となっている。文部科学省「経済社会の発展を牽引するグローバル人材育成支援」事業の実施主体であった政治経済学部では、600点以上の得点者が学部全体の32％（1,446名）、700点以上の得点者が14％（631名）となっている。明治大学唯一の国際系学部である国際日本学部では全学生のTOEIC LR®平均点が740点に達している（2017年度末）。

　国際連携機構では、2012年度の文部科学省「経済社会の発展を牽引するグローバル人材育成支援（タイプB・特色型）」採択を契機に、政治経済学部の卒業生の10％がTOEIC LR®得点換算で800点以上（他学部の学生は730点以上）という目標を実現するため、2013年度から、「実践的英語力強化プログラム」と呼ばれる全学プログラムを実施してきた。2017年度は、①カランメソッド（オンライン型）によるTOEIC LR®、IELTS®の基礎講座、②Newton e-Learning、③TOEFL Training（Summer/Spring）を開講した。また、フィリピン（マニラ）における「英語発話力向上プログラム」（事前オンライン研修31日間＋現地での1日4時間のマンツーマンレッスン4時間のグループレッスン28日間）を開講しており、これに、（a）春学期・秋学期合わせて34回（1日、25分×7回枠）の「英語学習アドバイジング・オフィスアワー」、（b）IELTS®明治大学特別会場試験（2018年度よ

図3 国際連携機構の英語力強化に向けた取り組み

り年6回)、(c)国際交流ラウンジにおける週5回の留学生との英語による交流、留学生をコーディネーターとしたテーマ別ディベートを行うEnglish Café(過去2年間で約2,000人が参加)などを組合せてきた(https://www.meiji.ac.jp/cip/usefulinfo/6t5h7p00000pm11l-att/6t5h7p00000rg1ab.pdf)。

2018年度からは、(a)～(c)までの補助的プログラムを維持しながら、在学中に留学を実現することができるよう、留学に必要な語学力の強化に焦点を絞った「留学志望者対象英語プログラム」に衣替えして英語力の強化を図っているところである(図3参照)。

6. 留学促進の課題

課題の一つは、海外の大学の学期との間に大きなズレが存在していることである。たとえば、先述のSummer Sessionsでは、ほとんどの場合、5月から9月にかけて行われるため、学生は春学期(前期)に本学での授業を履修することができない。本学では、こうした学生が休学することなくSummer Sessionsに参加できるようにするため、基本的にはSummer Sessionsを提供する大学と協定を締結し、協定校留学(Harvard Universityは認定留学)として取り扱っている。また、Summer Sessionsで修得した単位を本学の単位として認定することで、卒業時期に影響が生じないようにしている。また、2017年度からは、「総合的教育改革」

の一環として、50分を1モジュールとする100分授業を導入し、授業運営方法によっては（たとえば、100分授業を週2回）2単位授業を7週間で終了させることも可能になった。このような制度設計を行うことで、学生は春学期を休学することなく夏休み期間にSummer Sessionsに出かけることも理論的には可能になっている。今すぐには実施はできないが、クォーター制度も視野の中には入ってくる。

　もう一つの問題は学生への情報伝達である。本学のような大規模大学では、ジャスト・イン・タイムで留学情報を学生に伝達することは容易ではない。日本の学生は、授業、アルバイト、サークル活動などに追われ、WEB（ポータルサイトOh-o! Meiji：明治版webブラックボード等）を通じた情報にはなかなか反応しない。学部によっては、留学プログラム毎にFacebookを立ち上げ情報提供を試みているが、この効果も限定的である。日本の学生の情報取得手段はLINEが93%という研究もあるが、LINEを設定してもこれが大学の公式情報になった途端にアクセスは限定的になる。

　最も効果的だと考えられるのは、クラスにおける教員による情報提供と、学生自身による情報拡散ではないかと思われる。しかし、これが成功するには教員の留学に対する理解と熱意が欠かせない。また、職員の熱意（留学情報を伝え、できる限り多くの学生に留学機会を与えようという姿勢）も欠かせない。しかし、これには相当な時間とエネルギーを要するため、これを可能とする制度的条件整備が必要となる。

　米国の大学で見られる "Appointment and Walk-in" というやり方も考えてみるべきであろう。つまり、留学希望の学生が事務室に来るのを待って相談にのり、手続きを進めるのではなく、日時を指定して（あるいは週間を設けて）、事務室開室時間内の数時間を学生の相談のためだけにオープンする。いつでも相談ができるという体制を用意することが必要になるのではないか。本学では、国際連携機構（国際教育センター）、各学部・研究科が留学フェアを年に数回実施するとともに、教職員と学生による留学アドバイジングを定期的（週4回）に行っているが、この形式を一歩すすめて、国際教育事務室そのものを、留学事務をこなす事務室から学生がワンストップで留学情報を獲得できるオープンな相談窓口に変容させるための制度整備が求められている。

7. 協定締結、学生交流の"ノウハウ"

　協定校がなかなかできない、できても学生交流が進まないという悩みをお持ちの大学もあるかもしれない。これは私見にすぎないが、この悩みを解決するには6つの鍵があるように思われる。①協定校を開発するには、責任者自身が直接交渉に出かけること、②協定書のフォーマット（デジタルのファイル）を常に携帯し、話がまとまればすぐに相手方に渡すこと、③基本的合意が成立したら時を置かず協定調印の日取りの調整に入ること、④協定が成立した後は、相手先大学で自校の説明会を小規模でも行うこと、⑤④とは逆に、自校で相手先の担当者による説明会を開いてもらえるよう交渉すること、⑥相手方を説得するためには、誰もが知っている大学との交流協定（自校のFlag Ship Program：明治の場合にはUCB Summer Sessions、Harvard Summer Schoolなど）を持つこと。これによって、自校が相手先にとって必要なパートナーだと認識してもらうこと。

　とにかく、有望な協定先が見つかれば責任者が直接交渉にでかけ、基本合意ができた後は、時を置かずにできるだけ速く協定の学内手続きを進めることが重要だ。また、相手方が来訪した際も、自校にとって必要な相手であれば、その場で基本合意を取り付ける心の準備が必要だと思われる。この意味で、世界の大学が一堂に会するNAFSA（Association of International Educators）、APAIE（Asia-Pacific Association for International Education）等は、協定校開発にとっては有効な機会ではなかろうか。

（明治大学 副学長　大六野耕作）

第2部　大学・高校におけるグローバル教育の実施状況

中央大学 理工学部
グローバル化へのボトムアップアプローチ

1. 基本情報

学校名	中央大学
所在地等	多摩キャンパス（大学本部） 〒192-0393東京都八王子市東中野742-1 042-674-2210 後楽園キャンパス（理工学部） 〒112-8551東京都文京区春日1-13-27 03-3817-1711 http://www.chuo-u.ac.jp/
学部・研究科、学生数等	6学部 7研究科，31,756名（大学院含）
留学生数	794名（2017年10月1日付） うち理工学部105名（2016年度末）
派遣学生数	864名（2017年10月1日付） うち理工学部68名（2016年度末）
海外協定校数	35の国と地域　190大学・機関（2017年度末）
国際交流事務室等の形態	教学内の独立した部局
国際交流関係職員数	専任職員10名
留学生奨学金等	学費の減免措置あり
派遣学生支援制度等	中央大学国外留学生奨学金（全学を対象とする制度） 学術国際会議発表助成制度（全学の院生を対象とする制度）＊学部・研究科に独自の留学制度・派遣学生支援制度を持つ。例：理工学研究科・短期留学制度および学術国際会議発表参加費助成（博士後期課程学生対象）

中央大学 理工学部

派遣留学生の単位認定等	留学期間中に修得した授業科目の単位は、所属する学部の教授会または大学院の研究科委員会の定める基準に基づき、本学で修得すべき授業科目の単位として認定することが可能。また、継続履修制度あり。理工学部・理工学研究科独自の海外研修・学外活動を支援する「たくみ奨学金」制度。

大
規
模
大
学

2. はじめに

　中央大学は1885年、「英吉利法律学校」として、18人の若き法律家たちによって設立された。イギリス法を学ぶ法律学校という目的から、英語の需要は高く、開学当初は英語を用いて法学を学ぶという「原書科」が設置されていた。まさに、グローバル教育の最先端を走っていたわけであるが、残念ながら、100余年の時を経て、開学時のグローバル化熱は冷めてしまった感はいなめない。

　しかし、長い眠りを経て、中央大学はグローバル化への大きなチャンスを得た。2012年度、文部科学省「グローバル人材育成推進事業」に、全学推進型11大学の一つとして採択されたのである。いわゆるMARCHの中では唯一の採択となった。グローバル・ジェネラリスト、グローバル・スペシャリスト、グローバル・リーダー育成という明確なビジョンを掲げ、真摯な取り組みを重ねた結果、語学教育プログラムや海外拠点の充実が全学で進んでいった。2014年の中間評価では、北海道大学、ICUと並んでS評価という最高評価を獲得した。すべては順調に進み、開学当初のグローバルマインドが、中央大学に復活するかのように思えた。

　しかし、この世の春は長くは続かなかった。2015年度の「スーパーグローバル大学創成支援事業」において、中央大学は選に漏れてしまった。一方で、早慶上智、ICU、明治、法政、立教は採択された。ライバル校との関係は完全に逆転し、中央大学は長い冬の時代を生き延びなければならなくなったのである。

　しかしながら、トップダウンのプログラムが消失した程度で消えてしまうグローバル化であっては持続可能な試みとはいいがたい。全学レベルで政府の支援が得られなくとも、学部レベルでボトムアップな努力を重ねれば、グローバル化は成し遂げられる。そして、そこで得られた成果は、真の文化としてしっかりと根付くはずである。そのような信念を抱き（というか、抱かざるを得ず）、スーパー

45

グローバル落選経験を逆境エネルギーとして、中央大学理工学部はグローバル化への挑戦を加速させている。

その基本戦略は、点と点をつなぎ、線、そして、面を構築していくというものである。たしかに大学規模の大きなグローバル化プロジェクトは期待できない。しかし、中央大学理工学部の隅々に目を向けると、個々の教員がエクストラの努力で行なっているグローバル化の試みは散在している。これらをつなぎ合わせれば、有機的なネットワークとして機能することが期待できる。まず、具体的には、理工学研究分野におけるグローバル化という現実認識の徹底、短期留学への誘導、長期留学の活性化、海外留学生の増員に着目し、それぞれの要素を先鋭化させることを試みた。

3. なぜ理工学部でグローバル化なのか

理系研究の現場にいる研究者は、否応なしにグローバル化の波に曝されている。研究発表の場となる専門分野の学会は基本的に英語が標準言語の国際学会である。国内学会も存在するが、内輪の研究交流会という意味合いが強くなりつつある。国内において国際学会や国際会議が開催されることもあるが、この場合もすべてコミュニケーションは英語である。文系分野の国際会議では、時に会議通訳が得られる場合もあるようだが、理系分野では通訳付きの会議はあまりお目にかかれない。

国際会議の成果は、200語程度の抄録か、数頁程度からなる論文形式の国際学会プロシーディングズ（予稿集）として公表される。研究成果としてさらに有望なものは、他の研究者からの査読を経て、査読付原著論文として、専門誌に英語で出版することになる。国際学会の紀要や原著論文は、インターネットを通して世界中からアクセス可能である。しかし、それは英語で書かれてさえいればである。日本語でいくら重要な発見を記述しても、国内での宣伝という役割はあれども、国際的には無視され、埋没するという憂き目に遭ってしまう。

ところが、大学に入学する理系学生は、このような認識を抱いていない。むしろ、英語が苦手だから理系というような発想を持つ学生さえもいる。こういった学生の先入観を打ち砕くのが、「学生による国際学会発表」を見せつけることである。中央大学理工学部では、早い学生は、学部4年生で国際学会発表を経験する。大

学院 1 年生になるとその数は増える。身近にロールモデルが存在するという効果は極めて大きい。先輩学生が国際学会で活躍する姿を見れば、後輩学生はなんらかの感慨を抱くものである。さらに、同期の学生が国際学会に挑戦するという情報を得れば、焦りを覚えるか、自らも奮起するということになる。

　このような学生の挑戦を支えるのが、「学会発表助成」という制度である。大学からの資金助成によって、学会出張に掛かる旅費・経費が全て支給される。もちろん、国際学会にも適用される。全額助成が得られるのは、全国で中央大学のみである。この結果、1学年300人程度の大学院において、学生による国際学会での研究発表は2010年度からコンスタントに100件以上を数え、2017年度は160件を超えるに至った。国内での国際学会を含めれば、その数はさらに増す。

　このような事実を紹介すると、「中央大学けっこうすごい」という感想を抱かれる方が多いのだが、不思議なことに、中央大学内部ではそのような認識はない。つまり、学生による国際学会発表は、すでに常識となっているのである。実は、この常識化こそが文化的定着への重要な要素である。この現象を説明するのが、マーケティング分野においてジェフリー・ムーアが提案したキャズム理論である。ムーアは消費者を「イノベーター（2.5％）」、「アーリーアダプター（13.5％）」、「アーリーマジョリティ（34％）」、「レイトマジョリティ（34％）」、「ラガード（16％）」という階層に分類した。それぞれ、正規分布の標準偏差に対応する値で、偏差値では10刻みとなる。学内偏差値70以上のイノベーター層が優秀でも他の学生には響かない。しかし、学内偏差値60の壁、すなわちキャズムを超え、普及率が16％を超えると、ある「先駆的な試み」は「常識」となる。

　幸いなことに、中央大学理工学部では学生による国際学会発表は常識内の挑戦として定着している。指導教員は「まあ、国際学会で発表させてみるか」と考え、学生は「いつかは国際学会で発表したい」と思い、その営みを大学が助成制度で支援する。少なくとも国際学会発表に関しては明確な成功事例があるということは、一つの強みである。問題は、その成功を他の事例に拡げられるかどうかである。

4.　短期留学

　大学におけるグローバル教育と言えばまず思い浮かぶのが短期留学である。大学生活のできるだけ早い段階で、異文化に触れ、多様な環境の中での学びを経験

し、多様な価値観への気づきを得ることは重要である。そこで、中央大学理工学部では正課の総合教育科目群に「グローバルスタディーズ」を開設し、3〜4週間の海外研修プログラムを実施している。受講者数は2017年度までの過去3年間、34名、54名、38名と推移しており、増加には苦戦しつつも一定数は保っている。履修生には、TOEICスコアの大幅な増加の他にも、定量的ではないものの勉学への積極的な取り組みが目立つなど、マインドセットの変化が顕著に見られる。短期留学によって、その後の大学生活での学びの質が積極的な方向に変化するようである。

　現状ではまだ全学生の5%程度が短期留学を経験するというアーリーアダプターの段階ではあるが、現状の短期留学プログラムの枠内でもある程度の自然増加は期待できる。しかし、キャズムを超えるためには、先手を打ちながら、多彩な留学先の確保に努めていく必要がある。トップダウンプログラムによる急激な質的変化は望めないが、小さな成功を重ねながら、徐々に短期留学の実績を重ねていくことが重要であろう。

5. 交換留学

　短期留学は、海外の大学側から外国人学生に用意された特別なプログラムであり、熱意があれば参加は可能である。一方、交換留学は、派遣元大学による能力選考を経た学生が、正規の学生として提携先の大学に派遣される制度である。英語圏への派遣であれば、短期留学は英語力を上達することが目的となるが、交換留学においては、すでに英語力のある学生が、英語を用いて現地の大学生と同じ授業で学びを得るということが目的となる。理系のカリキュラムは必修科目や実験実習科目が多いため、交換留学は極めて敷居の高い挑戦となっている。実際、理工学部における2014年度までの交換留学生実績は累計でわずか2名に過ぎなかった。

　このような現状の中にあって、2013年度に新設された人間総合理工学科では、交換留学を積極的に奨励するという挑戦を実践した。具体的には学生の英語力を入学早期に調査し、交換留学への適性のある学生を洗い出した。ところが初年度にスクリーニングされた学生は自分が留学できるとは実際には思っておらず、ほぼ夢を追うような状態であった。しかし、継続的な英語力のモニタリングと綿密

な学習指導を重ねることによって、学生の英語力は徐々に向上していった。実際、筆者の一人の檀もボランティアでスピーキングレッスンを担当していたが、学生の進歩には驚かされた。夏の段階では一言も英語をしゃべれない学生が、秋の終わりには英語で話せるようになるのである。その結果、2015年度に第1期生2名の交換留学生を輩出するに至った。

　翌年度は、早くも質的な変化が生じた。先輩たちが実際に留学を実現する姿を目の当たりにして、自分たちも挑戦すれば交換留学が実現できるという意識が芽生えたのである。ロールモデルの力は絶大である。教員がいくら励ましても効果は限られているが、先輩の言葉と経験は重い。その結果、第1期生の活躍に支えられて、第2期生は7名が交換留学生に選出された。そのうち1名はトビタテ奨学生にも選ばれた。さらにもう1名は留学先のストラスブール大学で卒業資格を得て、ダブルディグリーを取得することに成功した。この段階で人間総合理工学科は、定員比率10%の交換留学率を達成し、中央大学全学科の中で最も交換留学率の高い学科となった。

　さらに、第3期生は10名が合格し、14%の学生が交換留学を実現するに至った。第4期生はやや減少に転じたもの8名の合格が決定しており、10%以上の水準はキープしている。筆者の知る限りでは、人間総合理工学科の交換留学率は理系学科としては全国最高である。

　しかしながら、16%のキャズムを超え、交換留学が常識になるまでには至っていない。交換留学が文化として定着するためにはもう一押しが必要である。このための施策として、セメスター留学を奨励することにした。交換留学は帰国時期が5－6月というパターンが多く、一般学生と同じペースの就職活動が行えない。蓋を開けて見れば難関企業への就職を実現する学生が多いが、内定に至るまでの苦労は多いのが現実である。しかし、セメスター留学であれば、帰国時期は1月となり、就活への影響はない。留学経験としては浅いものにはなるが、交換留学生として派遣先の大学で正式に授業を受けたという実績は得られる。セメスター留学を実施するための履修制度の改革も進み、今後、普及が期待できる制度である。

　人間総合理工学科における交換留学生の増加は、他学科にも好影響を及ぼしている。毎年、2～3名ではあるが、他学科からの交換留学希望者も増えつつある。実数としては少ないが、0か1の違いは大きく、今後彼らパイオニアをロールモデ

ルとして、理工学部すべての学科から交換留学生希望者が増えていくことを期待している。

6. 留学生の増加

　中央大学理工学部が着実な歩みを遂げている最後の事例は国外からの正規留学生の増加である。まず呼び水として、大学院教育のグローバル化が国際水環境理工学プログラムという学際的プログラムで実現しつつある。これは、SDGs (Sustainable Development Goals)に対応したグローバルな課題に取り組むべく、水環境・水処理・利水・治水を総合的に学ぶプログラムで、海外のコンソーシアム校等からの推薦など様々な背景を持つ留学生が（日本人学生よりも）多数参加している。当初は、文科省のプロジェクト支援による特別プログラムであったが、現在は都市人間環境専攻における国際水環境コースにて長期的運営体制に入っている。現状ではインテンシブな日本語学習を経てからの履修だが、数年内に英語による履修を可能とする計画である。

　このような大学院グローバルプログラムの存在により、留学生が増え、コミュニティーが形成される。すると、学部留学生の孤立感も軽減され、留学生が増えるという良循環が形成されていく。留学生の数は、2012年度はわずか1名であったが、2017年度は21名まで増加している。さらに、個々の研究室レベルでも留学生の受け入れは進んでいる。たとえば、筆者の加藤研究室では、毎年、ミラノ・ビコッカ大学からの院生や学部生を受け入れ、院生・学部生も含めた共同研究に参加させている。

　このような素地が整ったあとは、徐々に優秀な留学生を増やしていくというフェーズに移行することになる。そのために、科目や日程調整など、入試制度の細かなチューニングを行ない、入学志望者数の増加にむけた工夫を重ねつつある。2018年度はその試みが功を奏し、外国人の志願者数は、前年の147名から311名という大幅な増加を実現した。今後も引き続き、質を維持向上しながら、留学生の確保に努め、中央大学理工学部のグローバル化を推進していく予定である。

7. 将来展望

　このように、中央大学理工学部では、スーパーグローバル大学創成支援事業の落選にもめげずに、様々なグローバル化の試みが進みつつある。とはいえ、個々の事例にボトムアップアプローチならではの先鋭感はあるが、統合感はあまりない。また、進度もばらばらで、ほぼ完成形に近い海外発表支援のような試みもあれば、短期留学のように萌芽的な段階の試みもある。しかしながら、それぞれの試みは、大学教員、職員、学生それぞれが、「少し余分の労力」を割いた結果生まれた、三位一体の努力の結晶である。それらは付け焼き刃ではない。大学の土壌にしっかりと根ざした文化である。

　やがて、それぞれの試みが実を結び、キャズムの壁を越えたとき、有機的な融合が生まれると期待している。おそらく、近い将来、中央大学理工学部学生の16％以上が短期留学に挑戦する。人間総合理工学科の16％以上が交換留学を経験し、他学科からも交換留学生も増加する。海外からの留学生も16％を超え、当たり前の存在になる。そして、大学院生のほとんどが国際学会での発表を経験する。さらに、次なるフェーズとして、英語開講の講義が16％を超え、海外からの交換留学生も増加する。理工学部独自の国際協定プログラムが増え、ダブルディグリーを取得も加速する。ボトムアップアプローチを不断の努力によって継続していけば、10年後、スーパーグローバル大学を超えるグローバル化を、中央大学理工学部は成し遂げられるはずである。

第2部　大学・高校におけるグローバル教育の実施状況

〈補足資料〉

1. 理工学部・理工学研究科（大学院）　学生数

年度	学部	大学院	計
2013	4,079	669	4,748
2014	4,175	631	4,806
2015	4,101	625	4,726
2016	4,015	636	4,651

2. 海外への留学者数（理工学部のみ）

年度	交換留学（1年）	夏季短期留学（約1カ月）	春季短期留学（約1カ月）
2013	2	29	6
2014	1	33	9
2015	3	38	22
2016	7	37	31

3. 海外からの留学者数

年度	理工学部	理工学研究科前期課程	理工学研究科後期課程
2013	59	29	7
2014	65	39	11
2015	67	40	15
2016	73	22	10

4. 国際会議発表助成制度利用者数（大学院のみの制度）

年度	学部
2013	124
2014	106
2015	128
2016	142

（中央大学 理工学部長　樫山和男）

（中央大学 理工学部 教授　檀一平太）

（中央大学 理工学部 教授　加藤俊一）

早稲田大学 文学学術院

大
規
模
大
学

早稲田大学 文学学術院
まず何からすべきなのか—
早稲田大学文学学術院における2つの改革

1. 基本情報

学校名	早稲田大学
所在地等	〒169-8050東京都新宿区戸塚町1-104 (代表)03-3203-4141 http://www.waseda.jp/
学部・研究科、学生数等	13学部 16研究科、5専門職大学院 49,526名(大学院含)
留学生数	7,476名(2017年通年)
派遣学生数	4,439名(2017年通年)
海外協定校数	568校
国際交流事務室等の形態	法人本部事務機構として国際部(国際課、国際教育企画課)が置かれ、また教学組織における付属機関として留学センターが留学生の受入や、早大生の海外留学を実施している。
国際交流関係職員数	専任職員33名
留学生奨学金等	JASSO、学外機関奨学金の他、学内奨学金制度(グローバル人材育成奨学金、早稲田大学学生交流奨学金、校友会海外留学派遣奨学金、他各種:支給額総額25万円～150万円)
派遣学生支援制度等	学外奨学金および学内奨学金(私費外国人留学生授業料減免奨学金、小野梓記念外国人留学生奨学金など全14種類:支給額年額30万円～100万円)
派遣留学生の単位認定等	単位の認定は、基本的には、各学部の専権事項。ただし全学科目として実施されている留学センターのプログラムについては、他箇所科目として単位参入可能。

53

2. 早稲田大学の目標と文学学術院の取り組み

　早稲田大学の教学組織は、学問系統を同じくする学部・大学院・研究所などを統合した「学術院」という単位で構成され、教員もほぼいずれかの学術院に所属している。本稿では執筆者の所属する文学学術院（文化構想学部・文学部・大学院文学研究科）におけるグローバル人材育成への試みについてその一端を紹介する。

　もちろんグローバル人材育成は大学全体の目標であり、その方向性は創立150年となる2032年をめどとした長期計画である「Waseda Vision 150」において明らかにされている。まず4つのVision（将来像）の筆頭には「世界に貢献する高い志を持った学生」が掲げられて「人間力・洞察力を備えたグローバルリーダーの育成」が謳われる。さらにこのVision 150では、具体的な数値目標が示されており、グローバル人材育成にかかわるものを挙げるならば、まず「海外派遣留学生の数を目標年度の2032年度には『全学生』とする」、つまり「卒業までにすべての日本人学生が外国への留学等（短・中・長期留学プログラムの他、海外で何らかの学習機会を経験する）を果たすことが目指されている。また外国人教員数（目標400人、全教員の20％：2016年度実績152人）、外国人学生（受入留学生数）数（目標10,000人、全学生の20％：2016年度実績5,431人）についても数値目標が設定されており、さらに、外国語による授業の割合を2032年度には全授業の50％（2016年度実績　学部10％、大学院17％）にすることが目指されている。また数値目標ではないが、クォーター制の導入が方針として明示されている。これをまとめて言えば、**早稲田大学では2032年度には学生と教員の20％は外国人であり、クォーター制による授業の半分は英語そのほかの外国語で行われ、また日本人学生はすべて在学中に海外での学習経験を持つことになる。**

　しかし、これらの実現は単に大学の中枢（理事会）が号令をかけるだけで果たされるものではない。早稲田大学においては、いまだ入試は学部別に実施され、その制度も学部教授会の決定にほぼゆだねられている。採用を含め、教員人事も同様である。またカリキュラム編成が学部の専権事項であることも従来と変わっていない。つまりVision 150にうたう目標達成の努力も、現実としてそれを担うのは各学術院、ことに学部であり、大学本部はもっぱら人事枠や予算の配分などを通じて、各学部・学術院を督励することしかできない。もし学術院教授会がVision 150に消極的、あるいは否定的な立場をとったとしても、大学本部・

理事会は、いわゆる教授会の「自治」を侵してまで、人事・カリキュラムの決定に介入することは不可能なのである。従って、大学のウェブサイトなどで大きく「Vision 150」を謳い、具体的な施策と数値目標まで掲げても、その実現に向かう足取りは、学術院それぞれまったくばらばらであると言わざるを得ない。

その中にあって、文学学術院の2学部（文化構想学部・文学部）は、他の学部にいくつかの点で先んじて、Vision 150の基幹的な方針である「人間力・洞察力を備えたグローバルリーダーの育成」に取り組んできた。その中から、本稿では、特に**英語教育と英語入試の改革**について述べていきたい。

3. 英語カリキュラム改革から英語入試改革へ

様々な議論があることは承知しているが、グローバル人材育成の第一歩として、まず英語教育の改革が求められていることは否定できない。たとえばいくら英文学作品の訳読がうまくなっても、文法の間違いを恐れてひたすら英語によるコミュニケーションを忌避しているようでは、グローバル人材と呼ぶことはとてもできないだろう。また、Vision 150の目標に照らして言うならば、2032年度に授業の半数を日本語以外の言語（もっぱら英語ということになるだろう）で行うという目標を達成するためには、まず、英語によって行われる科目を履修し、単位を取得するだけの英語運用能力を学生が有していなければならない。あらかじめ文献・資料を読み（リーディング）、講義や他の学生の発表を聞いて理解し（リスニング）、ディスカッションやプレゼンテーションを行い（スピーキング）、課題レポートを作成する（ライティング）という、まさに4技能にわたる力がそこでは求められるのだ。

文化構想学部・文学部は2007年度にそれまでの第一文学部・第二文学部を再編することで設立されたが、それ以前から学部英語教育は、英語を母語としない教員はいわゆるリーディングを、また母語とする教員はスピーキングなど他のスキルを教えるという形で、技能別の科目分けがなされていた。リーディングは日本語で教えられ、訳読がもっぱらなされていた。

これが大きく変わるきっかけとなったのは、2002年7月、文部科学省より示された「『英語が使える日本人』の育成のための戦略構想」である。この構想では、大学に対して「国際社会に活躍する人材等に求められる英語力」の養成が明確に

求められた。この要請に対して、学部英語教育がどのように応えるか、という点で、カリキュラム運営主体である英文学専修の中では厳しい議論がなされたが、結果として、必修の英語科目はすべて**4技能統合型**（Integrated）とし、担当教員の母語にかかわらず、**すべて英語によって教授する**、という2点を骨子とする英語カリキュラムの大改革が行われた（ちなみに、これを機にカリキュラム運営は英文学専修から切り離された）。これは当初第一文学部でのみ実施されたが、2007年度に文化構想学部・文学部が設立されたのちも基本的方針はそのまま引き継がれ、現在に至っている。

　「英語はすべて英語で教える」という方針は、それが中学校・高等学校においても採用された現在から見れば、あまりに当然すぎる事柄のようにも思われるかもしれない。しかし、結果から言えば、2004年という早い時期に教授言語の転換をなし終えたことが、その後の英語入試改革を自然に促す形になった。すでに、2007年度の学部再編を機に文化構想学部・文学部の入試英語問題は一新され、設問もすべて英語に統一したうえで、1パラグラフの長めの文章を「英語で」1文に要約する問題も加えていた。つまり、英文和訳とか日本語による要約といった、日本語能力を要する問題を廃したわけで、英語で英語を教える学部カリキュラムに合致した入試を実現することになった。

　しかし、もうひとつの柱である「4技能化」を入試問題において果たすことは、この2007年の時点ではできなかった。リーディングが大半で、わずかにライティング技能を試すものにとどまっており、1.5技能か1.25技能入試と言ったところだった。英語入試問題作成者グループは、リスニング問題を導入できないか、と大学本部に打診したが、財政的・技術的に困難であるという回答しか返ってこなかった。学部英語カリキュラムと英語入試問題形式はいまだ合致していなかったのである。

　このような不備は長く解消できなかったが、ちょうど執筆者が副学術院長兼文化構想学部長を勤めていた2013年、学部事務長からTEAPを紹介された。さらには、事務方の尽力によって上智大学を訪問、TEAP開発のリーダーである吉田研作先生から直接お話を伺い、「（4技能を総合的に育成することを目指す）中学高校の学習指導要領に即した入試問題を作ること。入試問題を変えることで実質的に英語教育を4技能型に変えていく」という、高大接続の大原則に立っためざましい改革の理念に、学部責任者としてのみならず、ひとりの英語教師としても、強い感銘を受けることとなった。まさにここにこそ英語教育積年の弊を改める

breakthrough（突破口）がある、という思いだった。

　さっそく学術院内の関係委員会でTEAPを紹介し、民間試験を利用した4技能入試の導入について反応を伺ったのだが、最初の反応は「時期尚早」であり、「上智の後追いをしなくとも」というものであった。しかし、様々な学部改革に関わった経験から言えば、多くの教員が「時期尚早」と考えているならば、それは「今こそやるべきだ」というサインに他ならない。翌2014年、今度は正式に外部の4技能試験を活用した新たな入試制度導入を提案した。一定の定員（文化構想学部70名、文学部50名）を設け、英語4技能テスト（TEAP、IELTS、英検、TOEFL iBT）のいずれかにおいて基準点を上回っている者について、学部一般入試の国語・地歴2教科の合計得点により判定する、という内容である。TEAPのみを対象とする考え方は委員会の段階で、他の外部試験も活用するという形に改められたが、その他はほとんど反対もなく、教授会でも認められた。この背景には、2018年度からの大幅な受験生数減の予測があり、また人文学を中心とする文化構想学部・文学部の将来に対する危機意識が、教員の間に相当浸透していたことも挙げられるだろう。

3. 4技能入試の実施と結果

　準備期間を経て、この「一般入試（4技能テスト利用型）」は、2017年度入試から導入された。前年秋の段階で、模擬試験の結果などから予備校が予想した受験者数は、文化構想学部、文学部ともに2.4倍程度だったが、実際の受験者数はそれぞれ543名（7.8倍）、368名（7.4倍）と予想を遙かに上回った。さらに予想していなかったのは、この4技能テスト利用型の受験生のおよそ8割近くが、従来からの一般入試（英語についても学部作成問題を受験する方式：3教科型）と併願したことであり、さらに言えば、その併願者のうち少なからぬ数の受験生が、3教科型の一般入試でも合格したことである。このため、最終結果から言えば、単願者、併願者を含めて4技能テスト利用型を受験した、つまり指定外部試験における基準点をクリアして出願資格を得た受験生のうち、文化構想学部文学部それぞれ239名と182名が合格を果たした。合格倍率で言えば、1.8倍と1.9倍であり、3教科型の倍率（文化構想学部11.1倍、文学部9.7倍）を遙かに下回ることとなった。これは特に4技能テスト利用型の受験生を意図的に優遇した結果ではない。英語

について言えば、4技能について基準点を超えた学生は、リーディング中心の学部作成試験においても優れた成績を収めたことが、その後の分析でも明らかになったのである。

しかし、当然ながら、あらかじめ対象の外部英語試験で高い基準点をクリアしなければ出願することすらできないこの制度にある程度の募集定員を当てる、ということは、全体の志願者数が減ることを覚悟しなければならない。出願条件のない3教科型試験と比べれば、当然その部分の倍率は低くなるからだ。しかし、幸いなことに導入初年度の2017年度は、従来の3教科型などの志願者数が増え、結果として文化構想学部は対前年比116%、文学部は105%となったために、4技能テスト利用型入試の導入が、志願者数に悪影響を与えるという結果にはならなかった。

さらに、本稿を執筆している時点で2018年度入試の志願者も確定しているが、実施2年目である今回は、4技能テスト利用型入試の志願者は、文化構想学部1,319名(昨年の2.4倍)、文学部931名(同2.5倍)となり、また全体の志願者数も文化構想学部が対前年比103%、文学部が113%と前年度からさらに増加することになった。このような伸張は、まったく予想外のものであった。

もちろん、志願者数が多ければそれで良いというものではない。実際の入学者のうち、4技能テスト利用型入試を受験した(つまり外部試験の基準点をクリアして出願した)学生の入学後の学科成績(2017年度春セメスター)を、それ以外の学生と比較した結果、英語は当然のことながら、英語以外に必修となっている外国語の成績も秀でており、その他の科目においても遜色はなかった。まだ追跡調査を続ける必要はあるが、執筆者が担当している1年生必修英語における学生のパフォーマンスを見ても、4技能テスト利用型入試の導入によって、さらに多くのより優秀な学生を得ることができたことは疑えない。

与えられた紙数が残り少なくなり詳述する余裕がないが、文化構想学部・文学部では、4技能テスト利用型入試の導入と同時に、英語カリキュラムも改革、「英語で行う一般科目で単位を取得できる英語能力をつけること」を目標として、選択英語科目をレベル別に分けたAcademic Skills 群とIntensive Studies群に再編した。後者は一般科目を「英語で」学ぶものであり、もっとも高いレベルに属する。そのうちかなりの数の科目が日本およびアジアに関する科目であることは、自文化への理解を踏まえ、英語によって世界に発信する力を養うという意味で「グローバル人材」育成の目標にもよくかなうものと言えよう。

早稲田大学 文学学術院

　今回4技能テスト利用型入試の導入に踏み切ることができたのは、文学学術院の学部における英語教育を「英語を英語で教える」4技能統合型に変えた、14年前の改革の賜物である。4技能型入試を導入しても、大学に入ってから受ける英語の授業が日本語でなされていたり、リーディング中心の「訳読」形式であるならば、学生の失望はさぞ大きいに違いない。逆に言えば、従来のとおり日本語で教え、お気に入りのテキストを「流麗な日本語」に訳して学生を感服せしめることが大学における英語授業であると信じている教員が英語カリキュラムを運営している大学、学部では、4技能テストの利用などとうてい考えの及ぶところではないだろう。つまり、入試英語のあり方と大学英語教育のあり方は、良きにつけ悪しきにつけ、一体のものなのである。

　やや蛇足かもしれないが、「語学力・コミュニケーション能力」を重要な要素とする「グローバル人材」の概念やその育成に対して強硬に異を唱える大学教員の存在、あるいは、現在の中学校高等学校の学習指導要領が4技能を「総合的に育成」することを目指しているにもかかわらず、それがスピーキングに偏重した教育であると曲解し、果ては「ぺらぺらしゃべるだけの薄っぺらな人間を作っても仕方がない」という全く的外れな（それこそ薄っぺらな）批判を繰り返す英語関係教員の存在について見聞きすると、実は彼らが守ろうとしているもの、そして「絶対にしたくないこと」が何か、まことによく透けて見える気がする。大学という存在そのものが本来的に「グローバル」なものであり、また言語教育というものが本質的に多技能にわたるものであるという明白な事実から目を背けようとする大学教員・英語関係教員の存在を許してきた事実にこそ、この国の大学教育、英語教育の悪弊は集約されていると言って良いだろう。それを変えるのは、簡単なことではない。しかし、一方で、まだ大学共通テストへの導入も行われていない段階で、学部全体の募集定員すら超える数の受験者が限られた定員枠の4技能テスト利用型試験に挑戦する事実を前にし、さらに授業において、英語によるグループディスカッションをこちらが終わらせようとするときの学生たちの「失望」した表情を見るとき、「変化」をもたらす風は、むしろ学ぶものの側から巻き起こり、強く吹き付けてすべてを覆そうとしているのだという思いは、日に日につのっているのである。

（早稲田大学 文学学術院 教授　安藤文人）

59

第2部　大学・高校におけるグローバル教育の実施状況

早稲田大学 国際教養学部
時代に合わせた国際性と教養力の涵養を目指して

1. はじめに

　早稲田大学は2012年11月にアジアのリーディングユニバーシティとして確固たる地位を築くための中期将来計画 "Waseda Vision 150" を策定し、創立150周年を迎える2032年までに実現すべきビジョンを発表した。この中において、2032年度の外国人学生数を10,000人、全学生に占める外国人学生比率20%を数値目標に掲げ、2016年度中に本学に在籍した外国人学生の総数は7,156名に達している。

　こうした大学の国際化・大学教育のグローバル化を牽引する時代の先駆けとして、2004年4月に早稲田大学国際教養学部が創設された。表1に示す通り、外国人学生は学生総数約3,000名のうちの三分の一を占め、またここで教鞭を振るう教員も約三分の一は外国籍である。当学部は一部の基礎演習を例外とした99%の授業を英語で行っており、母語が日本語の学生は原則として一年間の海外留学を必修としている。さらに日本語・英語に続く第三言語、第四言語の習得も推奨し、英語圏のみならず欧州、中国、韓国、東南アジア等への積極的な留学が多いのも特徴である。初年度の入学者592名から船出したこの学部は、いまや約10,000名の卒業生を輩出し、かれらの多くは国境を越え、メーカー、商業、行政、金融、マスコミ、教育等の幅広い分野の第一線で活躍している。

　本稿では、こうした国際教養学部の特徴と教育内容を概観し、また将来にかける展望を紹介することで、当学部の現在の姿を明らかにしたい。

表1　国際教養学部　学生・教員データ(2017年4月現在)

	日本国籍	日本国籍以外	計
学生	1,995名(67.3%)	970名(32.7%)	2,965名
教員(非常勤講師を除く)	47名(63.5%)	27名(36.5%)	74名

2.「国際」と「教養」

　国際教養学部は、国や文化の異なる学生が共通言語である英語を用いて共に学ぶ「国際」、幅広い分野の授業の中から自分の専攻を見出していく「教養」という二つの柱を擁する学部である。

　まず「国際」の要素であるが、すでに触れた通り英語での講義を基本とする。なぜ「英語」なのか。今日の国際的社会を生き抜くには英語力が必要不可欠、という功利面はもっともであるが、それはこの学部の本質ではない。今や実質的なリンガフランカとなった英語を用いることにより、教員・学生を世界中から募ることができ、また教育研究内容が透明になることで、その水準が世界レベルで評価される。さらに学生は各々の母語を離れ、英語というフィルターを通じて主義主張を客体化させるという知のプロセスを介することで、自己を相対化させ、多元的な視点から物事を考察・議論することが可能となるのである。

　こうした理念が奏功し、当学部には世界中から学生が集う。外国人学生の内訳は、2017年4月現在のデータで韓国250名、中国163名、台湾113名、アメリカ38名、シンガポール22名、タイ16名、インドネシア10名、スウェーデン9名、フィリピン7名、フランス6名と続き、正規学生の出身地は計45ヵ国・地域に及ぶ。さらに、この学部には年間270名を超える交換留学生が集まり（言うまでもなく、早稲田大学の学部の中では最多の交換留学生が在籍する）、その国籍は約30ヵ国にわたる。かれらはいずれも本学が提携する世界屈指の協定大学から派遣された向学心旺盛な未来のリーダー達であり、正規学生と同じ環境で勉学に励んでいる。こうした国際的な場を創出するための手段こそが、「英語」なのである。

　当学部のもう一つのレゾンデートルである「教養」であるが、学際的な視点を養うため、一部の必修科目を例外として開講科目は特定の分野に偏ることはせず幅広く提供している。すべての科目は7つのクラスター（分野）[*1]に分類されており、学生は個人の興味関心に応じてクラスター間を自由に横断することができる。また各クラスターの講義は「Introductory（入門）」、「Intermediate（中級）」、「Advanced（上級）」の3レベルに分かれており、習熟度に応じた履修計画を立てることを可能としている。

　なお、科目の難度を客観的数値で示す「コースナンバリング制」を本学でいち早く導入したのも国際教養学部であるが、これは当学部が擁するカリキュラムの自由度の高さと、多様な学問的興味を持つ学生の存在が齎した最適解であった。

さらに、教員より直接的な研究指導を受ける「演習（ゼミ）」もまた、国際教養学部は開設当初より少人数教育を掲げ、上級演習における教員・学生比率は最大で1：20としている。

最後に余談ではあるが、当学部では「Introductory Statistics（入門統計学）」を学生全員に対して必修としている。大きく「文系」に組するこの学部では、一部に数理的思考を不得手とする学生もおり、習得に苦労する様子も見受けられる。ただし今日における統計学の重要性は言を俟たず、また本学の創設者である大隈重信は総理大臣であった1916年、全省庁に対する内閣訓令第一号「統計ノ進歩改善ニ関スル件」を公布し、「其ノ調査ハ、迅速精確ニシテ実用ニ適スルモノタルヲ要ス」と、統計の意義を説いている*2。大隈の精神は一世紀の時を隔て、この学部にも確実に息吹いているのである。

3. コンセントレーション制度

学生は幅広く教養を学び進める中で、あるいは将来の進路・職業選択の関心の中で、特定の分野・領域への学問的探究を期待することもまた、必然である。こうした声に応え、また教養教育そのものの深化を目指し、国際教養学部では2016年度より「コンセントレーション制度」を導入した。これは国際教養学部で開講される年間約500の講義科目（外国語科目は除く）のうち、関連性、相補性、発展性のある科目群をディシプリン毎（Linguistics, International Relations, Political Economy of International Development, Mathematical Sciencesなど、2017年現在9分野を設定）にまとめリストアップし、各分野24単位以上を修得した学生を対象に「修了証明書」を発行する仕組みである。

これまでに当該制度の修了申請を行った学生は100名超となり、積極的な活用が垣間見られる。科目間の学習効果を有機的に連結し統合させる試みとして、今後ますますの発展が期待されよう。

4. 一年間の海外留学

すでに触れた通り、国際教養学部では母語が日本語である学生に対して、一年間の海外留学を必修としている（母語が日本語以外の学生は任意）。学生は早

稲田大学が協定を結ぶ世界681の大学（87ヵ国・地域）から第7希望までを申請でき、自己の語学力（非英語圏含む）、GPA等と照らし合わせ最適な留学先が選出される仕組みである。また、国際教養学部ではフランス・Sciences Po Aix-en-Provence（プロバンス政治学院）、ベルギー・Vesalius Collegeやシンガポール・Yale-NUS College（イェール大学／シンガポール国立大学共同設立リベラルアーツ大学）等、独自に16ヵ国・21の協定大学を開拓し、学生の相互交流を推進している。これら制度のもと、図1に示す通り、2016年度には483名の学生が計37ヵ国・178大学に旅立ち修学している。

留学先の内訳をみると、アメリカ、イギリス、カナダ、オーストラリアの英語圏4ヶ国の選択が約6割（計277名）を占めるが、これは制度の主な対象が日本国籍者であり、かつかれらの多くが学部の共通言語である英語の修練・熟達を望むことを考慮に入れれば、当然の帰結であろう。ただし一方で、フランス、スウェーデン、スペイン、イタリア等欧州の非英語圏（計117名）、さらには中国、韓国、東南アジアといったアジア圏への留学（計44名）もまた活発であり、とりわけ日本人学生にとってキャンパスでの国際的な人脈形成、異文化との接触が、後の留学選択に大きな影響を与えていることが示唆されよう。

図1　国際教養学部 留学派遣先（2016年度）

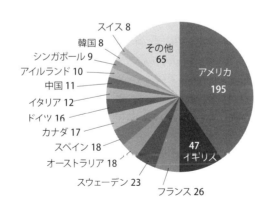

第2部 大学・高校におけるグローバル教育の実施状況

　また、かれらの帰国後には、留学前にも増して外国人学生、交換留学生で溢れる教室が重要な意味を持つ。己の英語力に対する自信の無さから、授業中の発言に気後れしていた学生が、留学を経て再会すると見違える程に毅然たる態度でクラスの議論をリードしていく場面に遭遇する。されども、これに相対する留学生もまた、自国のエリート大学出身の派遣学生や、そうした大学を蹴って早稲田を選んだ猛者達であり、待ち受けるのは熱を帯びた侃侃諤諤のディスカッションである。かくして、飽くなき知識創造の渦中に投じられた教室ほど、「国際教養」を体現する場は他にないであろう。

5. AIMSプログラム

　本学の留学制度の発展型として2013年より発足したのが「AIMS7 多言語・多文化共生プログラム（AIMSプログラム）」である。これは文部科学省の採択事業「大学の世界展開力強化事業〜海外との戦略的高等教育連携支援〜」に基づき、国際教養学部が主体となって運営する学部生限定（プログラムは早稲田大学すべての学部に開放）事業である。ASEANが抱える多言語・多文化共生社会を視野に入れた人材育成を目的とし、協定大学にはマラヤ大学（マレーシア）、インドネシア大学（インドネシア）、チュラーロンコーン大学、タマサート大学（以上タイ）、デ・ラ・サール大学（フィリピン）、ブルネイ・ダルサラーム大学（ブルネイ）が名を連ねる。

　AIMSプログラムは①早稲田大学での事前学習（半期）、②協定大学への留学（半期）、③帰国後に協定大学から来た学生との共同ゼミ参加（半期）、の3フェーズ・通算1.5年に及ぶ課程であり、学修分野は専門科目（社会言語学、言語政策、地政学、国際関係、歴史学等）、言語科目（フィリピノ語、インドネシア語、マレー語、タイ語よりいずれか一つ）、付加価値プログラム（インターンシップ、ボランティア、フィールドワーク等）から構成される。

　履修者の感想を見聞きする限り、対象国に初めて渡航したケースが大半を占め、文化的相似性・差異性に関する考察、経済発展のダイナミズムの体得、多言語社会における公用語（第二言語）としての英語の特殊性の発見など、プログラムへの参加が知的好奇心を満たす経験になるとともに、英語圏在住経験者が「新たなる知の接触領域」を求めてASEAN諸国に飛び込むケースが多々あることも興味深

い。時には1日24時間のインターネット環境が担保されていない社会インフラに直面し狼狽する学生もおり、隔世の感を禁じ得ないが、それはそれで当人にとっては貴重な実地体験であろう。

　なお、多くの学生にとって当該プログラムが日本語、英語に続く第三言語習得へのコンタクト・ポイントになっており、国際教養学部での学びに一層の付加価値をもたらす好循環が生まれている。

6. APMプログラム

　昨今の18歳のバックグラウンドは多様を極めており、齢若くして数ヵ国を転々と滞在してきた者、父母そして居住地の第一言語がすべて異なる者、独学にして多言語話者の域に達した者など、枚挙に暇がない。幸いなことに、この国際教養学部において、こうした経歴は異端ではなく、多国籍・多言語・多文化の世界観の中で自らの順応性を確かめ、また潜在力に挑戦するかのように、数多くの学生が活躍の舞台を創出している。こうした評判が一層の多様性を呼び込む成長エンジンとなり、いつしか新入生に占める第三言語、第四言語話者が目立つようになっていった。すでに時流は、英語による教育だけでは飽き足らない、「＋α」を求めるようになったのである。

　そこで国際教養学部では、多言語教育の模範的体系化を目指す試みとして、またこれまでに母国語と英語以外の言語には学習的接点を持ち得なかった2ヵ国語話者に対しても、広く多言語主義への門戸を開く機会として、2017年度よりArea Studies and Plurilingual / Mulitcultural Education Program（APMプログラム）をスタートさせた。これはフランス語、スペイン語、中国語、朝鮮語の4言語に焦点を当て、これらの語学習得はもちろんのこと、その言語を用いて当該国の文化、歴史、経済、政治などを多面的に学ぶ、第三（時として第四）言語でのCLIL（Content and Language Integrated Learning）教育の実践である。さらには海外留学制度もAPMプログラムと連動させ、当該4ヵ国への留学申請が可能であるばかりか、帰国後もこれら言語を用いての発展的な学習に繋がる講義や、専門科目を設置する構想である。こうした包括的な教育プログラムを通じて、履修者は第三言語を「ただ操れる」レベルから脱却し、卒業までに当該言語を用いて専門的素養を醸成することを目標に掲げている。

第2部　大学・高校におけるグローバル教育の実施状況

　なお、APMプログラムの始動にあたっては、これを担当する教員をフランス、スペイン、中国そして韓国からそれぞれ採用している。すなわち、先に紹介した留学プログラムやAIMSとは異なり、APMプログラムの学習拠点は、あくまでも国際教養学部の「ここ」にこそ存在する。共通言語である英語を基盤とし、第三言語能力以上を保有するプルリリンガリズム（複言語主義）の内発的研鑽と、それに裏打ちされた豊かな教養力と多文化理解力を併せ持つ次代の人材育成を目標に掲げ、国際教養学部は新たなる挑戦に踏み出したといえよう。

7. キャリア支援体制

　最後に紹介するのは、こうしたカリキュラムを通じて多言語能力、国際性、多文化理解を育んだ学生の出口支援である。「外国でインターンシップを行いたい」、「多国籍企業に身を置きたい」、「欧米の修士課程でさらなる専門知識の練磨に努めたい」といった学生のニーズは当学部の教育成果の表出である一方、それら要望を敏感に察知し吸収する、いわんやすべてを英語で対応できる、専属的組織の存在が必要不可欠であった。

　こうした背景より、国際教養学部では「グローバル・ネットワーク・センター（GNC）」と呼ばれる独自のキャリア形成・支援オフィスを設け、在学生の出口支援にあたっている。専属の職員1名と助手・TAによる運営体制のもと、GNCでは独自インターンシップの開発・運営（海外での実施含む、年間約30名が参加）、国際教養学部在学生のみを対象とした大手・多国籍企業説明会の開催（年間約40社、延べ約900名が参加）、また留学相談、英文ライティング指導や統計学チュータリングなど、時とともに機能を拡張・発展させながら今日に至り、いまでは年間延べ約1,000名（企業説明会参加者を除く）の学生が利用する、言葉通りの一大ネットワーク拠点へと成長した。

　冒頭に紹介した通り、国際教養学部の卒業生のキャリア選択は多岐にわたるが、ただし国の境界に捉われないことが大きな特徴であろう。また大学院への進学者も多く、日本国内にとどまらず、ハーバード大学、コロンビア大学、シンガポール国立大学、ケンブリッジ大学、ロンドン・スクール・オブ・エコノミクス等、世界の一流大学への進学を果たしている。

8. おわりに

　共通言語を英語とし、外国人学生を積極的に受け入れ、一年間の海外留学を必修にするといった、様々な野心的取り組みを掲げ船出した国際教養学部の教育コンテンツは、いまや国際系大学(学部)のデファクト・スタンダードと化したといってよいほどに、日本に定着し発展を遂げている。早稲田大学国際教養学部もまた、現状に満足することなく、従来の強みはそのままに、さらなる飛躍を目指し変化を続けていかねばならない。

　本稿で紹介したAPMやAIMSはその最たるものであり、プルリリンガリズム教育の充実を掲げ、今後ますますの発展が望まれる。また今年はSciences Poとの提携を一層深め、学士(国際教養学部)・修士(Sciences Po)5年一貫プログラムが発足する。国際教養学部の新たな学びの選択肢として、多くの学生に豊かな教育体験を届けることができるであろう。さらに近い将来には、Yale-NUS College(シンガポール)や陵南大学(香港)、延世大学、梨花女子大学(以上韓国)などに当学部を加えた、リベラルアーツ大学の国際コンソーシアムを組成する予定である。このように、時代に合わせた国際性と教養力の涵養を目指し、今後もグローバルスタンダードとなるプログラムを開発・提供していく所存である。

＊1　クラスターの分類は以下の7つである。

　1. Life, Environment, Matter and Information(生命・環境・物質・情報科学)、2. Philosophy, Religion and History(哲学・思想・歴史)、3. Economy and Business(経済・ビジネス)、4. Governance, Peace, Human Rights and International Relations(政治・平和・人権・国際関係)、5. Communication(コミュニケーション)、6. Expression(表現)、7. Culture, Mind and Body, and Community(文化・心身・コミュニティ)

＊2　総務省統計局、『日本の統計制度を確立　大隈重信』、http://www.stat.go.jp/library/pdf/pamphlet.pdf、2018年2月24日閲覧

＊3　分野、指定科目の詳細は国際教養学部ホームページ、『コンセントレーション制度について』を参照のこと。https://www.waseda.jp/fire/sils/other/2016/06/22/2303/、2018年2月28日閲覧

（早稲田大学 国際教養学部 学部長　ピニングトン・エイドリアン）

名城大学 外国語学部
持続可能な発展のためのグローバル人材育成

1. 基本情報

学校名	名城大学 外国語学部
所在地等	〒461-8534 名古屋市東区矢田南4 − 102 − 9 名城大学ナゴヤドーム前キャンパス (代表)052-832-1151　https://www.meijo-u.ac.jp/
学部・研究科、学生数等	外国語学部国際英語学科：2016年4月開設、定員130名 2013年国際化計画の中核プロジェクトとして位置づけ開設。(大学全体：9学部23学科、9研究科、合計15,485名)(2017年度末)
留学生数	外国語学部：なし(大学全体：164名)(2018/5/1現在)
派遣学生数	外国語学部：セメスター留学110名、海外研修5名、合計115名(大学：768名)(2017年度末)
海外協定校数	大学全体：25ヵ国、85大学
国際交流担当	学部事務室(大学全体：国際化推進センター。その他、各学部独自で実施するプログラムはそれぞれの学部が担当)
派遣留学生補助金・奨学金制度	大学(全体)奨学金制度：海外英語研修A奨学生奨学金、海外英語研修B奨学生奨学金など 外国語学部補助金制度：セメスター留学制度、長期留学制度に対するフルサポート制度など 学外：JASSO
派遣留学制度等所掌組織	1. 外国語学部所掌留学制度 2. 国際化推進センター所掌留学制度

名城大学 外国語学部

留学制度（期間、単位数）等	外国語学部所掌留学制度： 1. セメスター留学制度：13〜20週間、希望者全員対象、現地授業料は免除、3ヵ国13大学を対象。原則2年次。主として英語関連科目を15単位まで単位認定。 2. 長期留学制度：1年間（実質10ヵ月程度）、現地授業料は免除、3ヵ国6大学を対象。原則2年次。主として学部留学、20単位程度まで修得可能。 【フルサポート制度】 セメスター留学制度及び長期留学制度を対象。 現地授業料、海外渡航費、居住費、海外旅行保険、ビザ申請料などを大学負担。TOEIC（長期留学はTOEFL iBT, IELTS）、GPA、修得単位数を基準として、選考。 3. 海外研修（授業）：2年次〜、4週間。条件により20万円まで支給。4単位。 4. 国際フィールドワーク（授業）：3年次〜、2週間程度、2ヵ国を対象。条件により10万円まで支給。4単位。 5. 海外インターンシップ：3年次〜、2ヵ国を対象。条件により10万円支給。2単位。 国際化推進センター担当留学制度： 6. 海外英語研修制度：1年次〜、2〜4週間、提携校への派遣、7ヵ国対象。条件により20万円まで支給。2単位。 7. 交換留学制度：派遣先大学の授業料免除のほか、地域により異なる生活費の一部支給。 8. その他：大学の競争資金獲得により実施する海外研修プログラムあり。参加学生を対象に奨学金支給。非定期。
派遣留学生の単位認定等	上記（8）を除くすべてのプログラムの場合、海外派遣学習に対して、英語関連科目、あるいは正課科目として単位を認定する。読み替え科目は学部が決定。

2. 国際化戦略と外国語学部の設立

　名城大学は、設立90周年記念事業の一環として、2016年4月、第9番目となる「外国語学部」を、新設ナゴヤドーム前キャンパスに設立した。外国語学部の開設は、本学が2013年に定めた国際化計画の中核プロジェクトに位置づけられている。そのため、当学部は「国際化推進」を理念に掲げ、グローバリゼーションが深化する世界において求められる実践的なコミュニケーション力を有し、国境を越えて活躍できる人材の養成を目的としている。より具体的には、4年間の学修を通じて、(1)グローバル化社会の最前線で活躍できる英語運用能力(英語力)(2)アジアをはじめとする海外事情、および異文化や国際社会に対する深い理解力(国際理解力)(3)日本の歴史、文化、社会を深く理解し、日本の立場や事情を世界に発信しながら世界と協働する能力(実践力)を備え、グローバル化社会を切り開いて行くことができる人材に育てあげることを念頭に置いている。すなわち、当学部は、英語などの外国語だけを学ぶ学部ではなく、グローバル社会で活躍するために必要なスキルを身に付けることができる学部である。

3. グローバル化時代への振り返り

　まずは、グローバル化時代の特徴について整理しておきたい。グローバル化時代の今は、ヒト、モノ、金、および情報が、国という境界を越えて自由に移動することができる時代でもある。今の我々の生活は、様々な側面において外国との強いつながりを持つようになってきている。ものづくりに関しては、かつて高品質な製品を国内で生産し、世界各国へ送り出していた日本は、今では国外に生産拠点を置くようになり、そうした世界各地の生産拠点からさらなる他国へまで輸出するようになっている。もちろん、国内外生産に関して他の国々から原料や中間財を仕入れているのも事実である。外国産の完成品を日本へ逆輸入していることも、今は当たり前のことである。すなわち、商品に「Made in ○○」など「○○」に生産国名が明記されていても、その商品は数十年前に我々が手に入れていた「Made in ○○」という外国産商品とは大きく異なるものである。デザインや品質がかつて日本で生産していたものに劣らないほど優れているものまである。80年代に急増し始めた日系企業の積極的な海外進出はこのような状況を創出させ

ている。また、海外進出は、モノづくりに限定されているのではなく、農業やサービス業まで広がっている。日系企業の国外法人数は、アメリカやヨーロッパの国々においてよりも、アジア諸国においてのほうが圧倒的に多い。アジアの開発途上国が、外国からの投資や日本を含む先進国のハイテク技術を手に入れるため、魅力的な優遇策を導入していることも、ハイテク産業の途上国進出を後押ししている。昨今アジア諸国で生産されたハイテク商品が国内外で流通している現状には、実はこうした背景があり、企業人を目指す大学生にとっても深いかかわりを持つことになる。

　企業で働くことを目指す若者が前述した状況を正しく理解しながら学習することで、自らの成長だけではなく、企業や社会へのさらなる貢献も期待できるであろう。こうしたことを踏まえ、本学部では北米やヨーロッパだけではなく、アジア諸国に対する学生の理解を深めるためにも力を入れている。

　特に、開発途上国が多いアジア諸国の若者は、日本の若者と異なり、教育環境が充実していないにもかかわらず、学習意欲が高く、グローバルに活躍したがっている人も多いといわれている。グローバルに活躍することを希望するこのような若者は、国内において高等教育を受けられる機会が少ないという壁にぶつかるのだが、彼らは外国への留学などに積極的であり、日本の大学生と比較してその学習意欲も高いと評価してよいだろう。つまり、日本の若者が海外で活躍できるか否かは、こうした外国の若者と比較しても、見劣りしないほどにさまざまな能力を高められるかにかかっていると言ってよい。長年の悩みである日本人の英語運用能力の低さをはじめ、討論能力や、コミュニケーション力の弱さ、さらには学習意欲の低さなども、外国の若者と比較して日本の若者が弱いとされていることだろう。この状況が改善されないままでは、グローバル人材育成の取り組みは成果を上げることが困難であろう。

　若者が長い期間にわたり英語を学習していても、その運用能力が低いことが長年にわたる悩みである。高校生までの英語学習は受験のための英語学習に限られ、より実践的な英語運用能力は高くならないという問題もある。大学進学率が54％以上に達し、高校生の半分以上が大学進学を目指す時代になっていても、英語に関して苦手意識を持つ日本の若者はとても多く、2017年のある調査（ネットリサーチ事業を展開するGMOリサーチによる）では、その割合が60％以上であるという結果が出ている。

このような問題意識を基に、本学部では、実社会で必要とされる「英語力」、世界や日本の多様な価値観を知る「国際理解」、社会や世界で活躍するための「実践力」などを養成し、自らの言葉で世界と対話・協働し、新たな価値をつくりだすGlobal Communicator【世界人材】を育成することを目指している。下記では、その具体的な取り組みを紹介する。

4.「英語力」を高めるための取り組み

(ア) 英語学習プログラムの特徴

　本学部の英語学習プログラムは、英語で考え、英語で伝える、英語による発言力向上を目指している。小人数制によるCore English Programでは、Task Based Learningの手法を取り入れ、学生たちはペアあるいは小グループに分かれ、日常的課題から海外で遭遇する複雑な課題まで幅広い課題に対して、情報収集、意見交換、プレゼンテーションの仕方についてなどを学ぶ。

(イ) 課外学習を促すグローバルプラザの設置

　本学部では、講義室で行われる英語関連の授業のほか、学生たちの自立学習を促す施設である「グローバルプラザ」の利用を奨励している。この施設ではALL ENGLISHの環境を整備し、Learning Advisorとしての専門スタッフによるプレゼンテーションスキル、TOEIC・マルチメディア、アメリカ文学など、様々な課題を対象とした英語関連のワークショップが運営されている。そのほか、この施設を訪問する学生たちが気楽に英語で会話ができる「オレンジソファ」コーナーを設けている。

　神田外語大学と提携して運営している当施設の専属スタッフのほか、学生たちの訪問しやすい時間帯において非常勤の英語教員を配置しており、学生が常に英語でのコミュニケーションを取れる体制をそろえている。また、外国語学部教員も役割を分担し、オレンジソファコーナーの運営に参加している。

5. Future Skills Project（FSP）と学習に対する内発的動機付け

　当学部では、新入生を対象に1学期の必修授業として、企業と連携した「課題解決型アクティブラーニング」であるFSPプログラムを導入している。FSPプログラムの目的は、企業活動を実体験することで、学生に次の3点を促すことである。すなわち、①実社会を知る、②実社会で必要とされる力を知る、③そこで得た学びをその後の有意義な学生生活に生かす、である。さまざまな企業の担当者が授業に参加し、彼らの企業が実際に抱えている課題を提供する。学生たちは、「社員」という立場でその課題解決に取り組む。1学期を前半と後半に分け、それぞれ2つの異なった企業が課題提供者となる。学生たちを5〜7名の4グループに分け、2人の教員がその指導に当たる。企業担当者は「上司」の立場で当プログラムに3回参加する。1回目は課題提供、2回目はその解決案に対する中間評価、3回目は最終評価を行う。授業の一環ではあるが、企業担当者には学生を「部下」として厳しく評価するよう求めている。

　FSPプログラムのひとつの特徴として、他授業よりも授業外学習時間が圧倒的に長いことがあげあれる。なぜなら、小グループごとの活動であるため、一人一人が自分たちで役割分担を決め、授業外での情報収集、議論や話し合い、プレゼンテーションの準備などを行わなければならないからである。そのため、チーム形成、個人の役割、ゴール設定、授業外での活動可能な時間の確認など、グループや個人のマネジメントにおける工夫が求められる。

　第1次提案では企業担当者、いわゆる上司からさまざまな指摘やFeedbackを受け、最終提案へ向けて修正していく。結論の説得力を高めるためにロジックの組み立てや客観的な材料の収集なども、この取り組みを通して学ぶ。最終提案では「上司」である企業担当が良い提案から順位をつけ、実社会における競争、およびその厳しさを伝えている。

　企業担当者が上司として厳しい評価を下すことになっていることもあり、前半のプロジェクトでは、自分たちの知識不足や、グループワークへの甘え、役割分担の課題など、様々な壁にぶつかる学生達も多い。そして、後半のプロジェクトにおいては、前半の経験を生かし、積極的により良い評価を狙う学生が多い。ショックや戸惑いも含め、1年前期でのこの経験は学生たちにとって貴重な「学び」や「気付き」を促していると受け止めている。

　本取り組みが学生たちの課外学習時間を増やしていることは、本学のLMS

（Learning Management System）への学生一人当たりの平均アクセス時間が、外国語学部は圧倒的に長いという事実にも反映している。また、学習に対する姿勢がさらに改善されることも良い効果として現れている。

6. グローバル人材育成に関する外国語学部の取り組みの成果

　外国語学部は開設3年目の若い学部ではあるが、大学全体からの協力の下、学部独自に実施している各種取り組みの成果も見え始めている。たとえば、平成29年度実施した学生アンケート（2年生のみ回答）によると、「入学満足度」や「大学好感度」、「学生生活の満足度」、「授業満足度」、「授業理解度」、「成長の実感」は9学部の中で最も高かった。「成長を感じた場面」においては、「授業」や「資格取得」に関しても、外国語学部生の評価は9学部の中で最も高かった。一方で、「予習・復習」をほとんどしない学生の割合は、9学部の中でもっとも低い。「総合満足度」ランキングでも、外国語学部の学生の評価は最も高かった。こういったデータからは、外国語学部の学生が自分は充実した大学生活を送っていると実感していることがわかる。外国語学部でありながら、英語などの語学だけではなく、国際理解や実践力を柱とした幅広い内容の科目がそろっていることも、学生たちのこのような良い評価につながっていると考えたい。

7. グローバル人材育成に関する外国語学部の課題

　日本人学生の英語の運用能力の低さはグローバル化時代において大きなハンディーであるといわれている今日では、開設され2年しか経過していない当外国語学部の学生たちは、短期間の間に比較的高い英語運用能力を含め、ある程度満足できる成果を示し始めたと評価したい。しかし、学部としてその成果をさらにレベルアップさせることはこれからの課題である。

　また、留学制度の改善も必要である。原則として希望する学生たち全員が参加できる英語学習及び国際理解などを目的としたセメスター留学プログラムのほか、正課科目の学習が可能な交換留学や長期留学制度の充実が求められている。そのためには、高い英語力だけでなく、英語で運用する正課科目の充実も必要である。CLILなどを利用しながら、1、2年次においても英語で運用する正課科目

は存在するのだが、その拡大もこれからの課題の一つであろう。

　本学部設立後の2017年までの最初の2年間では、英語で話ができる外国人留学生は全くいなく、学内において学生たちの英語での対話パートナーは、教員のほか、同じ日本人学生に限られていたのが現状である。英語で話ができる外国人留学生数の増加は、学生たちの英語運用能力を高めるために役に立つことだと理解しているのだが、その増加策は当学部にとって重要な課題である。

（名城大学 外国語学部 学部長　アーナンダ・クマーラ）

第2部　大学・高校におけるグローバル教育の実施状況

大阪大学
大阪大学におけるグローバル人材育成の試み

1. 基本情報

学校名	国立大学法人大阪大学
所在地等	〒565-0871大阪府吹田市山田丘1－1 http://www.osaka-u.ac.jp
学部・研究科、学生数等	11学部 16研究科、23,288名（大学院含）（2017年度）
留学生数	2,273名（2017年5月1日 現在）
派遣学生数	大学間交換留学：174名　部局間交換留学：65名 大学主催の海外研修プログラム：616名（2017年）
海外協定校数	3112校（全学協定）　547校（部局間協定）
国際交流事務室等の形態	本部事務機構国際部では、国際部長の下に国際企画課（4係）国際学生交流課（2係）が置かれ、名簿上は48名体制。その他に「グローバルイニシアティブセンター」「大阪大学とカリフォルニア大学との学術交流推進室」「国際教育交流センター」「日本語日本文化教育センター」などの関係機関が置かれており、それぞれ事務は別に設置される。なお留学生担当講師などと共に国際交流担当の教職員が置かれている部局もあり、各部局において留学生および留学を希望する日本人学生のケアにあたっている。
国際交流関係職員数	専任職員　48名（国際部）
留学生奨学金等	文部科学省国費奨学金、留学生受入れ促進プログラム（外国人留学生学習奨励費）を活用しており、短期学生を対象として日本学生支援機構海外留学支援制度（短期受入れ）などを利用している。また大学基金を原資として「大阪大学交換留学奨学金」を設置している。

派遣学生支援制度等	• 日本学生支援機構(JASSO)海外留学支援制度(協定派遣) • 大阪大学未来基金グローバル化推進事業「交換留学奨学金(派遣)」 • 住友化学グローバルリーダー育成奨学金(大阪大学未来基金グローバル化推進事業) • 官民協働海外留学支援制度～トビタテ!留学JAPAN日本代表プログラム～ • 大阪大学未来基金グローバル化推進事業「研究留学助成金」 • 日本学生支援機構(JASSO)海外留学支援制度(大学院学位取得型) • 日本学生支援機構(JASSO)第二種奨学金(短期留学)※有利子貸与型
派遣留学生の単位認定等	基本的に学生の所属部局において行われている。ただし学生所属部局以外で新規に取り組んでいるプログラムにおいては、国際交流委員会などにおいて「国際交流科目」として認定を行うことがある。以下がそのプログラム例; • 国連ユースボランティア(UNYV)プログラム • エセックス大学夏季語学研修プログラム • モナシュ大学春季語学研修プログラム • グローニンゲン大学短期訪問プログラム • 理工系学部学生のための海外英語研修コース

2. グローバル人材の考え方

　本稿は大阪大学の国際化企画等の立案に関わってきた一教員である筆者の個人的な知見を下にした記事であり、大学としての公式の見解を記しているわけではないことは，まず最初にお断りしておかなければならない。

　さて、本学公式HP上で「グローバル人材」を検索した場合、ヒットするのは9件のみ。その事実からわかるように、本学として「グローバル人材」に関するキチンとした定義およびそれに至る全学的ディスカッションは行われていない。またSGU調書の中では数件の言及があるが、SGU運営に関しても、あるいはその立場を離れたとしても、学内コンセンサスを得るために「グローバル人材」が語ら

れたことはなく、また現時点で公式書類にも残されていない。その一方、ホームページや企画書類などでの「グローバルキャンパス」への言及は多い。国立大学法人の総合大学として、唯一外国語学部を擁する本学の特色を活かそうとする意欲の表れである。

3. 大学におけるグローバル人材の育成戦略

　上記のように（残念ながら）一貫した、また体系的な育成戦略は採られているわけではない。ただし外国語学部では例年400人前後の学生が私費留学などで海外に飛び立っている。そのHPにおける学部長の挨拶では；

　　大学に求められるグローバル人材の育成は、外国語学部とって大阪外國語学校の創設以来のミッションであり、大阪外国語大学時代に蓄積された経験と実績は、大阪大学におけるグローバル人材の育成にも十分に活用できるものと信じ、
　　大阪大学におけるグローバル人材育成の旗手たる学部でありたいと思います
との見解が示されている（外国語学部HPは大学HPにリンクしているのみ）。

　つまり「学生海外派遣」と一体化したグローバル人材育成が部局の使命として認識されているわけだ。

　なお、社会の要請に応えるために全新入学生にTOEFL-ITPを受験させるなどの施策が行われているのと同時に、外国語学部を有する唯一の存在となった大阪大学にしか出来ない「特色ある学部・大学院教育」を実現する一環として部局横断的なMEL（マルチリンガル・エキスパート養成プログラム）が設けられた。外国語学部各専攻語学生が文学部、人間科学部、法学部、経済学部の専門教育レベルの授業を体系的に学修するプログラムとして、現在は、人文学（グローバル・アジア・スタディーズとグローバル・ユーロ・スタディーズ）、人間科学（共生の生態）、法学・政治学および経済学・経営学の5つのプログラムが設置されている。MELの枠組みを使うことで、文系各部局学生が英語の他にスペイン語などを学ぶことも出来るコースである。

4. 留学の効果

　しかし留学の成果については全学で共有できるような態勢にはない。

そもそもMELが文系限定であることに示唆されるように、理工系、医歯薬系の学部学生においては留学に取り組むインセンティブおよびそれへの意識が低い。また教員もそれを奨励する意識は薄い。本学において派遣留学を牽引するのは法・経・人間科学(一部文学部)そしてなによりも外国語学部である。

その一方「広域アジア地域におけるインターンシップ派遣プログラム」(カップリングインターンシップ)や「アジア人材育成のための領域横断国際研究教育拠点形成事業」(略称CAREN)など、主として研究人材のグローバル化などについて政府等からの補助金を獲得、一部の理工系部局では力を入れているところもある。本学の卒業生のような技術系の中堅上級幹部は企業就職後に海外派遣をされる者も多く、「使える卒業生」とは「本社だけでなく海外でも有用な人材」であるべきという考えもあるからだ。前者は本学の理工系学生が外国語学部学生、および研修先の外国人学生とパートナーとなり、アジアの日系企業などでインターンシップを行うもの。後者はアジア圏の大学とダブルディグリーを構築するためのプラットフォームとして運営が開始されている。

5. 外国語(英語)能力をどう向上させるか

休暇中の海外研修において「英語資格試験」込みとするなど、理工系・医歯薬系でも時間が取りやすい休み期間中の留学から、より長期の留学へと動機づけられるように誘導をしている。

また来日している留学生をメンターとして日本人英語学習者のスピーキングやライティングの技能を上げられるようなペアワークを奨励している。本プロジェクト(Project HELP!)に対しては、SGU予算を措置し、また学外機関として英検協会とブリティッシュカウンシルの協力を得ている(後段で詳述)。

6. 留学促進の課題

既述のように本学のグローバル人材育成に関しては、指揮系統が曖昧なまま、各部局が取り組んでいる。中には他学から見てかなり先進的な取り組みもあるが、残念ながら相互の連携を欠いたままで運営が乱立している。言うなれば分散型ガバナンスだが、学内に分散するリソースを集約するなど、全体を統括する強力な

第2部　大学・高校におけるグローバル教育の実施状況

リーダーシップを欠いていることは否めない。

7. その他（協定締結、学生交流の"ノウハウ"など）

　現在は乏しいワークフォースを補うという意味も込め、短期留学運営の外部委託や認定留学制度の本格的導入などを検討中である。休学を伴う私費留学の「見える化」なども検討課題として積み残されている。本学なりのノウハウ・特色としては、派遣留学を促進するために、留学希望者と受入留学生を有機的に組み合わせることで、グローバルキャンパスの実現を謳う本学の大方針とも軌を一にして、日本人のグローバル人材への「目覚め」「動機付け」を促す方向性を模索している。その一例として、以下Project HELP! についてその大略を紹介してみたい。

8. HELP! について

　大阪大学のスーパーグローバル創成支援事業（以下SGU）の一項として「Project HELP!」（以下HELP!）が含まれている。以下、日本人学生の英語力伸暢のために留学生を利用し、また日本人学生をリソースとして留学生に日本に親しませるための取り組みについて紹介させて頂きたい。

　"HELP!"は、SGU採択によって陽の目を見た企画であるが、もともとはブリティッシュカウンシル、英語検定協会など、英語検定資格であるIELTSに関わる実務者らと、IELTSを学内で実施した後「本学学生の英語力四技能をバランス良く伸ばすための課題」を検討していた中で着想された企画である。

　筆者の大学における責任として、日本人学生の交換留学参加など海外派遣のコーディネートが含まれるが、残念ながら本学学生でTOEFLやIELTSなどのスコアを保有している学生は少なく、学内でのテスト実施などの機会を与えても、スピーキングやライティングについては伸び悩む学生が多かった。受験戦争を経てきた学生にとってグラマーやリスニングはある程度の馴染みがあり、自習をすることが可能であるが、いざ英語でキチンとした作文をせよとか、気後れせずに堂々と喋りなさいと言われても簡単に実現できるものではない。特にそういった技能についての自習教材や実践機会が乏しく、果たして受験英語対策のような「自習」

が可能なのか、と言うところで考えあぐねていた。そういった状況について話し合ううち、学内のリソースとしての留学生を活用してはどうかという発案となった。学習者にペアワークをさせ、そのメンターとして留学生に頑張って貰おうと言う発想である。

さて、日本人の英語学習者はIELTSのスコア向上を目的とする以上、それなりのメリットがある。その一方メンターとなる留学生に対して「日本人と交流が出来るよ」という点以外で、どのようなインセンティブを与えられるかで議論を重ねた。考え得るソリューションとしては、①金銭もしくはその他の貨幣、②大学の単位、③参加認定証、などのアイデアが出た。持続可能なプログラム運営を考慮した場合、将来にわたって継続的に財源を確保するのは難しい。また大学単位を出すほどに確立されたプログラムとして運営する経験も、また学習進行管理をするのも大変である。授業時間を確保するのも難しい。なにより「学生にペアワークをやらせて英語力が上がれば儲けもの」といった感性であった筆者を含めての教員に、システマティックな授業提供まではハードルが高い。そのため結果的に「参加認定証」発給に落ち着いた。

ただ、これにも多少の事情があり、豪州の新コロンボプランなどの各国の派遣スキームでは「派遣先でボランティアなどの社会貢献をした学生に奨学金をつける」という傾向がハッキリしてきている。学内に半ば公的な「言語ボランティア」の制度を創設することで、本学もしくは日本サイドでペイすることはないが、関係諸機関（ブリティッシュカウンシル・大阪大国際教育交流センター・英検協会など）が協働して修了証を発行することで、それぞれの学生の在籍校や母国での奨学金を獲得しやすくなる効果を期待することになった。

9. ステークホルダー間の役割分担と進行管理

本企画は国際教育交流センターに事務職員1名を配置し、プログラム統括、日本人学習者、留学生の応募とマッチング、進行管理などにあたることになった。IELTSの実施機関であるブリティッシュカウンシルと英検協会とは、メンターとなる留学生への研修を担当することになった。研修では日本人学生の英語の弱点などについて留学生に講義、またスピーキングやライティングテストの点数向上のためのポイントなどについて専門家としてのアドバイスをお願いすることにな

った。なおIELTS受験に向けて本プログラムを利用した本学学生は必ずしも「日本人学生」とは限らなかったが、元来日本の高校までの英語教育を受けてきた学生を主対象として立ち上げたIELTS学習スキームなので、便宜上「留学生」のメンターと対比させて「日本人学生」と表記する。

さて、立ち上げ当初の2015年秋学期にメンターとして呼びかけに応えてくれた留学生が14人、その一方日本人IELTSの学習者が32名応募し、11組のペアワークから始めることになった。当初は留学生に対して2日間の研修を実施した。その後1日に研修を短縮したが、研修後1学期間に8回のペアワークを行ったメンターに対して「修了証」を発行するという手順になっている。

留学生と学習者はそれぞれの都合で自由に会うことになるが、ペアワーク後に本学が用意したクラウドの上にそれぞれがレポートを残し、双方からのレポートを突き合わせて教職員が「修了認定」を行うという手はずである。なお、どうしてもメンターよりもメンティの方が多い

状況となり、一人の留学生が二人の学習者の面倒を見ると場合もある。次に示すのが、その後3年間6期にわたるメンター役の留学生応募者数と学習者の応募者数をグラフ化したものである。

プログラム当初にはメンター役の留学生の倍以上の日本人学生が応募したため、二期目（2016年春学期）には新規募集を行わず、前年に「積み残した」参加者をケアしている事も読み取って頂けるだろうか。

メンターとなる留学生は英語を母語とするものばかりではないが、英語による交換留学プログラムに参加している者など一定以上の英語レベルを確保している者である。日本人学習者については交換留学への本学の派遣規準である「IELTS6.0にもう一息の者」を中心に選抜していたが、キャンパス上でお互いの空き時間を活用する取り組みであるため、メンター候補の留学生と「会えるチャンスが多い」学生が中心的に選抜されたという傾向もある。

図1　メンター応募者とマッチング数

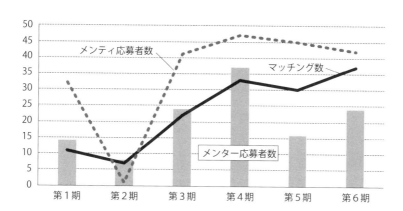

10. ペアワークの効果

　留学生とのペアワークによって学習者のIELTSスコアがどのように伸暢したか、と言った厳密な学習効果の検証には、残念ながら至っていない（歳岡2016）。ただし日本人学生留学生共にペアワークへの満足度が高く「参加して良かった」

という声が出ており、特に日本人学生にとっては将来の留学に向けてのモチベーションを高め、また持続させる効果もあった。学習上のメンターというに止まらず、同年輩のコーチということになる。

　ペアワークによる「効果」は学習効果だけではない。留学生と日本人に対して明確な目的を持たせた積極的な交流をキャンパス上で生み出すことによって、教職員にとって手がかからない学習環境そして、日本人と留学生双方にとって充実したキャンパスライフを送らせることが可能になる。そのため英語による交換留学プログラムで受け入れた学生でStudent Buddyを欲する学生に対しては、その一環としてHELP!参加に誘導するなど、多面的な利用を行った。

　その一方、双方の善意とやる気が前提のHELP!は単位などによって縛られることないスキームである。どちらか一方、もしくは双方の熱意が失せた場合は継続・

第2部　大学・高校におけるグローバル教育の実施状況

修了が困難となる。当初の目論見のように「修了証発行をもって留学生の母国や在籍校での奨学金給付に役立てる」という事が可能であるかどうかについては、留学生が奨学金を受け取れるかどうかが、相手に選ばれた日本人学生がどの程度真面目で真剣か、と言う事情に影響されてしまう。その点ではたまたま怠惰な学生と組まされてしまったために修了証が貰えないメンター留学生が出てくる場合もあったことは問題として認識している。ちなみにこれまでは3年6期に渡って140組のペアワークを行っている。

　なお、どの学部の学生が英語力伸暢のために本プロジェクトにメンティとして参加を求めたか、と言うことについては、データを巻末に示しているが、外国語学部の学生からの関心が高いことが見て取れる。また学部学生が中心であるが、一部修士の院生なども参加している。なお本原稿執筆中の2018年春夏期（7期）については30組以上のペアが成立している。

11. 今後の課題

　さてSGU事業として立ち上げられた本HELP!ではあるが、SGU予算の削減などに伴い、いろいろな意味でスリム化や合理化をさせる必要を感じている。例えば当初2日間にわたって行っていた留学生向けの研修などについては、1日に短縮するなどの措置を行ってきた。

　同時にプログラム運営者として常に心がけてきたのは、SGU選定大学として、補助金で立ち上げた事業を学外にポジティブな形で「発信」「スピンアウト」させていく必要性である。現時点では補助金によって「阪大生と阪大に来ている留学生をマッチングする」という作業を行っているが、補助金が枯渇していく状況で、人的資源も措置できなくなり、ルーティンとして自立的に続けていくことは大変に難しくなることが十分に見込まれる。何らかの発想の転換を行いつつ、マネタライズが可能なブレークスルーを考える必要がある。そのため現時点では地域の私立高校などとの連携が有効ではないかと考えており、平成30年度の夏季休暇中にパイロットプログラムを立ち上げる予定となった。

　以下は大雑把なプランであるが；
①　夏休み期間中3日間の「高校生向け集中英語講座」を私立高校のエクステンションオフィスで企画する。

大阪大学

② 本学からはメンター経験学生を紹介
③ 研修についてはブリティッシュカウンシルも協力
④ 今年の夏に関しては15ペアを想定
…というプロセスを想定しており、現在3者協定を準備中である。

　入試改革の波の中でIELTSも外部試験として注目されており、他試験にはない特色的な学習法が用意されていることは、他の試験に対するIELTSのアドバンテージとなり得る。上記のような試みについては試験実施団体からの賛同も得られやすい状況にある。そういった利点を活かしながらSGUによるサポートが乏しくなった場合でも、何らかの形でソフトランディングが出来る見通しをつけたいものだと考えている。

　最後になるが「HELP!」なるネーミングについて。

　前述のように「Harmonized English Learning Program」の頭文字であるが、同時にThe Beatlesの名曲が念頭にある。

HELP!　I need somebody

HELP!　Not just anybody

という冒頭の歌詞が、学習者にとってのメンターの役割を表しているのではないか、と考えてのネーミングだった。

　筆者としては、SGU選定によるプログラムであることも含め、積極的にプログラムの公表・公開をすすめ、学会員諸賢のご批判や更なるお知恵を頂きたいものだと考えている。

参考文献等

プログラムURL：http://osaka-u.projecthelp.jp/request/
歳岡冴香(2016)「留学生とのメンタリングによる英語学習支援の試み」,『大阪大学高等教育研究』4, pp. 87-91,

（大阪大学 国際教育交流センター 教授　近藤佐知彦）

第2部　大学・高校におけるグローバル教育の実施状況

〈補足資料〉

	第1・2期		第3期		第4期	
	2015年度後期 （選抜者）	2015年度後期 （応募者全体）	2016年度前期 （選抜者）	2016年度前期 （応募者全体）	2016年度後期 （選抜者）	2016年度後期 （応募者全体）
学部						
文学部	2	2	2	4	2	2
人間科学部	2	2	1	1	2	3
外国語学部	0	1	4	10	8	13
法学部	2	2	2	3	6	6
経済学部	1	2	4	4	5	7
理学部	1	2	0	0	3	3
医学部	0	0	2	4	0	0
歯学部	0	1	0	0	0	0
薬学部	0	0	0	0	0	0
工学部	2	6	0	1	2	3
基礎工学部	0	1	2	4	1	2
小計	10	19	17	31	29	39
研究科						
文学研究科	0	1	1	1	1	1
人間科学研究科	1	2	1	2	0	0
法学研究科	0	1	0	0	0	1
経済学研究科	1	1	0	1	0	1
理学研究科	0	0	0	0	1	1
医学系研究科	3	3	0	1	1	3
歯学研究科	0	0	0	0	0	0
薬学研究科	0	0	0	1	0	0
工学研究科	1	2	2	3	0	0
基礎工学研究科	1	1	1	1	1	1
言語文化研究科	1	1	0	0	0	0
国際公共政策 研究科	1	2	0	0	0	0
情報科学研究科	0	0	0	0	0	0
生命機能研究科	0	0	0	0	0	0
高等司法研究科	0	0	0	0	0	0
連合小児発達学 研究科	0	0	0	0	0	0
小計	9	14	5	10	4	8
うち研究生						
人間科学研究科		1				
小計	0	1	0	0	0	0
合計	19	34	22	41	33	47

第5期		第6期	
2017年度春夏学期 （選抜者）	2017年度春夏学期 （応募者全体）	2017年度秋冬学期 （選抜者）	2017年度秋冬学期 （応募者全体）
2	2	0	0
4	2	3	3
6	15	10	13
3	4	10	10
7	8	4	4
0	0	1	2
1	2	0	1
0	0	0	0
0	0	0	0
1	3	1	1
0	1	2	2
24	37	31	36
0	0	1	1
1	2	0	0
0	0	0	0
1	1	1	1
1	1	0	0
0	0	1	1
0	0	0	0
0	0	0	0
0	0	1	1
1	1	0	0
2	2	2	2
0	0	0	0
0	0	0	0
0	0	0	0
0	0	0	0
6	7	6	6
	1		
0	1	0	0
30	45	37	42

第2部　大学・高校におけるグローバル教育の実施状況

関西大学

関西大学の国際教育―異文化対応能力を培った人材育成を目指して

1. 基本情報

学校名	関西大学
所在地等	〒564-8680大阪府吹田市山手町3-3-35 （代表）06-6368-1121　http://www.kansai-u.ac.jp
学部・研究科、学生数等	13学部 13研究科、30,887名（大学院含）
留学生数	1,168名（2017年度末）
派遣学生数	1,288名（2017年度末）
海外協定校数	157校（37ヵ国、内96校と学生交流協定）（2017年度末）
国際交流事務室等の形態	国際部（部長：副学長）の下に、国際教育センター、関西大学日本・EU研究センターが設置されている。これを支える事務組織として学長室内に国際教育グループ（受入れチーム・派遣チーム・国際教育支援チームの3構成）、国際連携グループ、国際プラザグループが置かれている。
国際交流関係職員数	専任職員約20名
留学生奨学金等	JASSO、学外機関奨学金の他、関西大学独自の奨学金としては、グローバル奨学金、私費留学生特別助成金、私費外国人留学生奨学金、連合父母会、外国人留学生奨学金、私費外国人留学生授業料補助等がある。
派遣学生支援制度等	JASSO、学外機関奨学金の他、学内の国際交流助成基金による奨学金、グローバル奨学金がある。

派遣留学生の単位認定等	単位の認定は、基本的には、各学部の専権事項である。各学部等が行っている留学プログラム、事前の学部の承認を受けた全学のプログラムは、基本的にはすべて単位として認定される。学部・大学院、大学が認めた場合に単位を認定する「認定留学」の制度も導入している。

2. はじめに

　関西大学の国際化戦略（TRIPLE I/Intercultural Immersion Initiatives）では、2014-2023を1つの節目として、学内外で英語を用いた多様な研修・留学を、日本人学生と受入留学生が共に体験することで、コミュニケーション力だけでなく、共感力、創造性、積極性とともに異文化適応能力を養う異文化イマージョン教育（Intercultural Immersion Initiatives：トリプル・アイ構想）を展開している。その中で特に注力しているのは、Internationalization of Curriculum（IoC/教育・カリキュラムの国際化）である。教育の国際化は、単に教育の言語媒体をたとえば日本語から英語に転換するだけで解決するものではない。カリキュラムの国際化は、その教育を担う者（faculty）の視点、価値観、そして彼ら自身のグローバルコンピテンシーの転換を行うことである。関西大学が目指す国際化されたカリキュラムは、国内の学生および国際学生らがインターカルチャル、マルチカルチャルな場面において主体的に行動できる人材の養成を可能にする教育である。この人材養成を遂行する上で、最も学生に影響を与え、国際化されたカリキュラムの本来の目的を具現化させることができるのは、教育者自身に他ならない。英語で開講する科目（EMI/English Mediated Instruction）科目設置の試み等は、それだけではあくまでも「外枠」であり、環境整備、環境改善の一部以上のものにはならない。これらの新設されたEMI科目の中で、日々学生と接し、質の保証を伴う「国際化された授業」、「国際化された教室」を作り出すのは、その中でどのような授業活動がなされるのかにかかっている。大学教育の国際化は、教育者自身の国際化と、彼らが与える学生達への影響力が大きな鍵を握っている。さらに、EMI科目を推進する上で、看過できないのが、その推進を担う「人材リソース」である。この人材リソースのカテゴリに入る者は、教員・職員、そして多様なアウトリソースした業者などとの協業といった、多様・多層となる。本稿では、関

西大学の学内で展開する国際教育（IoCを中心に）の近年の動きを紹介していく。

それぞれの大学の国際化戦略と同様に、本学のTRIPLE Iが育成を目指す「人材像」がある。狭義の言語運用能力の習得のみにとらわれることなく、本学が提供する専門知識を通して、背景にある歴史や文化に対する眼差しを鍛えること。外国語学習だけに、異文化対応力の涵養を集中させるのではなく、日々の学習の中に、異文化イマージョンの体験を持ち込むことで、多様な考え方・物の見方に対する共感度を徐々に高め、ひいてはグローバルな社会で活躍することのできる、想像力豊かで、かつ品性のある人材となる。この人材像は、日本・外国籍学生を問わない。また、本学でどのようなルートで学ぶ学生に対しても該当する人材像であり、それを踏まえた国際教育の提供を徹底している。

3. 人材育成につながる学内の国際教育活動

3.1　Mi-Room（マルチリンガル・イマージョン・ルーム）

平成27年度より、異文化コミュニケーションを実体験するマルチリンガル・イマージョン学習スペースMi-Room（Multilingual Immersion Room、通称エム・アイ・ルーム）を設置し、学生が課外活動の一環として、英語もしくは他の言語に触れる機会を設け、外国人の特別任用教育職員を配することで、正課授業との連動・連携も想定しながら運営している。平成29年4月に、Mi-Roomは、異文化交流・国際体験・語学学習ができる自立学習の場としての機能をさらに拡充してリニューアルオープンした。

担当教員とGTA（Global Teaching Assistantの略称で、主に海外からの留学生が担当）によるLunchtime English Discussionや英語発音クリニックをはじめとした各種セッションを拡充した。4年目を迎える現在、学内の利用者も増え、平成27年度の開設時の年間利用者総数470名から、平成28年度は2,352名、平成29年度は6,677名と増え続けている。本学は大阪府下にキャンパスが複数あることから、平成30年度より「出張Mi-Room」と名付け、堺キャンパス、高槻キャンパスでも同様の活動を開始している。本学の専任教員の事前研修と監修も付随させ、参加する側、教える側の双方にとって、しっかりとしたセッション運営の遂行が功を奏し、実際にその言語を話す国へ交換留学や語学留学をする学生など

も出てきている。

3.2 KU-COILの実績

平成26年の春学期に、本学はニューヨーク州立大学オスエゴ校（米国）、ニューヨーク州立大学アルスター校（米国）、グラスゴー・カレドニアン大学（スコットランド）の3大学とCOIL授業を開始した。同年、日本国内で唯一のCOILセンター（KU-COIL）を設置し、SUNY COILセンターが十分に管轄できていなかったアジア諸国などへの「COIL の普及・推進を行う役割（Asia Hub for COIL）を持つ組織」として、これまでに台湾、韓国、マレーシア、メキシコ、中国、ブラジル、タンザニア、インドネシアなどの海外の大学とのKU-COILネットワークを広げてきた。現在に至るまでに、計21の大学、11ヵ国のネットワークを持つまでに成長した。これらのネットワーク内の大学の多くは、COILから始まった関係が、ひいては大学間の多面的な協定関係へと成長している。このように、COIL を通したつながりは、本学にとっては内実ある海外の大学との関係の維持拡大において大切な役割を担っている。本学のKU-COILプロジェクトは、現在に至るまでに延べ700人超の受講者を輩出した。従来であれば接触の少ない国や地域（例えばASEAN諸国、アフリカ諸国など）の学生達との共修に参加させることで、いわゆる異文化への開眼を促進する上で非常に効果があることを学生たちも実感しており、平成28年に正式に公表された本学の大学ビジョン（KANDAI VISION 150）においても、大学の国際化を担う上でKU-COILの言及がなされるなど、大学機関全体で本取り組みを奨励している。COILを活用した活動は、主として英語を用いて、共通のテーマに関して様々な課題に取り組むことであり、「英語を学ぶ」のではなく、「英語で学ぶ」作業を通じて、英語学習の目標を同定し、モチベーションを引き上げる。平成29年度に関西大学のCOIL参加学生84名にOPI（Oral Proficiency Interview）テストを約6週間のCOILの前後で受験させたところ、そのうち4割がACTFLの語学運用能力レベルが1ランク上がるという結果が出ている。

日本の少子化・高齢化による経済活動への影響は看過できない状況にある。またアジア地域の市場の変貌、とりわけ中国の影響力が増大するなか、アメリカの経済的地位の変化も念頭に置かなければならない。将来このような変化から生じ、両国が直面すると予想される人的、制度的課題に対処するためには、双方で問題

意識と長期的展望を共有しつつ、相互に不備を補い合うことのできる、人的ネットワークを戦略的に構築することが不可避である。COILを活用した日米学生の共修活動では、問題意識の同定、メンバーの長所・短所の認識の醸成に役立ち、理系・文系を問わぬ交流を通じて、まずは【学術ネットワークを構成する人材】が育成される。そこは、深い教養に根ざした価値観・倫理観・世界観を有する人材が集まる場所であり、あわせてグローバル・キャリアマインドの醸成を図ることにより、NPOやNGOなど、多様な組織も含む【キャリアネットワークを構成する人材】が育成される。このように、COIL事業の波及効果は高く、本学の国際教育の根幹の一つを担っている。

4. グローバルFD（ファカルティ・ディベロップメント）

　関西大学では、他大学の進展同様、英語で開講する科目（EMI科目／English as a Mediated Instruction）の拡充を2014年以降急ピッチで進めてきた。2014年度に6つのモジュール（テーマ別英語開講専門科目）と語学スキルアップや異文化コミュニケーション能力の基礎の養成を主目的とするGlobal Liberal Art UnitからなるKUGF（Kansai University Global Frontier）カリキュラムが新設され、3年目を迎える平成28年度には、新たに「グローバル科目群」として全学部共通教養科目に位置づけると共に、2つの新モジュール（Applied Sciences and Engineering「応用科学と工学」とFundamentals of Social Sciences「社会科学の基礎」）を加え、よりカリキュラムとしての科目数と専門分野の範囲を広げる展開となった。2017年にもComparative Linguisticsという言語学関連の科目を先述の「社会科学の基礎」モジュールに追加し、2018年度には、モジュール1をEngineering Approach to Urban Issuesとして更新し、4つの科目を本学の理工学部の専任の教員が担当する。徐々にではあるが、KUGFカリキュラムの充実を目下図っている。また、同2018年度には、大学院共通（オープン）科目群の設置が実現する。「日本学を学ぶ」、大学院外国人留学生対象の「日本語アカデミックライティング」科目など、英語で履修を希望する本学の院生のニーズに合わせたカリキュラムを提供する。これらの多くがEMI科目であり、今後も、例えば英語基準の学位プログラム、サーティフィケートプログラム、そして将来的には共同学位の確立などにつながるだろう。

関西大学で実施してきたグローバルFD活動は、2015年を皮切りに開始された。EMI科目を本格的に拡充させた2014年の翌年である。EMIのエントリーレベルのトレーニングとして、「CLILから学ぶ英語を介した教授法トレーニング」をテーマに、平成26年度における国際教育のためのFD/PDの第一弾を企画し、7月末の5日間（7月20日〜25日）の集中トレーニングワークショップを開催した。このワークショップは、CLIL（クリル／Content Language Integrated Learning 内容言語統合学習）という、専門科目教科を語学教育の方法により学ぶ教授法を実体験しながら理解していく教授法を理解し実際の授業活動に取り込む方法を学ぶというものである。2016年には、「国際教育支援室」（教育推進部の機関の一部として位置づけ）が新設され、ここに所属する特別任用教員（2名の准教授と1名の助教：当時）らが主体となり、これらの学内ワークショップを実施している。CLILの教授法を一部紹介し、主にイギリスの高等教育機関（例：オックスフォード大学、ケンブリッジ大学、リード大学）のEMI研修プログラムなどを参考に、日本の大学の状況に合わせた課題を対象としたワークショップ内容をデザインした。外部の提供するプログラムでは対応しきれない、参加した関西大学所属教員らの声をできるだけ反映させた内容となっている。EMIを担当する、もしくは担当を将来的に考えている教員にとって、特に関心が高かったのは、EMI科目を教授するに「相応しい」語学力レベルがなんであるか、という点であった。ヨーロッパ言語参照枠（CEFR）でC1を下限とするといったスペインの高等教育機関における明確な提示があるようなケースもあるようだが、本学のFDでは、あえて外部試験スコアなどによる参照ラインを設定するのではなく、「どのような授業を展開するEMI」であるのかという、授業デザインの目標を描き、その授業を実現するために必要なcan-do（実践能力）を個々で洗い出すという作業を推奨している。2017年度からは、オンサイトFD、つまりキャンパス内で頻繁に実施する研修の機会をより多くの教員に届けることを趣旨とし、毎月2回のペースで、特別任用教員（共著者ベラルガがその一人である）を配置し、本学の非常勤講師1名および大阪大学にて応用言語学を研究する博士課程後期の大学院生数名にもアシスタントとして参加してもらい、教員対象のグローバルFD活動を実施している。

5. 学生モビリティへ導くアーティキュレーション（連係）

　学内の国際教育の活動の先には、学生モビリティの向上がある。学内の国際化が進むにつれ、より多くの受入学生（国外大学からの派遣）が、様々な期間・目的の下本学で学び、また、その外国人留学生らと交流した日本人学生らが、より多彩・多層な派遣留学ルートで海外へと飛び立ち、多くを学び帰国することができるようになる。学内の国際化はまさにこの好循環スパイラルを仕掛けるためにある。様々な工夫と仕掛けが少しずつ実を結び、本学の受入れ留学生数は現在全国で8位（日本学生支援機構調べ）となっており、留学生別科（進学準備プログラム）で学ぶ層、本学で学位取得を目指す層、そして交換や短期プログラム、Faculty-ledのカスタムプログラムにて本学で学ぶ層と、様々なインバウンドが展開している。2014年から開始した短期日本語・日本文化学習プログラムに加え、日本語を学ぶことを主目的とするのではなく、英語で開講する科目や演習（インターンシップなど）を通して「日本で学ぶ」Kansai University Summer/Winter Schoolプログラムもスタートした。地域と連携した産学連携型PBLなどもこれらのプログラム内で実施しており、本学が立地する地域全体の国際化・多文化共生の指針形成の動きともしっかりと歩調を合わせ、取り組みを遂行している。

　関西大学は3万人規模であるが、日本人学生のモビリティについては未だ1,200名を超えたところである（2017年）。多くが短期語学セミナーや認定留学（休学をせずに、派遣先の期間に授業料やプログラム費用を支払って滞在する留学形式で、主に大学付属の語学学校に通う）に参加し、海外で英語をはじめとする外国語運用能力の向上を目指すが、スーパーグローバルハイスクールなどからの進学者など、単なる語学留学では物足りない学生層も顕れている。また、「英語圏」の留学先のみならず、タイ王国、マレーシアといった東南アジアや、欧州の英語で開講する科目の履修を目的とする派遣留学を志向する学生も徐々に増えており、「どこへ、何をするために」留学するのか、をしっかりと見定め、自身が選択し「カスタマイズ」する留学の在り方に寄り添い支援していく必要がある。本学では、近年「留学アドバイザー」制度の導入や、留学経験者と初体験者の学生ピアのコミュニティ作りなどといった活動が進んでいるが、これらの試みも、今後の学生モビリティの内容の充実と向上（「縦と横の広がり」）へとつながり、大きく貢献するだろうと期待をしているところである。

6. 今後の展開

　キャンパス内でできる教育の国際化は、多様な学生モビリティのための派遣・受入プログラムの根幹をなすものである。国内の教育が国際化されていないと、日本学や日本語を学ぶ海外からの学生達に極めて限定された学生の受入にとどまってしまい、国や地域の多様性を望むことができない。多様な国・地域の学生がキャンパスで学ぶことで、日本人学生と接触し、彼らの世界への視野が広がる。自分の可能性を試し、様々な場所へ、環境へと越境し飛び立ち、そこで学ぶことで、より強力かつ柔軟な人材へと成長することだろう。このきっかけとなるのは、やはり彼らの古巣である学内の教育なのである。従って、本学では留学制度や英語教育の改革を行うと同時に、大学教育活動全体の国際化に大きな比重をかけた取り組みを継続していく。

参考文献

池田佳子 (2017).「国内外の大学教育カリキュラムの国際化の流れを考える ―留学の短期化・英語言語媒体科目（EMI）を志向する国際教育―」『関西大学高等教育研究』第 8 号: 11-22.

（関西大学国際部教授・国際教育副センター長　池田佳子）

近畿大学（国際学部、生物理工学部）
「実学教育」に根ざしたグローバル人材育成教育

1. 基本情報

学校名	近畿大学
所在地等	〒577-8502 大阪府東大阪市小若江3-4-1 （代表）06-6721-2332　https://www.kindai.ac.jp
学部・研究科、学生数等	14学部11研究科および法科大学院、34,151名（大学院含む）
留学生数	354名（2018年5月1日現在）
派遣学生数	831名（2017年度末）
海外協定校数	235校（内46ヵ国、141校と学生交流協定）（2017年度末）
国際交流事務室等の形態	国際関連組織としてインターナショナルセンターを設置。センター内には、海外の大学との交流協定締結や海外留学、外国人留学生の受け入れ等を推進する国際交流センター、課外の外国語教育および留学生を対象とした日本語教育を実施する語学教育センターがある。事務職員はインターナショナルセンターに所属し、各教員と連携し業務を遂行している。
国際交流関係職員数	専任職員8名
留学生奨学金等	近畿大学外国人留学生奨学金、文部科学省外国人留学生学習奨励費および各財団等の奨学金がある。
派遣学生支援制度等	外国留学奨励助成金（授業料補助と留学経費補助）がある。

派遣留学生の単位認定等	単位の認定は、所属学部における教授会または所属する研究科の研究科委員会の審査により開講科目に読み替えて認定される。各学部等が行っている留学プログラム、事前に学部承認を受けた全学のプログラムは、基本的にすべて単位として認定される。また、学生が独自に開拓した留学プログラムも学部・大学院、大学が認めた場合に単位を認定する（認定留学）。

グローバル人材育成のための新学部開設
留学必修化と産学協同 ─国際学部

はじめに

　近年日本の大学においては、加速度的にグローバル化していく社会環境に適応・活躍できる人材の育成が求められており、各大学でさまざまな試みがなされている。本稿では、早期留学必修化と教育産業との連携を軸として近畿大学で2016年に開設した国際学部の取り組みと現状について述べていく。

1. グローバル人材の育成に対する大学の方針

　近畿大学がこの10年ほどで行ってきたさまざまな改革の一つに大学の国際化があり、建学の精神である「実学教育」に基づきグローバル人材を輩出するシステム構築に取り組んできた。その答えが2016年4月の「国際学部」の新設である。国際学部のアイデンティティは、近畿大学の国際化を一気に推進するための「ハブ」であり「器」であるという点にある。学生数30,000人強の大学の器とするために、国際系の学部としては規模の大きい定員一学年500名とし、英語を専修言語とするグローバル専攻（定員450名）と中国語または韓国語を専修言語とする東アジア専攻（定員50名）からなる。

　建学の精神である「実学教育」に合致する国際学部の目的とは、確固としたコミュニケーション能力をもとに世界で活躍できる人材の育成・輩出である。これ

を実現するために、本学部では(1)語学力・国際性を早期に身につけるための一年次後期から一年間の留学必修化、(2)実社会で自信を持って活用できる一歩踏み込んだコミュニケーション・プレゼンテーション力の育成およびそのための留学後の語学カリキュラム強化、という二本の柱を立てた。

　一学年500名規模の学部で留学必修化を実施し、なおかつ留学後の実践的語学カリキュラムを成功させることはたやすいことではない。近畿大学はベルリッツコーポレーション(以下ベルリッツ)と連携することにより上記目的を達成しようと考えた。「産学協同」と言うと、通常は理系学部の特徴と捉えられがちであるが、本学では文系学部における「産学協同」を新しく試みることにしたのである。

　以下、英語を専修言語とするグローバル専攻(定員450名)を中心に紹介することにするが、セクション2では留学必修化における国際学部とベルリッツとの関わり、セクション3では留学後の語学カリキュラムにおける両者の関わりについて述べることにする。

2. 留学必修化

　留学の必修化には大きなハードルがある。必修である以上、留学中のカリキュラムに教育の一貫性が強く求められるからだ。450名全員が同じ大学に留学できればこの問題は解決するであろうが、当然ながらそのような受け入れ機関は存在しない。本学部がベルリッツと提携をしたのは、同社が統一カリキュラムを持つ語学教育機関を全米に展開しているからである。これにより、学生それぞれが参加する留学先のプログラムにおける到達目標、授業時間数、進度といった質・量の公平性が十分担保され、留学後の単位認定に客観性をおくことができるようになったのである。

　ベルリッツは、1878年の創設以来、語学教育、グローバル人材育成を目標に世界70以上の国と地域に約500の拠点を持ち、かつ全世界20,000企業への教育導入実績を持つ教育産業である。

　上でも簡単に述べたが、ベルリッツの教育産業としての強みは、世界最大規模の留学生受け入れ機関であるELS Educational Services, Inc.(以下ELS)を有する点である。ELSは英語圏の大学に留学生を進学させることを目的とする英語教育機関で、米国およびカナダに60ヵ所以上のセンターを有し、そのうち約40セ

近畿大学（国際学部、生物理工学部）

ンターは大学付設という形態をとっている。

　ELSでは、全てのセンターにおいて共通の教育プログラムに基づいた授業運営をしており、教育の質の均等性を担保している。留学生はまずプレイスメントテストを受け、厳格な審査により12レベルに細分化したいずれかのレベルに振り分けられ、一人一人に合った教育が施される。共通した教育プログラムおよび厳格なプレイスメントという教育の質保証により、ELSセンター最上位クラス（＝レベル112）を修了した学生に発行される証明書は、TOEFL®やIELTS®と同様の信頼度をもって海外650以上の大学で入学審査に用いられているほどである。また、ELSセンターは基本的に大学付設の形態をとっているため、一定のレベルに達した学生はその大学の科目を受講したり、その大学に編入したりすることができる。

　留学機関の教育の質と厳格性こそが、近畿大学国際学部が留学必修化にあたり求めたものであり、ベルリッツと連携した理由もここにある。2017年度に関していえば、ELSセンターを付設している米国31大学と大学間協定を結び、各センターに平均16名の学生を派遣している。一つのセンターに16名と聞くと多く思われるかもしれないが、上述したようにELSは習熟度別に12のレベルを設けているため、特定のクラスに本学部生が集中することはない。

　さらに本学部とベルリッツ、特にELSとの連携に関して特筆すべきは、留学前の一年次前期に米国からELS講師を近畿大学に約20名招聘し、留学前に9コマ、週13.5時間のELS授業を15名以下の少人数で開講していることである。これにより、学生は一年次後期から始まる現地でのELS授業にスムースに移行できると同時に、現地での生活に必要な英語コミュニケーション力を身につけることができる。

　留学中は、本学部生が第1セメスター中にELS最上位レベル（レベル112）を修了すれば、第2セメスターでは当該大学の学部授業を正規学部留学生として受講することができる。2017年度について言えば、学部科目を完全受講できる学生は40名、ELSを受講しながら学部科目を一科目受講可能な学生は96名であった。

　繰り返しになるが、ELS最上位レベルを修了した際に発行される修了証はTOEFL®やIELTS®同様、海外の大学において入学審査に用いることができる。これは帰国後に語学留学ではなく学部留学を考えている学生にとって大きな利点だ。ちなみに2016年入学の一期生について言えば、最上位レベルの修了証を授与された本学部生は475名中306名である。うち、近畿大学のインターナショナル

大規模大学

99

センターが運営する正規交換留学制度には、本稿執筆時点で25名が申請し、再度の留学を準備している。

3. 留学後の語学カリキュラム

　近畿大学国際学部における留学の位置づけは、ゴールではなくスタートラインに過ぎない、ということである。つまり留学で培った英語コミュニケーション力は、あくまでも大学における学修の土台であり、それを元に留学後に実社会で通用する英語力をさらに向上させることが到達目標だということだ。

　本学部ではベルリッツと連携することにより、同社が実施している日常会話を超えた実践的（ビジネス）コミュニケーション力育成を2年次後期から3年次後期にかけて「キャリア英語」、「ディスカッション」、「ディベート」、「プレゼンテーションスキル上級」、「交渉のスキル」といった科目群で行っている。これらの授業では、実際のビジネス・シチュエーションを設定した中で、ロールプレイを中心に正確さと流暢さを兼ね備えたコミュニケーション能力の向上を目指している。また、問題解決や交渉など、対人的な技能（＝ソフト・スキル）の向上にも重点を置き、自分の考え方やコミュニケーションの取り方などの文化的特徴を分析した上で、グローバル・マインドの熟成および業種・業態・職務・職階を問わず身につけておくべきスキルの習得を目標としている。

　また、留学で培った英語力を土台にして、本学部生は専門分野も英語で学ぶことになる。言語学、コミュニケーション学、国際関係、地域研究など、「スタディーズ」と呼ばれる学部の専門科目群では、その多くを学部教員が英語で開講することによって、学生が常に英語に接し、英語で考える学習環境を整えている。

　このように、ソフトスキルおよびキャリア面での英語はベルリッツが担当し、専門分野での英語は学部教員が担当するという教育の役割分担を持つカリキュラムが可能なのも、ベルリッツとの連携のメリットであるといえよう。

4. 現時点での評価

　本稿執筆時点で、近畿大学国際学部は開設二年目を終えたところである。つまり、一期生が留学から戻り、専門科目やベルリッツによる科目の履修を一学期間

近畿大学（国際学部、生物理工学部）

修了したということだ。英語による専門科目の受講やベルリッツの高度なプログラムを受講するにはしっかりした英語力が必要であるが、日々英語力の高いビジネスパーソンに接しているベルリッツ教員からも、授業の理解、アクティビティにおける積極性といった点において本学部生は高い評価を受けている。これは、一年次からの留学によって、英語力向上のみならず日常生活を通しての人間的成長が大きく関係しているからではないかと考えている。

　実際の英語力について言えば、別表にあるようにTOEIC® Listening & Readingにおいては、留学前の平均点が469点（注：日本の大学生平均444点）であったのに対し、留学後は700点と大きい伸びを示している。英語系専攻の日本人大学生の平均点が507点であることを考えても高い伸び率であると言えるだろう。また、一般的な上場企業が全社員に求める期待スコアは600点と言われるが、これについては留学後の本学部生の82%がすでに達成、さらに、企業が海外赴任者に求める期待スコア695点についても55%がすでに達成している。

　特記すべきは、TOEIC®800点以上を取得した学生が451名中102名いる点で、実に23%の学生が二年次においてすでに高レベルの英語コミュニケーション力を有していることになる。これにより、カリキュラム後半の専門科目の授業運営も英語で円滑に進めることができるわけだ。また、日本人が苦手と言われるプレゼンテーションスキル、ディスカッションスキルといった技能についても、留学中にELSでみっちり叩きこまれており、残りの大学生活でさらに磨きをかけることにより就職活動にも自信を持って取り組んでいけると確信している。

国際学部　一期生TOEIC© Listening & Reading　スコア推移

	留学前（2016年7月実施）	留学後（2017年7月実施）
受験者数	456名	450名
平均点（990点満点）	469点	700点
最高点	870点	955点
900点以上	0名	20名
800点〜895点	5名	82名
700点〜795点	14名	133名

※スコアは小数点以下切り上げ

おわりに

　近畿大学国際学部では、ベルリッツとの関係を「委託」ではなく、「連携」として捉えている。本学部においてはベルリッツが提供するELSプログラムおよび留学後の語学科目の内容を十分理解し、またベルリッツにおいても本学部の理念を十分理解してもらった上で、相互に検討を重ね、学部開設に臨んできた。学部開設後も、毎月一、二回「連携協力授業運営委員会」を開催し、問題点の早期把握や教育の質の改善に取り組んでいる。これにより、ベルリッツ側にも新たなビジネスモデルのノウハウが蓄積されるはずである。一方通行の委託関係ではなく双方向の連携関係であるからこそ、このような形の学部運営ができるのだと考えている。

　近年、学部の評価、特に新設学部の評価は出口、つまり学生の就職・進学実績によってなされる傾向がある。開設二年目を終えたということで客観的にその成果を見ることができるのはまだ先のことであるが、教職員・学生ともに前向きな姿勢で進んでいることを日々実感している。

（近畿大学 国際学部 学部長代理　藤田直也）

近畿大学（国際学部、生物理工学部）

理系学部におけるグローバル人材育成の取り組み
─生物理工学部

はじめに

　近畿大学の本部キャンパス（大阪府東大阪市）にあるインターナショナルセンターは、グローバル人材の育成や国際化に関わるさまざまな留学プログラムを展開している。センター主管の留学制度の中には、長期留学として学術交流協定を締結している海外の大学との交換留学や派遣留学、協定校以外で専門分野を学ぶ認定留学プログラムがある。また短期留学としては、主に春・夏の休暇を利用した海外協定校での語学研修があり、ホームステイや寮生活を通して訪問先の文化や生きたことばを学ぶ機会となっている。その他にも、海外の企業や団体で就業体験・研修（インターンシップ）を行うプログラム等が用意されている。

　理系学部においても、海外の大学との交流や連携を行っている。理工学部や薬学部（共に大阪府東大阪市）などでは、独自の学術交流協定を締結し共同研究や学術研究目的のための情報交換などを行っている。また、農学部（奈良県奈良市）、医学部（大阪府狭山市）、工学部（広島県東広島市）、産業理工学部（福岡県飯塚市）など学部独自の留学制度を設けているところもある。

　本稿では、近畿大学の理系学部の中でも、特に生物理工学部（和歌山県紀の川市）での語学教育におけるグローバル人材育成のための取り組みについて述べる。前述の国際学部の藤田氏の報告にもあるように、近畿大学建学の精神である「実学教育」を念頭に、2,000人弱の規模の生物理工学部でも理系学生の研究や社会実践に役立つ語学教育、グローバルに活躍する素地としての知識・態度・技能の育成を目指した教育を試みている。現時点では独自の留学制度はないが、海外の研究室との交流や留学生・研究者の受け入れは行われており、研究発表や文化・歴史紹介の機会は設けられている。以下に、近畿大学主管の語学研修への参加、理系分野での実践を中心に据えた英語教育、複言語・複文化教育を根底にした授業外活動スペースの設置などの側面から、グローバル社会で活躍できる人材育成への取り組みを紹介する。

大規模大学

103

1.「実学教育」としての英語教育：ESPの視点を導入して

　生物理工学部は、理学・農学・工学・医学の4分野を融合させた新たな研究分野で、生物メカニズムの工学技術への応用を目指しており、遺伝子工学科・生物工学科・食品安全工学科・生命情報工学科・人間環境デザイン工学科・医用工学科の6学科からなる学際的研究を行う学部である。生物理工学部では、理系分野および各々の専門分野のディスコース・コミュニティで使用されるテキストや発話を、さまざまなジャンルごとに認識・分析するESP（English for Specific Purposes：特定目的のための英語、または専門英語教育）の視点を用いた英語教育に取り組んでいる。

　1年次の「基礎英語」「総合英語」、2年次以上の「理系英語」などの基幹科目では科学的実験や理系のテーマを扱った教科書を用いて4技能の熟達やプレゼンテーション力の育成を目指すとともに、色々なジャンルに特徴的な言語表現を学ぶ。選択科目には、「TOEIC」に加え、「理系英語応用」「言語演習（英語）」「英語スキル上級」などがあり、大学院入学を目指したり、コーパスを用いて研究分野の英語論文の特徴を学んでデータ化する訓練をしたり、それらの知識を活用した当該分野での実践に合ったライティングや発表能力の育成、学生らが将来所属するコミュニティで活かすことができる技術獲得を目指した授業を模索している。それらは、大学院で理系専門教員と英語補助教員が連携して実施する「専門領域実践英語」における論文指導、ポスター発表指導などとの関連を視野に入れており、CALL教室や協働テーブルを利用したアクティブ・ラーニング、発表練習などを積み上げている。

　たとえ英語が苦手でも、仕様書を読んだり、学会や旅行のWeb申込ができたり、異文化を背景に持つ研究者との簡単なやりとりが出来たりなど、実社会で活用できることばとして英語を捉えようとする意識や技術が大切である。関心分野でのインプット・アウトプットが自律的に行える方法や、そのための考え方・自信を身に付けることは、グローバル人材にとって大切だと考えている。

近畿大学（国際学部、生物理工学部）

2. 語学研修（短期留学）：事前・事後指導を通して

　インターナショナルセンター主管の1ヵ月の短期留学への参加者は年々増加傾向にある。単位取得科目の「語学研修（英語）」参加者や、国際インターンシップの参加者による帰国後の成果発表が後輩たちに与える影響も大きい。留学体験談は、異文化環境での冒険や苦労および発見、語学との葛藤、留学先での出会いからの気づきなどを、学生仲間から学び、異文化への関心を深め勇気を得る機会となっているようである。

　留学者には、説明会実施後、自分／自文化を語り留学先でのコミュニケーションを円滑にするための事前指導を行う。帰国後の事後指導では、留学を振り返り卒業までの過ごし方や今後のキャリアを深く考える機会を持つ。さらに、次の3.で述べるランゲージ・スペース（Language Space）の活動とも連携し留学体験を発表することで、意見をまとめ、プレゼンテーションスキルを身に付け、質疑応答に対応できる能力育成を行っている。評価は、帰国後の英語による発表、研修中の記録提出や成績などから行う。

3. グローバル人材育成のための授業外活動：複言語主義の視点から

　近畿大学には、第二外国語科目として英語以外の授業も多数開講されている。また非英語圏への留学や語学研修もある。本部キャンパスには「英語を楽しみながら学ぶ」コンセプトの英語村E3［e-cube］も存在する。しかしながら、生物理工学部は物理的に離れているため、異言語・異文化に触れ、コミュニケーション能力や異文化対応能力を養うための空間として、ランゲージ・スペース（Language Space：以下LS）を設けている。

　LSは、英語ネイティブ話者に通じる英語での自己表現を学びつつも、英語母語話者を規範とするのではなく、国際的共通語としての英語（English as a Lingua Franca）を駆使する力を身に付けるという考え方を活動の根底に置く。第二外国語開講科目に関連する言語文化活動も積極的に取り入れ、複言語・複文化能力を獲得し、異文化理解や言語の多様性を認識する機会の提供を工夫している。具体的には、①毎日の英会話活動、②各種異文化レクチャー、③英語以外の外国語活動、④日本文化の説明練習、茶道体験などの活動を行い、グローバル・マインドの育成、日本語や日本文化への気づきを通した言語意識の育成、世界に通用する積極性や

協調性・責任感を養う態度の育成を目指した実践の場の提供を行っている。理系英語教材を読む多読活動「ランチタイム・リーディング」や、学生運営によるクリスマス会などの催しも開催している。

　紙幅の関係で詳細は省略するが、アンケート調査では、文科省（2012）の「要素Ⅰ」「要素Ⅱ」「要素Ⅲ」に対応する学びが起こっていた。また「言語と文化の多元的アプローチのための参照枠（CARAP）」の中でも、特に知識や態度に関する気付きが多く見られた。

おわりに

　本稿では、英語授業、語学留学、授業外活動を通した教育を中心に述べたが、理系専門科目講義でも教員の豊かな経験に基づいたグローバル人材育成が行われており、一般教養講義にも「言語文化学入門」や「国際化と異文化コミュニケーション」などの科目が設けられている。留学経験者やLSで積極的に活動する学生は、引き続き国際インターンシップや他の国際交流活動に参画し、地域在住の外国人支援活動に貢献したりしているが、学びの評価は課題である。大学プログラムとして、将来、理系の研究室や企業等の実践場面で社会問題の解決に対して行動できる人材育成にいかに関わっていけるかも今後の課題である。

（近畿大学 生物理工学部 准教授　服部圭子）

福岡大学

福岡大学

グローバルに活躍するアクティブな精神を持つ人材の育成

大規模大学

1. 基本情報

学校名	福岡大学
所在地等	〒814-0180 福岡県福岡市城南区七隈8-19-1 (代表) 092-871-6631 https://www.fukuoka-u.ac.jp/
学部・研究科、学生数等	9学部31学科10研究科、19,808名(大学院含)
留学生数	364名
派遣学生数	511名
海外協定校数	72校1機関(内12ヵ国、32校と学生交流協定)
国際交流事務室等の形態	外国人留学生の受け入れ及び学生の海外留学を促進し、かつ、教育・研究の国際化を支援することを目的とする「国際センター」、および大学・大学院進学を目指す留学生に日本語・日本事情等の教育を行う「留学生別科」が設置されている。
国際交流関係職員数	専任職員10名、嘱託3名(留学生別科を含む)
留学生奨学金等	外国人留学生授業料減免、産学連携協議会・企業奨学金、福岡大学私費外国人留学生奨学金、福岡大学アジア特定地域学部留学生学修奨励費、「アジア圏協定校との学生交流セミナー」参加者への渡航・滞在費支給等、学内の奨学金の他、日本学生支援機構学習奨励費等、学外の各種団体奨学金への推薦を行っている。
派遣学生支援制度等	学部等の海外派遣プログラム支援金、交換留学援助金、海外研修助成金、G.A.P.海外研修支援金、G.A.P.海外研修成績優秀者奨学金等がある。

派遣留学生の単位認定等	単位認定は各学部の専管事項であるが、交換留学制度による派遣学生は、帰国後、所定の「交換留学制度派遣学生に関する報告書」に留学先で履修した科目の詳細を記入して国際センターに提出することが義務付けられており、申請を確認した国際センターから改めて各学部事務室に書類が送られる。

2. グローバル人材の考え方

福岡大学では、アジアの玄関口としての福岡の特性を重視し、アジア諸国との関係を中心に優秀な留学生を受け入れ、国際社会の安定と発展を担う人材を育成すると同時に日本人学生の学びの質向上を図り、また、アジア諸国を中心に日本人学生を派遣し国際的な視野と活動能力をもつ人材を育成する。

併せて、外国語能力だけではなく、日本およびその文化の理解の上に異なる文化圏の人々の考えを共有、尊重し、様々な場で彼らと協働・行動できる人材の育成を目的とする。

3. 福岡大学におけるグローバル人材の育成戦略

平成25年度に、福岡大学ビジョン2014-2023「アジア諸国との関係を中心にして行うグローバル人材育成」の活動指針を策定し、同年4月より次の3つの柱からなる「福岡大学グローバル人材育成推進事業」を開始した。

3.1 グローバル・アクティブ・プログラム (G.A.P.) の定着・拡充

グローバル (Global) に活躍するアクティブ (Active) な精神を持つ人材の育成を目的とする教育プログラム (Program) G.A.P.を平成25年4月にスタートした。G.A.P.は、全学部の学生を対象とし、海外への視野を広める「基礎科目群」、海外の文化・歴史や産業経済に加えてディベートやレポート・プレゼンなど留学に必要なスキルを学ぶ「国際教養科目群」、実際に海外で研修・留学・インターンシップを行う「留学・海外研修科目群」の3カテゴリーから成る。

留学や研修に参加する前には必ず必要な準備を行うことを前提にプログラムが設定されており、例えば、夏休みに「アジア現地研修」（留学・海外研修科目）に

参加する学生は、前期に「アジア学入門」（基礎科目）の履修が推奨されている。さらに、高年次に海外での2度目の修学機会を持つことを想定し、「留学」「海外インターンシップ」を留学・海外研修科目に設けている。学生たちは、「Academic Skills for Study Abroad」や「海外インターンシップ準備」等の国際教養科目を履修して準備を整えて、長期留学や海外インターンシップに出発できる。最終的には、3カテゴリーから所定の単位数を取得し、TOEIC Listening & Reading Testで650点以上を獲得した学生には「G.A.P.修了証」が授与される。

　現在重点的に取り組んでいる課題は、①アジア諸国の協定大学との教育・研究交流・人的交流を活性化させ、「アジア学入門」「アジア現地研修」のより一層の充実を図る、②英語による授業を増設し、G.A.P.科目の90％を英語による授業とし、各学部の専門性に合わせたプログラム（英語コミュニケーション能力向上プラス企業研修等）を開設する、③グローバル人材育成講演会等を通じてG.A.P.履修生の拡大を図り、将来のG.A.P.科目の正課化を検討する、の3点である。

3.2　海外派遣・受け入れ学生数の大幅な拡大

　既存の海外協定校との連携強化および新規海外協定校（大学間）の開拓を進めることにより、派遣・受け入れ留学生数を拡大し、国際的素養と視野および行動力を備えた人材を育成する。また、学部や大学院独自の部門間協定による海外派遣・受入れにかかわる取り組みの支援も充実させる。

① 派遣：外国語教育を強化し、従来の海外研修、語学研修、交換留学、学部・大学院独自の海外派遣者数を増加する。加えて、G.A.P.に海外渡航を伴う科目を増設し、将来的に毎年1,000人を留学や研修等に派遣することを目指す。

② 受入れ：宿舎等の整備、奨学金制度の充実、海外協定校の増加や協定校との関係強化により、留学生（学部留学生、大学院留学生、交換留学生、短期外国人研修生）を増やす。特に、交換留学生や短期外国人研修生を増やすための受け皿として、現在の留学生別科の日本語および日本事情（文化、歴史、政治経済等）に関する教育機能を充実させる。併せて、英語による日本事情の教育も充実させる。また、地域と留学生との交流の活性化、福岡県留学生サポートセンター等との連携により学部・大学院留学生の日本での就職活動を積極的に支援する。将来的には、受け入れ留学生数は、年間1,000人を目標とする。

③ アジア諸国との交流の活性化：国際センタープログラムである「アジア圏協定

校との学生交流セミナー」の拡充など、アジア諸国との交流の活性化を図る。

④ オセアニア・欧米諸国との交流：アジア諸国との交流と並行してオセアニア・欧米諸国との交流（派遣・受入れ）も充実させる。

3.3 教育課程のグローバル化

① FD・SDにかかわるプログラムの整備：授業を英語で行う教員の支援、事務職員による英語や中国語による指導の充実のため、職員を対象とする「異文化コミュニケーション研修」（学内）や教員を対象とする「海外短期教育研修」（ネブラスカ大学オマハ校）のプログラムを整備している。また、学部や大学院における教員交流やグローバル化への取り組みの支援も充実させる。

② シラバス、ウェブサイト、パンフレットなどの多言語化：海外協定校との関係強化、新規開拓および留学生数の拡大に必要なシラバス、ウェブサイト、パンフレットなど、英語を中心に多言語化を進める。

4. 留学の効果

派遣学生の内訳をみると、1年間の交換留学に派遣した学生は47名、短期間の留学・海外研修に参加した学生は464名（共に平成28年度）と、圧倒的に短期間の留学・海外研修の参加学生が多い。

多くの研究が指摘しているように、2〜4週間の短期間の海外留学・研修の場合、現地滞在中の語学力の伸びを客観的に測定することは難しい。しかし、全学生に短期間の海外研修の機会を拡げることを目的に、2年次の英語の選択制クラスの一つとして開講したグローバル・イングリッシュ（GE）クラスは、150名以上の受講者を集めるようになり（平成29年度は154名を7ヵ国11都市に3週間派遣）、ニュートン社のアセスメントテストの結果、このクラスの受講者は1年間でTOEIC L&R換算値を平均80点以上向上させている。また、GE履修後、さらに英語の学習を続け、在学中に交換留学や海外インターンシップに参加する学生や、卒業後にワーキングホリデーで海外に出発したり、国際関連学部の大学院へ進学する学生も見られるようになってきており、短期間の海外留学・研修の機会がグローバル人材としての成長の第一歩としての役割を担っていることがわかる。

5. 外国語（英語）能力をどう向上させるか

　本学学生の入学時のTOEIC L&R平均スコアは400点台であり、典型的な英語力中間層の学生が多い。そこで、まず、学生が自分の現在のレベルを知ることができる機会を設け（1年次と2年次の2回VELCを実施）、そこから、自分の目的・目標に合わせて必要な語学力を獲得できるよう大学がサポートする体制を取っている。例えば、2年次は3週間の海外研修が含まれるGEクラス、R&W（リーディングとライティング中心の授業）、ESP（検定試験の受験対策授業）、C&O（Computer and Oral Communication）の4科目から自分の目的に合ったクラスを選択できるようになっている。また、実践的な言語能力向上を目的として、授業以外にも、学年学部に関わらず昼休みの時間帯に自由に参加して、ネイティブを中心とする講師と会話をすることができる「イングリッシュ・プラザ」（英）と「ランゲージ・プラザ」（仏・独・中・朝鮮・スペイン語）が設けられている。交換留学や大学院留学、外資系企業への就職を目指す学生に対しては、英語で授業が行われるG.A.P.科目が開かれており、プレゼンやレポート、ディスカッションなどグローバル・キャリアに必要なスキルを習得することができる。

6. 留学促進の課題

　留学に対して興味やあこがれを持って入学してくる学生は多いが、残念ながら、実際に海外研修や留学に参加する学生はそのごく一部にとどまっている。この状況を改善するための本学の当面の大きな課題は、学生に対する①情宣、②個別サポート、③中期海外派遣プログラムを可能にする学期制改革、の3つである。

　大規模私立総合大学である本学では、国際センター所管のプログラムの他、各学部学科のプログラムもあり、多くの海外派遣プログラムが設けられているが，学生個人はいつどのような海外派遣プログラムに自分が参加することができるのか，参加するとすればいつどうやってどこに申し込めばよいのか、把握できていない。国際センターと各学部の教員及び事務室が連携して情報を集約し、効率よく学生に情報提供する仕組みを整備する必要がある。そして、海外派遣プログラムに興味を持った学生に対し、個別に準備をサポートすることで、スムーズに留学計画を立てられるようにすることも必要である。国際センターでは2年前から「留学相談」日を週2日設けており、徐々に相談者が増えてきているが、興味を持

った学生がいつでも相談に行けるよう相談日を増やしたり、気軽に入りやすいよう事務室の環境を整えることも必要だと思われる。さらに、4週間以内の短期海外派遣プログラムと1年間の交換留学に加えて、6週間から6ヵ月程度の中期海外派遣プログラムを提供したい。本学は前後期の2学期制であるが、通年での履修が前提とされている科目が多く、半期を利用しての海外派遣プログラムの実施が事実上困難になっている。大学間協定に基づく1年間の交換留学プログラムで要求される英語力（TOEFL iBT 87点以上、IELTS 6.0以上程度）を在学中に身に付けるのは多くの学生にとってかなりハードルが高いので、短期プログラムを経験した学生の次の目標になる中期海外派遣プログラムに参加できるよう学士課程の弾力化を検討する必要がある。

7. その他—短期集中型留学前教育（G.A.P.講座）

　2年次に3週間の海外研修が含まれるGEクラスを選択した学生は約5週間にわたる短期集中型留学前教育（G.A.P.講座）を受講することが義務付けられている。

平成28年度G.A.P.講座スケジュール例

月	火	水	木	金	土
5/2	5/3	5/4	5/5	5/6	5/7
				6限 GAP講座 オリエンテーション	
5/9	5/10	5/11	5/12	5/13	5/14
5限 e-learning 6限 コミュニケーション 能力育成ワークショッ プ①		5限 e-learning 6限 コミュニケーション 能力育成ワークショッ プ②		5限 e-learning 6限 コミュニケーション 能力育成ワークショッ プ③	
5/16	5/17	5/18	5/19	5/20	5/21
5限 e-learning 6限 Interactive English ①		5限 e-learning 6限 Interactive English ②		5限 e-learning 6限 Interactive English ③	
5/23	5/24	5/25	5/26	5/27	5/28
5限 e-learning 6限 Interactive English ④		5限 e-learning 6限 Interactive English ⑤		5限 e-learning 6限 Interactive English ⑥	グローバル対応能力 育成ワークショップ
7/4	7/5	7/6	7/7	7/8	7/9
5限 TOEIC講座① 6限 TOEIC講座①		5限 TOEIC講座② 6限 TOEIC講座②		5限 TOEIC講座③ 6限 TOEIC講座③	
7/11	7/12	7/13	7/14	7/15	7/16
5限 TOEIC講座④ 6限 TOEIC講座④		5限 TOEIC講座⑤ 6限 TOEIC講座⑤		5限 TOEIC講座⑥ 6限 TOEIC講座⑥	

本学のカリキュラムの都合上、月・水・金の6限目（18時〜19時30分）にG.A.P.講座は開講される。夏期G.A.P.海外研修に参加する学生は前期に、春期G.A.P.海外研修に参加する学生は後期に、それぞれG.A.P.講座を受講する。1クラス5名から10名程度の外国人留学生を中心とするTAが授業運営に参画する他、5週間の全スケジュールのうち、約3週間は学外から招いた役者やTOEIC専門講師が指導を担当する

　G.A.P.講座を履修した学生の受講アンケートによると、ドラマ・メソッドを用いて役者が指導する「コミュニケーション能力育成講座」では、体を使ったコミュニケーションを通じて仲間づくりをする楽しさ、外国人留学生がTAとして参加する協働学習では、外国人と実際に英語を使ってコミュニケーションをする達成感、「TOEIC講座」では専門講師によるわかりやすい講義で問題を解くコツを学んでTOEICの受験意欲がそれぞれ高まっている。引率が同行しない海外研修への参加に備え、学生が自立して研修に参加できるよう、新しく出会った人とコミュニケーションをとることの楽しさと海外研修に向けての意欲を高めるために大きな役割を果たしているのがG.A.P.講座である。

（福岡大学国際センター 准教授　佐々木有紀）

第2部　大学・高校におけるグローバル教育の実施状況

長崎大学
グローバル社会の現場で活躍できる人材の育成

1. 基本情報

学校名	長崎大学
所在地等	〒852-8521 長崎県長崎市文教町1-14 （代表）095-819-2007　http://www.nagasaki-u.ac.jp/
学部・研究科、学生数等	9学部 8研究科、9,226名（大学院含）（2017年5月1日現在）
留学生数	509名（2017年度末）
派遣学生数	471名（2017年度末）
海外協定校数	231校（内48ヵ国、155校と学生交流協定）（2017年度末）
国際交流事務室等の形態	学長直属の機関として、国際教育リエゾン機構が設置されており、これを支える事務組織として、国際教育リエゾン機構事務室が置かれている。
国際交流関係職員数	常勤 8名、有期職員 9名、パートタイマー 3名
留学生奨学金等	私費留学生向けに文部科学省の学習奨励費をはじめ、地方公共団体や各種奨学団体の奨学金を取り扱っている。 長崎大学独自の奨学金としては、「葉 國璽」私費外国人留学生奨学金等がある。
派遣学生支援制度等	日本学生支援機構等の学外機関奨学金の他、長崎大学海外留学奨学金等がある。

114

| 派遣留学生の単位認定等 | 基本的に単位の認定は、各学部・研究科の専権事項。ただし、言語教育研究センター及び国際教育リエゾン機構事務室が共同で実施する短期語学留学プログラムについては、事前の学内の承認を受け、所定の諸条件を満たした場合にのみ教養教育の所定科目の単位として認定される。 |

2. 長崎大学におけるグローバル人材の考え方

　長崎大学のグローバル人材育成の考え方の背景として、東日本大震災の際の支援活動などの経験、またアフリカを中心とするフィールドワークの成果などから、『研究室の中の研究でなく、**現場に出て、現地で活躍する人材を育成する**』、という基本理念がある。具体的には、①**研究者や専門職業人としての基盤的知識**、②**自ら学び、考え、主張し、行動変革する素養**、③**環境や多様性の意義の認識**、④**地球と地域社会及び将来世代に貢献する志**、という4つの資質を有した人材を「長崎大学ブランドのグローバル人材像」と定義し、本学の国際戦略に基づく教育改革とキャンパスの国際化を推進している。後述する「長崎グローバル＋コース」はその中心となる取り組みであり、①協働する力（言語コミュニケーション能力、異文化理解による寛容な態度等）、②行動する力（未知のリスクに対処する能力、失敗を恐れずに行動する姿勢等）、③考え抜く力（教養に基づく広い視野、課題を見出す洞察力等）を育成するものである。学部横断的にこれらの力を育成しつつ、各学部での専門教育につなげることにより、全学的なグローバル人材の育成に資するものとなっている。

3. 長崎大学におけるグローバル人材の育成戦略

　大学の国際戦略の下、国際教育リエゾン機構が設置され、本機構が主管となって平成27年10月に**学部横断型特別教育プログラム「長崎グローバル＋コース」**を開設した。同コースは、モンタナ大学との共同教育プロジェクト事業による英語集中プログラム（Special Courses in Academic Skills（SCAS））と、全ての授業を英語で行うグローバル・モジュール科目（GM科目）の2つの科目群で構成されており、学生の語学力向上に向けた大学独自の全学的取り組みである。本コース

は、留学を希望する学生ばかりでなく、何らかの理由で留学できない学生に対してもグローバル社会に対応できる力をつけることができるよう支援する目的で実施されている。

「長崎グローバル＋コース」受講者はSCASにおいては教養教育英語科目の単位を、グローバル・モジュール科目では英語以外の教養科目の単位を修得する。本コースでは、前述したように「協働する力」、「行動する力」、「考え抜く力」を身につけることを目標としており、留学生との共修授業や英語キャンプ、英語カフェ、TOEFL集中プログラム等も含まれている。

全学的取り組みと同時に、各部局（学部・大学院）において独自の短期海外研修を実施している。海外協定校との協定締結は部局が個別に行ない、1学期間または2学期間の交換留学を行なっている。協定によっては、主管部局の学生のみが留学できる場合と、主管部局に関わらず全ての学生に門戸が開かれている2種の協定があるが、後者の場合であっても主管部局の学生が優先的に留学の機会を得ることができる。

各部局がそれぞれ独自のグローバル人材育成プログラムを実施している。例えば、多文化社会学部では全学生が短期留学（数週間）に参加することが必須となっており、4つのコースがある中で、「グローバル社会コース」及び「オランダ特別コース」の学生は中期・長期留学もまた必須となっている。

経済学部ではグローバル・ソーシャル・レスポンシビリティ（GSR）マインドを有し、グローバルに活躍しうる人材の育成を目標として、国際ビジネス（Plus）プログラムを平成26年に開設した。参加学生が留学して現地大学にて単位習得ができるよう、特別な英語授業（English for Economics Majors）や英語で専門科目授業を行なうなどの取り組みを行なっている。GSRマインドを有する人材とは、「広範囲かつ複雑な利害調整が必要な地球規模の課題に対して、交渉力の強い主体の利益を優先した調整を行うのではなく、すべての利害を超えた新たな価値基準を構築できる能力を有する人材」である。それを実現するためには、この人材は、当事者間で確固たる信頼関係を構築でき、結論を導き出すまで粘り抜く精神力を身につける必要がある。

本プログラム参加学生に対しては、まずGSRマインドの基盤となる意欲・使命感の育成を目的に、1年次前期に貧困問題などの現状や企業の取り組みなどを紹介するGSR概論、春季休業期間に現場を直接体験するための短期海外研修、1年

次後期から2年次まで教養教育（全学モジュール科目）を履修する。専門知識は、本学部での学部基礎科目に加え、2年次において、世界標準の英文テキストを利用したEconomics Subjects in Englishを開講し、経済学、経営学、会計学などの基礎知識及び、長期留学の際に専門科目の単位修得に要求される高いリーディング力、ライティング力を習得する。さらに、2年次での留学生との共修ゼミにて、社会や経済・経営の諸問題の事例を利用したグループワークを通じて多文化連携力を涵養する。これらの準備の上で、3年次に長期海外留学に派遣（海外インターンシップを含む）し、4年次においてGSR関連テーマで卒業研究（英語論文作成）を行う。

4. 留学の効果

　全学的な観点からみた留学の効果について調査した文書は現時点ではなく、海外の大学との学術協定締結校数、留学する学生数が公表されている。本稿においては、前述した経済学部における国際ビジネス（Plus）プログラムに参加した学生のTOEIC平均点の上昇について報告する。現4年生は276点（1年次4月以降）、現3年生は92点（1年次7月以降）、現2年生は109点（1年次4月以降）平均点が上昇した。現4年生は留学を修了しているが、現3年生は2018年2月に帰国するため、現時点ではまだ留学後のデータは収集できていない。

　留学を修了した数名の学生については、どのような経験をしたかを個別に調査した。現地学生や他国からの留学生との交流によって、新しい価値観や考え方を知ることで視野が広がったことは留学を経験した学生に共通する成果であったといえる。**特に現地学生の勉学に対する熱心さが日本の大学生と大きく異なり、自分達の国の政治について日常的に話していることに驚き、政治への関心を高める必要があることに気づいた**学生もいた。さらには日本の政治や文化について尋ねられても十分な知識を持っていないことに気づいた，など多くの気づきを得、**帰国後はそれぞれの目標を定めて活発に活動している様子が見受けられたが**、これは経済学部の留学経験者についてのごく一部の成果である。今後はより多数の学生への調査が必要であるが、長崎大学の国際戦略や経済学部のGSRマインドの育成という観点からこれらの結果を見れば、一定の成果を上げていると考えられる。

5. 外国語（英語）能力をどう向上させるか

　全学的取り組みとしては、学部横断型特別教育プログラム「長崎グローバル＋コース」を開設し、**英語母語話者である英語教師による英語集中プログラム [Special Courses in Academic Skills (SCAS)] と、全ての授業を英語で行うグローバル・モジュール科目 (GM科目)** の2つの科目群を参加学生は受講し、英語力を向上させる。これ以外での全学的な取り組みとしては、全学教養英語の一部の科目の中で、e-learning教材の自学習を義務付け、1学期中に2回の小テストを実施し、その成績を全体の40％に換算して評価を行っている。評価の割合を上げることにより、学生の自学習への取り組みがより積極的になることを期待している。さらには、**2017年度より、全学部生が1年次7月にTOEIC IPテストを受験し、そのスコアを換算して教養英語科目である「総合英語I」の10％として評価する制度を導入した。**その結果前年度よりも全ての学部においてTOEIC平均点が上昇した。この平均点の上昇は、前述したe-learning自習の取り組みの成果であると考えられる。

　以上に述べた実践例の他、英語カフェをメインキャンパス（文教地区）や経済学部（片淵地区）のキャンパスにて定期的に開催したり、言語教育研究センターと国際リエゾン機構の共催で3週間程度の**海外短期語学留学プログラム**（英語、中国語、韓国語、フランス語、ドイツ語）を実施している。現地でのプログラムで一定の成績を収めた場合は、教養教育外国語科目の単位として認定されるというメリットもあるが、実際に日常生活において学習言語を使う経験をすることによって、学生の学習意欲を高めると同時に、コミュニケーション上の失敗や成功を経験することにより実際の語学習得効果も高まっていると考えられる。

6. 留学促進の課題

　前述したように、多文化社会学部と経済学部等の部局にはそれぞれ独自の留学促進のためのコースやプログラムがあり、その参加学生はさまざまな授業や経験を踏んで、留学することになる。しかしながら、例えば経済学部の国際ビジネス（Plus）プログラムに関して言えば、その開始時期が1年次の後期、と限定されているため、1年次前期の募集時期以降、例えば2年生になって留学したいと考えた

としても、途中からプログラムには参加できない制度となっている。この制度については現在、より柔軟な制度へと改革するように議論が行なわれているところである。

より多くの学生が、留学する際に日本学生支援機構等の学外機関奨学金の他、長崎大学海外留学奨学金等の財政的支援が受けられることを知って、経済的な理由のために留学は無理だと感じている学生に対しても、留学のチャンスがあることを広く認識してもらえるように、より効果的な広報活動が必要である。また、留学希望先の大学の語学要件などがwebですぐに閲覧できる状況にはなっていないため、自分の英語力で留学できる大学があるかどうかを調べることが現時点では容易ではない。要求される点数の一覧を簡単に見ることができれば、その点数に達するために英語力をつけようとする動機が高まるのではないか、という期待が生じる。**より有益な情報提供を円滑に行なうための方策を今後も考えていく必要がある。**

7. その他（協定締結、学生交流の"ノウハウ"など）

前述したように、長崎大学では各部局がそれぞれ独自に活動し、海外の大学との協定関係を構築し、大学間学術協定を締結している。そのため、部局によって協定締結のノウハウは異なっている。**本稿においては、経済学部の事例**について報告したい。

経済学部では、本学部学生が留学すべき教育研究水準にある大学についてある一定レベルを定め、「交換留学」（相手校の授業料無徴収）を前提とする協定関係を構築した。GSRマインドに不可欠な「粘り抜く精神力」の育成にふさわしい大学を選択するため、大学の質的評価についてもある一定の基準を定めている。例えば**本学教員が参加した国際会議に教員を派遣するような大学と交流協定の締結を進める**、すなわち国際的な研究を推進している大学を基準としている。交換留学を基本とした理由は、地方大学に進学する学生は、一般的に経済的理由により留学を踏みとどまらざるを得ない場合が多く、海外の高い学費の負担を回避するためである。さらに、**一定水準以上の大学から交換留学生を受け入れることで、留学できない学生に対して、長崎においても留学と同等の国際的な環境を提供することを目的**としている。

第2部　大学・高校におけるグローバル教育の実施状況

　交換留学を前提とする場合、一定水準以上のアメリカの大学との提携は難しい状況であったため、ヨーロッパの大学を中心に提携を進めた。**ヨーロッパの大学では現在でも日本語や日本研究が盛んであり、トップスクールでさえも日本の大学との連携に前向きな大学が多いため**、この戦略を採用した。特筆すべき成果として、長崎大学は**EU域内の大学とのエラスムスプラスプログラムに複数採択**（平成28年度は4校）されている。本プログラムに採択された場合、学生は渡航費も含めた比較的多額の奨学金の恩恵を受けることができるため、今後も積極的に採択を目指す予定である。

（長崎大学 言語教育研究センター 教授　古村由美子）

鹿児島大学 総合教育機構
グローバル人材育成のためのプログラムとカリキュラム

1. 基本情報

学校名	鹿児島大学
所在地等	〒890-8580 鹿児島県鹿児島市郡元1-21-24 (代表)099-285-7111 https：www.kagoshima-u.ac.jp
学部・研究科、学生数等	9学部 9研究科、10,539名(大学院含)
留学生数	300名(2016年度末)
派遣学生数	381名(2016年度末の累計数)
海外協定校数	大学間学術交流協定校 23ヵ国78機関(2016年度末) 部局間学術交流協定校 24ヵ国58機関(2016年度末)
国際交流事務室等の形態	国際交流に関する部署は、国際事業課(事務組織)とグローバルセンター(教員組織＋事務補佐員)の2つにわかれている。国際事業課は国際事業係と留学生係から成り、グローバルセンターはキャンパス・グローバル化部門、学生海外派遣部門、外国人留学生部門から成る。
国際交流関係職員数	専任職員　16名
留学生奨学金等	大学独自の奨学金として、鹿児島大学留学生後援会奨学金、種村完司私費外国人留学生奨学金、鹿大「進取の精神」支援基金事業がある。外部奨学金では、JASSO、ロータリー米山奨学金(学部・大学院)、平和中島奨学留学生奨学金、旭硝子奨学会、興南アジア国際奨学財団奨学生、アシュラン国際奨学財団奨学金、鹿児島県私費外国人留学生奨学金、佐川留学生奨学金、朝鮮奨学会、私費外国人留学生学習奨学金(学部・大学院)などの受給例がある。

派遣学生支援制度等	「鹿児島大学学生海外研修支援事業」「鹿児島大学海外留学支援事業」「鹿児島大学学生海外学会発表支援事業」「鹿大「進取の精神」支援基金事業」日本学生支援機構（JASSO）「海外留学支援制度（協定派遣）」採択プログラムへの支援がある。
派遣留学生の単位認定等	学術交流協定校における取得単位については、帰国留学生の所属学科・学部が可と判断すれば単位が認定される。

2. グローバル人材の考え方

　私たちが住んでいるこの世界は、自然環境、産業、経済、社会、文化などあらゆる分野において急速な変化を遂げている。そしてその変化の大部分は国境を越えて互いに非常に強い関わりを持っている。今や人類にとっての様々な問題が、一つの国家が単体としては対処できない全地球的な問題として迫ってきているといってもよい。鹿児島大学ではその教育目標の一つとして、「グローバルな視野をもち、国際社会の発展に貢献できる実践的な能力を育む」ことを謳っている。国際的な広がりをみせる問題を解決するためには、若い世代の人々が、異なる価値観が交差する状況で幅広く多様な知識と経験を積み、国内外を問わず他者と協力して柔軟に行動できる能力を身につけることが望まれる。

3. 大学におけるグローバル人材の育成戦略

　鹿児島大学では、2014年にグローバルな世界で困難に挑戦できる人材の育成をするため、「P-SEG鹿児島大学進取の精神グローバル人材育成プログラム」を開設した。P-SEGとはEducation Program for Spirit of Enterprise in Global Contextsを意味し、グローバル化に向けた教育を行うための総合的国際教育プログラムである。具体的には、海外研修（1週間〜1ヵ月程度）、事前・事後学習、語学学習、留学等を通じ、継続的な学びによるグローバル人材の育成を目指す。P-SEGが目指す人物像は3つあり、①【Global Understanding】自己の立脚する歴史と文化の価値を深く認識すると共に、他国の文化やその独自性・多様性を尊重し、自国を相対的に捉えることのできる人材。②【Global Exploration】グロ

ーバル化する世界の現状を認識し、多文化的状況や急速な文化変容、異文化の交錯に適応すると共に、困難な問題に立ち向かい、既存の価値観を超えた柔軟な判断により解決策を提案できる人材。③【Global Actions】多文化的状況において自立して行動し、母国語と外国語で意思を明確に伝えると共に議論や提案を行い、人的ネットワークを活かすことによって問題を解決できる人材である。

　海外研修科目の事前・事後学習は、各研修の担当者が企画・実施し、原則として海外研修科目単位に事前・事後学習も含まれているが、海外研修履修要件に特定科目の事前・事後履修が求められている場合もある。

　事前学習では研修の準備として、研修する国や地域の概要、言語や文化、研修に必要な専門知識などについて学ぶ。また、研修先で現地の大学生と交流し、現地の大学生に英語でプレゼンテーションを行うため、その準備を行う場合もある。さらに、現地の大学で英語による講義を受ける研修では、P-SEGの課外英語学習機会等を利用して、可能な限り英語力を伸ばすよう指導している。また、研修担当教員の中には、自己紹介程度ができるよう現地言語を指導している教員もいる。さらに、事前学習活動の一例として、タイ研修では、問題解決型学習（PBL）を通して現地の大学生とディスカッションするため、事前に課題に関してPBLを用いて学習する準備を行っている。このように、各研修の内容によって、事前学習は様々であるが、学部をまたいだ参加者がおり、時間割上、一定の時間に集まるのが困難なため、事前学習の回数は授業によって異なる。場合によっては、教員が他のキャンパスまで出向き、指導を行う場合もある。

　研修内容については、現地の有名な場所や歴史的な場所・建造物を巡り、その国や人々に対する理解を深めたり、現地企業や現地日系企業を訪問する、あるいは専門の学習を深めるための特定施設の見学など、各研修の教育段階や専門の内容によって様々である。現地大学で講義を受ける場合もある。現地大学生に大学を案内してもらったり、スポーツ交流をする、また、現地の大学生に対してプレゼンテーションを行い、ディスカッションを通して相互理解を深める，現地大学生とグループになり、フィールドワークを行うなど、現地での人的交流を推奨している。ハワイ研修では、毎日英語授業に参加し、ホームステイもする。このような活動を通して、日本との違いにも気づき、多文化共生や多文化主義などを考えるきっかけともなる。

　事後学習については、共通教育科目の海外研修参加者は、事後学習として研修

参加後の学期に「グローバル・イニシアチブ概論」（共通教育科目）履修と海外研修報告会で発表することが求められている。報告会では、異なる地域を訪れた学生たちが、研修先での経験を報告し合い、共有し、議論しあうことを通して、海外でのそれぞれの「気づき」を言葉で表現し、確かなものにする。また、お互いに切磋琢磨しあう中からさらにステップアップするための方向性を見つけるように導いている。具体的には、海外研修報告会へ向けての準備、リハーサル、報告会、報告会の振り返り、多文化共生や多文化主義に関するワークショップなどである。専門科目の海外研修の事後学習は、各科目の担当者が研修内容に応じて企画・実施している。

　また、2016年度からカリキュラム改革を行い、共通教育科目の中に必修科目のグローバル教育科目を設置した。このグローバル教育科目は「英語」と「異文化理解入門」から成る。「英語」では、大学生としての英語コミュニケーション力の基礎を身に付けながら、その学習過程で、大学生としての自覚を育み、教養を深めながら、客観的な分析態度に基づく批判的思考力などを養う。「異文化理解入門」では、世界には多種多様な文化が存在することを認識し、複眼的にものをみる力や判断する能力を獲得し、自文化を相対化しながら他者の文化を受容する姿勢を、身に付けることを目標に掲げている。その目的を達成するための第一歩と位置付けている。この授業ではテーマを「ドイツ語文化圏」「フランス語文化圏」「中国語文化圏」「韓国・朝鮮語文化圏」「イスラム文化圏」の5つに分け、それぞれの文化圏における言語的側面（あいさつや簡単な日常表現、言語の特徴など）や文化・社会的側面（人々の生活習慣や考え方・価値観、現代事情など）について、日本の言語文化や日本事情との比較を織り交ぜながら、各3回ずつのリレー形式で講義を行う。

　さらに、地域人材育成プラットフォームにおいてグローバル教育プログラムをH30年度から開始する。（目的等詳細はHPやパンフレットをご覧ください。）

4. 留学の効果

　学術交流校への留学から帰国した学生には、原則として事後授業「派遣留学II」の受講を義務づけており、留学前・中に記載したポートフォリオを用いた振り返りと総括、報告発表等を課している。これら一連の内容に、留学の効果、価

値が如実に表れている。数値化や統計的処理は実施に至っていないが、他の制度（トビタテ！留学JAPAN等）による留学者も同様に顕著な成長が見られる。さらに、JASSO海外留学支援制度（協定派遣）支援者に対しては、JASSOアンケートに回答する形で留学者の自己評価が求められており、この毎回の結果から、留学の効果の確認ができている。

5. 外国語（英語）能力をどう向上させるか

　鹿児島大学における外国語教育の学習目標は、諸言語によって表現された内容を、正確に理解し、その言語による表現能力を高め、諸文化と価値体系の多様性に対する理解を深め、自己の文化基盤を自覚し、国際理解と国際交流の能力を養うことにある。このような目標を見据えながら、共通教育における英語では、その基本的な目標を各自の専門的学修のための基礎力の養成とする。そのために英語の授業では習熟度別クラスを開講し、英語力に応じた授業を行っている。必修の1年次に開講される英語には、英語IA、英語IB、英語IIA、英語IIBがある。英語IAとIIAでは、いわゆる教養英語を念頭におきながら、主に読むこと、聞くことに焦点を当てた理解面の英語力を修得する。英語IBとIIBでは、一般的な学術に係る内容を吟味しながら、主に書くことと話すことに焦点を当てた伝達面の英語力を修得する。これらを2年次の学部・学科選択の英語IIIで応用し、学部・学科選択の英語IVで発展させ、学部・学科選択の英語Vと英語VIにおいて学術英語を中心に学部・学科での専門的修学の橋渡しとする。最終的に英語の自立した学習者を目指す。

　また、英語の外部試験としてGTEC CTEを1年次に2回、2年次の英語IIIで1回実施しており、授業や課外の予習、復習等を中心とする自学自習を行い、日頃から実力養成を図り、その取り組み結果を評価する目安のひとつにしている。さらにこの試験結果を学期ごとの成績評価に反映させている。

　次にP-SEGでは、希望者のみP-SEG+を開講している。P-SEG+はIntensive English CourseとGlobal Language Spaceから成る。前者のIntensive English Courseでは、日本人に欠けるとされる応答する力を伸ばすことを目的とするDebate & Discussionコースと英語圏への留学を目指す学生むけのTOEFLコースを開講している。Global Language Spaceでは、外国人留学生と日本人学生の

グループで希望する言語を学習したり話したりするグロスペ外国語、留学から戻った日本人学生が核となって目標言語を話しながら昼食を取る、参加自由の各国語Speaking Lunch Tableを実施している。

さらに、2017年度後期からLOL（Language Out Loud）と呼ばれる外国語サロンをトライアルで、2018年度前期から本格的に開催している。これは大学生が外国語で楽しくコミュニケーションや交流のできるラウンジで、外国語が苦手な人でも自分のペースで気軽にゆっくり練習できる場である。また、イベントなども開催している。ここでは、英語だけでなく、韓国語、中国語、フランス語、ドイツ語、イタリア語を話す機会を提供している。毎回、共通教育の教員か非常勤講師、留学生、留学経験のある学生などの協力のもと運営している。

6. 留学促進の課題

経済的支援、単位取得や互換等の困難による卒業の遅れ、就職活動への影響、興味があっても一歩が踏み出せないという意識を持つ層にいかに働きかけるか。

7. その他（協定締結、学生交流の"ノウハウ"など）

特に記すべきことはない。

（鹿児島大学 准教授　原　隆幸）

●各校の取り組み● **中規模大学**

北海学園大学／北海道情報大学／北海道文教大学／北星学園大学短期大学部／
東京海洋大学／東京工業大学／東京都市大学／産業能率大学／松本大学松商短
期大学部／西九州大学

中規模大学

北海学園大学 経営学部

中小企業の海外展開を担う
グローバル人材の育成

1. 基本情報

学校名	北海学園大学
所在地等	〒062-8605 北海道札幌市豊平区旭町 4-1-40 (代表)011-841-1161　http://www.hgu.jp
学部・研究科、学生数等	5学部6研究科 8,439名(大学院含)
留学生数	23名(2017年度末)
派遣学生数	65名(2017年度末)
海外協定校数	8校(内5ヵ国、8校と学生交流協定)
国際交流事務室等の形態	5学部から1名ずつ選出された教員で構成された「国際交流委員会」、そして、その下部組織として「各協定校等専門委員会」(5学部から26名)、事務部庶務課の中に設置された「学術・国際交流係」が窓口となって国際交流が行われている。
国際交流関係職員数	専任職員　3名

127

留学生奨学金等	北海道外国人留学生国際交流支援事業助成金（北海道）、私費外国人留学生学習奨励費（日本学生支援機構）などの学部機関の奨学金に加えて、北海学園大学教育振興資金奨学金、外国人留学生授業料減免制度がある。
派遣学生支援制度等	協定を締結している大学への留学について、授業料などの補助を行っている。
派遣留学生の単位認定等	派遣先の大学で取得した単位について、個別に対応科目を精査し、委員会での承認を経て認定している。

2. グローバル人材の考え方

　1885年に北海英語学校としてスタートした本学は**開拓者精神**を有する人材を育成し、地域に根差した教育機関としてその役割を果たしてきた。少子高齢化が加速する北海道における課題は「**海外展開**」である。**北海道にあるモノを発信する能力**を培うこと、そして、海外展開を大きく広げるためにも、さらには、海外からの人を北海道に受け入れるためにも、性別、年齢、人種、国籍、宗教など様々な背景を持つ多様な人々の価値観を**互いにリスペクトしながら人的ネットワークを構築**することが重要になる。

3. 大学におけるグローバル人材の育成戦略

　北海学園大学経営学部では、専門知識とそれを活かす実践力を併せ持ち、組織や社会の発展に貢献しうるマネジメント能力に優れた人材の育成をしている。グローバル人材の育成では、コミュニケーション能力の育成を目指して、「総合実践英語」、「ビジネス英語」、**カナダ企業のマネージャークラスの前でプレゼンを行う「海外総合実習」**の科目を展開し、社会に出たときに役に立つ英語の基礎力および応用力を養成している。実践としては、札幌市や札幌商工会議所と連携し、**国際展示商談会に出展する北海道企業の商品紹介や通訳の補助**として学生を派遣している。また、タイ・カセサート大学と協働して、Workshop for Effective Intercultural Communication（WEIC）と題した「**文化衝突回避**」**の理論と実践**を学ぶワークショップを行い、人的ネットワークの構築の仕方を学んでいる。す

なわち、座学を踏まえて、実践を重視し、周到な準備を行い、大学を卒業するまでに、**海外進出（国際展示商談会学生通訳補助派遣）⇒ 海外営業（海外総合実習）⇒ 海外駐在（WEIC）**とグローバルなビジネス活動の各ポイントを体験できるようにしている。内向き志向が強い土地柄であるため、このようなプログラムに参画する学生は少ないので、「**グローバル人材育成セミナー**」を年に5－6本程度継続的に開催し、グローバル活動を経験した社会人、OB・OG、留学を経験した学生たちを講師として招いて、グローバルの最前線で実際に何が行われているかを語っていただき、グローバルに興味を抱く学生の数を増やす活動を行っている。

4. 留学の効果

　北海学園大学経営学部の学生たちが初めて留学を経験するのは「海外総合実習」である。このプログラムに参加した学生は、海外に飛び出す力、英語を使用する勇気を身につけ、その後、自らバックパック旅行、個人留学、国際展示商談会学生通訳補助、WEICなど積極的に参加し、意欲的な取り組みをするようになる。文部科学省が推進するトビタテ！留学JAPANに合格する学生たちのほとんどがこの「海外総合実習」を経験した学生となっている。

5. 外国語（英語）能力をどう向上させるか

　英語能力の向上のために、基礎力を磨くための科目を用意しているが、実践と結びつけるためには学習時間が圧倒的に少ない。実践と結びつけるためには、先ずは、日本語で**企業情報や専門知識を入手し、背景知識を十分に蓄えた上で**、それを英語にしていく手順を踏んでいる。また、課外活動での英語学習時間を伸ばすことを狙いとし、国際展示商談会学生通訳補助、WEICに選抜された学生たちには、English as a Lingua Franca として使用される英語の音の特徴をつかむために、インターネットを活用して地域のラジオのリスニングを勧めている。スピーキング能力に関しては、レスポンス力を磨くため、スカイプなどを利用した民間業者が展開する英会話練習を推奨している。

6. 留学促進の課題

　最大の課題は、関心を抱く学生の拡大、その関心が行動へと結びつく学生の増大である。次の課題は、様々に展開するプログラムが、教員個人の努力に委ねられている部分が多く、安定運用には至っていないことである。一つ目の課題については、本学経営学部では先に触れた「**グローバル人材育成セミナー**」が大きな役割を果たしている。海外を経験した政府機関関係者、国際機関関係者、ビジネスパーソン、そして、留学やワーキングホリデーの経験者に学生時代をどのように過ごしたか、何がきっかけで海外の取り組みを始めたか、海外を経験してどのようなことを学んだかを語っていただき、その後、情報交換と称して、グループ・ディスカッションを行っている。また、このセミナーを通して、海外総合実習、国際展示商談会学生通訳補助、WEIC などの取り組みを紹介し、その意義について参加学生自らに語らせるようにしている。

7. その他（協定締結、学生交流の"ノウハウ"など）

　人的ネットワークの構築は力を注いでいる部分であるが、プログラムの充実はもちろんのこと、プログラム外の部分で食事や観光、ショッピングなどでの交流をする場面を毎日のように設けるようにしている。そして、プログラム終了後も、LINE や Facebook で**繋がり続ける**ように、長い休みの時には互いの国を訪問し合うように促している。また、このような交流の際には、学年横断とし、先輩が後輩にノウハウを伝え合うような仕組みにしている。

（北海学園大学 経営学部 教授　内藤　永）

北海道情報大学
授業科目としての海外短期留学

中規模大学

1. 基本情報

学校名	北海道情報大学
所在地等	〒069-8585 北海道江別市西野幌59－2 (代表)011-385-4411　http://www.do-johodai.ac.jp
学部・研究科、学生数等	3学部1研究科 1,420名(大学院含)
留学生数	29名(2017年度末)
派遣学生数	1名(2017年度末)
海外協定校数	12校(内5ヵ国・地域、12校と学生交流協定)(2017年度末)
国際交流事務室等の形態	学生サポートセンターに、国際交流・留学生支援課があり、海外大学との協定締結、協定校との国際交流事業、留学生と地域の交流事業、留学生の受入れ、語学研修等の留学生派遣に関わる業務、その他留学生の支援を行っている。また、学内における留学生と日本人学生との交流に係わる業務も担当している。
国際交流関係職員数	専任職員4名、非常勤職員1名
留学生奨学金等	日本学生支援機構(JASSO)の海外留学支援制度(協定受入)、科学技術振興機構(JST)のさくらサイエンスプラン等に大学が窓口となり毎年度申請して支援を受けているが、採択されないこともある。その他、本学の私費外国人留学生授業料補助等がある。
派遣学生支援制度等	日本学生支援機構(JASSO)の海外留学支援制度(協定派遣)や民間の留学支援奨学金財団・機関へ、大学が窓口となり毎年度申請して支援を受けているが、採択されないこともある。本学の経済的支援としては、海外留学授業料補助および海外留学貸付制度がある。

派遣留学生の単位認定等	留学に係わる単位の認定は、本学の授業科目として留学した場合は、その科目の評価として認定する。それ以外の留学については、本学の留学生規定に基づいて行う。

2. グローバル人材の考え方

　北海道情報大学は、「産学協同の精神の下、豊かな国際性、創造力ある人間性を涵養し、実学に裏付けられた実践的な専門教育を通して、我が国の国際情報通信社会の進展に貢献する高度情報通信技術者を育成する」ことを使命として、1989年に開学した大学である。北海道情報大学のグローバル人材育成は、この使命を原点としている。具体的には、本学のディプロマポリシーに掲げられているように、「生涯にわたって自ら主体的に学ぶ力」「IT社会に役立つ高度な情報技術と専門知識」「国際感覚やモラルなど豊かな人間性」「コミュニケーションとプレゼンテーション能力」「自ら問題を見つけ出し、その解決のために自身で工夫できる問題発見・解決能力」「知識のみではなく生きるための知恵」を備えた人材としてグローバル人材を育成し、国際化・情報化が進展する社会に貢献することを目指している。

3. 北海道情報大学におけるグローバル人材の育成戦略

　本学では、授業科目としての海外短期留学を主要なプログラムとして中心に据え、学内で行う授業内外の英語教育、地域での国際交流活動で補完することにより、前項で説明したグローバル人材を育成している。また、海外での体験を通して、深い友情にもとづく国際的な人間関係を築くことも戦略の重要な柱である。

　海外短期留学の一つである授業科目「国際コラボレーション」は、タイのラジャマンガラ工科大学タンヤブリ校（RMUTT）の学生と本学学生が相互訪問するプログラムであり、両大学学生が少人数グループで協調してICT作品を共同制作するものである。この活動により、本学学生だけでなくRMUTTの学生も、外国人と協働するための実践的な英語を体験するとともに、深い学びを体験し、前項に掲げたグローバル人材として成長することを目指している。このプログラムは、

海外の学生も育成するという点で、国際貢献にもなっている。

　本学のグローバル人材育成戦略は、複数の国際交流科目を含む海外留学プログラムに、1年生から系統的に参加することで育成するというものである。すなわち、1年生の中から成績優秀で活動的な学生を選抜して行う1週間の「マレーシア語学・文化研修」、主に2年生が参加する3週間から4週間かけて語学を学ぶ授業科目「海外事情（米国編）」「海外事情（中国編）」、3年生を中心に選抜される「国際コラボレーション」、そして、さらに飛躍するための「トビタテ！留学Japan」など長期の留学につないでいる。「マレーシア語学・文化研修」→「海外事情（米国編）」「海外事情（中国編）」→「国際コラボレーション」→「トビタテ！留学Japan」というストリームである。週1回昼休みに実施している「イングリッシュラウンジ」や本学の留学生との交流活動、本学で2年続けて開催したTED x HIU、さらに地域で行われる「世界市民の集い」へのボランティア参加等も、このストリームへの学生参加を促す授業以外の取り組みである。なお、グローバル人材育成も包含する国際的なクリエイティブ人材育成のシステムとして、CDIOフレームワークを構築しつつある。

　さらに、一般市民も参加でき、英語で行われる授業科目「グローバル・ヘルス・リテラシー」を行っているが、これは地域も巻き込んだグローバル人材育成の試みである。また、教職員の国際化も学生のグローバル人材育成に欠かせない環境整備であることから、「食と健康」に関する国際フォーラムやセミナー、情報科学・技術に関する国際学会を開催している。もちろん、これらは学生にも専門分野の世界の実情を伝える機会にもなっている。

4. 留学の効果

　本学の留学プログラムをはじめ、本学の支援により留学した学生たちは皆、現地での経験を通して、英語でのコミュニケーションに自信がつくとともに、チャレンジ精神の向上が見受けられる。このような学生の中から休学して語学研修やワーキングホリデーに出かける学生もいる。また、積極性もつき、学内の各種のコンテストに応募したり、資格取得にチャレンジする例も多い。「国際コラボレーション」に参加した学生が、enPiT（高度IT人材を育成する産学協働の実践教育ネットワーク）に参加して、地域の課題解決に取り組んだり、「トビタテ！留学

第2部　大学・高校におけるグローバル教育の実施状況

Japan」を利用してフィンランドへ留学する事例も生まれている。また、留学プログラムを経験せずに「トビタテ！留学Japan」を利用してイギリスへ留学する事例も生まれており、本学のグローバル人材育成の全学的な環境が学生に浸透してきたのではないかと思われる。

　語学の面では、とくに「国際コラボレーション」については、タイと日本で合計約2週間ともに活動することで、英語によるコミュニケーション能力が伸びている。マレーシア語学研修参加者も、英語学習に積極的な姿勢を見せるようになっている。

　本学におけるグローバル人材育成戦略に基づいた系統的な教育の歴史は古くない。しかし、この数年、少しずつではあるが、着実に教育の成果が現れてきている。

5. 外国語（英語）能力をどう向上させるか

　本学の英語教育は、大きく分けて、次の5つに分けられる。

[基本的英語力の養成]　1年生対象の必修科目である「基礎英語」により、上位者は英語検定2級以上、中位者は準2級以上、下位者は3級以上のレベルに到達することを目標にしている。

[英語表現力の養成]　1年生対象の必修科目である「英語表現Ⅰ」と授業外活動である「英語プレゼンテーションコンテスト」により、英語表現力を養成する。コンテストはグループでのスライドや動画の制作プロジェクトであり、これにより英語力のみならずコラボレーション能力やコミュニケーション能力も養成する。このコンテストはProject Based Learningであり、また経験学習（Experiential Learning）の側面もある。

[実践的英語力の養成]　「海外事情（米国編）」や1年生を対象とするマレーシア語学研修を通じて外国人とコミュニケーションできる実践的英語力を養成する。また「国際コラボレーション」においても英語によるコミュニケーション能力が養成される。

[授業外で行う英会話力の養成]　課外のイベントとして、英会話力をトレーニングする「イングリッシュラウンジ」を週1回昼休みに実施している。また年1回ではあるが「英語フォーラム」において教員が英語で講演を行っている。2017年からは「イングリッシュ・デー」という日を10月末に設けて、

英語以外の科目において、一部の講義ではあるが、普段より英語を多く使用する日としている。

[TOEIC受験の学習支援] 「TOEICチャレンジ600」という課外の自主ゼミを開催し、TOEIC600点以上取得者を養成することに努めている。

6. 留学促進の課題

これまでに実施した語学研修プログラムの動画上映、研修プログラムの報告会、海外研修のパンフレット等により、海外へと目を向けさせることに努めている。しかし、学生の内向き志向を外向きに変えるのは容易ではない。グローバル人材として大きく成長しそうな学生には、教職員から声かけして海外留学プログラムへの参加を促している。このような学生も、日本とは大きく異なる環境に身を置くことで、グローバルな視点が身につくだけでなく、日本の社会や文化に対する理解も深まり、普遍的な価値観も身に着く。そうしたメリットを学生に理解してもらう工夫を今後も続けていきたい。たとえば、入学後すぐに先輩の経験談を見聞きする機会を設けるなど、多様な方法で海外留学プログラムへの参加意欲を生み出す工夫を考えたい。

7. その他(協定締結、学生交流の"ノウハウ"など)

本学の国際交流は、初代理事長の人脈により中国南京大学との交流として1999年に始まった。南京大学との交流協定締結を皮切りに、徐々に協定校を増やしてきたが、本学の教員が協定校の教員と関係を深める中で協定締結に至った例が多い。南京大学との交流締結も、その後の協定締結も、海外の大学関係者との人的ネットワークが大きな要素であると考える。しかし一方では、海外の大学を視察に訪れた教員が、相手校から協定締結を持ちかけられた例も増えてきた。これらの事例から、教職員が積極的に海外の大学を訪問したり、国際学会や国際集会に参加することで、協定校を増やす機会が得られると考えている。

(北海道情報大学 教授 竹内典彦)

(同上 教授 穴田有一)

第2部　大学・高校におけるグローバル教育の実施状況

北海道文教大学 外国語学部

グローバル人材育成の3つの柱：英語「で」学ぶカリキュラム、留学促進プログラム、そして学内環境の整備

1. 基本情報

学校名	学校法人鶴岡学園 北海道文教大学
所在地等	〒061-1449 北海道恵庭市黄金中央5丁目196番地の1 （代表）0123-34-0019 http://www.do-bunkyodai.ac.jp/sandf.html
学部・研究科、学生数等	2学部 4研究科、2,250名（大学院含）
留学生数	68名（2017年度末現在）
派遣学生数	24名（2017年度末現在）
海外協定校数	18校（内7ヵ国、18校と学生交流協定）（2017年度末現在）
国際交流事務室等の形態	事務局学務部の中に国際課が置かれ、専任職員2名が業務に従事している。また、教員組織として国際交流委員会が設置され、12名の委員が月一回の会議を持ち国際課と連携して留学生の受け入れ及び派遣に関わる業務を執り行っている。
国際交流関係職員数	専任職員 14名（内国際交流委員会委員12名）
留学生奨学金等	・授業料40%減免 ・在籍する留学生の受給している奨学金 ・文部科学省外国人留学生学習奨励費 ・JEES留学生奨学金 ・北海道外国人留学生助成金 ・ロータリー米山記念奨学会奨学金 ・平和中島財団外国人留学生奨学金

北海道文教大学 外国語学部

派遣学生支援制度等	・海外留学奨励金　（半年以上の留学に対して支給） ・国際言語学科海外語学研修等奨励金 　（1ヵ月以上の学科主催の語学研修に対して支給： 　TOEICスコアによって20万円〜40万円・1セメス 　ター以上の場合50万円）
派遣留学生の単位認定等	・大学付属の研修機関の場合、教務委員会の審査を経 　て関連する科目をみなし認定することができる。 ・私立の語学学校での研修の場合でも、カリキュラム 　内容を精査して、「国際言語研修」2単位を付与す 　る場合がある。

中規模大学

2. グローバル人材の考え方

　グローバル人材の定義はさまざまな場面でさまざまになされているが、その多くに共通するのは以下の3点であるといえよう。

　1）自らのアイデンティティの確立

　2）異なる文化・価値観を持つ人への敬意

　3）協働して新しいものを作り上げる能力

　これらの項目を、高度にグローバル化した今日の社会で達成する上で必要となってくるのが高度なコミュニケーション能力である。本学では講義内外のさまざまな場面で上記4点（外国語による高度なコミュニケーション能力育成を含め）を念頭に教育活動を展開している。

3. 大学におけるグローバル人材の育成戦略

　北海道文教大学 外国学部では2016年度から新カリキュラムを導入した。加速的に国際化する社会に対応することのできる人材を育成することを目的に掲げた新カリキュラムの最大の課題は、まさに学生の外国語力の向上にあった。グローバル社会においてコミュニケーション上必要とされる言語すなわち英語、という短絡的な発想を明確に否定しつつも、Lingua Francaとしての英語の国際社会における優位性を否定することはできない。限られた資源と人材を活用しながらの新カリキュラム策定においては、まず学生の英語運用能力の向上を重要課題とす

ることになった。

　新カリキュラム策定にあたっては、1)「英語を学ぶ」から「英語で学ぶ」への転換、2)留学制度の充実、3)日常的に英語を使用できる場の創出、の三項目を重要な柱とした。以下、1点目については第5節「外国語（英語）能力をどう向上させるか」、2点目については第4節「留学の効果」、3点目については第7節「その他」の項目で詳述する。

4. 留学の効果

　外国語学部では経済的な理由により留学を断念する学生を少しでも減らし、学生の学習意欲を高めることを目的に、新カリキュラム導入と時期を同じくして「語学研修奨励金」を創設した。これは、基本的には長期休暇中に行われる4週間の語学研修に参加する費用の一部を補助するというもので、毎年4月にプレイスメントテストとして行われるTOEIC IPテストのスコアを元に競争的に配分される資金である。学外で任意に受験したTOEIC Official Testのスコアを提出することも認めているため、自発的に2度、3度と受験するものも少なくない。ただし、導入初年は配分人数を多くするために10万円から30万円の間での支給としたが、10万円を獲得した者のほぼ全員が残金を工面できずに受給を辞退することとなった。本学で提供している語学研修プログラムは、ニュージーランド、オーストラリア、カナダ、カンボジアの4つであるが、カンボジアを除く英語圏の国々への留学は1ヵ月でおよそ50万円程度が必要になる。10万円の補助があっても40万円自己負担となると、簡単にはいかない場合が多い。最終的に使い切れずに残してしまうより、一人でも多くの学生に留学を経験してもらうために、補助人数を減らしつつ、一人当たりの補助額を高めていくことで派遣人数が増え、2018年2月〜3月のNZ研修には5名が参加している。

　こうした短期留学に参加した者の中には、半年から1年の長期留学を目指す者も増えている。また、第7節に紹介するラウンジを活用して、留学の成果を報告する機会や、オープンキャンパスでの発表の機会を与えられることが増え、留学後の自信を深めて学習意欲を高め、それがこれから留学を目指す者へのよいモデルとなっており、留学の成果は計り知れないものがあると考えている。前述の奨励金は、在学中に二度まで受給資格があることも帰国後の学習意欲の継続に貢献

している かもしれない。

5. 外国語（英語）能力をどう向上させるか

　新カリキュラムの大きな柱として掲げた、「『英語を学ぶ』から『英語で学ぶ』への転換」という考え方の背景にあるのは、インプットとアウトプットを有機的に結びけるCLIL（Content-Language Integrated Learning）の有効性を示す第二言語習得研究の知見と、アクティブ・ラーニングの重要性を指摘する教育学の知見である。北海道の空の玄関口に一番近い外国語学部をもつ本学の学生は、英語の運用能力を高めることに意欲的で、将来は英語を活用した仕事をしたい、と思いながらも、就職先を求めて海外や道外へ出ることをためらうものも少なくない。そうした学生の多くが魅力を見出すのが、北海道の基盤産業として近年目覚しい成長を見せる観光・ホスピタリティ関連の産業である。そこで、本学部の新カリキュラムでは「観光を英語で学ぶ」というコンセプトを中心にすえた。

　新カリキュラムにおいては、学生の英語力を徹底的に鍛えるため、リーディング、スピーキング、ライティングに関わる科目を多数配置すると同時に、「世界遺産」、「北海道の観光」、「地域研究」、「国際関係論」など観光に関わる科目でありながらそのすべてを英語で行う科目を配置した。観光のスペシャリストをめざす学生のためにはより高度な観光・ビジネス関連の科目を日本語で配置しながら、さらに英語の運用能力を高めたい学生のために、「スピーチ」、「時事問題・ディスカッション・ディベート」、「映画で学ぶ英語」、「異文化理解論」などの科目を英語で開講し、プレゼンテーション、ディスカッション、ディベートなどの活動を多くの科目で日常的に行っていくカリキュラム構成とした。学生の資格取得支援のために、TOEIC対策、英検及び観光英検の対策を中心とした講義も配置しているが、学生のモチベーションと言う観点から見るとやはり、内容に興味を持てる科目群のほうでより学習効果が表れているようである。

　多くの講義が英語でなされるため、入学当初の学生たちはかなり緊張を強いられるようであるが、先輩やクラスメートと助け合いながら学科全体として切磋琢磨していく姿には教員も励まされる。

　英語の運用能力を向上させる、という目標と同時に、自らのアイデンティティに誇りをもち、他者への理解と敬意を育むということも本学の重要な教育課題で

ある。「時事問題・ディスカッション」や「異文化理解論」などの講義においては、自らもつ偏見や固定観念に気づき、それを自ら崩していく経験を重視している。日本人学生にも、留学生にも、母語を使用したリサーチ課題を与え、それを共通語としての英語で共有すると言った活動を多く取り入れているのも、第二言語学習者としてではなく、多言語話者としてのアイデンティティを確立し、その強みを最大限に活かしていく経験を重視しているからである。このため、講義外でも日本人学生・留学生が協働して地域の商店のチラシの多言語化を手伝ったり、地域の小学生の英語学習の支援をしたりなどの活動に積極的に取り組ませ、自らの言語資源の価値に気づく機会を多く設けるように努めている。

6. 留学促進の課題

　第4節にも触れたように、留学の促進についてはまず経済的な支援が最大の課題である。研修の費用を抑えるために、高額になりやすい北米・欧州・豪州などの地域を避け、社会の多くの場面で英語が活用されているような多言語地域における研修の幅を広げることも必要であると考える。人口移動がかつてないほどに活発な21世紀の英語学習者としては、モノリンガルの英語母語話者が多い国や地域で学ぶことよりもむしろ複言語社会におけるLingua Francaとしての英語に触れていくことの重要性が高まっていると考えられるからである。今後、学生のニーズにあった研修プログラムを数多くそろえるためには、個々の大学の垣根を越えて、互いに連携することが必要ではないだろうか。

　ただし、研修プログラムが多様になればなるほど、より決め細やかな危機管理体制の確立が重要となる点には十分に留意する必要がある。不安定な国際政治の情勢や自然災害によって、学生が直面しうるさまざまな危機に対応する態勢をしっかりと構築する必要があるだろう。

7. その他（協定締結、学生交流の"ノウハウ"など）

　本学に在籍する学生を海外に派遣し、視野を広げる機会を拡充するのと同様に重要な取り組みが、本学内における日常的に英語を使用できる場の創出である。本学ではPC2台、DVDプレーヤー、教材提示器、プロジェクターおよびスクリー

ンが設置された25名ほどを収容できる小さなスペースが設けられている。学生た
ちによってGCC（Global Community Centre）と名づけられたこのラウンジでは、
週1回のESSの活動（昼休みに昼食をとりながら英語で話し合う活動）のほか、大
量のライティング課題に悲鳴をあげる1年生に対し上級生（特に教職志望の学生）
や教員がアドバイスを行うWriting Clinic、中国人留学生が中国語を学ぶ日本人
学生に中国語や中国文化を教えるTandem Learning, 留学から帰ってきた学生
たちによる報告会、留学斡旋業者による留学コンサルティングGlobal Caféなど、
多くの活動が活発に行われている。第5節で紹介した「映画で学ぶ英語」の講義
内のディスカッションに欠かせない映画の視聴もここで毎週行われ、学生たちの
憩いの場・学びの場として活用されている。このラウンジでは日本語の使用は原
則禁止、ということになっているため、日本人学生同士でも自然に英語で話す場
面が増えていく。普段からこのような場を活用し、講義内もすべて英語、研究室
での指導もすべて英語、という生活が日常化していくことで、学生は日本人教員
に対しても英語で話すことに抵抗をなくし、学内での普段の挨拶や、学会手伝い
などの業務上のやり取り、オープンキャンパスの準備などあらゆる場面で常に英
語でのコミュニケーションが当たり前になっていく。こうした環境を用意するこ
とが留学の準備にもなり、また留学後、せっかく高まった英語運用能力を保持す
るための取り組みにもなると考えている。

（北海道文教大学 外国語学部 准教授　佐野愛子）

第2部　大学・高校におけるグローバル教育の実施状況

北星学園大学短期大学部
高い英語力と豊かな人間性を育くむ取り組み

1. 基本情報

学校名	北星学園大学短期大学部（英文学科、生活創造学科）
所在地等	〒004-8631 北海道札幌市厚別区大谷地西2-3-1 （代表）011-891-2731　http:www.hokusei.ac.jp
学部・研究科、学生数等	1学部2学科489名
留学生数	0名（2017年度末）
派遣学生数	44名（2017年度末）
海外協定校数	4校（4校と学生交流協定）
国際交流事務室等の形態	副学長の下に国際教育センターが設置され、それを支える事務組織として国際教育課が置かれている。
国際交流関係職員数	専任職員3名
留学生奨学金等	私費留学生授業料減免制度
派遣学生支援制度等	短期留学授業料減免制度
派遣留学生の単位認定等	単位認定は各プログラムの実施学科により行われる。また、学生が独自で開拓した留学プログラムも学科が認めた場合に単位を認定する。

2. グローバル人材の考え方

　北星学園大学短期大学部英文学科では、「実践に重点を置いた『生きた英語』の習得」、「国際的視野と判断力を養い、社会に奉仕・貢献する」などといったディプロマポリシーのもと、国際社会に貢献する人間の育成に努めている。

142

3. 北星学園大学短期大学部英文学科におけるグローバル人材の育成戦略

3.1 多彩な海外留学プログラム

・海外事情

　海外の提携校（5ヵ国7大学）で1学期間（1学年目9〜12月）の語学研修を受けることができる海外短期留学制度を実施している。研修先大学で一定の成績を修めた場合、本学の卒業単位として認定し、2年間の修業年限で卒業することができる。

・海外研修A

　学生自らが渡航先や研修計画を立案し、一定の条件の下で単位として認定するプログラムで、1学年目の2〜3月に実施している。例えば、ニューヨークで午前は英語レッスン、午後はファッション専門学校に通学するなど、英語＋αの力を身につけたい学生に人気のプログラムである。

・海外研修B

　1学年後期に渡航国の生活や文化、プレゼンテーションなどを学習し単位を修得した学生が、2月に約25日間、ホームステイをしながら語学研修を行い英語力の向上を図るだけでなく、現地の企業を訪問するなど、国際感覚を身につける多彩なプログラムが提供される。

・ディズニー・インターンシップ・プログラム（2018年度開講）

　アメリカフロリダ州のバレンシア国際カレッジに留学し、約半年間、世界各国から集まる学生とともに、ビジネスマネジメント、ホスピタリティ等の科目を履修しながら、ウォルトディズニーワールドでのインターンシップを行うビジネスマネジメントプログラムであり、2018年度から新規開講する。

3.2 大学や国際教育センターが主催するプログラムへの参加

・国際ボランティア活動

　本学はキリスト教を建学の精神としており、これを具体化する組織として設置された「スミス・ミッションセンター」が企画するタイ王国にある児童福祉施設への慈善活動があり、本学科の学生はこうした国際ボランティア活動にも積極的に参加している。

・国際ラウンジの活用

国際ラウンジは、国際教育センターが管理・運営し、本学のグローバル化教育の拠点として機能している。ラウンジでは「外国語遊び場」など学生の異文化理解を促進する多言語、多文化プログラムが提供されており、国際交流を身近に感じられる空間として活用されている。

4. 留学の効果

2016年度は英文学科1学年在籍者数の約6割にあたる79名の学生が本学科のプログラムを活用して海外留学を果たしている。こうした高い海外留学率の背景には、とりわけ学生自らが作り出す開放的な雰囲気がある。留学を考えていなかった学生の中には、海外経験をした先輩や友人から刺激を受け、海外留学への意欲が向上するケースも多々見受けられる。

また、本学科では、入学直後の宿泊オリエンテーションで先輩による留学体験報告会を開催したり、入学後も英語を使ってグローバルに活躍する卒業生等による講義「アセンブリ」等の科目があり、学生の多様な生き方を後押しすることに寄与している。さらに、本学科専任教員の半数がアメリカ、カナダ、ニュージーランドの出身であり、海外生活について日常的にアドバイスを受けられたり、海外を身近に感じられたりする環境に結びついている。

留学の効果については数量的な把握はしていないが、留学を学生生活の中核に据えて英語学習に励んだり、帰国後、明確な目標を持ち勉強に励んだりしていることが、講義への積極的な参加状況や学生生活満足度調査の結果等から伺い知ることができる。さらに、近年、留学後に、あらためて中・長期の留学に挑戦する学生が増加していることも留学の効果として捉えることができる。

5. 外国語(英語)能力をどう向上させるか

5.1 基本を重視しつつ、生きた英語に触れる実践的なカリキュラム

1年次は基礎的な英語力を育成し、2年次では外国人教員がGeographyやAinu and Maori Studiesといった科目を英語で指導するなど、海外留学と変わらない環境で英語を学習することができる。また1、2年次の「オーラル・イングリッシュ」

ではTutorと呼ばれる英語圏以外の外国人が参加して授業が行われ、多様な英語に触れる機会となっている。

5.2 英語を生かしたキャリアにつながる科目

道内においてもインバウンドの増加にともない、高い英語力や国際性を身につけた人材への需要が高まっている。地域の国際化への貢献や多様なグローバル化への対応を図ることが、今後、一層重要になっていくと考えられることから、これまでの「ホスピタリティ」関連科目に加えて、「Tour Guiding and Interpreting」「International Business」を新設する（各2019年度開講）。

5.3 4技能テスト「ケンブリッジ英語検定」の導入

2017年度からケンブリッジ英語検定を全学生対象に各学年1回実施している。本テストは、世界中の大学、企業等から「実際に使える4技能英語テスト」として高い評価を受けており、本テストの資格取得により、海外進学やグローバル企業での就職等、学生の可能性を広げることに結びつけたいと考えている。2017年6月に1学年を対象に実施したケンブリッジ英語検定のCEFRの総合レベルの平均はA2上位であり、技能別のレベルには技能ごとに著しいバラツキが見られた。4技能テストは学生の多用な英語力の把握に有効であり、今後は、カリキュラムの改訂や教材の選定、さらには卒業時の到達目標の設定などに活用することについて検討している。

6. 留学促進の課題

海外大学への正規留学は、卒業後、学生個人で行っている現状にある。また、半年以上休学して留学する学生も増加している。こうした状況に対応するため、海外提携校を増やすなどして、例えば、短期大学部2年次から、コミュニティカレッジ等に留学し、短期大学士とdegreeの両方を取得できたり、提携大学において学士課程の専門科目を履修・修得したりする専門留学を導入するなど、短期大学の特性を生かしたプログラム開発が考えらえる。また、本学科は交換留学制度を行っていないが、受け入れ留学生を増やす取り組みは、留学促進の観点からも有効と考えられ、検討課題である。

7. 協定締結、学生交流の"ノウハウ"

　本学科の前身が短期大学としての歴史的な経緯を有することから、学科独自のプログラムが多く、協定締結に向けた交渉等は、これまで主に専任教員が現地に出向いたり、教員間の個人的なつながりを活用したりするなど、学科が中心となり実施してきた。今後は、協定校の拡大や学生交流の促進、海外プログラムの一層の充実に向けて、本学国際教育センター等との連携促進が不可欠と考えている。

（北星学園大学短期大学部 英文学科 学科長　白鳥金吾）

東京海洋大学
段階的グローバル教育モデル

1. 基本情報

学校名	東京海洋大学
所在地等	〒108-8477 東京都港区港南4-5-7 （代表）03-5463-0400　https://www.kaiyodai.ac.jp/
学部・研究科、学生数等	3学部　1研究科、2,805名（大学院含）
留学生数	248名
派遣学生数	152名
海外協定校数	28ヵ国、96機関（内16ヵ国、48校と学生交流協定）
国際交流事務室等の形態	学務部に設置された国際・教学支援課が、グローバル教育を所管するグローバル人材育成推進室（2018年より「グローバル教育研究推進機構」に名称変更）の事務を担当している。
国際交流関係職員数	専任職員15名
留学生奨学金等	JASSO、民間財団等の奨学金の他、東京海洋大学独自の奨学金として留学生委員会が交換留学生受入れのための奨学金を措置している。また、奨学金以外の経済的な補助として、授業料免除制度や、留学生宿舎の提供を行っている。特に、宿舎に関しては全留学生の約60%に当たる138室を用意している。
派遣学生支援制度等	JASSO、民間財団等の奨学金の他、本学OBからの寄附金により渡航費用の援助を行っている。また、留学に必要な語学力向上支援として、英語学習用のスペース（グローバルコモン）の提供や、専任の英語アドバイザーによる学習支援等の支援も行っている。

| 派遣留学生の単位認定等 | 3ヵ月以上の協定校への交換留学の場合は「東京海洋大学学生交流に関する規則」に基づき単位認定を行っている。また、「海外派遣キャリア演習」「学外研修（海外）」等の授業の一環として派遣する1ヵ月以内の短期派遣については、各科目の方針に沿って単位の付与を行う。 |

2. グローバル人材の考え方

東京海洋大学の前身である東京商船大学と東京水産大学においては、それぞれ明治初頭からの長い歴史のなかで、四方を海に囲まれた海洋国家としての日本を支えるべく、高い専門性とパイオニア精神あふれる人材を多く輩出してきた。昨今では、海洋環境の保全・管理、水産資源の持続的な利用、安全な海上輸送の実現など、海を巡る世界共通の課題は、一層の多極化且つ複雑化の傾向を見せている。これらの課題解決に向け、**海に関する専門知識と実践的な英語力を併せ持つ人材の育成**を本学の使命としている。

3. 大学におけるグローバル人材の育成戦略

海洋大学は品川キャンパスに本拠地をおく海洋科学部（平成29年度より海洋生命科学部及び海洋資源環境学部）と、越中島キャンパスに本拠地をおく海洋工学部に分かれている。平成24年度グローバル人材育成推進事業に採択されて以来、それぞれの特色を活かしつつ独自の取り組みを行なっている。本稿では、寄稿者が直接教育を担当する品川キャンパスでの取り組みを中心に述べていくこととするが、一部両学部にまたがる取り組みについても言及する。

品川キャンパスの3学部では、1.「**TOEIC L&R 600点の学部4年次進級要件化**」、2.「**海外派遣キャリア演習**」、3.「**大学院博士前期課程の授業の完全英語化**」をグローバル化への三本柱とする。まず、ゴールとして、論文執筆や国際学会発表に対応しうる英語力を培うため、「大学院博士前期課程の授業の英語化」を目標に掲げた。世界に開かれたキャンパスとして受入れ留学生の言語面でのハードルを下げ、研究に必要な各専門分野の単語、表現力の育成を授業の中で行う試みである。平成28年度付けの実績では4専攻合計80％の授業で、英語を主な媒体と

して遂行可能な授業が設置されている。

　そのための土台作りとして、外部英語資格試験で一定のスコア獲得を進級要件に設定した。外部英語資格試験の採用により、学生が学士教育の中で身に付けた英語力を社会に認知される形で示すことが可能となり、同時に、4年次の始めには、学生全員が、本格的な研究着手に必要な英語の基礎力を備えている状況を作り出している。

　平成30年度は前段の外部英語資格試験進級要件化運用開始より5年目となる。この間に、平成28年度入試より出願要件として外部英語資格試験のスコア提出を義務付ける等の改革も合わせて実施された（経過措置あり）。進級要件であるTOEIC L&R600点以上を1、2年次の早い段階で取得した学生には、次の目標として、「海外派遣キャリア演習」科目の中で、大学での専門と関連させつつ、国際展開する企業で現地インターンをしたり、海外の研究機関で研究に従事したりという、実体験としての海外経験を積む機会が用意されている。

　このように、該当学部所属の全学生が学部低年次で外国語（英語）基礎力を付け、さらに希望する学生は続く年次で海洋大ならではの海外経験を経て、その上に大学院レベルでの高度な論理的英語討論力を完成させるという、**長期スパン**でのグローバル人材育成を設計している点が本学の特色である。

4. 留学の効果

　留学の定義を、交換留学にとどまらず、本学が実施する1ヵ月以内の短期海外派遣プログラムも含める場合、本学の派遣実績は平成25年度以降急増している（平成24年度4名 → 平成29年度152名）。これは前項で触れた「海外派遣キャリア演習」が海洋科学部（名称は当時）において同年に開始されたことが大きな要因である。本演習は、カリキュラムの一環として行われ、参加学生には2単位が与えられる。平成26年度からは海洋工学部においても独自の海外インターンシップ派遣を開始し、大学全体のグローバル化が加速した。これらの相乗効果として、長期交換留学参加者数も徐々に増加している（平成24年度3名→平成29年度13名）。本学の特徴としては、語学習得のみを目的としたプログラムは実施しておらず、全てのプログラムが海洋科学又は海洋工学に関連する研究機関又は企業への派遣であることが挙げられる。留学の主たる軸を専門知識の習得や研究体験とし、そ

こへ付加的に異文化交流の意義や、コミュニケーション能力の重要性、自身のキャリアプランなどについて深く考える良い機会と捉えている。参加学生達は、帰国後も、海外から受け入れた留学生の支援や、留学を希望する学生へのアドバイスを積極的に行うなど、留学の成果を発揮している。さらに、本学のように大学院進学者が多い理系の大学では、海外の研究活動に触れることで、大学院進学時の研究活動の疑似体験ができる他、大学院における英語講義の聴講（本学では大学院博士前期課程の授業80％以上を英語化）や留学生との交流に対する心理的ハードルを下げるという効果も大きい。

5. 外国語（英語）能力をどう向上させるか

　本学の学生は各学科の専門科目と並行した語学学習が前提となり、そのため、英語を主たる興味としない学生に対し、どのように学習の継続を促すかという点が重要となる。本項では品川キャンパスにおける学習環境の整備と、授業科目を通した取り組みについて紹介する。

　まず、学習環境の整備として、学生たちが多く集まる大学生協の2階に、語学学習スペース「**グローバルコモン**」を設置運営している。ここでは、語学学習に関する書籍・DVD約1000冊／本以上が自由に利用できる他、外部の英語**学習アドバイザー**により継続したカウンセリングが受けられるようになっており、自習用の個人ブース、スピーキング練習用の防音ブースも設けられている。**e-learning**や**アプリ学習の一斉導入**で、授業時間外の自主学習を支援している。また、自身の英語力測定の役割を担う目的で**外部英語資格試験**を活用しており、品川キャンパス所属の学生は入学時にTOEIC L&Rを、越中島キャンパス所属の学生は1年前期終了時にTOEFL-ITPを大学経費負担で受験する。品川キャンパスにて開催されるTOEIC-IPは年8回であり、これはTOEIC運営団体IIBCの定める最大の実施回数である。うち年1回は無料（大学経費負担）で受験可能な回を設置する他、学生個人は受講料負担のない講座を学期中や長期休暇時に合わせ年に数回設け、学生にとって常に英語学習を意識する機会を用意している。

　教育カリキュラムのなかでは、ほとんどの学生はアカデミック英語を中心に据える英語系授業科目を1年次前期から3年次後期まで通し、各期1コマ取得する（計6コマ）。並行して、ビジネス英語を扱うTOEIC L&Rを通した実践的な英語

力育成を目的とする必修の授業科目が1年次前期と3年次通年授業として設置されている(計2コマ)。**1年次前期必修『TOEIC入門』**は基礎力養成を目的とし、レベル別の少人数(20名前後)を1クラスとする編成を取っており、この間に、学生達のTOEIC平均スコアは大幅に上がる(平均上昇点:平成28年92点、平成29年112点)。続く**3年次通年必修『TOEIC演習』**の単位付与要件として、TOEIC L&R600点以上、またはTOEFL iBT69点以上、またはIELTSバンド5.5以上の取得が定められている。本学では品川キャンパスのTOEIC関連事業を統括する専門教員をおき、学部学科を超えた全学生の支援に取り組んでいる。

このような様々な取り組みを受け、第2項で述べたTOEIC進級要件に関する結果として、適用初年度(平成26年入学生)は98%、次年度(平成27年度入学生)は97%の学生が3年次の指定期日までに600点以上を取得し、いずれの学年においても平均点は入学時より約161点上昇した。

6. 留学促進の課題

学生が留学に踏み切れない理由の一つとして、費用面での負担が挙げられる。授業料が比較的安価な国立大学法人であることから、様々な経済状況にある学生が所属しており、全学生の留学は現実的ではない。そのような制約があっても、可能な限り多くの学生の参加を促すため、現在、「海外派遣キャリア演習」での渡航費用は、その一部を外部の奨学金や**大学同窓会**からの寄付で賄っているところである。また、平成30年4月、採択を受けた様々な国際的なプロジェクトや事務機能を含蓄する形で「グローバル教育研究推進機構」が発足した。今後、学内共同利用施設や研究推進委員会等の情報を集約し協力体制の構築をすることにより、学生にとっての国際的な情報の窓口が一本化され、留学への後押しとなることが期待される。

7. その他(協定締結、学生交流の"ノウハウ"など)

協定に基づく学生交流は相互派遣が原則のため、本学のような海洋系総合大学は相手先大学も必然的に海洋系の大学となる。このため、残念ながら学生に人気の高い欧米の大学との協定は少ない。しかし、本学が実施したいのは「語学留学」

第2部　大学・高校におけるグローバル教育の実施状況

ではなく、「学生の専門に沿った本学ならではの派遣プログラム」である。このことからも、欧米の協定校を新規に開拓するのではなく、これまでの交流実績を積み重ねてきた協定校と連携し、学生にとって有意義なプログラムを構築・提供することが非常に重要と考える。例えば、本学が平成25年度以降に実施している協定校への短期派遣（主にアジア）は、約1ヵ月間と短期であるが、異文化交流の大切さ、コミュニケーション能力の重要性、将来のキャリアプランを今一度考えさせる「きっかけ」を提供している。学生達にも好評で、2回、3回参加する学生もいる他、この経験を基に3ヵ月以上の長期留学を志す学生も少なくない。このように、決して協定校の数や地域にこだわらず、目的に合わせた交流を継続して行い、プログラムの質を高めていくことが、学生交流を拡大していくうえで非常に重要と考える。

（東京海洋大学 グローバル教育研究推進機構 特任准教授　鈴木瑛子）

東京工業大学

東京工業大学
グローバル理工人育成コースの成果と課題

中規模大学

1. 基本情報

学校名	東京工業大学
所在地等	〒152-8550 東京都目黒区大岡山2-12-1 (代表)03-3726-1111　https://www.titech.ac.jp/
学部・研究科、学生数等	6学院 9,962名(大学院含、正規学生のみ)
留学生数	1,432名(2017年5月1日現在)
派遣学生数	581名(2017年度実績)
海外協定校数	71校(2018年7月現在、授業料不徴収協定のみ)
国際交流事務室等の形態	国際教育推進機構(機構長:副学長)の下に、運営委員会が設置され、その下に全学の学生交流プログラムを統括する協議会、グローバル理工人育成コース実施協議会等が設置されている。また、実務実施組織として、学務部留学生交流課、国際部国際連携課および国際事業課が置かれている。
国際交流関係職員数	専任職員28名
留学生奨学金等	JASSO、学外機関奨学金の他、大学独自の奨学金として、東工大基金を準備。
派遣学生支援制度等	JASSO、学外機関奨学金の他、大学独自の奨学金として、東工大基金を準備。
派遣留学生の単位認定等	国際教育推進機構の承認を受けた全学のプログラムには原則として単位認定を行っている。また各学院でも単位認定を行っている。学生が独自に開拓した留学プログラムも学部・大学院、大学が認めた場合に単位を認定する(認定留学)。

153

2. グローバル理工人育成コース実施の背景と概要

　大学は、若い世代の国際的な産業競争力の向上や国と国の絆の強化の基盤として、「内向き志向」を克服し、グローバルな舞台に積極的に挑戦し活躍できる若手人材の育成を図っていく必要がある。このため、文部科学省は、大学教育グローバル化に向けた体制整備を推進する事業に対して重点的に財政支援することを目的として、平成24年度から「グローバル人材育成推進事業」を開始した。同事業のもと、本学は、平成25年度に世界の企業、大学、研究所、国際機関等で活躍する理工系人材の育成を目指す「グローバル理工人育成コース」（以下、「本コース」という）を設置した。本学は明治14（1881）年の建学以来、社会の発展を国内外で支える多くの人材を世に輩出し、卓越した研究成果を創出し、科学進展基盤を支え、我が国の社会経済成長の原動力である「ものつくり」を先導し、世界に貢献している。本学では長期目標を「世界最高の理工系総合大学の実現」とし、教育ポリシーの中で「理工系の各分野にわたって世界最高レベルの研究を推進するとともに、そうした研究の刺激の中に学生を招き入れることにより、高い見識と倫理観、確かな専門学力、自由な発想力や創造力、そして統合し実践する力を身に付け、最先端の科学・技術を牽引し、豊かな国際社会を築いていく人材を養成する」と定めている。このような高度科学技術に関する専門性を備えた人材が、先進国だけでなく新興国の様々な分野に広がり、新興国の科学技術の発展にも大きく寄与し、グローバルに活躍するためには、本学の生命線である「確固たる専門力」に加え、「探求心とチャレンジ精神」、「課題解決に向けてリーダーシップを発揮できる能力」、「異なる文化や専門性を持つ人々と協働できる能力」が求められる。

　これらの教育目標を実現するため、本学では、新興国を含む世界でリーダーシップを発揮できる人材を育成することを目的とし「グローバル理工人育成コース」を開設した。平成25－28年度は学士課程のみを対象としていたが、大学改革により「学修一貫」の教育課程を開始し、修士課程修了までに国際的な活動をすることを強く推奨していること、本学学士課程の約9割が修士課程に進学することを鑑み、本事業開始年度に入学した学生が修士課程に進学する平成29年度よりその対象を修士課程の学生にまで広げ、初級、中級、上級の3つの段階的なコースで構成することとした。本コースは、「国際基礎力」、「国際実践力」、「国際協働力」を段階的に発展させる国際性涵養に特化した教育カリキュラムであり、本コースでは専門性を基礎としたアイデンティティー・知識・経験・技術力を基軸とし、

多様性を理解し、倫理観を持って、グローバル社会の未知な課題に対応できる「科学・技術の力で世界に貢献する人材」の育成を目的としている。本コースの所属生数は、大学改革初年度である平成28年度には1,000名を超え、平成29年度は学部学生の約3割にあたる約1,400名にまで増加している（図1）。

図1　グローバル理工人育成コース所属学生の推移

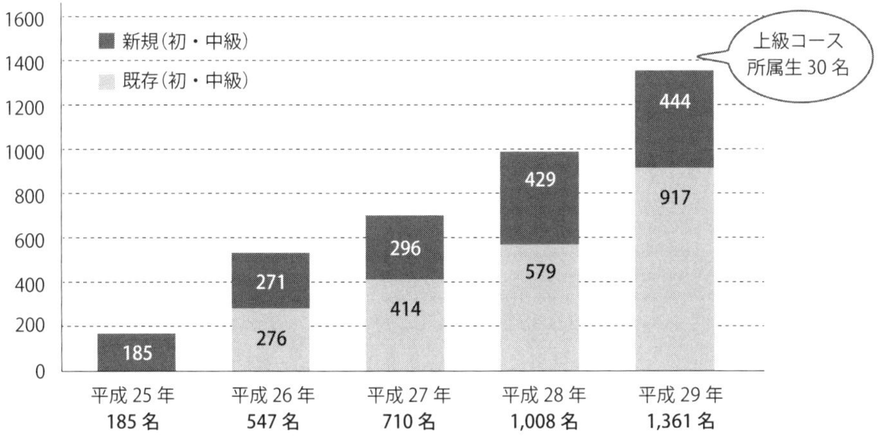

グローバル理工人育成コース初級・中級では、育成すべき能力として、①国際的な視点から多面的に考えられる能力、グローバルな活躍への意欲；②海外の大学等で勉学するのに必要な英語力・コミュニケーション力；③国や文化の違いを越えて協働できる能力；④複合的な課題について、制約条件を考慮しつつ本質を見極めて解決策を提示できる能力；⑤自らの専門性を基礎として、海外での危機管埋も含めて主体的に行動できる能力、科学技術者倫理を理解する力、と定めた。本コース初級・中級ではこれらの能力を育成すべく①国際意識醸成、②英語力・コミュニケーション力強化、③科学技術を用いた国際協力実践、④実践型海外派遣の体系的な4プログラムを構成した。本コースの所属生は、これら4プログラムで指定された必修及び選択必修科目を履修し、所定の英語スコアのいずれかを取得し、コース修了をめざす。英語スコアの要件は次の通りである。（　）内は初級の要件である：TOEFL iBT80（72）点以上／TOEFL ITP550（533）点以上

第2部　大学・高校におけるグローバル教育の実施状況

／TOEIC750（680）点以上／IELTS6.0（設定なし）以上／英検準1級（設定なし）以上）。初級、中級の教育カリキュラムは同様でありコースの修了要件の達成度により、卒業時に初級または中級の修了が認定される。また本コースを修了するためには、将来計画、履修科目の省察、自己評価を含むポートフォリオへの記載が必須となっている。

　平成29年度に新設した本コースの上級では、育成すべき能力として、以下を定めている。

① 国際教養：国際的に活躍する科学者として理解すべき倫理、歴史、文化、文学等を理解することで、俯瞰的鳥瞰的視野を養い、国際社会の現場でのコミュニケーションの糧とする力

② 国際リーダーシップ：方向性や目標を示し、具体的な計画をもってチームの意識を高めつつ調整を行い、プロジェクト全体を管理進行する能力

③ 発想力・価値創造力：今までの概念にとらわれない新しい国際的な視点で物事を考察し、個人、組織、団体等に新しい思考、提案を行うことができる能力

④ 国際共同研究基礎力：自身の専門性を基礎として関連分野、他分野の専門家とよりよい社会づくりを目指した新規の提案を行うための計画策定、計画実行、計画評価、計画改善を行う能力

グローバル理工人育成コース上級は、大学改革後に修士学生を対象として新たに設計されたものであり、本コースの中級を修了した者または中級と同等の国際性に関連した能力があると認められた者だけが所属することができる。また、上級コースの特徴は、コースの修了要件として、選択必修科目の履修に加えて原則8週間の継続的な留学を義務付けていることである。

3. グローバル理工人育成コース初級・中級の教育内容と成果

　本コース上級は平成29年度より新設されたコースであるため、以下では、5年の運営実績のある本コース初級・中級の活動内容と成果について記載する。上述の通り本コース初級・中級は4つのプログラムで構成される。各プログラムの教育内容と成果は次の通りである。

3.1 国際意識醸成プログラム

本プログラムでは、①国際的な視点から多面的に考えられる能力及び②国際的な視点から多面的に考えられる能力の育成をめざす。世界を身近に感じ、グローバルな視点を養うことを目的とし、本コースの導入としての動機づけを行う。1年次の専門科目の授業では、国際的に活躍する卒業生による講演等により自身のグローバルなキャリア形成を考える。また、コースの必修科目である「グローバル理工人入門」（学部1年生対象）、「グローバル理工人概論」（学部2年生以上対象）では、本学の留学生ティーチングアシスタント（TA）のファシリテートの下で、履修生が5-6名のグループに分かれてグループワークを行い、留学生の出身国の課題について調査・提案するというPBL（Problem Based Learning：課題解決型学習）に取り組む。留学生とのコミュニケーションを通じて国際的視点で物事を考える重要性を学ぶと同時に、専攻の異なるメンバーとの共同作業や発表を通じて調整力を身に付ける。

1年次の専門科目の授業のレポートから、学生は、講義で採り上げられた社会問題を理解し、課題を整理しており、これらの課題に対して、自分のこれからの専門分野の立ち位置を理解した上で、その専門性がどのように貢献できるかを考えようとしていたことがわかった。また、各地域における問題を理解し、自分たちに必要な能力として、英語力、専門性、教養、コミュニケーション力、異文化理解、チームワーク力などをあげており、問題意識の醸成だけでなく、これから自らの専門知識をもって社会問題へのアプローチを考えるための前提と、課題解決への取り組み方など、国際的に活躍するために必要な準備への気付きが導かれていることがわかった。

「グローバル理工人入門・概論」のTAの出身国は、バングラデシュ、中国、インドネシア、インド、イラン、フィリピン、タイ、ベトナム等アジア諸国を中心に、アメリカ、フランス、コロンビア、セネガル、ガーナ、シリア、ウズベキスタン、ロシア、ポーランド等約40ヵ国にわたっており、本学の約12％を占める留学生の多様性の恩恵を受けたものである。グループが扱うテーマは、大気汚染、水質汚染、交通渋滞、エネルギー問題、人口問題、洪水といった環境問題や、教育格差、経済格差、肥満、観光推進等、多岐にわたっている。本講義の最大の特徴は、出身国のTAを通じ、実際にその国を訪問せずとも、臨場感溢れる現地の情報を得ることである。TAからの情報提供やTAとの議論を通じて、各国の課題につ

いて考察し、技術革新だけではなく、技術を活かすためには何が必要か、そして日本と異なる社会的背景の中で課題解決について考える機会となっている。

3.2　英語力・コミュニケーション力強化プログラム

　本プログラムでは、①海外の大学で勉強するために必要な英語力および②英語でのコミュニケーション能力の2つの能力を強化することを目標としている。自分で表現できる英語力を身につけることを目的とし、一般的な英会話力や英作文力だけでなく、海外の大学で学び積極的に議論をし、更に論文を作成する上で必要となる実践的英語を習得する。そのため、「英語スピーキング演習」、「アカデミック・プレゼンテーション」といった科目や留学対策の科目、集中講義形式の科目により、実践的なコミュニケーション力を強化する。また、併せて、卒業まで継続的に語学能力を高められるようにTOEIC、TOEFL iBT受験機会の提供、e-ラーニングによる自主学習の場の提供、ライティングラボ／スピーキングラボの取り組みを実施している。

　本プログラムではコース所属生を対象に年に2度募集を行い、英語e-Learningの受講機会を無料で提供している。学習時間に関する一定の条件を満たした学生には、その成果を確認するためにTOEFL・TOEICの無料受験機会を提供している。学生によって学修の姿勢には差があるが、中には、平均9.7時間／月の学修で、TOEFL iBTスコアが86点から93点に向上した学生や、平均4.3時間／月の学修で、TOEICスコアが530点から750点まで向上した学生もいる。

　英語選択科目には、海外英語研修プログラムの単位認定も含まれる。オーストラリア・メルボルンにあるモナシュカレッジやアメリカのカリフォルニア大学デービス校で英語力の向上を図る4週間の研修プログラムが提供されている。Tokyo Tech Abroad Short-Term Education; TASTEという海外短期語学学習プログラムが用意されており、ワシントン大学（アメリカ）、カリフォルニア大学バークレー校（アメリカ）、ウォータールー大学（カナダ）、ブリティッシュコロンビア大学（カナダ）等で開催される語学研修プログラムに対し、語学力・コミュニケーション力強化プログラムの単位を認定している。

　本コースの顕著な成果として、英語スコアの向上がある。コース所属生のうち、1年次から継続的に受講してきた学生41名と、東工大全学生の平均点を比較する。

コース所属生は、1年次からすでに全学生(平成27年度)よりも平均点数が高いが、コースの様々なカリキュラムを経て4年次に至るまでに、平均点が71点上昇していることがわかる(表1)。

表1：東工大全学生とコース所属生の平均点の差

	1年次(H25)	2年次(H26)	3年次(H27)	4年次(H28)
コース所属生※	653	661	716	724
東工大全学生			600	

3.3 科学技術を用いた国際協力実践プログラム

同プログラムは、基本方針として、複数のリソースから必要な情報を取得し、分析した上で問題の本質を見て解決法を提案する「課題発見・解決力」、他者の立場や考え方を理解・尊重した上で、自己と他者、自身と様々な事象についての関係性を理解する「異文化理解力」、理工系の知識や技術が社会で必要とされている中で、自分の役割を理解し、協力しつつリーダーシップを発揮して問題解決まで持って行く「チームワーク力」の3能力の育成を主軸としている。留学生を交えた共同作業、ジャーナリスト、エンジニア、デザイナー等各界の第一線で活躍する専門家による講義等により、グループワーク、プレゼンテーション、ワークショップ等を実践している。各学科による課題発見・解決力強化のための専門科目、世界文明センターやリベラルアーツセンターによる異文化理解力強化のための多彩な人文・社会科学分野の科目、外国人招聘教員による実践的な教育プログラム、留学生を交えた共同作業プログラム(ものつくり教育研究支援センターを利用したプログラム)等の科目により、修得した知識を実際の問題に適用できる力を養成している。学習ポートフォリオからは、本プログラムの関連科目の履修により、視野が拡大し、専門分野の実験を通じたチームワーク力等が育成されたことが示されている。

3.4 実践型海外派遣プログラム

本プログラムでは、海外で主体的に行動すべく、育成されるべき能力として、専門性を基礎とした現地における業務遂行力、判断力、危機管理能力、異文化理

解に基づくコミュニケーション力、科学技術者倫理、協調性、課題発見・問題解決能力等を設定している。本プログラムはこれらの能力を発揮して新興国での科学技術分野で活躍するための基礎的な能力を身に付ける、実践的な能力を育成するためのトレーニングとして位置づけられている。東工大の協定校への派遣も含めて、超短期派遣プログラム、学科主催プログラム、インターンシップ、語学研修など、様々な海外派遣プログラムで単位を付与している。当プログラムには、短期派遣と中長期派遣があり、短期派遣では、アジア、欧米等への各国の大学、研究機関、企業、NPO等を受入れ先とした体験型の海外派遣プログラム等を実施している。短期派遣プログラムは、これまで、インド、英国、豪州、シンガポール、スウェーデン、スリランカ、タイ、ドイツ、オーストリア、フィリピン、フランス、米国、マレーシアの13ヵ国に学生を派遣した。中長期派遣では、本学の協定校、本学の世界展開力強化事業の対象大学を含む世界のトップクラスの大学への留学、交換文書に基づく留学プログラムへの参加、企業・国際機関などでの長期インターンシップへの派遣を行っている。本学協定校のプログラムでは、リンシェーピン大学（スウェーデン）、清華大学（中国）、ブリティッシュコロンビア大学（カナダ）、KAIST（韓国）、アーヘン工科大学（ドイツ）、国立台湾大学、カリフォルニア大学バークレー校（アメリカ）等への派遣を行っている。

図2　各種プログラムの留学者数

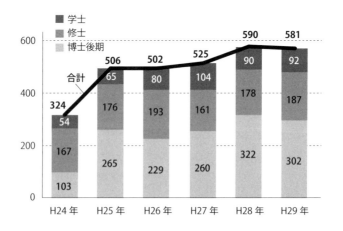

平成25年からグローバル理工人育成コースを開始し、海外派遣への参加を修了要件としたことで、学部生の海外留学経験者数が増加した（図2）。1度海外派遣を経験した学生のうち約3分の1程度は、2度目の海外派遣に参加しており、中には意識が向上して長期留学を目指す学生や、交換留学や各種プログラム等に複数回参加する学生も存在する。大学改革の国際化への取り組みの中で、全学生の国際経験の習得を目標にしているが、それをどのように実施していくかの仕組みづくりは今後の課題となっているが、当コースの果たす役割は大きいといえる。

超短期派遣参加の学生を対象としたアンケートから、参加前後での意識変化を分析した。その結果、派遣に参加する前は、漠然とした海外渡航や留学への興味、外国人に対する興味、欧米の派遣に参加する学生は先進国への興味が高かった。派遣修了後の意識は、英語力向上の必要性を感じたにとどまらず、海外での学位取得や就職、グローバル人材になる自負、社会課題への興味など、将来計画に対する派遣の影響など、具体的な興味関心が大きく増加している。また、途上国派遣の参加学生は、途上国での就業に対する興味も増えている。留学に特化した項

図3 派遣前後の意識変化（平成27年度超短期派遣参加者アンケート結果より）

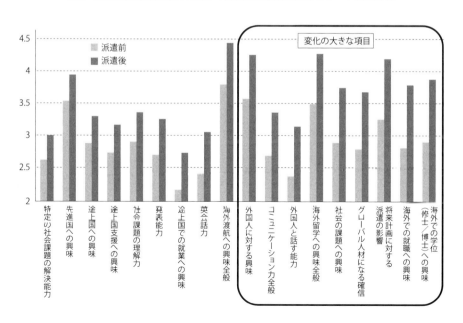

目の詳細を分析すると、派遣前は留学を希望している学生は半数程度であり、その希望も漠然としたものであったが、派遣後には、8割以上の学生が中長期の留学、学部卒業後に海外の大学院への進学、英語圏に限定しない留学の検討、海外への就業などを具体的に意識するようになっており、超短期海外派遣は、参加学生の意識変革に大きく影響を与えていることがわかる（図3）。

4. 総括：グローバル理工人育成コースの成果と課題

　本コースは、将来国際的に活躍したいと希望する学生に対し、留学経験の提供に加えて、グループワークやアクティブラーニング型の講義等の受講や自身の専門性と社会の関連性を関連付け、視野を拡大する科目の履修、実践的な英語力を強化する支援等を通じ、総合的なカリキュラムを提供していることが特徴である。本コースに所属する学生は大きく分けて1) 漠然とした国際的・グローバルな活動への希望や必要性を感じ、コースの活動や所属生や留学生との交流を通じその目的や学生時代にやるべきことを明確にする学生、2) 国際的・グローバルな活動について、長期留学、海外就職、海外での研究、国際機関での勤務等明確な目的を持ち、本コースを自身の将来計画の準備として位置づける学生の2種類が存在する。本コースは、双方のタイプの学生に、様々な学習・活動の場を提供している。修士課程に進学し、中には博士課程まで進学する学生や、あらためて海外へ学位留学・長期留学に向かう学生も少なくない。

　本コースは本学において、留学経験者数の向上及び英語力の向上に対する貢献度が大きい。しかしながら、本コースの毎年の修了生は60名〜70名程度である。専門課程の学習等の両立、英語スコアの取得、海外派遣参加の資金等、また全ての研究室が長期留学を推奨しているわけではないことなどが修了者増加に向けたハードルであり、コースの修了者数をいかに増加させるかが今後の課題である。

（東京工業大学 国際教育推進機構 特任教授　太田絵里）

（東京工業大学 国際教育推進機構 特任准教授　村上理映）

（東京工業大学 非常勤講師 アーナンダ クマーラ）

東京都市大学

わたし、変わる、TAP　～東京都市大学におけるグローバル人材育成の試み～

1. 基本情報

学校名	東京都市大学
所在地等	〒158-8557 東京都世田谷区玉堤1-28-1 （代表）03-5707-0104　http://www.tcu.ac.jp/
学部・研究科、学生数等	6学部 2研究科 7,277名（大学院含）（2018年3月31現在）
留学生数	80名（2017年度末）
派遣学生数	540名（2017年度末）
海外協定校数	16校（10ヵ国）（2017年度末）
国際交流事務室等の形態	教員が所属する「**国際センター**」と事務局「**国際部**」がある。国際センターは、専従の（授業は担当しない）センター長・教授1名、講師1名が在籍する。加えて海外協定大学から任期付き（1年間）の教員（定員6名）を受け入れている（現在1名が在籍）。この教員は授業（専門科目）を担当する。センターを支える事務組織として「国際部」を置く。
国際交流関係職員数	専任職員9名（国際センター3名、国際部6名）
留学生奨学金等	JASSO、学外機関奨学金の他、東京都市大学独自の奨学金として、五島育英会 夢に翼を奨学金、東急グループ奨学金、私費外国人留学生授業料減免がある。
派遣学生支援制度等	学校法人五島育英会　夢に翼を奨学金（TAPアワード）

163

派遣留学生の単位認定等	学則及び「東京都市大学国際交流に関する規程」に則り、各学部にて単位認定の審査を行っている。全学部を対象とした東京都市大学オーストラリアプログラム（TAP）で修得した単位はすべて卒業要件単位として認められる。また、認定留学制度（審査あり）を利用した留学で修得した単位も認定する。

2. グローバル人材の考え方

　東京都市大学は、「学びたい」という一心のもとに若者が集い開学された"学生の熱意が創り上げた大学"である。この精神を継承した本学のプログラムに「本学の伝統である専門力を有した人材の育成に加え、時代の要請に応えるための国際人を育成したい」という想いを込め、**「真の国際人、国境を意識せず世界で活躍できる人材育成」**を目標としている。

3. 東京都市大学におけるグローバル人材の育成戦略

　本学は2029年に創立100周年を迎える。これに向けて中長期計画「アクションプラン2030」を立案し、教育、研究等の改革に取り組んでいる。本学の教育は「実践力と専門性を育むこと」を特色としているがアクションプラン2030では、「グローバル人材の育成」にも注力する。学長が立案した国際人育成プランを国際センター及び国際部が中心となり国際委員会（学部長、研究科長が構成員）で共有しながら推進、実行している。具体的なプランは次のとおり。①**東京都市大学オーストラリアプログラム（TAP）**は、1年次からの準備教育と2年次約5ヵ月間にわたる豪州留学を合わせた本学独自のプログラムである。2015年度からスタートしたこのプログラムは3ヵ年で687名が参加した。留学先で修得した英語科目と教養科目の21単位は、卒業単位として認定される。また、②**短期の海外研修プログラム**もある。2015年度より夏期及び春期にフィリピンのセブ島での語学研修プログラムを開始し、2016年度には協定大学であるデラサール大学（フィリピン）での語学研修プログラムにリニューアルした。TAPと差別化し、短期集中、低コストで参加できるプログラムとしたところ、毎回20名程度が参加した。国際センター教員が引率し現地のJICAオフィスを訪問するなどのPBLも盛り込む。これらの

語学研修プログラムを経験した学生の中には、③**交換留学**に参加する者がいる。TAPの留学先でもあるエディスコーワン大学（西豪州）が最も人気で、TAP留学中に出願手続きを行い、一時帰国後、次学期の開始に合わせ再渡航する。これまで8名の学生が参加した。①、②の留学を経験した学生向けに④**ネーティブスピーカー講師による講義**を提供している。海外協定大学から1年間の任期付きで特任教員として受け入れ、学科の専門科目を担当する。現在1名の教員が在籍しており、今後は6名まで教員を受入れ予定である。今年度は、ＴＡＰ参加者を含めた約30名が受講した。授業は英語、海外の授業スタイルで行われるが、学生達は臆することなく参加している。さらに、本学が留学プログラムと同様に力を注いでいるのが⑤**海外インターンシップ**である。夏期及び春期休暇中に、1〜3週間の海外インターンシップを経験させる。TAP帰国学生も積極的に参加しており、平成29年度は54名が参加した。アクションプラン2030では100名の派遣をKPIに掲げており，受入れ先を拡大中である。大学院レベルでは⑥**国際学会発表**を推奨している。研究分野により海外で発表する研究室（指導教授）に偏りがあるが、年々その数は増えている。渡航費用の一部を補助する制度もある。このような様々な戦略施策により、教育面、研究面を充実させ存在感のある都市大に成長するとともに、本学で切磋琢磨する学生達は、世界に羽ばたくグローバル人材となることを期待している。

4. 留学の効果

　ここでは、TAPを事例に留学の効果を述べる。TAPの目標は「自立した学生を育てること」であり、これまでに約430名の学生がTAPを修了した。アンケートによると約80%の学生が満足し成長を感じている。外国人留学生のルームメイトが出来た、英語を話す機会が増えた、英語4技能の力が伸びたといった英語力向上に関するコメントに加え、問題解決力がついた、他者の価値観を理解する力がついた、メンタルが鍛えられた、積極的になった、計画を立てることが上手になった、プレゼンが上手になったなどといった成長面に関するコメントも多数寄せられた。蛇足であるが、TAP経験者は帰国後、学生団体において主将、委員長及びリーダーなどを務め、大いにリーダーシップを発揮している。英語力は、TOEIC（LR、SW）により効果測定する。LRは入学時、留学前、帰国後の3回、

SWは留学前、帰国後の2回受験させる。LRでは平均100点以上スコアが上昇した。アンケートでも、TOEICスコアを上げることが出来たと回答しており、学生個人も英語力の向上を実感している。さらに、帰国後にチャレンジしたいことを聞いたところ、海外インターンシップ、語学留学、海外ボランティア、交換留学などが挙げられている。TAP参加者は、語学力と異文化を理解する力を磨きながら、自立心を高めている。

5. 外国語（英語）能力をどう向上させるか

　外国語共通教育センターが担当する本学の英語科目体系を「都市大スタンダード」と称し、習熟度に合わせた実践的に4技能が学べる科目を配置している。到達目標、学習内容及び評価基準を全学部で統一している。入学時にプレースメントテストを実施し、その結果による能力別クラスを編成する。学年末にはアチーブメントテストも実施し各自の英語力を判定する。1年次4科目4単位［Study Skills、Communication Skills（1）、同（2）、Reading and Writing（1）］2年次2科目2単位（Reading and Writing（2）、TOEIC Preparation）の6科目を必修科目とし、更には、異文化理解を深めるための選択科目（応用科目）も配置する。国際センター・国際部では、TOEIC（LR）の受験を推奨している。2014年度に国際センターが設置された際に、それまで教育支援センター（教務担当）で実施していた**TOEIC IPテストの運営**を国際センター・国際部に移管した。受付からスコアの受け渡しまでをワンストップで行うため、学生達のスコアや相談ごとなどを直接把握することが出来るようになった。最近の改善は、学生からの意見により、公開テストが実施されていない8月に学内で実施したことであり、多くの学生が受験するようになった。また、大学同窓会から補助を受け、学生の負担を軽減することで、TOEICを何度も受験できるように配慮した。その結果、国際センター設置前（2014年以前）と比較すると、当時は年間800名程度であった受験者が今年度は2,000名を超えるほどに増加した。今後は、入学時のプレースメントテスト及び1、2年次終了時のアセスメントテストにもTOEIC（LR）を導入し年間3,000名以上が受験する予定である。平均点もこの3年間で上昇し、現在では、受験者の約8%が700点を超えている。また、施設面では、今年度**イングリッシュラウンジ**を設置した。これは、2016年度の改革総合支援事業（タイプ4：グローバル）に採択された際に

同時申請した文科省申請分の採択により実現したものである。ここは主に、ＴＡＰの語学準備講座や課外英会話講座（ＴＡＰ参加者以外を対象としたネーティブスピーカー講師による英会話講座）で利用している。建物内吹き抜け部分に設置されており、一般の学生もレッスンの様子を見ることが出来るので、学生達に刺激を与えている。

6. 留学促進の課題

　2015年度よりＴＡＰを開始してから学内の雰囲気が変わった。ＴＡＰの参加者は1学年全体の12～17%であるが、学部によっては60%もの学生がＴＡＰに参加する学部もある。よって留学は当たり前の雰囲気になってきた。経済的な理由で参加できない学生には、フィリピンでの語学研修プログラムなど短期間低コストの研修プログラムを提供している。他には、「**海外学生交流派遣プログラム事業（STEP：Study Tour & Experience Program）**」が好評である。これは、教員が事業計画を立案し国際委員会で審査を行う。採択されれば学生の参加費用の約50%を大学が補助する。1プログラム10名の定員があるが、教員が引率するので学生は安心して留学を経験することが出来る。これまで2年間で約110名が参加した。留学相談は、国際センター・国際部で対応している。**TAP相談室**と称し別に部屋を設け相談しやすい環境を整えている。ＴＡＰにおける留学までのあらゆる相談に加え,個人留学の相談等も受けている。国際部では,今年度後期より**出張窓口対応**を始めた。本学は、世田谷、等々力、横浜の3キャンパスがあるが、国際センター・国際部は世田谷キャンパスのみである。学生から各キャンパスに窓口が欲しいとの要望があったので、国際部の職員が週に一度他キャンパスに出向くことより、学生とのコミュニケーションが密になり、また、外国人講師の要望を直接聞くができるなど、早速効果が現れている。

7. その他（協定締結、学生交流の"ノウハウ"など）

　本学における協定大学の拡大の目的は、研究力の向上である。そのために海外大学との協定では、相互研究交流を必ず含めている。協定先は、学長が率先して東南アジアのトップランクの大学と協定締結を進めてきた。このような学長のリ

第2部　大学・高校におけるグローバル教育の実施状況

ーダーシップに影響を受け、現在では各学部長も積極的に協定締結を提案している。審議は学長も委員として参加している国際委員会で行い、迅速に承認することでスピード感のある協定締結が可能となった。学生交流では、TAP派遣先の西豪州を中心に協定大学を拡充している。オーストラリアでは、TAPにより本学が大量に学生を留学させていることが認知されているので、オーストラリアの大学との協定締結を容易に進めることが可能となった。また、受け入れでは、オーストラリア連邦政府の留学推進制度「ニューコロンボプラン」により採択された協定大学（エディスコーワン大学（ECU）、ウーロンゴン大学（UOW））から受け入れ実績がある。独自にプログラムを開発する労力が必要であるが、日豪の学生達に交流の機会を与えることができた。最後に、科学技術振興機構（JST）が主催する**さくらサイエンスプラン**に、過去3年間で30件以上のプログラムが採択された実績がある。これにより、本学の学生達が、他国留学生と交流する機会が増えた。TAP帰国学生や海外インターンシップ経験学生達が海外留学生支援団体を設立し、さくらサイエンスで来学した留学生の支援を積極的に行っている。このように、国際センター・国際部が中心となり、様々な企画を学生に提供することにより、学生達は国内外で国際交流するチャンスを得ている。

（東京都市大学 国際部長　程田昌明）

産業能率大学

産業能率大学
産業能率大学におけるグローバル人材育成教育の試み

中規模大学

1. 基本情報

学校名	産業能率大学
所在地等	〒158-8630 東京都世田谷区等々力6-39-15 (代表)03-3704-1111　http://www.sanno.ac.jp/
学部・研究科、学生数等	経営学部：2,241名　情報マネジメント学部：1,486名 総合マネジメント研究科：158名(2017年度末現在)
留学生数	38名(2017年度末現在)
派遣学生数	88名※
海外協定校数	3校(内2ヵ国、2校と学生交流協定)
国際交流事務室等の形態	外国人留学生および海外留学を希望する日本人学生を支援するために留学生センターを設置し、担当職員が留学に関する情報提供、個別相談等に応じている。
国際交流関係職員数	専任職員3名
海外からの留学生奨学金等	・外国人留学生奨学金 ・産業能率大学・立石信雄外国人留学生奨学金 ・外国人留学生授業料減免制度
海外へ留学する学生への支援制度等	半年から1年間の長期留学を検討している学生を支援する仕組みとして、「産業能率大学長期留学制度」を設けている。この制度を利用して留学した場合は、留学先で取得した単位が卒業単位として認定されることで、留学期間を含む4年間で本学を卒業することも可能。

169

第2部　大学・高校におけるグローバル教育の実施状況

派遣留学生の単位認定等	留学先で修得した単位数については、帰国後の申請により30単位を超えない範囲で認定する。

※海外研修科目「海外語学研修(カナダ)」「異文化体験研修(ベトナム)」「Global Communication Camp II(台湾)」「海外インターンシップ(フィリピン)」参加者(2017年度実績)

2. 産業能率大学のグローバル教育方針と現状

　産業能率大学の学位授与方針(ディプロマポリシー)は「知識・理解」、「思考・判断」、「関心・意欲」、「技能・表現」、「態度」の5分野に分かれているが、中でも「態度」では「グローバル社会を支える一員として、多様な価値観や文化を尊重し、社会の変化に柔軟に対応して、社会の発展に積極的に関わることができる」ことを目標としていて、まさにグローバル時代にふさわしい人材の育成を掲げている。

　本学は経営学部と情報マネジメント学部の2学部があり、2008年度以降はそれぞれ自由が丘キャンパスと湘南キャンパスと4年間別キャンパスとなっており、各学部が単科大学の様相を呈している。学生の出身地も北海道から沖縄までいるが、多くが関東近辺である。海外からの4年間在学を前提とした留学生は、自由が丘キャンパスに毎年10名前後。英語圏出身ではなく、多くが中国・台湾であり、近年ベトナムが増えている。台湾の銘傳大学からの1年間の留学生が毎年3名、2017年度はベトナム国家大学ホーチミン市人文社会科学大学から1名迎えている(いずれも自由が丘キャンパス)。本学にはいわゆる交換留学の制度がなく、留学を希望する学生は、最終的には、自分で留学先を探している。留学を理由とした休学は近年、毎年20名から30名程度いるとみられ、そのほとんどが半年から1年のいわゆる語学留学である。留学先での取得単位を本学に振り替えする制度もあるが、語学留学の場合、なかなか申請に至っていない。その他にも休学をせずに夏や春期休業中の短期語学留学も多数いるものと見られるが、大学として把握しきれていない。文部科学省のトビタテ！留学JAPANで留学を果たした学生は2名である。また、本学を退学して、アメリカやカナダの大学の学部入学をめざして留学した学生は過去に何人かいる程度である。学生の入学時の英語力は中学初級でつまずいてしまったリメディアル対象学生から英検2級程度以上まで幅広い学力がある学生が入学してくるが、毎年のプレースメントテスト結果(英検

170

IBA)によれば、過半数は英検3級から英検準2級程度である。

　かつては産業能率短期大学で留学特設課程があり、4大では東南アジアの工場見学やアメリカや中国での語学研修などの海外渡航プログラムがあったが、2001年の9.11以降、大学が主催するすべての海外渡航プログラムが十年あまり中止となっていて、いわば「鎖国」状態であった。それがグローバル化時代の動向に合わせて、大きく「開国」へ動き始めたのが2014年度である。短大通学課程閉校に伴って、同短大で実施していたカナダへの語学研修を継承する形での再開、ベトナム国家大学ホーチミン市人文社会科学大学との大学間交流協定提携、「英語力強化のための短期特別講座」の試行実施、2015年度からのGlobal Communication Camp（国内での3日間集中英語プログラム―2017年度より正規科目）、「海外インターンシップ」、ベトナムへの「異文化体験研修」などが相次いで開講決定、経営学部現代ビジネス学科（2018年度より経営学科）への2016年度入学生対象「グローバル・コミュニケーション」コース設置決定、また2017年度には、長らく交流関係にあり年間3名の留学生を受け入れてきた台湾の銘傳大学への短期研修科目も開講された。そして2018年度より「国際交流・留学センター」が設置されることになり、学内の体制もようやく整いつつある。

3. 本学におけるプログラムの紹介

　本稿では、本学のグローバル人材育成教育の一環として、開講している科目の中から正規の授業科目である「海外インターンシップ」、「異文化体験研修」および課外講座として開講している「英語力強化のための短期特別講座」の3つのプログラムを紹介させていただく。

3.1　「海外インターンシップ」（経営学部のみ開講）　2年次配当　2単位

　2014年、筆者が某学会の展示に立ち寄っていたときに、たまたま声をかけてきたのが、当時、某オンライン英会話の営業をやっていた本学卒業生であった。その卒業生は、海外インターン等も手がけているとのことで話が進み、タイミング的に本学のグローバル化と合致し、2015年度からフィリピン・セブ島のリゾートホテルあるいはマレーシア・クアラルンプールでの大学や企業での「海外インターンシップ」が開講されることになった。この科目の到達目標は以下のとおりである。

第2部　大学・高校におけるグローバル教育の実施状況

> ・海外インターンシップを体験することによって、多種多様な価値観、考え方を有する人たちに触れ、受容し、将来社会で活躍するビジネスパーソンの素養を身に付けることができる。
>
> ・お客様と接したり、現地の人と接することにより、英語による意思疎通を円滑に行うきっかけをもつことができる。
>
> ・インターンシップ先の国の経済、産業、歴史、文化に関心を持ち、広い視野と教養を身に付け、自分の将来のキャリア形成に役立てることができる。
>
> 　　　　　　　　　（2017年度産業能率大学経営学部シラバスより）

　インターン期間は夏休みか春休みの2週間から4週間。毎期1名から数名が履修している。受講生は事前活動として、インターンシップ先の国や地域に関する下調べを実施し、また約2ヵ月のスカイプによるオンライン英会話練習を行う。その後、現地担当者とのスカイプによる面接で、インターン生としての最終的な採否や配属先が決まる。本格的なインターンに入る前に一週間現地の英語学校で英語漬けになり、さらに英語力を高めてインターン先に向かっている。その後の就業体験中の使用言語は主に英語、英語での日誌記入、帰国後の英語による報告会とこなしていくと、受講学生の英語運用力は語学学習目的の研修に比べてかなり上がると見られるが、学生本人としては、自分の英語力の足りなさを実感し、帰国後の英語力アップへのモチベーションにつながる場合もある。そもそも、英語力アップだけが目標ではなく、前述のように、海外での就業体験を通して、日本では出会わない多種多様な価値観や考え方に触れ、受容すること、また、インターンシップ先に関心を持ち、幅広い視野と教養を身に付けることも重要な目的であり、それこそがグローバル人材としての素養となるべき事柄である。海外で成功するには語学力よりも適応力とよく言われるが、担当教員によると、異文化を受容し、積極的に関われるかどうかは語学力ではなく、まさに学生本人の性格によるものが大きいという。語学力があまりなくても、フィリピン人の友人を作り、帰国後もSNSでの交流が続いている学生がいる一方、語学力が比較的あっても、異文化を楽しめなかった学生もいるという（武内　2017 b）。

3.2 「異文化体験研修」(両学部開講)1年次配当 2単位

　本科目は本学とベトナム国家大学ホーチミン市人文社会科学大学(University of Social Sciences and Humanities, Vietnam National University, Ho Chi Minh City; 以下USSH)と2014年に大学間交流協定が締結されたのを機に2015年度から開講されている。事前活動、現地研修、事後活動から構成されている本科目の到達目標は以下のとおりである。

・ベトナム、及び他の異文化地域に関心を持ち、自身の視野を広げ、異文化理解を深めることができる。

・外国語(英語・ベトナム語)の環境において、他者との意思疎通を図り、ある程度のコミュニケーションができる。

・アジアに住む一員として未来を拓く意識を持ち、本研修での人的交流を通じて、異文化の人々との協働が積極的にできる。

・本研修に参加し、ベトナムの文化、言語、社会、経済への関心を高め、自己のキャリア形成に役立てることができる。

（2017年度産業能率大学経営学部シラバスより）

　事前には現地で実施するグループ研究のテーマ設定、事前調査を実施、渡航に関する準備等を経て、現地で2週間の研修中にはUSSHの大学生との交流、日系企業等の見学、ハノイ観光、フィールドワークなどを実施し、事後では報告会を実施している。

　観光では、ベトナム戦争に関する博物館見学、枯葉剤のダイオキシンの影響により奇形や重い障害を持って生まれた2世代、3世代の子供たちの施設訪問も含まれていて、学生にとっては重い体験となっている。中には博物館の強烈な写真を見た後での実際の子供たちとの対面は控えてしまう学生もいる(武内2017a)が、ベトナムという国を知るためには、現在発展している勢いがある国という認識だけでなく、ベトナム戦争とその影響が過去のものになっていないことを学生に知ってもらう貴重な体験となるのは言うまでもない。

　2017年度後期に新開講された台湾への渡航プログラム(Global Communication

Camp II）もこのベトナムへの研修を生かした現地大学生との交流、プレゼン、観光等を織り交ぜたプログラムとなっている。

3.3 「英語力強化のための短期特別講座(English Special Program)」課外講座

　本学の「英語力強化のための短期特別講座」はグローバル人材育成教育学会の小野博会長が福岡大学で実施しているプログラムを参考に開始された。第1回講座は2014年11月〜12月のほぼ1ヵ月間、小野会長はじめ他の学会員や賛助会員の多大なご協力とご厚意により実施された。内容は劇団員による発声練習、e-learningプログラム（EnglishCentral, NewtonのTOEIC講座）、オンラインのスピーキングテスト（OPIc）、学会員によるTOEIC講座、発音講座、グローバルに活躍している方々の特別講座、スピーキング講座、最後にはプレゼンテーションとかなり盛りだくさんの内容であった。ウィークデーの5限（5:30-7:10）と土曜日の特別講座で30コマ分。授業期間中のため自由が丘キャンパスの経営学部のみが対象で、スピーキング講座は派遣された米国人講師と自由が丘キャンパスに近い東京工業大の留学生数名（国籍はイラン、パキスタン、ベルギーなど）をアシスタントに迎えて実施された。本講座の満足度は高く、受講を機に留学し、英語力をさらにアップさせ、就職につなげている修了生もいる。

　2015年度よりこの短期講座を継続するにあたって2014年度と同様の内容を提供することは予算が合わず、規模縮小せざるを得なかったが、あまりにも盛りだくさんで消化不良ぎみだったため、プログラム内容を減らすよいきっかけになった。開講時期を授業期間ではなく、春休み中にし、離れた湘南キャンパスの情報マネジメント学部生にも参加を呼びかけた。30名余りの応募で24名に絞って開催。うち湘南キャンパスの学生は2名。1日2コマ、月曜日から金曜日の5日間×3週間の計15日間、30コマでの開講とした。内容は英語劇団員による発声練習、本学非常勤教員によるTOEIC対策、発音練習、およびプレゼン準備、卒業生と本学教員各2名の話、スピーキング講座、そして最終日のプレゼンというプログラム構成だった。卒業生のうち1名は前述の「海外インターンシップ」開講のきっかけとなった卒業生が自身の英語や海外との関わりを紹介、もう1名は卒業後、青年海外協力隊でモザンビークにAIDS啓蒙活動のために派遣された経験を紹介。英語のほかにポルトガル語と現地語をコミュニケーションツールとして使ったことや学生時代からAIDSの啓蒙活動に関わってきたことなどから、刺激を受

けた学生も多かった。スピーキング講座のアシスタントの留学生はアメリカ、イラン、マレーシアなどからだった。

2016年度も春休み中に開講したが、前年度の1日2コマ15日間から1日3コマ10日間30コマとし、開講期間を短縮しての実施となった。募集時期が遅かったことから応募は13名。最終日まで残っていたのが10名で、手配していた留学生の人数はそのままだったので、2-3名に1人の留学生とかなり恵まれた環境であった。また予算がさらに削減されたことにより、日本人担当コマでの外部講師の招聘は断念し、筆者のみの担当としたことに伴い、目標を発信力、主にスピーキング力アップに特化することにした。他に内容としては米国人講師と東工大留学生（国籍はアメリカ、ドイツ、イラン、パキスタンなど）によるスピーキング講座、本学教員の海外体験談、最終日にE-CAT（English Conversation Ability Test）、および学生のプレゼンテーションを実施した。

2017年度も春休み中ウィークデー10日間で開講し、25名参加。湘南キャンパスからは過去最多の6名が参加。スピーキング講座には米国人講師と留学生（ネパールから4名、マケドニア1名、アメリカ1名）。そのほか教員の海外体験談や2015年度も依頼した青年海外協力隊経験の卒業生を迎え、直接間接での異文化体験の共有を図った。最終日には学生による個人プレゼンテーションを実施した。また、前年度は一回のみのE-CATを1日目と9日目に実施し、進歩を見ることにした。E-CAT受験時の変化としては、初回時に比べ9日目では、学生の声の大きさが明らかに違ったことだ。特に前半の自己紹介、音読などでは大きな変化が見られた。実際、E-CATを両日受験した22名のうち、18名のスコアが上がり、うち5名は顕著な進歩が見られた。総じて、学生本人たちも初日より多く話すことができたと実感したようだ。

この課外講座の受講料は原則無料で実施しているが、2016年度からE-CAT受験料の　部負担をしてもらっている。

普段、英語を話す留学生が大学にはいなく、また外国人教員も専任1名、非常勤1名と少ない状況で、毎日、英語を話す留学生と接する機会を提供する集中プログラムとしての存在意義は大いにある。受講理由としては、将来的には留学や本学の海外プログラムへの参加を考えている学生も多いが、一方では、経済的な理由で海外に行くことができない学生への英語力強化のプログラムとの位置づけもある。

以上のように、本学では、小規模ながら、学内外の異文化体験を後押しするような各種のプログラムを設置し、ともすると同質的になりがちな本学の学生が多様な価値観や考え方に触れることができるように支援をしている。

4. 今後の課題

「海外インターンシップ」は毎学期、履修人数が1名から数名と少ないものの、語学学習目的のカナダへの「海外語学研修」、ベトナムへの「異文化体験研修」、あるいは2017年度から開講されている台湾への研修科目については、いずれも募集人数に達していて、一部科目では抽選を行っているほどである。2017年度に新開講した台湾については、旅行で安く気軽に行かれることもあり、人数割れを危惧したが杞憂に終わった。これは何を意味するのか。本学学生はある程度パック旅行のようなお膳立てをされたプログラムなら安心して海外に行ける学生が多いということである。

そうした学生の意識を裏付けるのが、2016年度に本学で実施した学生生活アンケートだ。それによると、海外留学（語学留学を含む）経験がある学生は14%弱、また在学中の学生の約55%が語学留学を含む海外留学の予定があるか、あるいは興味を持っていると回答している。希望の留学期間は1ヵ月未満が36%、3ヵ月未満が27%。形態としては本学の海外語学研修と本学以外の語学研修を合わせて6割弱。いずれもできるだけ休学をせずに短期間の海外経験をしたいとの表れである。本学では実質、休学せずに長期留学ができないことも現実であるが、別の問いでの回答では、休学せずに授業期間中に長期留学したいと思っている学生は22%にも上っている。また、「海外インターンシップ」も同アンケートによれば、回答者の13.6%の167人が興味を示している。

こうしたことから、現在実施されている短期渡航プログラムや国内での課外講座の一層の充実とともに、「海外インターシップ」については興味関心がありながら、実際の履修につながらない原因の分析が必要である。また、休学をせずに参加できる長期留学プログラムの検討が急がれる。

参考文献

鬼木和子、吉岡勉、都留信行(2016)「教育交流協定大学との連携による異文化体験研修プログラム実施事例」 2016年6月4日　グローバル人材育成教育学会関東支部大会　予稿集

武内千草(2014)「産業能率大学における実践教育の試み—地域連携からのグローバル人材の育成—」、『グローバル人材を育てます』全国ビジネス系大学教育会議　編著　学文社

武内千草(2017a)　産業能率大学の海外研修プログラムとグローバル教育(1)～(4)「異文化体験研修」 産業能率大学　総合研究所　コラム　掲載日：2017年8月2日、23日、9月21日、10月4日　http://www.hj.sanno.ac.jp/ri/page/15432

武内千草(2017b) 海外研修プログラムとグローバル教育～「海外インターンシップ」を中心に～　SANNO PAL(産業能率大学後援会会報誌) No. 88　2017年10月　p. 10-11

宮内ミナミ(2014)「住友商事株式会社におけるグローバル人材育成」に対するcomment、『グローバル人材を育てます』全国ビジネス系大学教育会議編著　学文社

2016年度学生生活アンケート　（産業能率大学学生サービスセンター）

2017年度産業能率大学経営学部シラバス

（産業能率大学 経営学部 教授　大橋眞紀子）

第2部　大学・高校におけるグローバル教育の実施状況

松本大学松商短期大学部
学内の意識改革と4学期制を活用した海外留学

1. 基本情報

学校名	松本大学松商短期大学部
所在地等	〒390-1295 長野県松本市新村2095-1 （代表）0263-48-7200 https://www.matsumoto-u.ac.jp/
学部・研究科、学生数等	2学科（商学科、経営情報学科）433名
留学生数	8名（2017年度末）
派遣学生数	1名（2017年度末）
海外協定校数	4校（内2ヵ国1地域、4校と学生交流協定）（2017年度末）
国際交流事務室等の形態	国際交流センターを設置し、国際交流センター運営部会により運営している。
国際交流関係職員数	専任職員1名
留学生奨学金等	JASSO第二種奨学金短期留学 松本大学海外研修同窓会支援金 企業奨学金（海外留学給付型奨学金）
派遣学生支援制度等	本学では、短大1年生が留学しやすい環境の整備として、4学期制を導入している。また、1年生の第3学期や第3・第4学期に海外留学をする学生に対して、本学での授業料相当額を留学支援金に充当する制度を2017年度に創設した。

178

| 派遣留学生の単位認定等 | 10日から4週間程度の海外留学（体験型研修・語学研修）については、科目の「海外研修Ⅰ～Ⅳ」で単位を認定している。4学期制を活用した海外留学については、科目の読み替えにより単位認定を行っている。また、2019年度入学生からは、5～12週間の海外留学を義務付ける入試（AO入試）で入学してきた学生に対して、第3学期留学の場合は8単位以上、第3・第4学期留学の場合は10単位以上を認定する。 |

2. グローバル人材の考え方

　戦後の国際社会を概観すると、1980年代までは"モノ（財・商品）"が国境を越えて移動するのに伴って"カネ（資本）"の移動が巨大化したが、1990年代以降、冷戦構造の崩壊などにより"ヒト（労働力）"の移動が顕著になってきた。このような"財・資本・労働力"の国際間移動の活発化の背景には様々な分野での規制緩和があったと考えられるが、さらに現代の地球規模での活動の広がりに拍車をかけているのが、インターネットを含むICT（情報通信技術）の飛躍的な発展である。そして、規制緩和とICTの普及によるボーダレス化した社会での人々の活動は、様々な異文化に接する機会を格段に増加させ、個々の国家の在り方や個々人のアイデンティティに基づく価値観にも大きな影響を与えている。

　このように政治・経済・社会などでの国家間の相互依存関係が深化し、ある国の変化の影響が国境を越えて地球規模にまで拡大するグローバル化した現代社会においては、多様な価値観を受け入れ、さらに高次の価値を創り出す能力を持つ人材、多文化共生社会に対応した"グローバル・コンピテンス"を持つ人材が求められている。したがって、本学における「グローバル人材」とは、「自身のアイデンティティを基礎に、多様な文化的背景を持つ人々の価値観を尊重し、国境を越えたグローバルなコミュニケーション力を有するとともに、文化横断的で、地球規模で物事を考えられる思考を持った人材」である。

3. 大学におけるグローバル人材の育成戦略

　本学は、地元企業のニーズに応じた就職重視の実践的な教育を展開している短期大学である。したがって、制度的には2年間の学修であるが、2年次の1年間は事実上に就職活動が中心になるため、海外留学等を考慮したグローバル人材育成のための教育プログラムの実施には一定の制約がある。また、本学は長野県の中央に位置する地方の短大であり、学生の意識はもちろん保護者の意識、さらには教職員の意識も地元志向が強く、"短大生にはグローバル人材育成教育は必要ないのではないか"との認識が多数を占める状況にある。しかしながら、長野県は精密機械を中心とした製造業が盛んであり、県内の企業の多くは東南アジアに進出しており、長野県を訪れる外国人観光客の急増や労働力人口の減少に対する外国人労働者数の増加など、県内のグローバル化や社会の多様化が進んでいる。

　そこで、本学では、2014年度以降、"学内のグローバル化"と"体験型海外研修"による意識改革を進めている。また、2017年度からは、制度として4学期制を導入し、2ヵ月から4ヵ月程度の留学を実施しやすい環境を整備している。

　まず、"学内のグローバル化"については、2014年度から夏と冬に「短期日本語プログラム」を2週間開催し、協定校を中心に海外からの留学生を本学の学生がサポートすることで、学内にいながら異文化交流を可能にする環境を整備している。また、科目の「Interactive English」で実施されているビデオ・エクスチェンジ・プログラムでは、ニューヨーク市立大学（City University of New York; CUNY）のラガーディア校（LaGuardia Community College）やバルーク校（Baruch College）の学生との間で、ICTを活用して大学紹介や町の紹介などのビデオを交換し、相互に興味を持って学習する取り組みを実施している。さらに、このプログラムで顔見知りになったのを契機に、双方の町を訪問する短期の体験型海外研修も準備されている。

　次に、短期の"体験型海外研修"としては、湘北短期大学が実施するプログラムに本学の学生が参加する2週間のニューカッスル語学研修（オーストラリア）、協定校である東新大学（韓国）や義守大学（台湾）での2〜3週間プログラム、9日間の米国でのプログラムなどがある。2018年度からは、10日程度のニューヨーク市立大学を訪問する研修やイタリア食文化を体験する研修、1ヵ月程度の米国デンバーでのインターンシップ研修を実施予定である。また、短期の"海外語学研修"は、カナダのトンプソン・リバーズ大学（Thompson Rivers University；TRU）、英

国のリージェンツ大学（Regent's University London）、台湾の義守大学などで3〜5週間の日程で実施されている。

　さらに、1ヵ月以上の"海外留学"については、これまで体制が整備されていなかったため学生は休学して留学していた。そこで、2017からの4学期制移行に伴って、2018年度からは、第3・第4学期を活用してTRUの秋学期の留学や、第3学期を活用したRegent's大学での語学留学が可能になっている。また、2019年度以降、他の協定校や連携校との間でも3ヵ月程度の留学ができるよう順次整備していく予定である。

　以上のように、本学におけるグローバル人材育成の状況は、まず学生、保護者、教職員の意識改革とそのための学内環境の整備、短期から中・長期の海外留学への環境整備の段階にある。本学のグローバル化が始まった2014年以降、短期日本語プログラム参加者数、体験型海外研修参加者数は着実に増加してきており、今後の課題は、体験や語学学習とは異なるグローバル人材育成のための教育プログラムの開発と実施、その効果の検証となっている。

4. 留学の効果

　上記のように、本学では2週間程度の体験型海外研修、3〜5週間の海外語学研修、2〜4ヵ月間の中期海外留学、1年以上の長期海外留学などのプログラムを実施している。体験型海外研修参加者数は5年前までは2〜3名であったが、グローバル化の取り組みが始まる2014年度以降徐々に増加し、2017年度は13名となっている。また、2017年度に体験型海外研修に参加した学生が、2018年度に1学期を使って3ヵ月の海外語学研修に参加するなど、徐々にではあるが学生の意識改革が進んでいる。さらに、2016年以降、「Interactive English」での学修を通して米国に興味を持ち体験型海外研修に参加した学生、体験型海外研修で米国のプログラムに参加した学生が今度は中国の大学に1年間留学するなど、海外に興味を持つ学生が増加してきている。

　このように、一度海外に行った学生の多くは海外に興味を持つようになり、研修後のアンケートによれば「また海外に行ってみたい」「語学力をつけたい」など、異文化に対する興味や語学力向上を強く意識する学生が多くなっている。本学としては、「就学意欲を高めた学生に対して次のプログラムをどう構築するの

第2部　大学・高校におけるグローバル教育の実施状況

か」が課題であり、短期、中期、長期のプログラムの有効性の検証と、これらの
プログラムに参加した学生を活用して、他の学生の意識改革を進めていくことが
必要と考えている。

5. 外国語（英語）能力をどう向上させるか

　本学では、外国語学修を必修にしており、英語、中国語、韓国語の何れかを卒
業までに学修させるカリキュラムになっている。また、従来型の英語教育に加え
て、ICTを活用した「Interactive English」やe-ラーニングを実施しており、学
生が英語教員と自由に会話を楽しむ "English Cafe" も開設している。外部試験
としては、入学時にクラス分けの参考にTOEIC Bridgeを実施しており、正課
外の英語力向上の取り組みとしてTOEIC対策講座を開講している。将来的には、
本学に交換留学で来た学生を中心に、"English Cafe" や "中国語カフェ"、"ハ
ングルカフェ" などを展開する予定である。

　また、現在、フィリピンなど安価で英語が学修できる集中プログラムを作成し
ており、2019年度の実施に向けて検討している。さらに、ドイツなどの英語圏以
外でも安価で英語が学修できる大学もあるため、そのような場所での英語学修に
ついても計画している。

6. 留学促進の課題

　入学時のアンケートによれば、1年生の半数以上が海外留学に興味を持ってお
り、ここ数年その割合が増加してきている。しかしながら、非正規雇用等の増加
に伴って経済的な格差が拡大してきており、本学においてもその傾向が顕著にな
ってきている。それゆえ、奨学金受給者や長時間のアルバイトをしながら就学す
る学生も増加してきている。このような状況に対して、本学では2015年度に同窓
会の海外留学支援金を整備し、翌2016年度には企業奨学金制度を創設して留学環
境の整備を行ってきたが、本学の学生全員が直面する多文化共生社会を前提とす
れば、本学独自の奨学金制度の構築に加えて、地域と連携した奨学金制度を構築
する必要がある。したがって、留学を促進させるための現在の課題は、地域企業
による企業奨学金の充実と、大学としての経済的な支援体制の整備である。

7. その他（協定締結、学生交流の"ノウハウ"など）

　現在の協定校は、韓国に2大学、中国に1大学、台湾に1大学の4大学にとどまっており、このうち3大学との協定はこの2013年以降に締結したものである。本学としては、授業料免除等で本学の学生が留学しやすくなるため、英語圏の大学との協定締結を目指しているが、欧米の大学との協定締結は難しい状況にある。そこで、協定締結の可能性のある大学と学生や教員の相互交流を進め、双方にメリットが出てきた段階で協定締結に結びつけられるよう努力している。また、学生交流については、海外留学の経験を持つ教員が少なく、どのような取り組みができるのか手探りの状態であり、上記の海外の大学との協定締結を含めて、他の大学の事例で勉強しているところである。

（松本大学 松商短期大学部 学部長　糸井重夫）

第 2 部　大学・高校におけるグローバル教育の実施状況

西九州大学

英語教育と共に、コミュニケーション能力・異文化対応力の育成強化した事前準備学習

1. 基本情報

学校名	西九州大学
所在地等	〒842-8585 佐賀県神埼市神埼町尾崎 4490-9 （代表）0952-52-4191　http://www.nisikyu-u.ac.jp/
学部・研究科、学生数等	4 学部 1 研究科 1,847 名（大学院含）
留学生数	28 名（2017 年度末）
派遣学生数	4 名（2017 年度末）
海外協定校数	12 校（内 6 ヵ国、11 校と学生交流協定）（2017 年度末）
国際交流事務室等の形態	母体である永原学園として西九州大学グループ国際交流センター（以下、センター）を設け、理事長から委嘱された教員がセンター長としてセンター業務を統括する。また国際交流業務を円滑に行うためにセンターの中に西九州大学グループ国際交流センター運営委員会を置く。尚、規程によりセンターの事務は学生支援課職員が兼務する。
国際交流関係職員数	専任職員 0 名
留学生奨学金等	本学独自の奨学金としては、永原学園外国人留学生奨学金、永原学園国際交流奨学金があり、留学生の日本語能力に応じた学納金減免制度も設けている。また学外の奨学金としては地方自治体と共同した佐賀県外国人留学生奨学金給付事業費補助金や佐賀県私費留学生支援事業支援金があり、全国的なものとしては、文部科学省学習奨励費やロータリー米山記念奨学金等がある。

派遣学生支援制度等	本学独自の制度としては、永原学園国際交流奨学金及び永原学園国際交流奨励金がある。
派遣留学生の単位認定等	海外協定校での交換留学により単位を取得した場合、帰国後に本学が認めた場合のみ認定する。

2. グローバル人材の考え方

　西九州大学は2013年地域大学宣言を発表した。ここで言う「地域」とは、佐賀県のみならず県境を越えた九州、さらにはアジアを中心とする世界に開かれた地域である。そこで活躍できる人材を育成するグローカル化の目標が以下である。

◆グローカル化の目標

　本学の建学精神「あすなろう精神」に裏打ちされた人間力を備え、「つながる社会」を志向し、地域と世界を横断するグローカル人材を育成するために、

① 母校愛、郷土愛の涵養
② 自国文化の理解、異文化の理解・受容
③ グローバルな文脈から地域を俯瞰し、地域を志向し活動できる資質・能力の涵養

以上をカリキュラム上に実現する取り組みを行っている。

3. 大学におけるグローバル人材の育成戦略

　地域大学宣言以降、本学はディプロマポリシー(DP)の分節化に取り組んだ。本学のDPの最終目標は、「地域生活を支援し、科学することのできる人材」を育成することである。このDPを構成する要素の中に社会人としての汎用的能力育成として「確かな日本語に加え、一つ以上の外国語を用いて、読み、書き、話すことができる」資質能力の育成を掲げている。この要素はカリキュラムポリシーおよびシラバスにまで連接されており、外国語科目においてそれを獲得することをシラバス上に明記している。グローバル人材育成の基礎となる外国語修得を一連のDPが目指す人材養成目標の中に明確に位置付けているのである。該当する外国語科目は英語およびアジア圏の言語である。英語科目におけるカリキュラ

ム改革が先行して行われている。2014年度には、夏休みに試験的にグローバルコミュニケーション（英語）の原型となる「英語によるコミュニケーション集中講座」を実施した。内容は2週間にわたる英語漬けのプログラムであった。導入部で演劇メソッドを活用したコミュニケーションワークショップや英語を操れる留学生をTAとして活用した日常会話トレーニング、弾丸インプットを活用した座学、アジア太平洋大学の留学生との交流会など多様なコンテンツを含むものであった。受講した学生たちの反応は素晴らしく、英語が苦手であるという意識を改善したものが多く存在した。受講後にはトビタテ！留学JAPANに挑戦し、翌年の留学を実現した者も出た。この講座は、翌年より正規カリキュラムとして運用され、現在も継続中である。この講座を受講したものの大半がその後の短期留学に出かけている。講座受講後の学生たちの英語学習に対するモチベーションを維持する試みもTOEIC対策講座やENGLUNCHを実施することで行っている。

　大学教育・研究のグローバル化に関して非常にたち遅れている。しかし、本学はグローバル教育の最終目標を「専門的職業人としての資質能力を海外、特にアジア圏で活かすことのできる人材育成」におき、地道にではあるが前に進もうと考えている。栄養的知識や技能、介護・福祉に関する知識や技能、さらにはリハビリ、看護、初等教育などに関する知識技能を有した学生たちが今後海外で活躍することを可能とする留学等のプログラムを生み出していく必要があると認識している。

4. 留学の効果

　留学は学生の自律的学習能力を伸長させる有効な手段の一つである。本学では1ヵ月以上の中長期実践型の国内インターンシップも実施しているが、それを経験した学生たちの職業意識の変化は著しいものがある。おしなべて、漠然としていた将来の自己像が明確化される傾向にある。大学で学修する勉学の意味を見出し、単に資格取得を目的とするのではなく、職業人としての十分条件である「職業を通じた自己実現」を明確に意識するようになる。短期・長期の留学に出た学生たちも同様の傾向をみせる。両者に共通なことがらは、プログラム実施前の綿密な課題設定である。たとえば、食に関する学修を行っている学生が異国の食だけを調査するのではなく、食を生活様式や風土との関連でとらえるという課題設

定を行うと、短期留学であってもかなりの成果を持ち帰ることができる。国内においても食を取り巻く環境側面から観る視点が養われるようである。また、小学校や幼稚園へのインターンシップを課題として留学する学生たちも単なる体験にとどまらない視点を獲得して帰国する。専門教育に向かう姿勢に変化が見られるようである。単に海外への留学というのではなく、専門教育の視点等を活用し、目的をもった留学経験が学生の自律的学習能力の伸長に有効であると認識している。

5. 外国語（英語）能力をどう向上させるか

　本学では多くの学科で専門資格を修得することが卒業要件となっている。そこで、基礎英語教育としての1-2年次で必修科目以外の時間にもっと英語を勉強し、使いこなせるようになりたいと考える全学学生のために以下のプログラムに2015年度から取り組んでいる。

① 　2015年度、Global Communication English（GCE）と名付けた短期集中型英語教育を導入した。GCEでは英語初級～中級レベルの学生30名を募集し、夏休み中に2週間の英語漬け行うプログラムであり、その後、短期留学する学生も多数いる。内容に関しては、日本人学生に不足しているコミュニケーション能力・異文化対応力の育成をカリキュラムに導入している。インプットだけではなく、留学生と毎日の英会話を通してアウトプット量を増やしている。最後に一人ひとりのプレゼンのプログラムが用意されている。このプレゼンが最大の見せ場で、学生にとって大きなチャレンジであり、終了後の達成感が非常に高い。短期間で4技能（特に聞くと話す）が向上する結果が現れている。

② 　短期語学留学を2015年度からスタートし、オーストラリアのパースとフィリピンのイロイロに留学生を派遣している。現地の教員や市民、学生と交流しながら実践英語を身につけるプログラムに拡大している。学生にはオーストラリアが人気であるが、コスト面でハードルが高く、2017年からマンツーマンで毎日、長時間、低コストで英語学習ができるフィリピン短期英語留学も導入した。多様な学生ニーズに応じたプログラムを提供することを心がけている。

③ 　春休みに10コマのTOEIC対策講座を2016年からスタートさせた。特にGCEを受けた学生に人気で、外部の講師を招き短期間で英語力が身につく経験

をさせている。教員採用試験では、TOEIC500点以上の学生は加点されるため、2018年度から単位が取れるTOEIC科目を新たに導入する予定である。

④　2015年度からENGLUNCHという留学生と交流できる英会話体験交流を週2回行っている。毎回テーマを変えて、異国の料理を食べたり、ゲームをしたり、英語を使って国際交流できる場となっている。学生が気軽に参加できるよう工夫している。

6. 留学促進の課題

　留学促進の課題はたくさんある中、一番は学生のグローバルマインド意識の習得である。本学のような小規模大学では入学当時、長期留学を考えている学生はとんどいない。専門知識を習得し、国家試験を合格する夢でいっぱいで、留学を考える余裕はないようだ。専門教育は一年次からスタートし、留学するなら休学をしないと単位が取れない縛りがある。

　グローバルマインドを育てるために、本学の国際交流センターが短期留学のプログラムを提供している。その目的は、まず短期留学で海外へ行かせ、その経験の中で長期留学について考えさせるのが今の作戦である。短期留学プログラムは現在夏休みに集中しており、英語語学研修（オーストラリア・フィリピン）、海外ワークショップ・インターンシップ研修（オーストラリア・フィリピン・台湾）、韓国（建国大学）語学文化研修、タイ・ベトナム・中国研修に加え春休みにはスロベニア（リュブリャーナ大学短期大学）への10日～2週間プログラムもある。このようなプログラムに参加することによって、学生の外国語力や異文化に対する興味を高め、グローバルマインドやコミュニケーションスキルを伸ばし、グローバル人材としての基礎力を身につけさせたい。

　協定校からの交換留学生と係るGlobal Nishikyushu（国際交流サークル）と呼ぶチューター制度を設けている。学生が協定校のことやその国のことを知るためには、大学が受け入れている交換留学生と話をすることが一番効果的だと考えている。現在、長期留学中（台湾とスロベニアへ）の学生は、交換留学生と交流し、情報を得て、留学に挑んでいる。学生同士の交流を応援することが大事だと考えている。長期留学の大きなハードルは語学力（特に英語圏）であり、留学を考えている学生の語学力を伸ばすためのサポートやアドバイスも重要である。

もう一つの課題は学内の情報伝達である。国際交流センターが年に2回説明会を実施している。説明会にはそれまでに短期や長期プログラムに参加した学生の事後報告を聞く機会でもあり、新プログラムの情報も入手する場でもある。その後、留学申込期間を設置し、興味ある学生はプログラム担当の教員や職員に相談することができる。国際交流センターの事務室や専用スタッフはまだないが、今後、留学情報を提供窓口、相談窓口としてのスペース・スタッフを確保する必要がある。

現在、本学の国際交流センターのホームページを大幅に改良している。これによりターゲットを明確に絞った情報発信が可能になるため、国際交流に興味ある学生や留学を考えている学生につなぐインターネット活用は有効な手段だと考える。FacebookやTwitterも活用する学部学科もあり、学生が使い慣れているSNSによる情報提供も必要だと考えている。

7. その他（協定締結、学生交流の"ノウハウ"など）

西九州大学グループは教育・研究・国際交流を通して、日本とアジア、そして世界の人々の支援に貢献できる人材を育成し、佐賀の地で独自性と存在感のある国際拠点を目指している。現在、協定校から数名の学生が長期留学中であり、グローバル化が進行する中で、国際社会に適合できる教育・研究活動を推進している。本学は平成27度から新たに国際交流センターを設立した。今後はより体系的な組織運営を通じて、協定校との連携を中心とした本学の更なる国際化を目指している。

現在協定校数は6ヵ国、12校に過ぎない。交換留学制度は少しずつ関心を高め、キャンパス内に国際的な風が吹いているが、派遣者数はまだまだ伸びていないのが現状である。今後の課題として、協定締結による学生の受け入れ・派遣だけではなく、共同研究も可能になるので、これからは教員同士や大学同士の研究テーマを見つけ、更なる発展を期待したい。

（西九州大学 副学長　井本浩之）

●各校の取り組み● **単科大学**

札幌大学／小樽商科大学／室蘭工業大学／国際教養大学／共愛学園前橋国際大学／芝浦工業大学／広島文教女子大学／福岡教育大学／鹿児島工業高等専門学校

札幌大学

アクションプログラムを中心とする
グローバル人材育成

1. 基本情報

学校名	札幌大学
所在地等	〒062-8520 北海道札幌市豊平区西岡3条7丁目3－1 (代表)011-852-1181　https://www.sapporo-u.ac.jp/
学部・研究科、学生数等	1学群 5研究科 2,698名(大学院含)
留学生数	109名(2017年5月1日現在)
派遣学生数	7名(2017年10月1日現在)
海外協定校数	32校(内10ヵ国・地域、30校と学生交流協定)
国際交流事務室等の形態	札幌大学インターコミュニケーションセンター(通称：SUICC)が国際交流を含む地域交流事業の拠点として、留学生の受入れ、学生派遣に関わる業務をはじめ、学生個々のニーズにあわせた修学支援を行っている。またSUICCはオフィスとしての機能だけではなく、留学生と日本人学生との交流スペースとしても活用されている。

札幌大学

国際交流関係職員数	専任職員6名（2018年度）
留学生奨学金等	日本学生支援機構や民間の奨学金財団・機関へ、大学が窓口となり毎年度申請しているが、常に採択されるものではない。学内の奨学金で留学生に特化した制度はないが、経済的支援としては、正規留学生（交換留学生以外）への授業料減免制度（20％の減免）がある。
派遣学生支援制度等	派遣学生への奨学金支給など経済的支援制度は学内にはない。
派遣留学生の単位認定等	協定校で取得した単位は、専任教員の精査を経て単位認定・単位振替について学長が許可する。また自己開拓による留学先（認定留学）で取得した単位も上記と同様の過程で認定・換算が可能である。

2. グローバル人材の考え方

　グローバル人材とは、国際社会、政治・経済、外国語・文化について学び、世界における普遍的な動向や価値と諸地域における差異について理解し、グローバルな課題を見出し、解決するための思考力・判断力・表現力などを身につけている者と考えている。

3. 大学におけるグローバル人材の育成戦略

　本学ではグローバルな感覚と能力を持つ社会人を輩出するべく、正課授業だけでなく、課外活動としてアクションプログラムを展開している。

　本学全体としては、学年を超えた交流活動を通じ、外国語学習＋GAP（Global Action Program）セミナー＋個別課題学習を通じて就業力を養い、留学前準備、留学後の学習活動機会を設けて就学に繋げる工夫を行っている。

　正課授業では英語専攻、異文化コミュニケーション専攻、経営学専攻、現代教養専攻（2018年度からはリベラルアーツ専攻に名称変更）がその中心的な役割を担っている。また本学は、地域共創学群として学群制を導入しており、主専攻、副専攻での学習を基盤に、メンター教員によるサポートで個別課題学習に取り組み、領域Ⅰではグローバル化の理解に重点を置き、領域Ⅱではグローバル社会と国際

ビジネスの理解、領域Ⅲでは国際文化都市の創造に繋がる機会を提供している。

　課外活動として選抜教育を行っているアクションプログラムにはGAPがある。このGAPは学内選抜による人材育成になっていると同時に、入試制度とも連動している。2013年からGAPプログラムはスタートし、2018年で5年目を迎える。このGAPでは、地域との連携を通じてコミュニケーション、クリエイティブ、コラボレーションを重視した、アクティブラーニングを行う。

　組織メンバーには4つのカテゴリーがあり、入会の際に、本人希望に応じてメンバー区分をおこなっている。

(1) GAP Core Member
　　海外留学志向であり、海外研修を通じてグローバル人材としての活躍を期待したい日本人学生を中心に構成。

(2) GAP Sub Member
　　日本人学生、外国人留学生を対象とし、GAP活動をCore Memberとともに運営面を中心にサポート。

(3) GAP Support Member
　　日本人学生、外国人留学生を対象とし、GAP活動の企画、運営、広報の後方支援を行う。

(4) GAP Guest Member
　　GAP活動に対して理解のある外国人留学生を対象とし、母国、出身大学の情報を提供するとともに、留学生支援に対しても積極的に協力する。

　GAPには2つのコースがあり、Cultureコースでは、地域住民と一緒に北海道と海外地域を結ぶ映画祭の開催を通じて異文化理解に主眼を置いた半期の短期プログラムが用意されている。また、Businessコースでは、外国人観光客の旺盛な北海道観光需要に応える形で、地域や地域企業との連携を通じて観光振興に繋がる取り組みを通年で行っている。

　主たる事業は3つあり、(1)日本人学生の海外留学、海外研修、海外インターンシップ支援、(2)外国人留学生の日本でのインターンシップ、国際交流プログラム支援、(3)日本人学生と外国人留学生の交流企画支援である。

　これまでの4年間の地域交流に基づくプログラム展開では、2014年には札幌市

内のゲーム娯楽会社と連携し、雪まつり期間中の施設利用者、来場者の拡大に寄与する現場改善を行い、2015年にはニセコ・倶知安町との連携事業を行い、北海道中小企業家同友会しりべし・小樽支部を母体とするLINKS NISEKO、北海道倶知安農業高等学校と、2014年から発売を開始した「ニセコ・モンテバー」の販促活動をニセコ来訪の外国人観光客を対象に行った。2016年は札幌市における外国人観光客のゲストハウスアンケート調査、岩見沢観光協会との連携による岩見沢観光促進事業の推進、2017年冬季アジア札幌大会ボランティア派遣事業、札幌市、JTB北海道との札幌市におけるホームスティ促進事業等を行った。2017年は、岩見沢観光協会と連携し、岩見沢観光ガイドブックの翻訳事業、国土交通省北海道運輸局との連携により海外若年層旅行者受入整備事業道北エリア調査研究等を行った。

　以上のように、外国人観光客の北海道観光促進に軸を置いたプロジェクトを展開し、日本での体験を通じて海外や留学先での交流促進や学外事業への積極的参加を促すための機会を提供している。

4. 留学の効果

　留学の効果として、最も大きいと考えることは、潜在的であったコミュニケーション能力（母国語、外国語に関わらず）が、留学先でさまざまな国籍の学生たちに出会い交流することで、コミュニケーションに対する意欲として顕在化すること。他者との関わりに意欲を持つようになった学生は、帰国後、積極的にボランティア活動へ参加したり、留学を目指す後輩の指導にあたったりするなど、留学経験が自己成長力を促す大きな要因になっていると考える。

5. 外国語（英語）能力をどう向上させるか

　異なる言語や文化を持つ人との交流を通して、新たな知識、倫理観や価値観、自己肯定感が得られる体験をさせる。そして、外国語能力の向上により広がる可能性について理解させ、自ら学ぶ意欲を高める。

　そのためにも正課授業や課外活動において成功体験を積み重ねられるよう、体系的なプログラムを組むこと、日常的な交流の場を持つことが大切である。

6. 留学促進の課題

　体系的な留学促進プログラムを組むことが有効と考える。第一段階として留学生と日本人学生が日常的に交流する場所を設け、共同作業の機会を提供している。そこから異文化への興味や外国語によるコミュニケーションに対する意欲を醸成すると同時に2週間〜1ヵ月程度の語学研修を紹介する。

　次の段階として半年〜1年間の留学を目標に据えることを意識させる。ここまでを準備期間と考えて、準備の最終段階では留学中の具体的目標を持たせることや、定期的な振り返りの報告を習慣にするよう指導する。

　帰国後は経験のフィードバックに多くの時間を用いること、そこに職員が積極的に関与することが大切であると考える。

　本学では、第一段階としての留学生と日本人学生の交流スペースが有り、日常的な交流が生まれやすい環境が整っている。またボランティア活動を組織的に奨励していることから、共同作業の機会は多いと考える。試行的な留学機会としては協定校の協力による夏季セミナー等、2週間〜1ヵ月程度の研修プログラムがあり、こうしたプログラムへの参加を経て長期留学へとステップアップする学生も昨年から増えてきた。

　ステップアップしてゆくプログラムを体系的に整えることが課題であり、そのなかで、初期のころはより多様なプログラムを組むことで、語学力において高いレベルを持つ学生だけではなく、最も人数の多い中間層の学生をターゲットにすることも有効と考える。

7. その他（協定締結、学生交流の"ノウハウ"など）

　本学の特徴としては、5学部から1学群制に移行したことによるカリキュラムの一本化があげられる。これにより従来では他学部履修でも少数しか履修できなかったが、所属する専攻以外の授業を関心の広がりに合わせて自由に履修できるようになった。

　また、北海道という地の利を生かしての協定締結や交流プログラムを実施している。北方圏の国や地域にある大学との連携、アイヌ文化の教育・研究の推進、スキー体験やトレッキングなどの交流プログラムも特徴である。

（札幌大学 副学長　瀧元誠樹）

小樽商科大学

小樽商科大学におけるグローカル人材の育成について

1. 基本情報

学校名	小樽商科大学
所在地等	〒047-8501 北海道小樽市緑3-5-21 (代表)0134-27-5206　http://www.otaru-uc.ac.jp/
学部・研究科、学生数等	1学部 1研究科 2,413名(大学院含)
留学生数	71名(2017年5月1日現在)
派遣学生数	15名(2017年5月1日現在)
海外協定校数	23校(内15ヵ国、21校と学生交流協定)
国際交流事務室等の形態	本学の国際交流は、全学組織であるグローカル戦略推進センター(センター長：学長)の一部門「グローカル教育部門」(グローカル教育(グローバルの視野で考え、ローカルで行動する)を推進する)と、それと連携した別組織である「国際連携本部(本部長:学長指名)」(海外大学との協定や研究者交流に関することを掌握する)が担っており、いずれも事務は学生支援課国際交流室が担当している。
国際交流関係職員数	専任職員4名
留学生奨学金等	JASSO、学外機関奨学金の他、小樽商科大学独自の奨学金としては、後援会助成金、グリーンヒル奨学金等がある。

派遣学生支援制度等	JASSO海外留学支援制度の他、後援会助成金による奨学金(渡航費相当分の支援)、佐野力海外留学奨励金事業(特定プログラムにおいて、基本経費(「渡航費」、「派遣先大学の授業料」、「滞在費」)のほとんどを補助し、学生の自己負担は5万円となる)等がある。
派遣留学生の単位認定等	派遣留学生が海外の大学等で修得した単位は、国際交流科目として認定し、成績証明書に記載する。また教務委員会における審査の上、60単位を上限に、卒業所要単位として認定することもできる。また、グローカルマネジメント副専攻プログラム所属学生は、海外で修得した単位を、審査の上副専攻の修了要件に算入できる。

2. グローバル人材の考え方

　本学は、1911年(明治44年)、5番目の官立高等商業学校として創立された。開学以来、「実学・語学・品格」を教育理念とし、**広い視野と豊かな教養、並びに倫理観に基づいた深い専門的知識と識見を有し、現代社会の複合的、国際的な問題解決に指導的役割を果たす人材**を育成してきた。その伝統的な教育目標のもと、グローバル(地球規模)な視野を持ち合わせるだけでなく、地域や国などのローカルな視点から自ら考え行動できる、「**グローカル人材**」の育成を目指している。本学は、**北海道というローカルな場所を軸足にし、他の地域や外国との関係でグローバルにものを考え行動する人材**と位置づけている。

3. 大学におけるグローバル人材の育成戦略

　本学は、創立時から当時の高商としては珍しい外国人専任講師を採用し、後には海外修学旅行を敢行するなど、戦前より常にグローバル人材育成を重視した教育プログラムを実施してきた。北日本では随一といえる昼間コース全学生に対する2年間の2ヵ国語必修制度は、その基盤である。平成に入ってからは留学制度も大幅に充実し、現在本学の海外提携校は単科大学としては異例の15ヵ国23大学にのぼる。更に27年度より、本学グローバル人材育成戦略の象徴として、「グローカル・マネジメント副専攻プログラム」を開始した。このプログラムは、

小樽商科大学

海外留学も含め20単位程度を英語による授業で履修するもので、一学年30名程度の履修者を見込んでいる。同時に開始されたOBからの寄付金を原資とする夏季と春季開催の語学研修も年間60名の派遣を想定しており、昨年度には他の私的留学も含め年間117名が海外留学を経験した。この結果、総学生数に占める海外留学者の割合は5.0％となり、北日本の国立大学では最高となっている。また、従来より本学は、英語のみによる専門教科履修プログラム「短期留学プログラム」を海外学生に提供し、毎年30名程度の海外学生が1期ないし2期本学に留学するが、「グローカル・マネージメント副専攻プログラム」は、これらの留学生と本学日本人学生との共学を推進するものでもある。今後本学は、「グローカル・マネージメント副専攻プログラム」を更に発展させ、独自入試を伴い、海外ギャップイヤーも組み込んだ主専攻プログラムである「グローカルコース」を平成33年度に開始し、ジョイントディグリー或いはダブルディグリーも見据えた、より高度なグローバル人材を育成する戦略を構想している。

4. 留学の効果

　我国において、大学生の保守化、留学離れが叫ばれて久しい。本来ビジネスマン育成を旨とする本学においても、近年の学生の就職先は、公務員が2位となるなど、地元での安定した職を求める学生の割合は高まっている。「国際」を看板に掲げる学部や学科は、特に地方において学生集めに苦戦している様子だが、本学にあっては、留学を強く推奨する「グローカル・マネージメント副専攻プログラム」を如何に学生間に定着させるかが、学生の意識改革に大きく寄与することとなろう。このプログラムの開始初年度（27年度）には履修者が23名現れたが、最終的に終了できた者はその3分の1に過ぎなかった、翌年度はそのハードさを伝え聞いた学生たちが恐れをなし、13名の履修希望者しか現れなかったが、脱落者の割合は大幅に減少した。今年度は16名履修となっているが、やはり脱落する者は少数で、来年度は更なる履修者増が見込まれている（このプログラムは、2年後期に履修登録するので、1年生の反応具合で大まかな履修者が推測できる）。学生全体の語学成績アップは事実着実に達成されており、留学者増もその一助となっていることは疑いがないが、今後このプログラムの修了者を中心として、国際企業や商社への就職者、或いは英語教員免許取得者の増加が見込まれる。また、

単科大学

「留学できる大学」との評判が広がることにより、留学に意欲的な学生が北海道の内外から本学を志願する割合が高まっている（本年度の入学者アンケートで、本学の志望動機を「留学・語学」としたものは、全体の31％にのぼる）。

5. 外国語（英語）能力をどう向上させるか

　本学は、英語のみならず、ドイツ語、フランス語、ロシア語、中国語、スペイン語、朝鮮語と幅広い言語教育を提供し、全国的に「北の外国語学校」と知られてきた。その中でも、伝統的に商業に国境なしの考えのもと、英語教育に重点を置いてきた。1年次には、4単位の必修科目があるほか、3・4年次においても発展的な語学関連科目が用意されている。初年次よりグローバル・ビジネスにおける英語力を測るためにTOEIC IP受験を必修としている。このテストでは、e-learning学習を有効に活用し、スコア上昇を目指している。その結果として、導入時の2011年度以降、その平均点をあげており、2016年度にはTOEIC IP Testの平均点が530点を超えた。更に、このオンラインによるセルフアクセス学習と教室での対面授業とを融合させた新しい教育手法であるブレンディッド・ラーニングを推進し、海外のビジネス現場で通用する外国語能力、特に英語運用能力の獲得をひとつの目標としている。

　また、外国からの交換留学生のために英語で授業を行う短期留学プログラムに日本人学生も履修でき、英語で高度な経済・経営の授業を交換留学生とともに受けることができる。このことにより、基礎的な英語力のみならず、英語で専門的知識を養うことができる。とはいえ、急に英語で学術的な内容を学ぶことは容易ではない。そのため、「グローバル・マネージメント副専攻」の授業には、アカデミックイングリッシュなどを学べる、グローバル・セミナー等を開講し、段階的に高度な内容を英語で学べる環境を整備している。

6. 留学促進の課題

　本学においても、長期留学志望の学生確保には、課題があると考える。本学では、10月末に**国際交流週間**を設け、留学経験者に学校の様子や生活などについて、プレゼンテーションを行っている。希望する学生たちが参加しやすいよう、昼休み

の時間に1週間かけて各地域の紹介をし、より多くの地域について情報収集できるようにしている。

　また、平成29年度には**グローカルラウンジ**を整備し、各留学先の展示物や留学についての資料を配置している。学生たちは、このラウンジへ自由に出入りでき、また、留学経験者も多く利用しているため、情報共有が自然にできる環境にある。

　今までの通例では、3年次以上で交換留学に行く学生が多い実情があり、英語力不足などで諦める学生も多かった。しかし、平成29年度より、グローカル教育部門所属の教員が1年前期配当科目の基礎ゼミと後期のグローカル・セミナーIを開講し、1年間を通して英語や留学に関する授業を行った。その結果、多くの1年次生が長期交換留学へ募集し、派遣が決まっている。

7. 協定締結、学生交流の"ノウハウ"

　2016年度より、アメリカで行われているNAFSA（Association of International Educator）にブースを設け、新しい協定校の開拓や、協定後の円滑なコミュニケーションの場として活用している。国際交流の担当者が、協定先の大学に赴き、現在の協定校の様子や、本学での新しい取り組みについて説明するのは大変難しい。このブースを活用することにより、大学として時間的・経済的負担が減り、また、担当者同士の新しい情報の共有にもつながる。学生派遣の不均衡を未然に察知し、お互いの学生募集などにも役立てることができる。

　また、2015年度より、学習管理システム（LMS）を導入したことにより、派遣留学前までのプロセスや、派遣留学中の情報共有が容易にできている。必要書類の配布・提出だけではなく、留学中の「学び」をポートフォリオ化することにより、大学全体の学修を可視化することができる。

（小樽商科大学 副学長　鈴木将史）
（グローカル戦略推進センター・グローカル教育部門 助教　中津川雅宣）

第2部　大学・高校におけるグローバル教育の実施状況

室蘭工業大学
海外派遣型グローバル人材育成教育の取り組み

1. 基本情報

学校名	室蘭工業大学
所在地等	〒050-8585北海道室蘭市水元町27番1号 (代表)0143-46-5000　http://www.muroran-it.ac.jp/
学部・研究科、学生数等	1学部1研究科 3,334名
留学生数	163名(2017年度末)
派遣学生数	46名(2017年度末)
海外協定校数	20ヵ国45大学
国際交流事務室等の形態	理事(研究・連携担当)・副学長の下に国際交流センターが置かれ、センター長は同理事が兼務する。大学院工学研究科ひと文化系領域言語科学・国際交流ユニット所属の専任教員2名、及び学務課国際交流室所属の事務職員6名より国際交流センターが構成される。2018年度には校舎改修により施設が一新され、教員室や事務室の他、留学生とのコミュニケーションラウンジ、日本語教育のスタディサポートルーム等の施設を一体として確保し、独立した空間が整備されることとなっている。外国人留学生への日本語教育、日本人学生への異文化理解・国際性教育の他、外国人入試手続き、受入れ留学生の生活指導、本学からの海外派遣留学相談、諸外国大学との教育研究上の交流推進、地域の国際交流活動への協力等の業務に従事する。
国際交流関係職員数	専任教職員9名(センター長1、教員2、事務職員6)

200

留学生奨学金等	JASSO学習奨励費、JASSO短期留学生支援制度（受入）、JASSO21世紀東アジア青少年大交流計画奨学金の他、室蘭工業大学独自の支援制度として、室蘭工業大学私費外国人留学生支援奨学金、室蘭工業大学短期留学生（受入）支援奨学金がある。また学外機関奨学金の例では、北海道外国人留学生国際交流支援助成金、ロータリー米山財団、平和中島財団、ドコモ留学生奨学金、佐川奨学会奨学金、共立国際奨学金、実吉奨学会奨学金、JICA奨学金、ベターホーム奨学金、朝鮮奨学会、本庄国際奨学財団奨学金、日本国際教育支援協会一般奨学金、マレーシアJADプログラム等がある。
派遣学生支援制度等	JASSO海外留学支援制度（協定派遣）の他、室蘭工業大学協定校短期研修奨学金、室蘭工業大学佐藤矩康博士記念国際活動奨学金、その他学外機関奨学金がある。
派遣留学生の単位認定等	学術協定校との交換留学による専門科目の単位互換認定は、各学科の専権事項となる。一方、国際交流センターが企画・運営する全学科対象の短期留学プログラムは、「海外語学研修（2単位）」または「海外研修（1単位）」として認定される。また、学術協定校側が企画立案し本学より参加希望学生が派遣される短期留学プログラムも、22.5時間以上の学修が認められる場合に限り単位認定が行われる。

2. グローバル人材の考え方

　室蘭工業大学では、大学における研究活動のグローバル化はもとより、高等教育の国際市場化、大学卒業者雇用の国際化が進む情勢の中で、室蘭工業大学の国際交流の基本的な考え方を示し、教職員の活動、施策立案の指針とするために、2011年度に「室蘭工業大学国際交流ポリシー」を制定している。グローバル人材育成の考え方は、ここで言う「国際交流」に包含されており、本学教職員及び学生による教育、研究、修学上の海外機関および外国人との交流活動全般を指し、語学力のみならず、積極性、行動力、自国および他国の文化に対する理解等を含む幅広い実践力をもつ人材を養成することを上記ポリシーで定めている。

第2部　大学・高校におけるグローバル教育の実施状況

3. 室蘭工業大学におけるグローバル人材の育成戦略

3.1　国際交流ポリシー

　室蘭工業大学では、上述した国際交流ポリシーの第一項に掲げる基本姿勢において、「幅広い教養と深い専門知識とともに国際社会で通用するコミュニケーション能力、実践力を持つ人材を育成する」と謳っている。また第三期中期目標においては、具体的な数値目標として年間受入外国人留学生を全学生（約3,000名）の5％（150名）として学内の人的国際性を高め、同時に本学からの派遣学生を全学生の2％（60名）と位置付け、グローバル人材の育成戦略を図っている。

3.2　短期留学プログラム

　室蘭工業大学は1学部4学科体制を敷いており、工学部の下に建築社会基盤系学科、機械航空創造系学科、応用理化学系学科、情報電子工学系学科の4学科を設置した国立理工系単科大学である。そこで就学する理工系学生に対し、夏季休業中に2つ、春季休業中に2つ、計4つの常設短期留学プログラムを開設している。これらプログラムへの参加により、初の海外渡航を経験する学生がほとんどであり、国際交流センターではパスポート取得方法、海外渡航危機管理対策といった内容の事前指導を含めて情報提供を行っている。実際の渡航研修プログラムは2〜3週間であり、次に示す内容で実施している。

1）アメリカWWU大学スタディーツアー（英語語学、航空産業体験型研修）14名
2）オーストラリアRMIT大学スタディーツアー（英語語学、日本語TA派遣型研修）8名
3）ヨーロッパスタディーツアー（英語語学、ドイツ・フランス・チェコ文化研修）6名
4）中国華中科技大学スタディーツアー（中国語・中国文化研修）13名

　1）はアメリカ西海岸のシアトルにあるボーイング社見学も含まれていることから、主に航空宇宙工学を専門とする学生に人気が高い。2）は室蘭工業大学において古くから実施しているプログラムであり、本学からの派遣の他、先方からの受入れも行っている双方向プログラムとして成立しているものである。3）は

欧州を歴訪しながら共通語としての英語によるコミュニケーション交流を体験するプログラムである。4）は近年の経済・工業発展が著しい中国における研修プログラムとして実施されている。これら4つの本学企画研修プログラムの他、学術協定校側が企画立案して募集を行う研修プログラムも実施している。

5）韓国ソウル科学技術大学サマースクール（英語、韓国文化研修、各国留学生交流）0名

6）タイ泰日工業大学スプリングスクール（英語、タイ文化研修、各国留学生交流）1名

7）フィンランド・オウル大学スカンジナビア研修他3プログラム（英語、北欧文化研修、各国留学生交流）0名

上記1）～7）のプログラムへの参加申請後、事前指導を経て渡航し研修プログラムが開始される。帰国後に事後指導を経て先方における研修プログラム修了証（あるいは成績証明書等）を添付の上で研修レポートを提出することで、本学教員の成績評価に基づき、単位認定が行われる形態をとっている。

3.3 協定校派遣の交換留学プログラム（中長期留学・単位互換制度）

本節で示す例は地方大学の特有の現象かもしれないが、3.2で紹介した短期留学プログラムに参加した学生の傾向として、海外での勉学や生活によって教員の期待以上の大変大きな刺激を受けてきており、短期留学プログラムは語学のみならず彼ら自身の専門学科の勉学や研究にも大きな動機付けがなされていて、学修意欲の顕著な向上が観察される。また、その多くの学生は半年から1年を目途とした中長期の協定校派遣の交換留学プログラムへの相談・申請をするようになり、単位互換制度により各々希望の先方大学での専門科目受講に意欲的になって、客観的には就学上の好循環が形成されている。こういった事例が学生間で広く伝搬し、ますます多くの在籍学生への留学啓蒙につながることを教職員は期待しているところである。

一方、交換留学は実施できているものの、問題点も多く存在し、その一つとして代表的なものは語学力不足、とりわけ渡航前から渡航中盤までの準備的な英語運用力不足が挙げられる。短期留学においては、本学教員の引率もあり、学生は

安全な環境下でプログラムに専念でき、場合によっては基本的な語学力が不十分な場合でも緊急的な質問相談等も日本語で受けられる訳であるが、交換留学では当然のことながら留学希望学生個々人で現地対応を全て行う必要があり、大小様々なトラブル案件も発生する。交換留学開始までは日本国内での作業のために何とか渡航に漕ぎつけられるものの、現地渡航後は専門授業についていけなかったり、単位取得が叶わなかったりといった事例も少なからず発生し、結果的に単位互換には至らないケースもあって、「海外経験を積んだ」という内容のみで交換留学を終えてしまう場合もある。この点の改善には、学生の渡航前準備としての語学力定着をより徹底する必要があるだろう。

　もう1点問題点として挙げておきたいことは、卒業時期の延期問題である。文系大学では4年間の在学期間に交換留学を含めても卒業が可能な場合が多いが、本学のような理工系単科大学では、全学科全学年で実験・実習科目が配置されているために、半期から1年間の不在は事実上の原級留置（留年）ともなってしまい、渡航先の大学で仮に希望の座学の単位を修得できていても、正課の未履修科目が発生することがほとんどであり、結果として事実上の卒業延期となってしまうものである。セメスター制からクオーター制への転換などによる解決策の意見も聞かれるが、一朝一夕で導入できるものでもないため、長期的な視野で継続的な検討を行っているところである。

4. 留学の効果

　室蘭工業大学では、短期や中長期の派遣留学だけでなく、協定校からの短期留学の「受入れ」プログラムも整備している。3.2節の2）で示したRMIT大学とは双方向の短期学生派遣を毎年行っており、10年を超えて双方向受入れプログラムを持続できている。本学では次のような形で受入れを実施している。

　8）RMIT大学の工大スタディーツアー（日本語研修、英語交流プログラム）10名

　8）は、後期の10月下旬から11月上旬の約2週間の研修受入れプログラムである。受入れ学生へのサポーターとして全学で学生を募るのだが、その2ヵ月前に実施していた8月から9月にかけてのRMITやWWUのスタディーツアーに参加

した学生が主に中心となってサポーターを引き受けてくれる形となっている。それぞれの渡航先で磨いた英語力を自大学で実践できることに加え、日本語・日本文化に関する授業でチューター役となって英語や日本語を駆使して業務に従事することで、留学経験を早速活かせる場にもなっている。RMITやWWUに渡航した学生だけでなく、留学経験の無い一般学生もサポーターに入ることは可能であり、留学経験者や海外からの受入れ学生と触れ合うことを通じ、翌年の自身の留学の意識付けにもなっており、留学成果の実践面での紹介の機会となっている。

5. 外国語科目及び国際交流科目の展開 : 語学力向上に向けて

5.1 英語科目

　室蘭工業大学では、外国語科目における英語科目の配当単位は8単位となっている。科目内容としては、読解、会話、TOEIC対策、e-Learningなど他大学とほぼ同様の展開であると考えている。入学式後のガイダンスの時点で新入生一斉にTOEIC-IPを課し、3年次前期定期試験終了時（夏季休暇直前）に再度統一のTOEIC-IPが課され、英語力の進捗を図っている。学生自身が意義を十分に認識して効果的に受験してくれることを望むものであるが、必ずしもそうではなく意義を見失っている学生も少なくないのが現状であり、この点が改善点となる。昨今は、TOEICスコアを卒業・修了要件に設定している大学もあると聞くが、輩出する学生の質の保証の観点から、こういった取り組みも検討する必要もにわかに学内で議論されている状況である。

5.2 国際交流科目

　英語科目や第二外国語科目の他に国際交流科目として、上述した「海外語学研修（2単位）」及び「海外研修（1単位）」が正課カリキュラムに展開されている。また留学機会を得られない学生も当然のことながらおり、留学生との直接的な交流や異文化理解を促す授業科目として、「異文化交流A」、「異文化交流B」（ともに2単位）という科目も配置されている。これは日本人学生と外国人留学生がおよそ半数ずつ合同で参加する科目となっており、最近でいうアクティブラーニング型の授業である。キャンパス内における留学生交流を通じた異文化理解の授業展

第2部　大学・高校におけるグローバル教育の実施状況

開には限界はあるものの、日本人学生への国際性教育、グローバル人材育成教育の実践的授業として展開している。

5.3 道南三機関合同異文化交流研修の新展開

　2017年度より本学を主管校とし、理工系教育機関として連携の深い苫小牧高専と函館高専を協力校とした「三機関異文化交流事業」を3ヵ年の新事業として展開している。これは、大都市圏に比べて外国人留学生の在籍数が極めて少ない地方大学において、留学生との異文化交流の機会に恵まれない日本人学生や、経済的困窮による理由から海外留学の機会を得られない日本人学生のために、合宿研修型の異文化交流プログラムや、テレビ会議システム等の情報技術を駆使した遠隔授業型の同プログラムを提供することで、各校に属する留学生を教育リソースとしてとらえ資源共有を図りながら、多言語・多文化環境の構築を行い、外国語運用を促進させ、異文化理解力を涵養することを目的とした実験的取り組みである。隣接する地方大学間の連携による留学生広域インタラクション空間の創出を通じて、対面と同等の機会提供を試みる取り組みであり、今後の成果が期待されるところである。

5.4　留学プログラムの可視化・実質化に向けて

　近年の取り組みとして留学プログラムの可視化及び実質化が挙げられる。学生によっては「海外に行くだけで単位が認定される」と誤った理解をしている者もいるが、通常の座学授業における15週の計画と同様に、パスポート取得から事前指導の危機管理対策を経て、渡航中の研修、そして事後指導やレポート提出に至る流れを可視化し、科目としての実質化の取り組みを行っている。具体的にはMoodle上の科目設定において、資料提示、アンケート調査、事前指導項目チェック、現地滞在報告、事後レポート提出、緊急連絡窓口といった日本国内外における諸活動をウェブ上の仮想空間において行い、地球上のどこにいても本学教職員と教育活動のやり取りができる環境を構築しつつある。こういった環境を整備することで学生への理解増進はもとより、教員側においても教育内容の質の保証を明示できる手段ともなり、さらなる整備が望まれるところである。

6. 留学促進の課題

　室蘭工業大学は学生数およそ3,000人、1学部からなる極めて小規模の大学である。そのような中での国際交流センターの位置付けとしては、配置人員の問題は残るものの、大規模大学と違って学生の要望に応じて細やかな対応が出来ている点は自負できるところである。学内所定掲示版の他、国際交流センターのウェブサイトをはじめ、授業用のMoodleにおいても広告に掲載するなど、学生の諸活動で目にする位置に情報を提供できるよう学内関係部署と密な連携をとりながら対応を進めているところである。また今年度（2017年度）春より、留学体験学生有志による「留学ウィーク」を開催し、留学体験談を昼休みに学生交流スペースにて発表してもらう活動も実施され、2017年度夏季は前年度に比べて短期留学プログラム参加人数がおよそ3倍（8名 → 22名）となるなど、小規模校ならではの学生同士、教員学生間の距離の近さをベースとした親密なコミュニケーションを通じた情報伝達に効果があるのではないかと考えており、その学生支援を継続して行っていけるよう今後も対策を講じていくところである。

7. 最後に：協定校への新たな学生派遣形態（海外インターンシップ）

　6節にある「留学促進」の新たな試みとして、協定校での業務従事を軸とした海外インターンシップ制度の取り組みがある。本学では20ヵ国45大学との学術協定を締結しているものの、短期留学プログラムとして企画立案し実施できているものは4大学である。その他の協定校は、教員の共同研究等の協力関係構築の側面が強いものであり、当該教員の相互交流が主となっている。このことを鑑み、研究交流の位置付けにおいて各研究室単位でも実施可能な学生交流のプログラムとして海外インターンシップ制度に注目が置かれつつある。一つの事例として、新規協定校であるモンゴル工業技術大学（IET）には派遣留学は未整備であるが、学生の海外インターンシップ派遣など個別に実施されており、協定校交流の実質化や学生の多様な国際交流活動のあり方として今後充実化を図っている状況である。

（室蘭工業大学 国際交流センター 准教授　小野真嗣）

国際教養大学
グローバル人材育成における全員留学の役割

1. 基本情報

学校名	国際教養大学
所在地等	〒010-1292 秋田県秋田市雄和椿川字奥椿岱 (代表)018-886-5900　http://web.aiu.ac.jp
学部・研究科、学生数等	1学部2課程 923名(大学院含む)
留学生数	156名(2018年4月1日現在)
派遣学生数	187名(2018年4月1日現在)
海外協定校数	190校(49の国・地域)(2018年4月1日現在)
国際交流事務室等の形態	事務局組織の一つとして国際センターが設置されている。
国際交流関係職員数	職員8名(正職員6名、嘱託・契約各1名)
留学生奨学金等	JASSO、学外機関奨学金の他、国際教養大学独自の奨学金としては、AIU受入奨励奨学金
派遣学生支援制度等	授業料相互免除の交換留学 留学時奨学金
派遣留学生の単位認定等	コースマッチングリストを作成し、単位変換の事前承認を得る。留学後に学生から提出された申請書類及び必要書類を、アドバイザー、所属課程長、教育研究会議の順で審査、承認を行う。原則、本学の「C-」以上と同等の成績が付与された単位に限り認定される。(目標取得単位数:25～30)

2. グローバル人材の考え方

　国際教養大学の考えるグローバル人材とは、世界の広範な事象に関する幅広い知識と深い理解、物事の本質を見抜く洞察力や思考力を養い、その基盤の上に確固たる「個」を確立し、高潔な精神と情熱を持って時代の諸課題に立ち向かうことのできる人間であり、広く人類社会に貢献することが期待される。

3.国際教養大学におけるグローバル人材の育成戦略

　本学では、グローバル社会におけるリーダーを育成するため、開学当初より、体系的な教育カリキュラムを提供して学生の成長を促すとともに、全て英語の授業、少人数教育、1年次の義務寮、全学生の約20％を占める留学生からなる多文化共生キャンパスの創造、あるいはテーマ別ハウスの運営など、グローバル化を促進する教育方針を実践してきた。その中でも、単位取得を目的とした1年間の義務留学は大きな柱の一つである。日本で"学生全員"を1年間留学させている大学は他にはない。

　義務とは言え、誰もが自動的に時期が来れば留学できる訳ではなく、一定の単位（標準留学で27単位以上、早期留学で12～26単位）を修得して、英語力と学力の学内基準（TOEFL ITP®TEST550点／TOEFL iBT®TEST80/IELTS6.5以上、GPA2.50以上）を満たすことが条件である。英語が得意なだけ、頭が良いだけではダメなのである。さらに、留学先で何を学び、留学後にどう活かすのかのエッセイを提出する。留学を最大限活用し成果を得るための積極的な姿勢が問われる。1大学に1～数名の交換留学であり、一人一人の派遣先は、数時間にわたる会議の中で選考委員の教員により審議される。希望順に6大学まで選べるが、結果が期待どおりになるとは限らない。

　多くの学生は、2年次の冬（1月～3月）あるいは3年次の秋（8月～10月）に留学することを選ぶが、この避けては通れない留学という目標があるからこそ、膨大な量の課題をこなし、英語力や学力の向上に努力する。留学先を選択するにあたり、納得いくまで調べ、最終的には自分の意思で決め、その決断に責任を持つことが必要だと学ぶ。学内選考を前にして、精神面での強さや柔軟性も重要だと悟る。何より、自分は留学先で、その先の将来何をしたいのか、そのためには現在何を学ぶべきかと考えることは、自己洞察と知的基盤形成を促す機会になる。

第2部　大学・高校におけるグローバル教育の実施状況

　留学そのものが与えるインパクトは当然大きいが、全員留学とし、共通の目標を与えることで、留学に至るまでの過程が、学生が自己を確立し、人間性豊かな器の広い人材になるための貴重な準備期間となる。同じ目標を持つ者が、切磋琢磨し、共に成長を遂げる時間となる。

　全員留学はまた、教職員にとっても共通の目標である。本学は学部生約900名の地方の小さな公立大学であり、多くの学生がキャンパス内で生活（学内居住率89％）している。また、1クラス平均18名程の少人数教育を実践していることもあり、学生間だけでなく、学生と教職員の距離も近い。学生一人一人と向き合う丁寧な指導を日々行いながら、教職員は一体となり、全員留学を支えている。

4. 留学の効果

　1年間の留学を終えた学生は、現地学生と共に学び、単位を取得し持ち帰るという目標を達成し、充足感と自信に満ちて戻ってくる。留学前は自己主張が苦手で自分を変えたいと切々と話していた学生が、留学終了報告の挨拶に訪れ、困難もあったが充実した毎日だったと笑顔で語る姿に感動を覚えることも少なくない。ほとんどの学生が、留学後は就職活動に入るが、留学中に、自己の文化とアイデンティティを深く考え見つめ直した結果、母国、あるいは生まれ故郷への愛着が芽生え、地元の企業に就職する学生も増えた。留学先で学問の深さを知り、海外の大学院に進む学生もいる。

　また、留学の効果は、次に続く学生達にも波及する。毎年、春・秋派遣合わせて185名前後の学生を送り出しているが、1年後に戻ってきた彼らの姿、経験は良き手本となり、留学前の学生を励まし後押しする。留学準備の学生、留学中の学生、そして帰国学生と常に3グループが存在しているが、このサイクルがキャンパスに活気と刺激をもたらしている。

5. 外国語（英語）能力をどう向上させるか。

　入学後に受講が必須の英語集中プログラム（EAP）はTOEFL ITP®スコアをもとにクラス分けされるが、2018年度春入学の約8割の学生が、EAP Ⅲ（TOEFL ITP®500以上）とブリッジプログラム（TOEFL ITP®550以上）に振り分けられた。

EAPには3つのレベルがあり、EAPⅢを修了して初めて基盤教育課程に進むことができる。

EAPでは、大学での授業で必要な語彙力や批判的リーディング力の向上、学術的なエッセイの書き方、英語でのプレゼンテーションやディスカッション技術を養成する。このプログラムでは、英語やその他言語の学習教材を取り揃えた言語異文化学修センター（LDIC）を活用し、自立的に学修することも必須としている。

EAPⅢ修了後、留学申請条件であるTOEFL ITP®550以上のスコアを取得できず悩む学生も少なからずいるが、チューター学生が個別に支援する学修達成センター（AAC）や前述の言語異文化学修センター（LDIC）など、授業以外にも自主的に学べる環境を整え学生の英語力向上をサポートしている。なお、TOEFL®TEST（ITP及びiBT）とIELTSは学内で受験できる。

留学後もTOEFL®TEST、TOEIC®TEST、IELTS等を受験し、試験結果を大学に提出することとしている。卒業時にはTOEIC®900点相当を取得することが目標となっている。

6. 留学をどう促進するか

実りある1年間を過ごすためにも、十分時間をかけて留学先を選定することが肝要である。すべての学生が、入学後の早い段階から留学を考え、情報収集に着手することが理想だが、多くの学生は授業や課題に追われる日々を過ごしていて、留学先を吟味する余裕がない。留学申請時期になり慌てて留学先を探す学生もいる。そのような学生を1人でも減らすために、いくつかの取り組みを国際センター主導で行っている。

留学生や帰国生が大学ごとにブースを出す留学フェアを毎年開催することに加え、最近では、年2回、留学前学生全員を対象にしたガイダンス（留学ウォームアップセッション・参加任意）を実施し、留学までの流れや情報収集の仕方を説明する機会を設けている。また、提携校から訪問があれば、希望学生を集めて大学紹介のプレゼンテーションを行ってもらう。国際センター前には、提携校全ての資料ボックスを設置し、いつでも好きな時に閲覧できる。また、予約制の相談アワーを設け、国際センター職員が個別に学生の質問に答えている。留学先や科目の選択など、アカデミックな面の相談に関しては、アカデミック・アドバイザー

制度を利用し、学生が自分のアドバイザー教員に相談できる。

7. 協定締結、学生交流のノウハウ

　協定校開拓の交渉と実務を担っているのは国際センターだが、新規の大学と交渉を開始するに当たっては、学長、副学長、各課程長やプログラムディレクターで構成される教育研究会議での承認が必要となる。事前の情報収集を徹底的に行い、開講科目や日本語学科の有無などの条件をチェックし、将来的に活発な学生交流が見込める大学をリストアップし審議にかける。つまり、大学全体の協定校のポートフォリオ、学生ニーズ、学生の留学先でのパフォーマンス等を分析し、協定戦略の原案策定を行うのは、最も現場を理解している国際センターなのである。

　NAFSA年次大会等に行って最も驚くことは、「口コミ」の力だ。本学の評判は協定校以外の大学にも広まっており、そうした中から関係構築の話が出てくることも多くなった。時には、協定締結を迷う、あるいは交渉が中断する大学もあるが、その際は、是非本学を一度見に来てほしいと依頼する。訪問が実現すると、「本当に日本にこんな大学があるとは思わなかった」と感心し、帰国後すぐさま関係部署を説得してくれる担当者もいる。教育環境を実際に確認する／してもらうことは非常に重要であり、交渉を進める際には有効な手段となる。

（国際教養大学 国際センター長　伊藤美香）

共愛学園前橋国際大学
グローバル人材育成における全員留学の役割

単科大学

1. 基本情報

学校名	共愛学園前橋国際大学
所在地等	〒379-2192　群馬県前橋市小屋原町1154-4 (代表)027-266-7575　http://www.kyoai.ac.jp
学部・研究科、学生数等	1学部 1,031名
留学生数	36名(1年の交換留学生含む)(2017年度末)
派遣学生数	128名(2017年度末)
海外協定校数	20校(14ヵ国・地域)(2017年度末)
国際交流事務室等の形態	グローバル人材育成推進本部(本部長：学長)の下に、グローバルセンターが置かれ、この中に国際交流グループ、留学生支援グループが設置されている。これを支える事務機構としてグローバル事務局が置かれている。
国際交流関係職員数	5名
留学生奨学金等	外国人留学生入試により入学した学生に対し、入学金・授業料を減免している。また、協定締結した大学からの交換留学生に対しては、留学準備金、毎月の奨学金を準備している。
派遣学生支援制度等	JASSO、学外機関奨学金の他、共愛学園前橋国際大学大学独自の海外留学奨学金がある。
派遣留学生の単位認定等	大学で募集する海外留学・研修プログラムは、基本的にすべて単位として認定される。

第2部　大学・高校におけるグローバル教育の実施状況

2. 共愛学園前橋国際大学について

　共愛学園は明治21年に女学校として開校し、本年130周年を迎えた群馬県最古の私立学校で、新島襄の教え子たちや地域の女性たちの支援と協力で設立された。2016年には、幼稚園と保育園を一体化した「こども園」が開園、同じく「小学校」も開校し、0才から大学生世代までが全て揃う群馬県内唯一の総合学園へと成長した。

　1999年に創立110周年を記念し、前身の女子短期大学を改組して開学した「共愛学園前橋国際大学」は、入学者の8割以上が群馬県出身、就職する学生のやはり8割前後が群馬県内に就職する「地域からお預かりして、地域にお返しをする」ことが使命の地方大学である。さらに、1学部1学科（国際社会学部・国際社会学科）で入学定員が255名の小規模大学でもあるが、英語、国際、情報・経営、心理・人間文化、児童教育という5つのコースを持つ。建学の精神は学園名の通り「共愛＝共生の精神」で、大学の目的は「国際社会のあり方について見識と洞察力を持ち、国際化に伴う地域社会の諸課題に対処することのできる人材の養成」。つまり開学時からGLOCALを目的にしていたのだ。

　このように、本学は地方・小規模・新設という一般的にはデメリットと言われる要素を全て持ち合わせた大学であると言えるが、それらをメリットへと転換し、受験者数も順調に増加しており、入試難易度も10年間で10ポイント位上昇している。現在では、全国各地の大学から月二回くらいの頻度で視察を受け、セミナー等での事例報告の依頼も頻繁だ。また、朝日新聞出版の『大学ランキング2018』「学長からの評価」において、教育面で全国5位、総合で14位にランキングされるなど、各方面で注目されている。

3. 次世代の地域社会を牽引するグローカルリーダーの必要性

　今、国際はグローバルと表現される。インターナショナルからグローバルへの移行は、そのまま、我々の生活圏そのものが地球規模の流れの中に位置づくことを意味する。その中にあって特に、本学の学生たちの多くが生まれ育った**群馬県は**、実質的な意味においてその流れの真只中にある。県の外国人登録者数は2017年末現在52,979人で、この5年間で約10,000人増加している。本学が隣接し様々な教育活動を協働している伊勢崎市では、人口の約5%を外国人登録者が占め、

全国でも外国籍住民の人口が多い都市の一つとなっている。加えて、群馬県の産業は農業とものづくりがその柱であることから、事業規模の大小にかかわらず、グローバル化の急速な進展が大きな課題となっている。

　このような地域の中にあって、今求められているのが、まさにグローバル人材なのである。本学が「国際社会のあり方について見識と洞察力を持ち、国際化に伴う地域社会の諸課題に対処することのできる人材の養成」を目的としていることの所以でもある。しかし、ここで言うグローバル人材とは世界に羽ばたく人材をのみ指して言うものではない。実は、今まさに**それぞれの地域こそ**が、日常の生活にあっては多文化を理解・活用しながら人々を繋いで地域を活性化しつつ、就業の場においてはいつでも海外に飛ぶ力を持ち、現地の人々とのコミュニケーションを通して、**地域と世界とを繋ぐことができる人材が必要**なのである。更に言えば、次世代のグローバル人材を育てることのできる人材をも地域は求めている。本学の卒業生の中には、海外で活躍している人材、首都圏でグローバルな仕事に従事している人材も少なからず存在するが、皆が地域の外に目を向けることは、翻って地域力の低下にも連関する。地方創生が求められる時代のさらなるグローバル化を控えた地域においてこそ、グローバル人材が最も必要とされているのである。

　これらのことを踏まえ、生活も産業も教育も、更なるグローバル化が加速する次世代の地域において、繋がりを意識しながら、人々を、そして地域と世界とを繋げ、地域を牽引することができるリーダーこそ、本学が育成するグローバル人材像であると言え、よって「次世代の地域社会を牽引するグローカルリーダー」、いわば「飛び立たないグローバル人材」の育成に取り組んでいるのである。

4. スーパーグローバル大学等事業「経済社会の発展を牽引するグローバル人材育成支援（GGJ）」の展開

　本学では、予てより、英語コースにおける英語圏留学の必修化、国際コースの海外フィールドワークの選択必修化、英語のプレイスメントテストによる到達度別少人数クラス編成、中国語の第一外国語履修制度、e-Learningによる語学自習の義務化、アクティブラーニング要素を含む授業が82％に上る教育の質転換、アクティブラーニングのための校舎KYOAI COMMONSの建設やユビキタスキャ

ンパス構築といった環境整備など、グローバルな教育に取り組んできた。

　これらのことを背景に、2012年度に文部科学省より「グローバル人材育成推進事業」（後に、スーパーグローバル大学等事業「経済社会の発展を牽引するグローバル人材育成支援（GGJ）」と改称）の採択を受けた。全く無名の大学が全国42大学の一つに選ばれたこと、しかも、その内容が地域人材育成を主眼に据えたものであったことは、社会に一定のインパクトを与えたのではないだろうか。

　採択を受けて本学がまず取り組んだのは、海外大学との連携や海外拠点の開発ではなく、地域連携のスキーム作りだった。群馬県が誇るグローバル企業であるサンデンホールディングス株式会社、グローバル教育並びに社会連携教育に先進的に取り組む伊勢崎市教育委員会とグローバル人材育成推進協議会を発足させ、協働しながら、地域の児童生徒も、社会人も、そして学生も共に学ぶ学習プログラムを創出した。大学としては、それらのプログラムを成果のカリキュラムに位置付け、それらを含む科目群により「Global Career Training副専攻」を設置した。

　ここでは、その代表的な学修プログラムを紹介したい。

　サンデンホールディングス株式会社と協働して実施する「ミッショングローバル研修」は、学生たちから「地獄の研修」と呼ばれている。研修は、タイの現地法人サンデンタイランドで行われる。国内の事前研修では、サンデンの歴史や事業内容について企業訪問等を通して学び、現地に入ってからの1週間はタマサート大学において語学やタイの文化について学び、タマサート大学の学生との交流も行う。本格的に研修がスタートするのは、2週目からである。毎朝集合すると、その日のビジネスミッションが与えられる。学生たちは、それをバンコクの街に出てこなしてこなければいけないのだ。個人でこなすミッションもあれば、チームでこなすものもある。英語も通じたり通じなかったりする完全アウェイの地で学生たちは奮闘する。オフィスも教室もないために、公園やカフェで報告のためのプレゼン資料を作成したりもする。さらに過酷なのは、日々のミッションと同時進行で行わなければならない1週間後の報告をひかえるメインミッションがあることだ。個人のミッションとチームのミッションをタイムマネジメントしながらマルチにこなすのは国内にいても学生にとってはハードだろう。ミッションは全てがコンプリート出来るとは限らない。NGを言い渡されることもあるのが、リアルなビジネスの世界である。学生たちは、異国の地でもがき、成功と失敗を行き来しながら、自信と悔しさを抱えて帰国する。帰国後は、メインミッション

の報告をブラッシュアップし、国内のサンデン本社で再度プレゼンをするという事後研修が待っている。しかし、そのプレゼンの完成度は高く、毎回学生たちの成長を感じるものとなっている。この取り組みは、サンデンという地元企業の全面的な協働と卓越した教育的配慮があってこそ実施できるものであるし、学生たちは、地元の企業が海外において大きな事業を展開し、雇用を生み出し、リスペクトされている姿を目の当たりにし、地域人としてのアイデンティティを改めて確認していくことにもなる。

　伊勢崎市教育委員会が実施する中学生の海外研修の引率を行う「海外研修サポートインターン」では、学生が教員あるいは旅行業者としてのインターンを経験する。身につけた英語を実務の場面で中学生のために使うのだ。事前研修では、英語の学習や空港でのロールプレイなどを実施するとともに、中学生とともに「ふるさと学習」を行うことで改めて地域について学ぶ機会ともなる。同行中は中学生に寄り添い、必要に応じて通訳等をこなし、帰国後は「特派員」として市政だよりに報告記事を書き、報告会では市長をはじめ集まった市民や保護者に研修の内容を報告する。

　同じく伊勢崎市教育委員会と協働するのは「児童のためのグローバルワークショップ」だ。小学生が夏休みの2日間本学に集い、グローバルをテーマに様々なワークを展開する。学生たちは、3ヵ月前から、その準備をしていく。グローバルとは何か、それをどうやって小学生に伝えるか、議論の出発点はいつもゼロベースである。教育委員会の先生方に指導を受けながら、苦しい3ヵ月を経て、児童たちの笑顔を見た学生たちの達成感は格別なものである。

　その他にも、毎日夕刻に開講される英語のみで行うアクティブラーニング授業もある。そこには、地域の社会人も参加し、英語でディスカッションしたり、プレゼンテーションをしたり、切磋琢磨していく。また、企業と開発したスカイプを使う1対1の海外講師との英語授業を導入するなどを社会連携の取り組みも展開している。

　こうした地域連携の取り組みを形作ったのちに、海外の大学等との連携も進めており、小規模大学ながら20以上の海外大学との協定やMOUを結び、やはり20以上の海外研修プログラムをもっている。中には、南オーストラリア州教育庁との協定による海外ティーチング研修のように教員養成という特定の目的のために実施するものもあるし、前橋市との連携によって地域の国際化に寄与することを

第2部　大学・高校におけるグローバル教育の実施状況

目的に締結したブルガリアとの交換留学などもある。

　現在、本学の学生たちの約50％が卒業までに何らかの海外研修に参加しているが、過日のTimes Higher Educationのランキングでは、短期を含めた海外研修参加率は国内で2位に位置づいている。なお、文部科学省によるGGJの補助期間は終了しているが、その後もほぼ全ての取り組みを継続して実施しているのは、学生たちの成長に目を見張るものがあるからである。

5. 地域における取り組みと卒業生のグローカル

　本学の「グローカルリーダー」育成の取り組みは、グローバルだけでは語れない。ローカルにおいても多種多様な取り組みが展開されている。予てより、地域の中で学ぶ取り組みは多数展開されてきたし、地元企業と特産品を活用した商品開発を行う授業なども本学の大きな特徴の一つとなっていた。そのことを基盤に、本学は「地（知）の拠点整備事業（COC）」の採択を受け、さらに「地（知）の拠点大学による地方創生推進事業（COC＋）」の群馬県における申請大学となっている。これらの取り組みの中では、前橋市と一体となって地域における実践的な学習プログラムを多数用意しており、また、新たに「サービスラーニングターム」という制度を設けて半年間の地域留学を可能にした。この制度を用いて学生たちは、4ヵ月間にわたる長期にわたって市役所や企業等でインターンシップを実施したり、山間地域の限界集落に入り込んだりという取り組みを展開している。

　各コースが提供するカリキュラムによって専門を学び、グローバルなプログラムとローカルなプログラムを行き来することを通して、学生たちはグローカルリーダーへと成長していくのである。実際に卒業生の中には、地元のグローバル企業の海外部門で活躍している者も出てきたし、先述のミッショングローバル研修の後に群馬イノベーションアワードに応募し、受賞を契機に群馬で起業した学生も出てきた。

　全国2位の海外研修参加率を誇りながら、8割前後が地元に就職をしていく。まさにグローカルな学びが実を結びつつあると感じている。

6. おわりに

　今、地方の小規模大学は様々な困難を抱えていると言われている。しかし、本学は、年々受験者数は増加し、入試難易度も上昇し、社会から評価されているという実感を得ている。大学のグローバル化が求められて久しい。その方向の一つは、世界の大学ランキング上位に名を連ね、国際社会における日本の高等教育のプレゼンスを高めようとするものである。そのこと自体は素晴らしいことであるし、そうあるべきであると応援している。しかし、全ての大学がそうあるべきかと問われれば、それは違うだろう。それぞれの大学には、それぞれの使命や役割がある。それを全うするために最も適切な学びを展開していくことが必要なのであり、例えば、本学にとっては地域人材育成のためのグローバル教育が必要だったのである。

　おそらく今後も本学は世界大学ランキングに連なることはないだろう。しかし、本学が果たしている役割に自信をもって私たちは教育活動をしていくし、学生たちも自信と希望をもって、日々生き生きと学んでいる。

　様々な大学のあり方に、様々なグローバル教育のあり方に、それぞれスポットが当てられていくことが、これからの日本の高等教育の発展に必要なことではないだろうか。

（共愛学園前橋国際大学 学長　大森昭生）

芝浦工業大学

グローバルPBLを通じた現場力のある人材の育成

1. 基本情報

学校名	芝浦工業大学
所在地等	〒135-8548　江東区豊洲3-7-5 (国際部)03-5859-7140　http://www.shibaura-it.ac.jp
学部・研究科、学生数等	4学部2研究科 8724名(大学院含)
留学生数	322名(2017年5月1日現在)
派遣学生数	10名(2017年5月1日現在)
海外協定校数	113校(内32ヵ国、113校と学生交流協定)
国際交流事務室等の形態	国際部の下に、国際プログラム推進課、SGU推進課の2課体制を取る。国際プログラム推進課は派遣・受け入れプログラムの実施、SGU推進課は学生の英語力強化を含む学内のグローバル意識の醸成と、グローバル化を軸とした産学官連携をそれぞれ担当する。またUGAという特定職員を配置し、海外プログラム開発・維持に関するコーディネーションを担当する。
国際交流関係職員数	専任職員 10名、特定職員 6名、派遣職員 6名
留学生奨学金等	ABEイニシアティブ、イノベーティブアジア等の日本政府の留学事業による留学生は日本政府から、マレーシア高等教育事業による留学生はマレーシア政府から、本学独自のハイブリッドツイニングプログラムによる留学生には本学から、それぞれ奨学金が支給される。

派遣学生支援制度等	長期留学希望者に関してはトビタテ！留学JAPAN、JASSOの一般公募を推奨しているほか、大学独自の奨学金を審査の上給付している。大学が企画した短期留学プログラムには、成績に応じてJASSO特別枠あるいは大学からの支援金が支給される。
派遣留学生の単位認定等	本学が主催する派遣プログラムをほぼ網羅する形で単位認定を行っている。2017年度に関しては全留学者延べ1,288名の約8割にあたる1,046名が留学先大学での単位を認定された。

2. グローバル人材の考え方

　芝浦工業大学の校歌(北原白秋・作詞)の3番には「夢むな　空理の漠々たるを」という一節がある。根拠のはっきりしない理屈や教えにとらわれてはならない、という戒めを説くこの句は、実学を学び社会において役に立つ人材になることを最終目標として制定した創立者有本史郎起草の建学の精神「社会に学び社会に貢献する技術者の育成」を念頭に書かれたものである。

　ただし、技術者の育成とは、戦時体制に貢献できる人材ということを意味した戦前において「社会」とは「日本社会」を意味していたと考えられる。

　村上雅人現学長は、創立者の考え方の根本を受け継ぎつつも、日本だけの発展や成長ではなく世界の人々と協調しながら持続可能な社会作りをめざす科学者や技術者を育成することを念頭に、以下のように大学の使命を再定義した。

　「世界に学び、持続可能な世界に貢献する理工系人材の育成 Nurturing scientists and engineers who learn from the world and contribute to global sustainability」

　この表現は、本学の考えるグローバル人材の簡潔な定義であると当時に、グローバル人材の育成こそが本学の使命であるとの宣言でもある。

3. 芝浦工業大学におけるグローバル人材の育成戦略

　芝浦工業大学は2014年度「スーパーグローバル大学等推進事業」に私立理工系大学として唯一採択された。その構想の中では、**「世界に学び、持続可能な世界に貢献する理工系人材」**が持つべき能力を具体的にブレイクダウンして、「コミ

ュニケーション能力」「問題発見解決能力」「技術経営能力」「メタナショナル能力」の4つであるとし、それぞれの能力の涵養のためにさまざまな取り組みを行うとしている。

このうち、グローバル人材に強く関わる能力を構想調書の中で以下のように定義している。

「**コミュニケーション能力**」＝ "幅広い理工学の知識と語学力を持ち合わせ、それらをグローバルな環境下で発揮できる相互理解能力"

「**メタナショナル能力**」＝ "自国のアイデンティティを基盤とし、異文化を理解し、グローバルな視点で発想し、行動する能力"

コミュニケーション能力をつけるため、基礎・専門科目による理工学の知識の習得、語学科目による語学力の養成がカリキュラムに組まれている。しかし、現実には週2時間程度の語学の授業だけでグローバルな環境で通用する語学力を持つことは難しい。そこで、留学生の受入を増やすことにより学生たちの**英語を話す機会が自然に増やせるようなキャンパス作り**、そして多様な学生のニーズに応じた**多様な学習機会の提供**によりこれを実現しようとしている。詳細は「5. 外国語（英語）能力をどう向上させるか」で述べる。

メタナショナル能力は、自分と異なる言語・文化・宗教などをもつ同世代の学生たちとふれあうことにより、自ずと養われると考えられる。そこで、**海外への留学機会を増やす**とともに、**留学生と日本人学生の交流の場**であるグローバル・ラーニング・コモンズを設置し、その学生による積極的な活用を促進することなどにより、異文化を背景とする学生たちとの交流の機会を拡大している。

4. 留学の効果

2017年度実績で、全学生の15％にあたる年間延べ1,288名の学生が海外留学した。うち94名が一セメスターあるいは一年間などの長期の留学であった他は、全体の9割以上を占める1,194名が、短期語学研修やグローバルPBL、海外インターンシップ、海外ボランティアなどの2週間から4週間程度の短期留学によるものであった。

本学の学生は次項に述べるような事情により英語に抵抗感を持っている者が多い。そうした学生に対してこうした短期留学が持つ最大の効果は「**抵抗感の払拭**」

芝浦工業大学

単科大学

であると考えている。国際部職員の多くは、留学する学生にはリピーターが多いという経験則を持っており、在学中に4回以上留学をする強者も見られる。

試みに、2016年度に短期語学研修を行った学生450名のうち何名が2016年度あるいは2017年度に別の留学プログラムに参加しているかを調べたところ、その24%にあたる106名を数えた。これは一年間に留学する学生の比率15%の1.5倍近い値である。また、短期留学の終了後に提出するレポートの感想には『大変楽しかった』『外国への恐怖心がなくなった』『外国人の友達ができた』などの字句が多く見られる。メンタルな抵抗感が短期留学によって払拭され、さらに楽しい経験を積むことで、海外への興味が増大し、結果としてリピーターが増えているものと推測できる。

いっぽう、長期留学から帰国した学生の感想文においては『どこの外国でも生きていける自信がついた』『海外で仕事をすることがリアルな選択肢になった』などの文章が見られる。まさに Life Changing Experience になったことを告白する学生が多く、留学が**就職・進学先の選択にまで強い影響**を及ぼしていることをうかがわせる。

5. 外国語(英語)能力をどう向上させるか

学生の外国語能力向上は、ひとえに学生自身がそのことに意義を見いだし、積極的に取り組めるかにかかっている。ところが本学では、大学入試で英語ができないために国立大学に合格できなかった学生たちが入学してくるケースが多い。そのために、英語に対してことさら苦手意識を持ったり抵抗感を持っている学生が多くなっていると考えられる。

そこで、本学が取り組んでいるのは、第一に外国人との心理的な垣根を取り去り、**グローバルな社会の一員であるという意識を醸成できる環境づくり**であり、第二に、**言語スキルを強化する幅広い機会の提供**であり、第三に理工学を学ぶ学生としての専門性を活かしながら**英語を使って課題解決に取り組む「グローバルPBL」**である。以下に詳述する。

(1) グローバル意識の醸成

これは入学直後に行われる全員参加の「**グローバル・ビジョン・ワークショップ**」

223

第2部　大学・高校におけるグローバル教育の実施状況

に始まる。2時間足らずのワークショップでは、グローバル化する世界の中でこの4年間をどう生き、何を獲得するかを考えてもらう。

　留学生と日本人学生の交流の場である「**グローバル・ラーニング・コモンズ**」が大宮・豊洲の各キャンパスに設置され、そこには交流を仲立ちする日本人学生、留学生がスタッフとして交代で常駐し、留学生からの生活相談、留学を考えている日本人学生の相談等に応じている。

　また、2013年に誕生した国際学生寮には約100名強の日本人学生・留学生が混住し、交流パーティや餅つき大会など学生主体のイベントを行っている。
こうした努力を地道に続けることで、グローバル社会に生きていくという自覚を持つ学生が着実に増えていくことを期待している。

(2) 言語スキルの強化

　これにはいろいろなアプローチがあり、それぞれ一長一短があるが、本学ではあらゆるタイプの機会を提供する、ということに徹している。もちろん英語の**正課科目**がその中心である。そして正課科目と連携している **e-Learning教材**により日々のレッスンができるようにし、各キャンパスに**語学学習サポート室**をおいて学生の支援をしている。

　TOEICについては、**年間4回のTOEIC-IPテスト受験機会を提供し、最初の1回のみ無料受験**できるようにしているほか、スコア向上のための**TOEIC短期集中講座**も開催している。

　また、学内に常設された英会話教室における「**毎日学べる英会話**」、インターネットを利用した**マンツーマン英会話レッスン**、4年生・院生向けには研究室単位の**プレゼン講座**などの課外講座を安い費用で受けることができる。

　夏休みと春休みには海外の協定校で**短期語学研修**が行われ、年間500名を超える学生が参加している。さらに、CEFRに準拠した**自己評価アンケート**を学年最初の履修登録の際に答えるようになっていて、自分がどこまで英語のスキルを伸ばすことができたかを確認できる。

(3)「グローバルPBL」

　グローバルPBLは、協定校と本学の学生たちがほぼ同数ずつ含まれる少人数(4〜6名程度)の**国際混成チーム**を作って行う実働8日〜10日程度の課題発見／解

決型研修である。

　モビリティの観点から見ると、協定校に渡航して行う**派遣型**（2017年度実績で45プログラム）、協定校から学生が訪問してくる**受け入れ型**（同22プログラム）、時間をおいてその両方を行う**双方向型**（3プログラム）、数校の協定校を行き来する巡回型（1プログラム）などいろんなタイプがある。

　内容の観点では、ものづくり系、調査提案系、研究体験系、チャレンジ系の4つに分類することができる。**ものづくり系**のプログラムでは、機械・電気電子・情報通信系の学科で実施のものに多く、与えられた機能を持つ機械、デバイス、コンピュータプログラムの開発を行う。**調査提案系**は、土木・建築・デザイン・数理系の学科で実施のものに多く、フィールド調査を行い、その現状の問題点を抽出、改善提案を行う。**研究体験系**は、機械・材料・化学・生物系学科で実施のものに多く、文字通り研究室に滞在して異なる研究手法に触れるもの。チャレンジ系は学科を問わず参加できるもので、たとえば紙と糊などの与えられた素材で卵のパッケージを作り、14階から落としても割れないことを競う「卵落としコンテスト」などのような課題に取り組むものである。

　いずれのグローバルPBLにおいても、課題の発見／解決のために**専門性のある内容を英語で伝え、相手が英語で言うことも理解し、共同作業をしなくてはならない**、という学生のおかれる状況は共通である。これは多くの日本人学生にとっては大きな挑戦ではあるけれども、いろいろ試行錯誤しながら何とか意思疎通に成功し、共同でのプロジェクトを完遂させる学生が圧倒的である。さらに、**寝食を共にしながら同じ課題に取り組む**日々を過ごした結果、帰国時に空港に見送りに来る学生たちと涙の別れをするケースもしばしばあり、お互いのアドレスを交換してその後も交流を続ける例も多いなど、双方の学生にとってたいへん魅力ある体験となっている。

　以上を通じて学生たちが**グローバル化した世界で生きていく実感を持ち**、そのために必要な**言語運用スキルを自ら鍛え**、**工学的な課題解決のために英語を使う実践的な経験を踏む**ことにより、英語能力の向上を目指す、というのが本学の戦略である。

6. 留学促進の課題

　スーパーグローバル大学創成支援事業の採択からの3年半で、それまで毎年100人前後で推移していた留学する学生の数は倍々ゲームに近い伸びを示し、2016年度には1,000人を超えた。その原動力となったのは、多くの短期研修プログラム、とくに語学研修とグローバルPBLである。それでも「4年間の間に全員が留学を体験」という事業の目標を達成するには、年間の留学者数を2,000近くまで増やす必要がある。

　短期研修の中で最も多くの参加者を得ているグローバルPBLは、相手校の学生と併せ数名の学生グループ5〜6チームという規模が一名の引率教員でハンドリングできる上限である。従って一つのプログラムで派遣する学生数を15人程度にとどめる方が望ましい。グローバルPBLで、多くの学生に海外経験を踏ませるには、学科ごとに複数のプログラムを走らせる必要があり、実際、現在一学科平均4〜5プログラムのグローバルPBLが走っており、プログラム同士で学生の奪い合いに近いことも起きている。さらに先生方の負荷も増大しており、グローバルPBLを現状以上に増やすことは難しくなってきている。

　また、英語研修については、この3年の間にメニューを増やし、費用はかかるが人気の高いアメリカ、オーストラリア、イギリスの4週間のプログラムと、費用が安いグアム、タイ、マレーシア、ベトナム、インドなどのアジア太平洋の国や地域で実施する2週間のプログラムとを夏期・春期の休暇毎に実施している。今後、国別ではカナダ、フィリピン等に拡張できる可能性があるが、語学研修一本で選択肢を増やすことにはやはり限界がある。

　いっぽう、長期留学は留学の理想型ではあるが、費用や負荷の面で一部の学生に止まることは避けられず、今後とも大幅な増加は期待できない。

　そこで最近関係者の間で話題になっているのは、語学と文化体験を行う語学研修と、課題解決型学習を行うグローバルPBLの中間のような短期研修、すなわち、語学研修に加え社会見学的な要素を兼ねるが、社会の実情を知り、問題の意識化をさせるものの問題解決までは要求しない「スタディツアー」である。土木・建築系学科でのグローバルPBLはこのようなものであることが多い。今後は、専門にとらわれず選択できるような「世界に学ぶ」ツアーを留学プログラムに組み入れていくことが求められると考える。

芝浦工業大学

7. 協定締結、学生交流の"ノウハウ"

本学での協定校開拓は、教員が個人で切り開いてきた共同研究や留学生受入がきっかけとなっていることが多い。ただし、そのままでは教員同士の交流に止まってしまう恐れがある。

それを教員同士の交流で終わらせず、大学同士の交流にしていくためには、国際部の持っているノウハウが非常に大きい役割を果たしている。すなわち、海外との提携に積極的な教員の要請に応じて学生の受入、派遣等に関わる航空券や宿舎の手配、ビザや在留資格申請等の**ロジスティクス業務をきちんと遂行することにより国際部と教員との信頼関係を構築**し、教員が気軽に相談できるようにすることが重要である。そうした教員からは、新規の交流案件についてもよく相談を受けるが、定式的な協定書の交換や締結などの**事務プロセスを国際部が肩代わりすることで教員の負荷を減らす**ことができる。いっぽう国際部には「スーパーグローバル大学等創成支援事業」で掲げた留学生数等の目標数値があり、**教員を支援することが数値目標の達成**につながる。このような互恵的な役割分担により、個人を契機に始まった交流を大学全体のものとしていくことが可能となっている。

グローバルPBLのような学生交流は、本学の教員と協定校の教員の間の信頼関係によって実施が担保されている。本学は、「スーパーグローバル大学等創成支援事業」関連で得られる補助金や「さくらサイエンスプラン」等の**支援の仕組みを利用するための申請システム**を構築しており、教員からの事前申請、事後報告を受けることになっているため、容易に**大学全体の学生交流の状況を把握**できる。その結果、学生交流の少ない学科に対して支援を強化する、あるいは別学科で行われている同趣旨のグローバルPBLの統合を提案するなどの働きかけも可能になる。

このようなノウハウに支えられた「教職協働」が根付いていることが、本学の国際プログラムの強化の基盤となっている。

（芝浦工業大学 教育イノベーション推進センター 特任教授　橘　雅彦）

第2部　大学・高校におけるグローバル教育の実施状況

広島文教女子大学
大学におけるグローバル人材育成の試み

1. 基本情報

学校名	広島文教女子大学
所在地等	〒731-0295　広島県広島市安佐北区可部東1-2-1 （代表）082-814-3191 http://www.h-bunkyo.ac.jp/university/
学部・研究科、学生数等	1学部5学科 1128名（大学院含）
留学生数	0名（2018年1月10日現在）
派遣学生数	20名程度（1年間あたり）
海外協定校数	2校（内1ヵ国1校と学生間交流を含む学術協定を締結）
国際交流事務室等の形態	国際交流委員会を設置し、本学教職員（外国人教員2名含む）6名で構成している。事務は、学生サポート課が担当している。
国際交流関係職員数	教職員 6名
留学生奨学金等	JASSO、私費留学生特別助成金等の外部機関奨学金が主である。
派遣学生支援制度等	「留学経費補助に関する規程」「海外に留学する学生の授業料免除に関する規程」に基づく支援制度がある。その他、外部機関奨学金を利用している。

228

派遣留学生の単位認定等	学生サポートセンター下にある教務委員会が、国際交流委員会の依頼を受けて、留学で取得した単位の認定審査を行い、最終的に学長・教授会の承認を得て、単位を認定している。また、本学学則に基づき、教育上有益と認めるときは、他大学(外国の大学を含む)又は、短期大学(外国の短期大学を含む)の授業科目を履修させることができる。単位認定は、60単位を限度として、教授会の議を経て学長が認定する。

2. グローバル人材の考え方

　広島文教女子大学の教育理念は、「育心育人」＝心を育て、人を育てること。この理念に基づき、「人間関係を円滑にするためのコミュニケーション力、多様な視点から物事を考える力、臨機応変に問題を解決する行動力を身につけた、地域社会および国際社会に貢献できる人材」を「グローバル人材」と考えている。

3.　広島文教女子大学におけるグローバル人材の育成戦略

　世界的な競争と多文化共生が急速に進んでいる現代社会において、外国語の能力は必要不可欠であると考え、全学生がネイティブ教員による教養英語を履修している。また、語学力と同様に重視しているのは、日本人としての自らのアイデンティティーを確立した上で、多様な価値観や文化を受容し、さまざまな人々と積極的に関わるための社会人基礎力である。幅広い教養と高度な専門知識を土台とした学士力および社会人基礎力を身に付けた人材の育成が本学の教育の柱となっている。

　本学の学びの特徴に、社会的教養、専門的スキルの向上に加え、教員免許や管理栄養士、社会福祉士などの資格取得を視野に入れた社会貢献のできる女子教育に力をいれていることがあげられる。そのため、留学生にとって日本語におけるハードルが高く、これまであった受入れの相談が実現せず、現在留学生がいない状況にある。しかしながら、卒業後に待ち受ける職場においてはすでにグローバル化が押し寄せており、学習の場のグローバル化は学生たちにとっても必須であり、2019年に男女共学化することに始まって現在改革を推し進めているところである。

第2部　大学・高校におけるグローバル教育の実施状況

　一方で、外部団体との交流は盛んに行っている。昨年は、IES Abroad Tokyo（本部:米国シカゴ）で日本語を学んでいるアメリカ人留学生の宮島ツアーに、本学学生18名が日本語ボランティアとして参加した。国際交流委員会が主催し、交流活動と通訳業務について事前ワークショップを行った。当日は有意義な交流活動が展開され、学生からはかけがえのない友人を得ることができたという感想が寄せられている。活動中は、小グループに分かれて行動し、グループの活動情報をInstagramで共有した。留学生がとりわけ夢中になったのが、宮島新名物グルメの数々で、「アメリカに持って帰りたい！」という声がつぶやかれていた。

　また、毎年秋に実施している「BUNKYO留学フェア」には、多くの学生が参加している。このイベントは11月後半の連続した3日間の日程で、留学カウンセラーによる現在の留学事情などをはじめとした幅広い留学に関するセミナー、「トビタテ！留学JAPAN」に参加した学生の経験談や海外留学体験者のポスターセッションなど、学生の興味関心分野をリサーチして、イベントの構成を仕組んでいる。特に留学を体験した学生たちの英語プレゼンテーションに聞き入る姿は多く、留学によって成長した学生の姿が、その後に続く学生へのモチベーションになっていることは明らかとなっている。

4. 留学の効果

　本学の場合、海外派遣学生の80％以上が国際教養系学科であるグローバルコミュニケーション学科の学生であるが、初等教育学科においても、小学校教育課程に外国語が導入されることに伴い、教員採用試験に英語試験が導入されたことから、教職を目指す学生の留学が増加すると期待される。

　・短期留学の効果：グローバルコミュニケーション学科に入学する学生の多くは、英語を学びたいとの思いから進学しており、大学入学後に留学してさらに英語力に磨きをかけたいと熱望している。長期休暇を利用した短期留学（3週間〜5週間）では、語学力の伸長度は大きくないが、語学学習への動機づけとして作用し、留学後の学習意欲の維持に大きな効果がみられる。また、「海外旅行が初めて」という学生が多い中で、短期留学によって海外へ出ることへのハードルが低くなり、帰国後に国際的なイベントや活動への自主的な参加が増え、次回の海外留学・研修へ繋がるケースが多い。

広島文教女子大学

・長期留学の効果：本学では、英語の4技能の育成を前提に、ネイティブ講師によるスピーキングを重視した自律学修カリキュラムを展開しており、授業で培ったスピーキング力を、長期留学によってさらに伸ばすことができるようである。また、英語技能の習得だけでなく、長期にわたる海外生活を通じて自立心が涵養され、多くの学生が問題解決力、人間関係を構築する能力および積極性において自らの成長を感じており、帰国後の留学報告会、国際イベントへの参加活動さらに就職活動においても、意欲的な取り組みや成功例がみられる。こうしたエビデンスは、長期留学の教育効果が高いことを示しており、本学でも可能な限り長期留学を勧めている。

5. 外国語（英語）能力をどう向上させるか

　日本人が最も苦手とするスピーキングは、話す経験や場数の少なさ、文法に固執した話し方に問題があると考えられている。そこで、本学は小規模大学ではあるが、10名以上のネイティブスピーカーの外国人教員が教養英語の授業を担当し、英語オンリーの少人数授業を通じて、英語に慣れ、英語で話す場を設けている。また、英語自律学修専用施設BECC（Bunkyo English Communication Center）では、日常的にタスクベースの英会話を繰り返すことで、自然にスピーキング力を身につけることができる。また、神田外語大学との提携からスタートした自律学習プログラムは、学生一人一人が自分に合った学修プランをラーニングアドバイザーと相談しながら構築して取り組むように工夫されており、3年進級時には日常英会話のレベルとTOEICスコアにおいて顕著な伸長がみられる。

　さらに、本学には伝統的な学習グループが学生によって引き継がれており、定期的に集まって、ワークショップなどを行っている。「日本文化の伝え方」や「外国人観光客への広島案内」といった実践的な内容について英語で話し合い、ガイドブックの翻訳やプレゼンテーション作成などを行っている。正課外によるこうした自発的な学習活動が学生のモチベーションを大きくあげており、学生のスピーキング力の向上に寄与している。学生の要請に応じて、教員がこれらの活動にアドバイザーとして参加していることも学生に影響を当てていると思われる。

6. 留学促進の課題

　本学の場合、ここ数年留学を希望する学生は、グローバルコミュニケーション学科と初等教育学科に集中している。また、数年間の留学学生数は全体的に減少傾向にある。この原因の1つには、経済的な問題がある。留学コストは大きな経済的負担となるため、留学支援奨学金が充実している場合には学生のモチベーションも上がるが、学内の奨学金申請要件が複雑になったことや欧米エリアの留学コストが値上がりしたことによって、留学を諦めてしまう学生が増えている。これを受けて、現在、アジア圏での留学プログラムを構築中である。日本とアジア諸国のつながりはますます深まってきており、多くの場でのコミュニケーションツールはやはり英語であることを考えると、アジアの中における「伝わる英語」と「英語の多様性」を理解する力は、社会が実践力としてまさに求めている力であろう。アジアの英語に触れることで、日本の英語を振り返るきっかけにもなると思われ、2018年度よりアジアに向けたプログラムを始動させる予定である。

　一方、学生の就活の状況から考えると、日本経済が上向いていることから、4年で卒業して就職したいと考える学生が増えてきており、長期留学を避ける原因となっている。さらに、初等教育学科では、小学校教員採用試験で課される英語において、現時点では、スピーキング力よりもペーパーテストによる加点の方が高いため、留学希望者増には結びついていない。今後、学習指導要領の改訂と共に、教員採用試験も大きく変わると予想され、より実践的な能力をつける必要性が高まるであろう。教育現場における実践的コミュニケーション能力の育成に、留学体験が寄与することは間違いなく、学生の現状に即したプログラムの構成に力を入れていく。

　本学の海外留学説明会は年5回開催しており、国際交流委員会の構成員を中心に海外留学経験のある教職員が学生相談に応じている。また、前述した通り、秋には留学フェアを開催している。

　本学の留学支援奨学金制度は、TOEICスコア等による英語能力に応じて支給される制度になっているため、英語力のある学生にとっては誰にでもチャンスがあるが、ほとんどの学生には狭き門として映っている。真に意欲のある学生を掘り起こすためには、英語力以外の観点に基づく申請要件を検討していく必要があるだろう。

7. その他（協定締結、学生交流の"ノウハウ"など）

　新規に協定校を開拓するためには、多大な時間と費用がかかることは否めない。本学のように国際交流室が設置されていない場合、教員が自らの業務の合間を縫って現地視察や交渉に赴くことになる。現状では、国際交流委員が大学の方向性と合致した協定校を開拓するための調査と対外交渉に当たっており、学会参加や研修を兼ねて現地視察や大学等との交渉に赴く、あるいは相手方機関に来学していただくという形を実施している。本学の場合、学生交流のうちのほぼ100％が派遣留学となっており、外国人留学生の受け入れが進んでいないのが実情である。今後は、大学ウェブサイトを充実させるとともに、海外の学生にとって魅力ある教育プログラムを構築していく必要があると考えており、特に日本語教育等での外国人留学生の受け入れを検討していきたいと考えている。

　またこれとは別に、本学からの留学を促進するために、教養教育科目の一部を改正した。具体的には、一定の基準を満たすことにより、海外での多様な活動を卒業単位として設定することが可能な科目の開設である。こうした取り組みによって、留学先において、正課として受講する学びの他に、様々な異文化体験や人的交流に積極的に取り組む意識の醸成につながるものと思われる。小さな大学の強みを生かした、きめ細かな対応や多くの学生に与えられる機会の多様性をさらに拡大し、本学が目指すグローバル人材＝「人間関係を円滑にするためのコミュニケーション力、多様な視点から物事を考える力、臨機応変に問題を解決する行動力を身につけた、地域社会および国際社会に貢献できる人材」の育成に向け、教職員一同力を合わせて取り組んでいきたい。

（広島文教女子大学人間科学部 グローバルコミュニケーション学科　岩下康子）

第2部　大学・高校におけるグローバル教育の実施状況

福岡教育大学
教員養成大学における海外派遣

1. 基本情報

学校名	国立大学法人福岡教育大学
所在地等	〒811-4192 福岡県宗像市赤間文教町1-1 （代表）0940-35-1200 http://www.fukuoka-edu.ac.jp
学部・研究科、学生数等	1学部1研究科 2,845名（大学院含）
留学生数	30名
派遣学生数	7名
海外協定校数	8校（6ヵ国）
国際交流事務室等の形態	教育研究組織等の一つとして、国際交流・留学生支援本部を学長の下に設置。
国際交流関係職員数	専任職員 3名
留学生奨学金等	学外：JASSO奨学金、企業・団体等学外機関奨学金 学内：未来奨学金
派遣学生支援制度等	・現地提携機関（協定校など）による支援 ・危機管理に関するフォロー（業務委託含：保険、危機管理セミナー開催　他）
派遣留学生の単位認定等	協定大学への派遣留学生は、各学生が派遣先大学で取得した単位について帰国後本学の担当部署に申請し、その後、学内委員会の承認を経た場合に認定される。

福岡教育大学

2. グローバル人材の考え方

　本学が教員養成を目的とした大学であることから、グローバル人材に求められる広い視野、コミュニケーション能力、相互理解や価値創造力、社会貢献意識などだけでなく、これらを有機的に結合させ、小・中学校などの教員として次世代のグローバル人材育成を担うことができる能力を身につけた学生の輩出を図っている。

3. 大学におけるグローバル人材の育成戦略

　本学の第3期中期目標・中期計画において、グローバル化に関する目標として、本学が独自に開設した「英語習得院」を充実させることにより英語コミュニケーション力を身に付けた教員を輩出することとしている。また、そのための措置として、英語習得院の講座内容の充実、海外短期研修の充実、さらに留学（派遣・受入）の促進などを挙げており、これらを推進することで各地域の小・中学校英語のリーダーとしての役割を果たすことができる教員を養成することを目指すとしている。この中期目標・中期計画に基づき、毎年、年度計画を策定し、本学のグローバル化に向けた環境整備を図ることにより、グローバル人材の育成を計画的に推進していく。

　教員養成大学としての本学に特に求められているのは、ALTとのコミュニケーションを含む、学校現場で実践可能な英語コミュニケーションを身につけた小学校教員の養成である。よって、この「英語習得院」講座は正規カリキュラム外の講座ではあるが、初等教育教員養成課程入学者は全員受講するよう、本学は推奨している。本講座は「聴く」「話す」技能の基礎的運用能力の習得や、短期研修及び留学に必要な英語力の向上を目指すもので、渡航前準備として活用する学生もいるが、「もっと生きた英語が使えるように」と帰国後に、さらに熱意を持って参加する学生も見受けられる。

4. 留学の効果

　派遣留学生数について現実的にはさほど増加していないが、留学の前段階の海外短期研修への参加学生は確実に増加している。短期研修で海外を体験した学生は留学する傾向が高く、より明確な目的をもって海外を目指していると感じている。また、海外の教育現場やボランティア現場で活躍する卒業生も増加しており、海外体験のある学生の増加と併せて、後輩やその周辺の学生のモチベーションアップに貢献している（協定留学、トビタテ！留学JAPANなど）。

　留学や短期研修で学生交流のある協定校とは、教職員交流、研究・発表会交流も促進されており、さらに幅広い、深い交流関係へと繋がり、結果的にまた相互の留学生受入・派遣に反映されている。

5. 外国語（英語）能力をどう向上させるか

　本学では、正規の語学に関する授業の他、課外活動として「英語習得院」を設置し、学生の英語コミュニケーション能力の育成を図っている（インプットの機会）。

　学内イベントでは海外からのビジターと英語で活動する機会を提供し、また、2～3週間の日程で、欧米圏やアジア圏で海外短期研修を実施しており、語学研修以外にもインターンシップ研修、ボランティア研修など英語を使って活動する（英語で生活する）ことで、英語能力、コミュニケーション能力の向上を図っている（アウトプットの機会）。

6. 留学促進の課題

　学生は留学に対する関心は一定程度あるものの、本学が教員養成を目的としていることから教育実習や教職課程のカリキュラムの履修が必要なため、留学への時間的な制約が大きい。また、経済的な事情により留学を躊躇するケースが見受けられ、それらの学生の留学を後押ししていた奨学金制度も不安定である。家族の留学に対する意識や、学生本人の意識、英語力不足、更には、近年の世界情勢の変化による海外の留学先の安全面でも課題がある。

福岡教育大学

7. その他（協定締結、学生交流の"ノウハウ"など）

　協定の進め方については、地域による交渉の特色や相手国の政策等にも左右されることがあり一概には言えないが、相手校のあるエリアへの短期研修派遣実績、相手校との教員（研究）交流実績、などをもとに互いに声を掛け合うことがある。

　協定留学は相手校の状況にも左右され、また、学生が留学に必要な英語力を身につけるためには相当の時間が必要であるため、まずは海外短期研修への参加を促進するのは一つの方法である。本学の場合は、教員養成スケジュールをこなす学生が参加し易い日程設定、参加し易い料金設定、学生の興味に対応した特色あるさまざまな研修プログラムの作成（選択肢の拡大）などにより、短期研修の参加者が増加しており、そこから留学に目覚める学生が少なくない。

　本学は教員養成大学であることから、将来、子どもの成長にかかわる現場で働きたいと思う学生が多い。よって、海外短期研修ではその国の子ども達とかかわり、その地域の教育現場を訪問し、現地の青少年の育成にかかわるボランティアを行う、また、そのような現場で活躍する先輩を訪問するプログラムとなっており、学生にも好評である。

　また、女子学生と比較して海外指向が低いと思われている男子学生も、プログラムの内容次第で応募者が集まる。彼らの特技を活かして社会貢献できるプログラムに参加した学生の弾ける笑顔は、我々のパワーとなる。

近年の特徴的派遣例

　基本的に、将来教育現場等で活躍する本学学生に役立つような体験を取り入れた海外研修を目指している。

＊アジアでのインターンシップ・ボランティア研修

　3年前よりカンボジアでのインターンシップ・ボランティア研修（約2週間）を実施している。現地の子ども達のサポートや彼らとの交流、現地で活動する団体でのインターンシップ、現地大学生とのディスカッションや文化交流、現地の教育施設の訪問、模擬授業、プレゼン等、様々なステージ（幼児・初等・中等教育、特別支援教育等）での教員を目指す本学学生の特性を発揮できる現場を盛り込んでいる。また、現地で活動している先輩（本学卒業生）訪問も実施した。

　事前には、カンボジアに関する学習以外に、子ども対象の遊び、小学生対象の

単科大学

237

プレゼン、大学生対象のディスカッション、現地の大人対象のインタビュー等、さまざまな活動内容をグループ毎に準備して現地入りすることになっている。参加生全員の共通の空き時間で事前研修を設定することが困難な時は、昼休みの短時間に必要最低限のポイントを指示し、話合いや具体的準備は各グループに任せ、各リーダーを通じて進捗状況を把握している。

　今後も、いろいろなタイプのインターンシップやボランティア研修をアジアで実施したいと考えている。アジアは、

　　安：航空券や生活費が安価

　　近：時差が少ない　→　不測の事態が発生しても、時差が少なく対応し易い

　　短：移動（フライト）時間が短く、体力の消耗が少ない

に加えて、多民族、多言語、多文化、多宗教という日本と真逆の環境があり、我々は学ぶことが多い。福岡の教育現場でも多文化の子ども達が増加しており、アジアの多文化環境での自己のマイノリティ体験は、教壇に立つ際に必ず役立つ。

＊ JICA大学連携事業

　JICAボランティアの「開発途上国の経済・社会発展へ寄与」する活動に、本学学生が短期（4週間）ボランティアとして派遣されることで、結果的に派遣学生がグローバル人材として成長するチャンスを得るという事業を実施している（2017〜2019年度）。

　これまで短期研修にしても長期留学にしても参加生の殆どが女子学生だったが、今回は、現地（タンザニア）での野球ボランティア活動（小中学校での野球の普及、ナショナルチームのレベルアップ等）という内容で、全員男子の野球経験者が応募し派遣された（女子も参加可能）。「英語はさほど得意ではないが、長年の野球経験や、日頃培った青少年への指導力を活かしたい」という思いで参加した彼らにとって、この活動はかけがえのない経験となったようだ。特別支援クラス（小学校）での野球遊びの指導、野球を見たこともない子どもたちが楽しめて、且つ現場の教員が授業で扱いやすい野球型ゲームをみんなで話し合って創作するなど、毎日が挑戦の連続だったが、現場の学校やJICA事務所、配属先等から高い評価を得た。

福岡教育大学

海外派遣前の危機管理セミナー

　夏休み前と春休み前に、本学が危機管理業務の一部を委託している業者に依頼（専任講師の派遣）して出発前の危機管理セミナーを実施している。大学から派遣する学生（短期研修・留学）や教職員だけでなく、個人での渡航を予定している学生等も参加するよう案内している。

参加生の声

＊カンボジア　インターンシップ・ボランティア研修（幼児教育選修2年生）

　今「君に世界を変えられるか？」と質問をされたら、私は自信をもって「できます」と答えます。それは、研修を通して出会った一人一人が世界を変えようとしていたからです。ある一人は英語教育で、ある一人は教育を受けたいという気持ちで、ある一人は子供達への愛で、ある一人は地雷被害者への偏見をなくしたいという思いで。ひとりひとりが、世界を変えるための素敵な武器をもっていました。（中略）私はカンボジアで会った人々から、とても素敵な武器で影響を与えてもらいました。だから今度は私が、今勉強している教育、特に幼児教育という武器を使って世界を変えたいと思っています。

＊JICA大学連携事業（タンザニア野球ボランティア）（中等教育教員養成課程2年生）

　我々の活動は多くの人々の支援で成り立っていた。また、支援はされても活動自体に口を出されることはなかった。（中略）今回、任されたことに活動で応えるという責任を感じることができた。逆に周囲の人があらゆる支援を行うことで、責任を持たせられるということも学べた。

　（中略）様々な人と出会い、話を聞き、繋がりを大事にしていきたいと思うようになった。タンザニアで出会った人は自分のしたいことを思いっきりしていた。自分のしたいことは、どのようなことなのか。どんな行動をすればよいのか。このように、今回の派遣は異なった見方を教えてくれ、見つめなおすいい機会になった。そして、これから行動に移していくようにと背中を押してくれる。

（国立大学法人福岡教育大学　次長　村山嘉審）

（国立大学法人福岡教育大学　主任　谷知江子）

単科大学

第2部　大学・高校におけるグローバル教育の実施状況

鹿児島工業高等専門学校
高専におけるグローバル人材育成の試み

1. 基本情報

学校名	独立行政法人　国立高等専門学校機構（高専機構） 鹿児島工業高等専門学校
所在地等	〒899-5193 鹿児島県霧島市隼人町真孝1460番1 （代表）0995-42-9000 http://www.kagoshima-ct.ac.jp/
学部・研究科、学生数等	5学科（本科1～5年生）3専攻科 1,066名
留学生数	6名（2017年度末）
派遣学生数	0名（2017年度末）
海外協定校数	交流協定校17校、学術交流協定19校（2017年度末）
国際交流事務室等の形態	国際交流室長（＝国際交流委員会委員長）と事務担当者によって組織されている国際交流室が置かれている。本校における国際教育研究交流及び留学生交流の推進を図るとともに、外国の大学等との交流協定等に基づき、海外に派遣する学生及び外国人留学生の教育と生活の支援や交流先での学生、教職員等の危機管理対応等を行うことを業務としている。
国際交流関係職員数	2名（専任・非常勤職員各1名）
留学生奨学金等	本校独自の奨学金制度はないが、留学生は政府派遣や国費留学の受給資格を得て、本科3年に編入する。

240

派遣学生支援制度等	本校には、「国際交流基金」制度があり、専攻科や本科4、5年の学生が海外の学会・シンポジウム等に参加する際の旅費を補助している。また、高専機構の海外企業でのインターンシップでは、機構より就業体験中の宿泊代以外の旅費、JASSOの「海外留学支援制度(短期派遣)」より費用の一部が支給されている。さらに、本科1～3年生に対しては、県を通じて文科省の「高校生留学支援事業」に申請し、支援を得ている。
派遣留学生の単位認定等	国際交流や語学研修に関しては、本科では進級・卒業要件の単位認定は行っていない。一方インターンシップでは、本科生は進級・卒業要件に、専攻科生は修了要件として認定されている。

2. グローバル人材の考え方

　高専は、1950年代後半の我が国の高度経済成長を背景に、産業界からの科学・技術の更なる進歩に対応できる技術者養成に応えるため、1962年に実践的な技術者を養成する高等教育機関として創設された。近年では急速な社会経済のグローバル化に伴い、そのニーズは語学力や異文化理解、リーダーシップ、そしてマネージメント力も備え、幅広い人間性を持った豊かな未来を創造しうる開発型技術者の育成を目指しており、そのような素養・資質の人材をグローバル人材と考える。

3. 高専におけるグローバル人材の育成戦略

　高専では、上述のグローバル人材を育成するため、国際シンポジウム、グローバル高専事業、海外インターンシッププログラム、そして教員の在外研究員制度やグローバル人材育成力強化プログラム等を実施している。

　国際シンポジウムとして、2011年度から毎年実施している学生主体の国際セミナーISTS(International Seminar on Technology for Sustainability)がある。当セミナーは、海外の包括交流協定校と共催し、「持続可能な社会構築への貢献のための科学技術」をテーマに、国際的な雰囲気の場で高専学生(主として専攻科生)に英語による研究成果を発表する機会を提供し、英語コミュニケーション

能力の向上と国際感覚の涵養を目的に開催されている。

　グローバル高専事業は2014年度より実施され、まず2つの高専がグローバル高専に選定され、高専教育及び学生・教職員の国際化を先導的に進める高専モデルを提供してきた。2016年度より、これまでの2校の事業の成果を効果的に展開し、より多様な取り組みを並行して実践することにより、高専全体のグローバル化を加速するため、新たな事業（展開型）が導入された。この新事業では、高専機構の5つの地区からそれぞれ一高専が選定され、本校は九州・沖縄地区の拠点校として、グローバル教育に関する知見等をブロック内の高専に展開し、グローバル人材育成教育の向上に中核的な役割を果たしている。また、本校は2012年度より文科省の大学間連携共同教育推進事業「九州沖縄地区9高専連携事業」の拠点校として他高専と連携して国際交流や海外インターンシップに取り組み、すでに事業推進の体制が構築されているので、グローバル高専事業では当体制を活用発展して効果的なプログラムを展開している。

　海外インターンシッププログラムは、海外に拠点を持つ企業の支援・協力を得て、国際的に活躍できる実践的技術者養成を目的とし、2008年度から行われている。本プログラムは、企業との共同教育の一環として、学生が国際的に展開する企業の現場を直接見て実際に業務を体験することにより、異文化理解やコミュニケーション能力などの国際感覚を養うことを目的としている。また、近年では海外の研究者との共同研究が盛んに行われ、研究室相互でのアカデミックインターンシップに参加する学生も出てきており、今後益々増加の見込みである。

　最後に、教職員のグローバル化のための取り組みとして、在外研究員制度や教員グローバル人材育成力強化プログラムがある。教職員の語学力の向上、外国語による教育研究力を強化し、最終的には学生のグローバル人材育成に貢献することを目的としている。特に強化プログラムは、専門科目を英語で教えることを目指し、国内での研修後、海外での英語教授法の修得と実践を行っている。

4. 留学・インターンシップの効果

　本校の学生が参加する語学研修は、10日から2週間、インターンシップに関しては約1ヵ月程度の短期間のため、出発前後にTOEIC Bridge®やTOEIC®L&Rを受験しているが、語学的に際立った向上、特徴は見られない。しかし、参加し

た学生の多くが、語学力の不十分さを感じながらも、自分の意志や考えを相手に伝え、そして理解してもらったこと、またこれまでと異なる環境の中で、これまでと異なる文化や価値観を体験できたことの喜びを感想として残しているので、留学・インターンシップは情意面での効果は大きいものと考える。

5. 外国語（英語）能力をどう向上させるか

　一般的に高専に入学する学生の多くが、語学より理系の科目を好む傾向にあり、中学時より語学に対して苦手意識を持っている学生も少なくはない。また、高専の教育は「くさび型教育」と言われるが、高学年になるにつれ専門科目の時間数増加とともに語学の時間数が減少し、実際学生の語学力向上に導くことは中々困難な状況にある。しかし、卒業・修了時にはグローバルに活躍できる語学力を身につけ、実社会に旅立つ学生も年々増加している。

　このような状況を踏まえ、グローバル高専事業の予算を活用し、1年生には苦手意識を少しでも解消してもらうためネイティブ講師を招き1日校内英語キャンプを実施したり、日頃より外国語や異文化に触れてもらうために、授業時間内に多読の時間も設けたりしている。3年生に対しては、授業内外で利用でき、授業の補充や習熟度の高い学生にも対応可能なe-learningを導入している。高学年や専攻科生は、卒研や特研の論文のabstractを英語で書くことが求められているので、工業英語の専門家を招きその書き方講座を開講している。また、後援会の補助を得て、自己啓発と語学力の経年の推移を自己確認できる機会を与えるため、低学年の1〜3年生にはTOEIC Bridge®を、4、5年・専攻科生にはTOEIC®L&Rを毎年1回実施している。

6. 留学促進の課題

　他機関同様、費用が最大の課題である。学内の基金を支給できる学生の数は限られており、また過去においては旅費の全額が支給される事業もあったが、現在は参加者の受益者負担に頼っているのが実情である。そのため、参加者の負担を少しでも軽減するために、JASSOの「海外留学支援制度（短期派遣）」、文科省の「高校生留学支援事業」、トビタテ！留学JAPAN等の外部資金の獲得が必要である。

第2部　大学・高校におけるグローバル教育の実施状況

　また、インセンティブとして単位認定も派遣学生数の増加に寄与するものと思われる。以前は外国語の外部検定試験の取得や国際交流・語学研修の短期留学も単位認定されていたが、現在ではインターンシップのみ進級・卒業要件にカウントされているので、今後精査された形での単位認定制度の早急な復活が望まれる。

　さらに、留学・インターンシップの経験者の多くが参加の成果を自覚し、ある一定期間は語学の向上や異文化交流のイベントへの参加を行っているが、時間の経過とともにその気持ちが薄れ、貴重な経験が『過去の思い出』に終わっている学生も少なくない。非常に困難な課題であるが、モティベーションの維持のためにも、帰国後のケアも含めた留学・インターンシップのあり方を模索する必要がある。

7. その他（協定締結、学生交流の"ノウハウ"など）

　本校は、東南アジアを始め様々な地域の国々の大学等と協定を締結しているが、校長や各教員の海外研究者との地道な共同研究やつながりの成果と言っても過言ではなく、その数は年々増加傾向にある。今後もこの方針に則って交流を推進していくことが重要であり、互いの交流が深まっていくものと思われる。また、学生交流に関しては、当初は教員の関わりが必要かと思われるが、その後はできるだけ学生同士の交流に任せることが継続のポイントである。

（鹿児島工業高等専門学校 教授　鞍掛哲治）

●各校の取り組み● **高等学校**

市立札幌旭丘高等学校／北海道千歳高等学校／札幌創成高等学校／札幌龍谷学園高等学校／北海道札幌国際情報高等学校／東京学芸大学附属高等学校／明治大学付属明治高等学校明治中学校／順天高等学校／名城大学附属高等学校／大阪府立箕面高等学校／中村学園女子中学・高等学校

市立札幌旭丘高等学校

2020年度「大学入試共通テスト」に対応する英語科授業経営と生徒の自己効力感醸成へ

1. 基本情報

学校名	新：市立札幌旭丘高等学校（平成30年4月1日改名） 旧：北海道札幌旭丘高等学校
所在地等	〒064-8535 北海道札幌市中央区旭ヶ丘6-5-18 （代表）011-561-1221 http://www.asahigaoka-h.sapporo-c.ed.jp
科・生徒数等	全日制普通科（進学重視型単位制）962人（男子340、女子622）
留学生数	0名（2017年度末）
派遣学生数	0名（2017年度末）
海外協定校数	1校（姉妹校提携校）（2017年度末）

第2部　大学・高校におけるグローバル教育の実施状況

国際交流事務室等の形態	以下を中心事業として、国際交流委員会が協議し、推進する ・姉妹校交流(折衝、生徒選考、事前・事後指導等) ・合衆国オレゴン州ポートランド市からの高校生短期留学(姉妹都市交流により、日本語を履修している高校生がホームステイと学校生活を経験) ・オーストラリア、U.K.等の英語圏で語学研修を実施 他に、要請のあった事案について、受け入れの可否を検討する ・外務省 JENESYS 2.0による中国高校生訪日団受け入れ ・単位認定を伴わない、外国人「体験入学者」受け入れの協議・実施
国際交流関係職員数	国際交流委員会：教員11名(うち、管理職2名)
留学生奨学金等	特になし
派遣学生支援制度等	・姉妹校交流において、特別会計(国際交流費)から渡航補助金を支給 ・北海道の「海外教育旅行支援事業」に係る支援金を申請等
派遣留学生の単位認定等	語学研修参加生徒に対して、コミュニケーション英語ⅠかⅡの単位の一部が認定される。

2. 本校におけるグローバル人材の考え方

　政令指定都市札幌。その札幌市教育委員会のもと、全市立学校が国際理解教育についての共通ミッションをもっている。それは「ふるさと札幌を心にもち、国際的な視野で学び続ける人」である。さらに言葉を紡げば、「我が国の伝統と文化を大切にし、世界の人々の多様な生活や文化を理解し尊重する態度を養うとともに、世界の平和に貢献し、国際社会で信頼と尊敬を得るにふさわしい資質を育成する国際理解教育を推進する」ことである。

　それぞれに特色をもつ各札幌市立高校だが、本校は単位制普通科高校であり、かつ進学重視型単位制である。グローバル人材という言葉を使う場面は、学校内ではあまりない。

グローバル人材を、高校生目線で、かつ、学校が背負っているミッションである進学重視型単位制高校を鑑みて定義をすると、とりあえず、「進路実現に向かって学力を高め、世界の動きが分かり、国境を超える勇気をもち、自分の考えや意思をもって、それを国内外問わずに発信できる人物」となるだろう。そのために、高校時代の勉学を頑張っている、というところである。

本校生徒に限らず、グローバル化社会とは、英語によるコミュニケーションが必須の社会であるため、いわゆる受験英語を粛々と学んでいる自分たちには縁遠いものであるという認識をもつ高校生は少なくない。対面型のコミュニケーションができなければ、その社会の中で生きていくことは難しいと考えているようである。

3. 短期留学による効果

3.1　姉妹校交流による短期交換留学の効果

合衆国ジョージア州アトランタ市にあるホーリー・イノセンツ・エピスコパル校（HIES）と2003年に姉妹校提携を結び、以来、先方からの本校訪問と、こちらからの先方への訪問を一つのセットとして実施してきた。2017年7月の先方からの来日、2018年1月の本校からの渡米をもって第8回目のサイクルを終えた（相互に1週間ずつ）。例年は最大12名の交換だが、今回は先方から男子10名、女子5名の構成であったのに対し、こちらからは男子2名、女子13人であり、日本側の"内向き男子"の多さが表れている。

受け入れに関しては、ホームステイと学校生活を二本柱としているため、家族ぐるみでアメリカ人生徒を受け入れることについて、家族としての英語力の心配、住居の狭さなどから二の足を踏む家庭が少なくない（「相互交流として日本にやって来るのだから、先方も事前に日本語を少しでも学んで来るべきでは？」という意見もないわけではない）。

姉妹校という枠組みの中で、担当する両サイドの教員の中でもノウハウが培われながらプログラムが継承されていくことは、生徒が安心して海外生活を初体験するための素晴らしいベースになっている。

単なる語学研修や学校訪問のゲストであれば、培う心の財産はさほど多くない。

第2部　大学・高校におけるグローバル教育の実施状況

だが、姉妹校のコミュニティーの一員として受け入れられ、第二の家族をもつチャンスを与えられることは、自分の枠から飛び出して会いに行きたい大切な人たちが自国の外にいることとなる。そのため、その後の言語学習にも大きな意義を見出すことになり、二つの国の生徒たちの価値観や人生観が変わることにつながっている（2017年度末現在、本校の参加者総数は105人）。

3.2　語学研修の効果

　2005年から、西暦奇数年の1月、冬季休業中の1週間を当てて海外語学研修を実施している。これまでの参加生徒総数は248名である。南半球（オーストラリア）に出かけることで、夏の季節を楽しみながら、語学学校での研修とホームステイによってイマージョンの環境に飛び込む。「語学研修」という名前は、国際都市のシドニーおよびブリズベンは移民が多く、英語を共通語としながらもそれぞれの家庭では必ずしも英語を話しているわけではないことも意味している。英語と英語圏の文化のみならず、多様性に触れる研修である。今後はU.K.へ研修先を変更する。

　参加生徒の言葉を借りれば、「自分の目で見て、自分で体験したからこそ得られたものは一生自分の中で生きていく。これは自分一人ではできなかった経験」であり、「自分から積極的に話しかける大切さを学ぶ体験」だった。また、「英語は書くのと話すのとでは大違いだと痛感した。日本との違いに驚く刺激的な毎日で、慣れた頃には帰国だった」とのことである。多様性に触れ、人間力を高めるすばらしい体験だったことがわかる。

4. 外国語（英語）能力をどう向上させるか〜語学力向上への課題

4.1　多くの普通科が背負う英語教育の実情

　進学校ということで、英語が大学入試に必要な教科であるという位置付けが強いため、生徒個々人が考えや思いを自分の中に探す時間をもつこと・言葉を紡いで自己表現すること、それらのための時間を確保すること、最終的には、間違いを恐れずに英語でコミュニケーションを図る機会を持つことが保証されにくい環境であることは否めない。

大学入試の有り様で、高校の授業経営は大きな影響を受ける。入試の大改革を迎える2020年には、高校の「大学合格力」というものと、英語運用能力、自己表現力、間違えを恐れず冒険してみようとするマインドセットを、バランスよく育てていく必要がある。

4.2　生徒が「デジタル社会＝グローバル社会」に対応する必要性

生まれた時からデジタル社会の中に生きる彼らである。スマートフォンでインターネットと簡単に繋がることができるため、情報を得ることはお手の物である。その一方で、全国的に言えることだが、コンピュータの家庭での普及率は意外に低い。そのため、動画やゲームを楽しむこと、SNSを上手に活用することに長けていても、コンピュータを駆使してインターネットに向き合い、英語で情報を検索した後に必要なことを英語で伝達・発信することには、全くと言っていいほど慣れていない。英語運用能力の側面だけでなく、多くの生徒の中に、コンピュータを駆使する、もっと言うと、“親指以外”を使って英語をキーボードで打つという“ハード面の力”も育っていない。

グローバル化ということで、対面型のコミュニケーション、リアルに人と物が交流することを想定しがちだが、草の根＝生徒個々人のレベルのグローバル化は、コンピュータ経由、インターネット経由によることが多いはずである。コンピュータ、インターネット上ではいかに英語がツールとして使われているかを実感するものである。そのため、一定量の英語テキストを、スピード感をもって読む・書く、という力が今まで以上に必要になっていくし、英語の4領域（聴く・読む・話す・書く）に加えて、CEFRが示す“やりとり”が第5の領域であるならば、コンピュータを駆使する力は第6の領域となる必要がある。CBTで外部検定試験を受ける日も視野に入っているのだから、これは当然のことだろう。

4.3　グローバル教育〜脱“普通科”と教科横断の必要性

英語科授業経営の中で、教科経営に欠落しているものを教科の枠内で補う必要があるように思われがちだが、英語をツールとすることを目指す教科指導をするためには、英語「で」何を教えるか、生徒の立場に立てば、英語「で」何を学ぶかの問題がある。

大規模（8間口）の普通科校では、複数（4人以上）の教員が学年の英語指導を分担

するため、共通の検定教科用図書（教科書）に則って、各教員のアプローチの個性は残しながら、一定の進度で同一の内容を生徒に"伝達"する流れがある。その中で、年4回の定期試験に対して試験範囲が生まれる。単語集、文法書、読解用・聴解用副教材、週末課題用教材など、教科書以外の教材も幅広く扱うため、それらを網羅してテストも作成され、それに基づいて評価される。

　このように、いわゆる教材消化や量をこなすことに軸を置く指導が主流であるが、生徒にとって何ができるようになるのかという観点に、ここ数年高校の英語教育がシフトしてきてはいる。しかしながら、それが拠って立つ教科書は、トピックと言語材料（語彙・文法）のバランスが取れず、"英語について"勉強する教科書が多いのが現状である。暗号解読のような英語に関する"取り扱い説明"のステージと、難解な英文を暗唱することで英語を身体化しようというような"なぞり"の活動のネタに使われることが多い。そのため、生徒が"何ができる"のかを担保するデザインがしにくく、生徒の"できる"を測る物差し（ペーパーテスト以外のもの：エッセイやスピーキングに関連するパフォーマンステスト等）作りに繋がりにくい環境がある。

　英語の教科書の各レッスンでテキストを通して、"英語について"、英語を読みながら学ぶよりも、コンテンツは他教科に求めて、英語を言語媒体に使って、日本語と英語の両方でそのコンテンツを学ぶという、教科横断がより一層必要になっていく。そうでなければ、生徒の中に「なぜ」やインフォメーション・ギャップに基づく、「知りたいこと、お互い伝えたいこと」が生まれない。

　合衆国の姉妹校には整ったSTEM教育の施設がある。Science, Technology, Engineering, and Mathematicsの頭文字であり、全人教育はもとより、いわゆる理数教育にも力を入れている。今後の姉妹校交流で、STEM教育について情報交換をしていく予定である。日本では、SSH：スーパーサイエンスハイスクールにおいて、理数教育を充実させることはもちろん、英語をツールにして生徒の数学・科学の研究成果を発信することをカリキュラムの中心に置くのは、すでに常識である。

　STEAMという、さらに（Liberal/Language）Art（s）を加えた教育の枠組みもある。数学や科学によって真理を追究しつつ、Art（s）によって感性表現を重視する教育領域である。札幌旭丘高等学校は、2018年2月現在、未来志向の学校作りに向かって、アクティブラーニング（主体的、対話的で深い学び）を方法論で終

わらせず、大胆な教科横断も視野にいれながら、本校生徒が本来もつ高い能力をより一層発揮・伸展していけるような学校・学習環境づくりを模索している。STEAMについてのリサーチも始まっている。

　大学入試センター試験に代わる大学入試共通テストへの対応を含めて、知識の暗記を超えた、ブルーム*の言う「知識、理解(knowledge, comprehension)」そして、「応用(application)」さらに「分析、統合力、評価 (analysis, synthesis, evaluation)」の高次思考技術が生徒の中に培われるような学習を担保していくことが、個々の生徒が自分の考えに責任をもって発信できる、地球市民としてのグローバル人材に育っていく道であろう。

＊Benjamin S. Bloom, アメリカの教育心理学者: Taxonomy

（市立札幌旭丘高等学校 英語科教諭　稲毛知子）

第２部　大学・高校におけるグローバル教育の実施状況

北海道千歳高等学校
国際教養科における地域連携プロジェクト活動を通したグローバル人材育成の試み

1. 基本情報

学校名	北海道千歳高等学校
所在地等	〒066-8805 北海道千歳市北栄1丁目4－1 （代表）0123-23-9145 http://www.chitose.hokkaido-c.ed.jp/
生徒数	1,044名（普通科・国際流通科・国際教養科合計数）
留学生数	0名（2017年度末 現在）
派遣学生数	1名（2017年度末 現在）
海外協定校数	２校（２ヵ国、２校と姉妹校提携）
国際交流事務室等の形態	総務グループ国際交流担当者が国際交流プログラムの実施、交換留学などの連絡、海外からの来校者の受け入れを担当
国際交流関係職員数	教諭兼国際交流担当 １名
留学生奨学金等	なし
派遣学生支援制度等	姉妹校提携により派遣される生徒には、負担金の一部補助
派遣留学生の単位認定等	本校規定による

2.「食」をテーマにしたグローバル人材育成とローカル活動のリンク

　「自分がいるところ」（＝ローカル）について理解を深め世界に向けて発信することと、グローバルな視点で地球規模の課題に関心を持ち探求することは、双方

向で行われるべきことと考えている。本学科では "Think Globally, Act Locally"
をスローガンに、双方の視点を持つ「グローカル」な活動をプロジェクトに取り
入れ、日常の学習活動で学んだことを、地域（ローカル）における課題解決に活か
すための知識や経験を身につけることを目標としている。例えば、日本と世界の
食文化の比較、食糧問題、食の安全、宗教と食、食と健康、食育、観光産業とし
ての食、世界遺産としての和食、日本の給食システムと言ったテーマについて、
多様なメディアを通じて「グローバル」に学んだ後、「ローカル」に農業や観光
業などの地元の産業に着目し、地産地消、食の安全、観光産業、地域活性化につ
いて知る学習活動を行う。その後、「千歳バーガープロジェクト」と名付けた、
ご当地グルメ「千歳バーガー」（26店舗が地元の食材を生かして様々なバーガー
を開発販売している）をより多くの人に知ってもらう活動をプロジェクト活動と
して行っている。教室内で学んだ知識を活用し、販売店舗や商品、オーナーに
ついて取材を行い、より多くの人に知ってもらうための方策を考え、提案したり
SNSなどを通じて多言語によるプロモーション活動や発信を生徒が行っている。
これは、正解のない問いに対して、生徒自身が主体的かつ地域との協働で深い学
びを通して解決策を見いだしていく活動である。

3. 国際教養科における多文化共生マインドを持ったグローバル人材の育成

　本学科の特長である、英語、中国語、韓国語の学習や、「異文化理解」の科目
で学ぶ内容の習得はもちろん、それらを多文化共生、地域活性化などに応用する
機会を提供すべく、学んだ内容を教科横断的に統合し、プロジェクトベース学習
（PBL）に発展させている。例えば、自然科学分野である「科学と人間生活」の授
業では、北海道の生物多様性や動植物、植生などについてリサーチして、地元の
大学が招聘したドイツ人生物学者に英語で発表し、知識を共有した上で、生物多
様性や環境保護の必要性について講義をいただいた。社会科学分野では、本校の
国際流通科の協力を得て、地元の産業界・ビジネスについて学び、特に新千歳空
港が近い立地を生かして、近年増加する外国人観光客のニーズを分析している。
さらに、人文科学分野では、世界と日本の言語や文化、地理・歴史について学び、
観光客に知ってもらいたい歴史や文化の内容を統合的に学ぶ機会を設け、北海道
のアイヌ民族の文化について学んだり、留学生に「きもの・和装の歴史」を学ぶ

機会も設けている。

　このように教科横断的に学んだことを応用し、プレゼンテーションやエッセイライティングなど、アカデミックスキルを身につけ、実際に発表する場として、海外からのゲストと対話し、意見交換する機会を設けている。特に、韓国（毎年10名相互交流）と米国（毎年2名相互交流）の姉妹校交流や、地域の大学が招聘した海外の研究者の講演、JICAとの連携事業（7ヵ国10名の研修員）、台湾の教育旅行の学校訪問（年2回80名）の受入等、生徒が広く思考、リサーチし、自国や地域に関する発信、意見交換、議論ができるよう、地域や外部団体と連携した国際交流事業を活用している。

4. 国際交流事業と短期語学研修活用

　1年以上の長期で留学する生徒は多くないが、国際教養科2年次にカナダ・バンクーバーで行われる「海外語学研修（3週間）」では、毎年30名が参加している。事前学習として、かつての日系人野球チーム「バンクーバー朝日軍」のドキュメンタリーを見て、日系カナダ人の歴史について考える機会や、カナダの先住民族First Nationについて、北海道のアイヌの文化やその歴史と比較することによりその現状について考察・発表したり、キャリア教育の一環としてブリティッシュコロンビア大学の学生や地元高校の生徒と懇談して進路や職業について考える機会を設けている。また、北海道でも盛んなカーリング体験を通して冬のスポーツについて知る機会も設けている。このように、北海道・カナダの「ローカル」な特長を共有することで、グローバルな事象に関する取りかかりを促すようにプログラムを策定している。

　本校の姉妹校である、米国ヴァージニア州ジェームスリバー高校との間では、毎年、相互交流が行われているが、これは地元千歳市の自動車部品メーカーが現地に工場を持つ縁で始まったものである。この相互訪問に参加できるのは限られた数の生徒であるため、同社に依頼して、「グローバル人材として求められる資質」をテーマに、同社の社員から全校生徒を対象とした講演をいただいている。このことで、単に代表生徒間の相互交流だけにとどまらず、全校生徒のグローバルマインド育成に寄与する仕組みを作りあげている。

　また、韓国ソウル空港高校との間では、同校が金浦空港に近く、本校は新千歳

空港に近いという縁で、ここ20数年にわたって姉妹校交流を行っている。こちら
は、本校の生徒のみならず、PTAと教職員の交流も兼ねており、PTA活動の情報
交換や教職員の相互授業見学なども行っている。

　また、北海道の姉妹友好州であることから、北海道教育委員会が行っているカ
ナダ・アルバータ州との交換留学促進事業（派遣・受け入れ合わせて4ヵ月）に応
募し、留学生の派遣・受入を積極的に行っている。該当生徒のみならず、派遣さ
れた生徒から全校への波及効果を期待している。

5. 外国語（英語）能力をどう向上させるか

　国際教養科（英語専門学科）においては、「異文化理解」「時事英語」などの専門
科目において、プロジェクト学習を導入している。世界と我が国の「食と健康」
課題をテーマに、多様なメディアを教材化してオーセンティックな英語を学ぶ一
方、「地域の観光開発」、「スローフード運動」「ハラルフード」、「第1次産業と第2
次産業から第3次産業化について」、「オーガニックフード」、「フェアトレード」、「持
続可能性と生物多様性」など、社会科、家庭科、理科分野に関する教科横断的な
内容を英語で学んでいる。また、地域とのコラボレーションで行う、ご当地グル
メ「千歳バーガー」の高校生によるSNSでのプロモーションを3年次のプロジェ
クト活動で行っている。食について学んだ知識を元に、地域の観光情報や食につ
いて発信することで、英語の4技能に加え、学んだ知識や取材から得た情報、統
計データ等の資料を活用しながら、SNS等を通じて責任のある発信を行う方法に
ついて学んでいる。本校では第二外国語として中国語、韓国語の授業もあるため、
それらの言語で発信しようとする生徒も近年増えている。さらに、発信に必要な、
英語プレゼンテーション、ディベート、SNSでの発信方法、英文レビューの書き方、
ICTを活用した動画や画像の作成などの各種スキルを統合的に向上させることが
可能になっている。生徒は実際にTwitter, Facebook, Instagram, Trip Advisor
やWeibo等のメディアに多言語で地域のグルメ情報や観光情報を発信している
が、その際に正しく伝わる外国語の情報を、責任を持って発信することを学んで
いる。

6. 留学促進の課題

　留学する生徒は多くないが、観光客が世界から来る北海道・千歳にある利点を生かして、地域の産業や特長などを高校生の視点からリサーチし、地域の課題について考えるなどの機会を充実させたい。学校や教育委員会が行う国際交流事業に加え、自治体や各機関が主催する国際交流や、大学等の学術交流などの機会を活用したい。姉妹都市交流でアラスカ大学へ州民と同じ学費で留学ができるメリットを生かして海外進学を増やしたい。また、「トビタテ！留学JAPAN」等の応募者も増やしていきたいと考えている。

7. その他（協定締結、学生交流の“ノウハウ”など）

　JICAや領事館、大学などの研究機関など、高校生向けの事業は積極的に活用している。また、千歳市の国際交流団体からの助成金やワークショップ、講演会などの機会を活用している。

（北海道千歳高等学校 国際教養科学科長 教諭　山崎秀樹）

札幌創成高等学校

札幌創成高等学校
グローバル人材育成の試み

高
等
学
校

1. 基本情報

学校名	札幌創成高等学校
所在地等	〒001-8501 札幌市北区北29条西2丁目1-1 (代表)011-726-1578　http://www.sosei.jp
生徒数	全日制普通科 約759名
留学生数	0名(2017年度末)
派遣学生数	4名(2017年度末)
海外協定校数	3校(内1ヵ国、1校と学生交流協定)
国際交流事務室等の形態	国際教育センターが姉妹校との交換留学を担い、総務部・Fieldwork同好会がユネスコ・スクール活動や指定校外受け入れを担う。
国際交流関係職員数	専任職員6名
留学生奨学金等	例年行っている約3ヵ月のNZとの姉妹校間留学では、生徒に対して英語の各種検定取得状況に応じて奨学金を支給している。
派遣学生支援制度等	現地提携機関が支援する。
派遣留学生の単位認定等	高校2年次に約3ヵ月留学することになっているが、それによる留年はない。

257

2. グローバル人材の考え方

創成高校では、日本人としての自覚を持ち、①仲間とともに国際社会を支える力、②主体的に課題を見つけ、英語を媒介して課題を解決する力を持ち、③多様性を受け入れ、異文化対応力を身につける人物をグローバル人材と位置づけている。

3. 本学におけるグローバル人材の育成戦略

「仲間とともに国際社会を支える力」や「多様性受容力」を育成するために、エンカウンター (encounter) という手法を用いた活動やグループ・プレゼンテーションに力を入れている。これらの活動を通して友人とともに協力する集団力を向上させることができている。実際に学校で自らが所属するコースのスローガンを考える企画では、友人とともに所属コースが求める人物像や、各行事で学んだことを議論して、将来社会に対してどのような貢献ができるかを考えた。これによって所属コースへの帰属意識が高まった。また、Annual Raceという年間の様々な行事の達成度によって、シールを貼っていく企画を各クラスで実施している。シールが増えることで各クラスの成長が可視化され競争を促進する。グループ・プレゼンテーションでは、「生物が持つ特殊能力を利用した商品開発」(生物基礎) や「東京オリンピックに向けて新たなピクトグラムの提案」(CE) などを題材に、生徒たち自らがアイディアを生み出して発表をしている。

「主体的に課題を見つけ、解決する力」を育成するために、本校で行っているInternational Dayというイベントを紹介したい。かつてはEnglish Tournamentという名称で、単なる英語でプレゼンテーションやレシテーションを行うものであった。しかし将来を見据えて、「英語」だけにこだわっていていいのかという生徒たちの発想から、International Dayと名称を変え、実際に英語を中心としながらもフランス語や韓国語・中国語などを交えたパフォーマンスイベントとなっている。さらに英語を「ツール」として使用する意識を持つために、プレゼンテーションは"Interdisciplinary (学際的)"をテーマに、社会科や理科など他教科での研究内容を英語で発表する形式を取っている。また、様々なイベントではプロジェクト・アドベンチャーという手法を用いることで生徒たちが主体的に活動に参加しやすい状況を作っている。例えば本校のグローバル・ラーニングコース

が1年次に行っているEnglish Summer Campが挙げられる。これは1泊2日を学校から離れた施設で、英語のみで生活する宿泊研修である。2016年度の例を挙げると、事前学習では生徒たちが研修中に演じる"Occupation（職業）"を選択した。これは人気ゲーム、ドラゴンクエストをモチーフにしたものである。同ゲームは「龍を探求する旅」であるが、これをベースに「4技能を探求する宿泊研修」とし、用意された「クエスト（英語学習課題）」はそれぞれ4技能に分類され、各自が好きな順番で挑戦でき、研修終了時にはどの技能が自らの長短であるかがわかるようになっている。このようにプロジェクト・アドベンチャーを用いることで「やらされている学習」から「自ら進んでやる学習」の促進につながると考えている。

　最後に、「英語をツールとして利用する力」を育成するために、特に実社会で英語を利用する機会を増やすようにしている。2017年には「冬季アジア大会」（ウィンター・スポーツ大会）の通訳ボランティアとして参加し、海外選手や応援団の対応に従事した。さらにユネスコ・スクール活動の一環として、海外からの学生を受け入れ、異文化交流をしている。近年では9ヵ国54名の受け入れを行い、和太鼓を通しての交流や本校学校祭のガイドを務めた。また第40回Sapporo International Nightに参加し、彬子女王殿下と同じテーブルで世界各国の人々を交えながら、世界的課題について英語でディスカッションをした。

4. 留学の効果

　本校では毎年1月にニュージーランドの姉妹校であるマウント・アスパイアリング・カレッジ（MAC）に留学生を派遣している。短期留学（2週間）と、長期留学（10週間）の2つのコースを設置し、例年前者に10名程度、後者に3名程度が参加する。留学による異文化交流を通して生徒は多様性を身近に感じている様子だ。また交換留学として、MACからも毎年3名程度留学生（10週間）が派遣されてくる。これにより実際に留学を経験しない生徒たちであっても、身近に「異文化」を体験する機会となっており、実際にこの経験から国際関係に目を向けた進路に変更するものもいる。

5. 外国語（英語）能力をどう向上させるか

　グローバル・ラーニングコースの英語の授業は、約半分がネイティブスピーカーとのティーム・ティーチングである。また、英語学習が目標ではなく、「英語を使って何かをする」ことに着目がいくように課題を提供するようにしている。前述のInternational Dayのようなイベントなどだけに限らず、通常授業内でもプレゼンテーション（CE）やディベート（English Skills）を行うことで座学だけに止まらない活動を行っている。特に、Speaking力の向上を意識して、2016年度からOnline Speaking Training（ベネッセ）を週1回授業内に取り入れている。これは、フィリピンにいる英語のネイティブスピーカーとスカイプを通して1対1で英会話をするもので、1回につき約30分行われる。2016年度受験のGTEC CBTのSpeakingと2017年度受験のGTEC for Students Speakingの結果を分析すると、75％の受験者が1年間でSpeakingのグレードを1以上伸ばしており、25％が2伸ばしている。このことからもOnline Speaking Trainingの効果が認められる。

6. 留学促進の課題

　一番の課題は姉妹校同士で、対等な立ち位置から「交換留学」を捉えていないことから生じる様々な問題があることである。NZでは留学やホームステイの受け入れがビジネスとなっていることに対し、本校では受け入れはほぼボランティアである。本校生徒がホームステイ代として払う額と、NZからの生徒が払う額には大きな差があり、結果として本校生徒の留学費用は高額になる。また細かい点では、日本を離れて実際に現地に到着するまでに、約25時間以上の移動時間（フライトや待ち時間含む）がかかることや、留学実施時期が2年生の1月であるため、受験を意識した指導を考えると大きなネックとなっていることがあげられる。

　さらに組織体制にも姉妹校間で違いがある。MACにはILC（International Language Centre）という、留学関係を専門に取り扱う組織と専属スタッフが揃っている。一方本校では、教員が分掌（国際教育センター）の仕事としてその他の多くの業務と並行して行っている。このため資金や人材不足などの課題を抱えている。

（札幌創成高等学校 教諭　美馬達哉）

札幌龍谷学園高等学校
グローバル人材育成の試み

1. 基本情報

学校名	札幌龍谷学園高等学校
所在地等	〒060-0004 札幌市中央区北4条西19丁目1-2 (代表)011-631-4386 http://Sapporo-ryukoku.ac.jp
生徒数	全日制普通科 881名
留学生数	0名(2017年度末)
派遣学生数	0名(2017年度末)
海外協定校数	0校(ただし、冬休みに2週間オーストラリアのブリスベンで語学研修を行っており、提携とまではいかないが、ここ数年使っている語学学校はある)
国際交流事務室等の形態	国際教育委員会が留学生の受入や派遣を主にロータリークラブと連携して行う。
国際交流関係職員数	専任職員2名
留学生奨学金等	ロータリークラブから本人へ渡される 本校では特にない。
派遣学生支援制度等	福田会(本校同窓会) ロータリークラブ
派遣留学生の単位認定等	長期(1年間)は文部科学省が認める36単位までのうち、本校での当該学年の修得単位(コースによって異なるが30単位程度)を認定する

第2部　大学・高校におけるグローバル教育の実施状況

2. グローバル人材の考え方

　本校は平成30年度より始まる学校改革の一環として英語教育に力を入れるという方針で現在準備中である。本校の卒業生（卒業直後と上級学校卒業後の両方）が札幌市内を中心に販売等の人と関わる仕事への就職希望者が多いことから、急増する外国人観光客等に物怖じすることなく英語で応対することができるということがグローバル人材の考え方である。

3. 本校におけるグローバル人材の育成戦略

　まだ準備中ではあるが以下が戦略的考え方である。

①日常の英語授業における「聞く」「話す」活動の占める割合を増やすこと。

②平成30年度入学生から1人1台iPadを持ち、校内は常にWi-Fi環境になることから、教育方針を実現させるための活動を行っていくこと。例えば授業中に出題する課題等で紙媒体をほとんど回収することなく生徒・教員間でやり取りができるようにすることや、スピーキングテストを生徒同士で撮影し合って教員に送信（提出）することで教員間での評価の妥当性を高める等である。また、これには教員と1対1でやるよりも情意フィルターが高くない状態でスピーキングができるメリットがあるためでもある。

③ALTの増員で、より生の英語に多く触れること。

4. 留学の効果

　ここ数年、本校の長期留学希望者は年間1、2名程度で実現しないこともある。しかし長期留学を終えた生徒は英語力はもちろん、考え方や性格も非常に前向きで意見をはっきりと言うようになって戻ってくる。また冬休みの2週間ではあるが、毎年5名程度の希望者がオーストラリアのブリスベンで語学研修を行っているが、参加した生徒はホームステイや現地での英語授業、現地の人たちとの交流などを通して、異文化理解や英語授業に対して積極的な態度に変化し、進路希望にも影響を及ぼすことが多い。

5. 外国語（英語）能力をどう向上させるか

　今後の自分の人生の中で英語を使う（聞いたり話したりする）場面が確実に多くなり、英語を使うことが日常生活で当然になるという感覚を持たせることがまずは大切であると考える。

　その上で本校独自で評価基準を設定しそれを生徒全員に達成させる必要がある。具体的には教員側で接客英語集（仮名）を作成し、まずはそれらを疑似場面でスムースにやり取りができる状態にし、次に販売店等の協力をいただきながら、実際に外国人に接客体験をする等である。

6. 留学促進の課題

　費用の問題も大きい課題ではあるが、それよりも英語力、現地での生活全般への不安の問題が大きいため長期留学へ踏み切る生徒が少ない。しかしその一方で卒業後の進路選択で留学するという生徒がここ数年増えている。場所は英語圏ではなく時代の要請や、普段授業で３年次の必修や選択科目で中国語を学んでいるということもあってか英語と中国語の両方を身に着けられることから台湾を選ぶ生徒が多い。もちろん費用の問題が英語圏より少ないのも彼らを前向きな気持ちにさせている要因の一つであると考えられる。

　ただやはり英語力や異文化理解に対する不安を今後いかに解消させられるかが英語圏の留学者増加へ繋がる手がかりになることは明らかで、その部分に注目した様々な教育活動が重要であると考えている。

7. その他

　上記した台湾留学を決定している生徒が平成30年度卒業生で７名に上っている現状を分析すると、大きな理由の一つとして留学センター等のエージェントとのタイアップが挙げられる。しかし、まだ留学希望の生徒たちに対してのサポート体制が十分ではないという課題もあるため、今後の英語教育の充実を図っていく中で進路選択として留学希望者も増加が予想されることから体制づくりを充実させたい。

（札幌龍谷学園高等学校 英語科　三澤康英）

第2部　大学・高校におけるグローバル教育の実施状況

北海道札幌国際情報高等学校
世界の人々に尊敬されるグローバルシチズンとしての日本人の育成を目指して

1. 基本情報

学校名	北海道札幌国際情報高等学校
所在地等	〒001-0930 北海道札幌市北区新川717-1 (代表)011-765-2021　https://www.sit.ed.jp
生徒数	全日制普通科(80名)・国際文化科(80名)・理数工学科(40名)・グローバルビジネス科(120名)
留学生数	2名(2017年度末)
派遣学生数	0名(2017年度末)
海外協定校数	姉妹校3校
国際交流事務室等の形態	国際交流部(校内分掌)、グローバルシチズンシップ教育推進委員会が担当
国際交流関係職員数	国際交流部(校内分掌)5名
留学生奨学金等	なし
派遣学生支援制度等	姉妹校訪問費用の補助 2学年はハワイに修学旅行、現地の高校との交流を行う。 希望者対象の海外語学研修(研修地はニュージーランド、カナダ、イギリスなど)は現在休止中。 どれも費用などの支援は行っていない。
派遣留学生の単位認定等	留学時の学習・出席状況が確認できる場合は、規程の範囲内で単位を認定する。

2. グローバル人材の考え方

本校の学校教育目標は、「世界の人々から尊敬されるグローバルシチズンとしての日本人の育成」であり、その実現に向けては以下のことを重視する。

1　他者と共生しようとする態度

　　日本人としてのアイデンティティ（礼節・勤勉）を大切にしながらも、世界の多様性を理解し、異なる社会に生き、異なる価値観を持つ他者と共生しようとする態度。

2　主体的に学び、考え、判断しようとする態度及びその能力

　　社会の変化に対応すべく、主体的に学び、得られた知識やスキルを用いて、世界と地域の諸問題について考え、判断しようとする態度およびその能力。

3　発信・議論しようとする態度及びその能力

　　自らの「学び」の成果を積極的に発信するとともに、その内容につい臆せず他者と議論しようとする態度及びその能力。

3. 本校におけるグローバル人材の育成戦略

本校は、SGHアソシエイトに指定されてはいるものの、特別な予算措置やカリキュラム運営上の特例扱いは受けていないので、通常の学校教育活動の中で学校教育目標の実現に向けて努力している。具体的には以下のとおり。

①学科集合型高校における協働・共生への仕掛け

・第1学年でのミックスホームルーム制の採用（4学科の生徒の混合学級）

・学科の枠を越えた選択科目の設定

〈例〉国際文化科は、英語のほかに第2外国語として4ヵ国語（フランス語、ロシア語，中国語、ハングル）から1カ国語を選択して「基礎」と「応用」を学習する。他の学科も希望により「基礎」の学習が可能。

・学校祭や体育祭での学科、学年を越えた混合チーム編成

②ICTの活用

・最新のCALLシステムを使用しての英語教育

・450台を超えるパソコンを使用しての情報教育

・e-learningの実施　1、2年生全員がオンラインによる英語学習システムのアカウントを持つ。
③授業改善の取り組み
・全校体制での生徒の主体性や協働の活動を重視した指導（アクティブラーニング）の強化・充実
　※ 2013年度には「新学習指導要領における新科目指導法研究協議会」、2015年度には「言語活動を通したコミュニケーション能力の育成（言語教育におけるアクティブ・ラーニングに関する研究協議会）を学校独自で実施し、国語、英語の授業を一般公開した。
・英語の授業は、国際文化科に限らず、4学科ともにオールイングリッシュで実施。
・教科ごとの「授業改善課題」の設定
・研究授業の実施（校内・外の参加）
・生徒による授業評価の実施（すべての教科・科目）

また、以下のような取り組みを行っている。
・プレゼンテーションナイト
　　授業のある日の夕方に、本校生徒や卒業生、PTAなどの先進的な取り組みや外部プログラム（SGHフォーラム、各種コンテスト、「日本の次世代リーダー養成塾」など）への参加報告を本人達のプレゼンテーションの形で紹介する。
・学科行事・課題研究・探求活動
　　普通科　数学研究発表会、リサーチプロジェクト
　　国際文化科　イングリッシュキャンプ（1泊2日の英語漬けの研修、初日には生徒を14グループに分け、海外から日本の大学に留学している学生（すべて英語を母国語としない者）にインタビューし、彼/彼女達の国についてのポスター・プレゼンテーションを行う）、ランゲージフェスト（学科全員参加、3年生による第2外国語（ロシア語、フランス語、中国語、ハングル）の学習成果発表、3年生による英語ディベート等）、小学校への出前授業など。
　　理数工学科　課題研究、校内ロボット大会
　　グローバルビジネス科　ビジネスセミナー、プレゼンテーション・コンテスト

国際文化科1年の「異文化理解」では、世界の国々の様々な文化について学ぶと同時に、世界の主要な宗教について学び、様々な国際問題について考察する。

国際文化科の3年の学校設定科目「プレゼンテーション2」では、1年間のグランドテーマを"What we can do to make Hokkaido 2037 better."とし、1年間このテーマに基づいて、スピーチ、ディスカッション、個人プレゼンテーション、ディベートを行った。なお、ディベートの論題はSapporo should host the Winter Olympic Games in 2026.とした。

4. 留学の効果

本校独自で実施している留学は合衆国ボストン市の姉妹校への短期留学(3週間)が最長だが、北海道による「北海道・アルバータ高校生交換留学促進事業」などの公的プログラムや、各種の外部留学プログラムに参加した者は語学面での成長を見せることが多い。また、議論を厭わぬ態度を身につけていることが多く、様々な場面で他の生徒への刺激となっている。

5. 外国語(英語)能力をどう向上させるか

進学者が多い学校ではあるが、進学を目的とした授業とはせず、学習指導要領に謳われるコミュニケーション能力の養成を主眼とした授業を行っている。特に「発信と議論」を意識した取り組み(スピーチ、プレゼンテーション、ディベート、ポスターセッション等)を積極的に取り入れると同時にパフォーマンステストも導入している。資格取得も推奨しており、2016年度は、3年生のうち、1名が実用英語検定1級、27名が準1級に合格した。なお、国際文化科80名は全員が2級以上を取得した。なお、国際文化科2年生は全員TOEIC L&Rを受験する。また、2017年度は、1年生全員がGTEC for Studentsに加えてGTEC Speaking Testを受験した。

6. 留学促進の課題

　留学希望者は多いが、経費負担の大きさが問題となり、多くの生徒は留学するチャンスを持てていない。修学旅行の目的地がハワイとなったことで、保護者の負担が増え、学校独自で実施していた短期の語学研修が立ち行かなくなった。トビタテ！留学JAPANなどを利用して留学をする者も少なくないが、事務作業が繁雑で担当者の負担となっている。

7. その他（協定締結、学生交流の"ノウハウ"など）

　地域で国際交流の拠点校として認知されており、様々な組織（AFS、ロータリークラブ等）と提携して、留学生の受入や派遣を行っている。

（北海道札幌国際情報高等学校 教諭　木村純一郎）

東京学芸大学附属高等学校
本校におけるグローバル人材育成の試み

1. 基本情報

学校名	東京学芸大学附属高等学校
所在地等	〒154-0002 東京都世田谷区下馬4-1-5 （代表）03-3421-5151 http://www.gakugei-hs.setagaya.tokyo.jp
課程、クラス数、生徒数等	全日制普通科8クラス3学年1,005名（定員335名×3）
留学生の受け入れ	1名（2017年度末、タイ国政府派遣留学生）
留学（休学者も含む）	13名（2017年度末）
海外協定校数	1校（タイ：プリンセス・チュラポーン・カレッジ・チェンライ校）
校内組織	帰国生・留学生委員会を置いて、帰国生徒に関する業務（入学試験の準備、資料作成、合格者への説明、入学後の対応）および送り出し留学に関わる業務（各留学団体からの募集書類の整理と保管、留学を希望する生徒との相談、留学規定についての連絡、留学中の生徒の実態把握）を行う。
帰国生・留学生委員会の人数	8名（2017年度末）

留学した生徒が利用した各種プログラム等(1957年～2016年)	AFS(60名)、YFU(57名)、IF(21名)、国際ロータリークラブ(13名)、東京都派遣長期(3名)、UWC(17名)、AISE(2名)、EF Foundation(4名)、PIEE(2名)、WYS(2名)、AYUSA(4名)、ICC(1名)、言語交流研究所ヒッポファミリークラブ(1名)、EDICM(1名)、国際交流協会(1名)、ハリファクス(1名)、保護者の転勤に伴うもの(14名)
派遣学生支援制度等	なし
派遣留学生の単位認定等	休学扱いでない留学については次のように定められている。 1 交換留学制度による留学の生徒については出発前までの学年及び学期の評定平均値4.3以上で、かつ、出席等の学校生活の状況が良好である場合、本人の希望があれば留学届を提出して休学扱いでない留学をすることを認める。 2 交換留学制度によって休学扱いでない留学をした生徒については、留学先の成績証明書、出席状況などを審議した上で、留学中の単位を認定し、進級させることができる。

2. グローバル人材の考え方

東京学芸大学附属高等学校では、創立以来「民主的で文化的な国家を建設して、世界の平和と人類の福祉に貢献しようとする我が国の理想を実現できる健康な身体と、高い知性と、豊かな情操を持ち、清純で気品の高い、大樹のように大きく伸びる、世界性の豊かな人間を育成する」を教育方針に掲げ、世界的な視野に立って物事を考え、自己を確立して世界の誰からも親しまれ尊敬されるような人間になるとともに、他の立場や文化を理解し尊重し、力を合わせて、世界の平和と人類の幸福に貢献する世界性の豊かな人間を育成することに努めている。

3. タイ国政府派遣留学生の受け入れ

タイ国政府は、タイ人学生を日本の高等学校に政府派遣の給費留学生として 長期間留学させる基本方針に基づき、昭和47年(1972年)3月22日付で、日本国外務

省宛にタイ国大使館口上書として次のような計画を提出している。

(1) タイ国政府は昭和47年9月以降、毎年最大5名の中学卒業生を日本に派遣したいと考えている。

(2) これらの生徒はタイ国総理府人事院の行う国内選考より、政府給費生として日本の高等学校で勉学させる。卒業後は日本の国立大学に進学し、勉学を続けさせる。

(3) 日本留学の目的は、高等学校卒業段階までに、日本の大学への進学にそなえて、日本語に習熟させることにある。

(4) 日本の出入国関係法規によれば、日本の大学以下の段階の学校に留学する目的で来日しようとする外国人生徒には入国査証が与えられないと了解しているが、この点について上記の政府給費留学生には特別に査証が与えられるよう、好意的な取り計らいを要請したい。

これに対して昭和47年(1972年)7月25日付タイ大使館宛の日本国外務省口上書では、法務省からタイ国政府給費留学生を入国させることについて異議のない旨の連絡を受けたことを回答している。

この後、留学生受け入れ校の選定・依頼の過程においては若干の曲折があったようだが、昭和49年(1974年)10月ごろ、文部省(当時)より東京学芸大学を通して本校に要請があった。これに対して本校では、将来にわたる日本・タイ両国の友好と本校教育目標のひとつである「世界性豊かな日本人の育成」に照らして、一般(日本人)生徒に及ぼす効果を期待し、昭和50年(1975年)4月よりタイ国政府給費留学生第1期生(男子5名)を受け入れることにした。

1975年(昭和50年)当時、タイ国政府が海外への高校生の留学を認めているのは日本だけで、「日本の大学以下の段階の学校に留学する目的で来日しようとする外国人生徒には入国査証が与えられない」とする出入国関係法規がある中での、この制度の構築には並々ならぬ意気込みがあったものと推察される。なお、本校がタイ国の留学生を受け入れてから40年が過ぎた今日では、タイ国からの留学先も多くなり、また、政府給費の返還に関する条件や東日本大震災後の影響などから、受け入れる留学生の人数は減少し、現在3年生に1名の留学生の在籍を最後に、この制度は休止することになっている。

第2部　大学・高校におけるグローバル教育の実施状況

4. タイ国政府派遣留学生の卒業後の進路

　タイ国生は本校卒業後、日本の大学・大学院へ進学し、十数年間日本に滞在したあと、タイに帰国して、タイ国政府や大学の研究機関など第一線で活躍している。1975年から2017年3月までに135名が卒業している。10年間ずつの区切りで見ると、1回生から9回生まで39名は、文系26%、理系64%、10回生から19回生までの32名は、文系16%、理系84%と理系の大学進学者が多い。21回生から38回生までの22名は、文系68%、理系22%となっており文系の大学進学者が多くなっている。このように大学進学分野に時代の変容を見ることができる。

　なお、タイ国政府派遣留学生の進学先では、東京大学30名が最も多く、以下、東京工業大学14名、一橋大学11名、京都大学11名、神戸大学10名のほか、北は北海道大学から南は九州大学まで、全国各地の国立大学にほぼ進学している。また、2016年1月現在、確認が取れたところで大学院卒業後は、本国の官庁の勤務が59名、本国の大学等の研究機関勤務が36名、民間企業・会社経営等が9名、日本の大学・大学院で研究中が5名、日本・タイ以外の国の機関・研究所で研究中が3名となっており、各方面で活躍している。

5. 帰国生の受け入れ

　昭和51年（1976年）より男女合わせて約15名の枠で帰国生の受け入れを開始した。以来一貫して混合受け入れ方式をとっており「注目視するが特別扱いはしない」という方針のもと、帰国生徒も一般生徒も同じ学校生活を送っている。入学後1年間は適応のため、5月に先輩帰国生から学習や学校生活についてのアドバイスを聞く会を開いたり、定期考査前に理科・社会の各科目について、帰国生が優先的に質問できる時間を設けたりするなどのサポートを行っている。また、帰国生保護者に対して5月に保護者会を開いている。

　平成11年（1999年）度入試より学力検査を3科目に変更した結果、志願者が急増し、特に現地校からの応募・入学者が増えた。平成22年（2010年）度入試では大学の改組に伴い、募集人員を男女合わせて19名に変更したが、平成25年（2013年）度より再び15名とした。なお近年では東京学芸大学附属国際中等教育学校をはじめとしたIB教育を掲げた、帰国生受け入れ体制を充実した高校が増えており、帰国生受け入れ枠を確保するという目的は達成しつつある。

東京学芸大学附属高等学校

　なお、本校に入学した生徒が、平成26年3月時点で、在留した国は40ヵ国に及ぶが、アメリカ173名、イギリス55名、シンガポール22名、香港19名、台湾12名、中国12名などが上位をしめる。

6. SSHやSGHアソシエイトとしての取り組み

　平成24年～28年の5年間、本校はスーパーサイエンスハイスクール研究開発校に指定され、「高度な科学・技術を基盤とする国際社会で活躍する人材に必要なキー・コンピテンシーを獲得させる授業法及び学校教育システムの開発」を目的した研究を行った。グローバル人材の育成という視点では、キー・コンピテンシー基盤研究部会の「高度な科学・技術を基盤とする国際社会で活躍する人材に必要なキー・コンピテンシーとは何か」の検討と、SSH国際担当部会の「タイ王国のプリンセス・チュラポーン・カレッジ・チェンライ校（PCCCR）との交流、NICEへの生徒の参加、生徒からの自発的提案による国際的研究活動などを通して、国際舞台で活躍できる能力を育てる実践的方法の開発」が中心となる。

　前者では先行研究であるOECDによるキー・コンピテンシーなどの関連情報も含めて調査し、生徒に身に付けさせたいキー・コンピテンシーとして以下の3点に要約した。①高度科学・技術社会の課題を発見する力　②科学的プロセスを踏んで問題解決する力　③グローバルに発信する意欲と語学力　そして、これらの育成のために、学校教育課程の中に「現代文Ⅰ」を設け、2年次の「SSH探究」に繋げるべくカリキュラムマッピングした。「現代文Ⅰ」とは、論理的に書く力を高めることによって探究の緒につけさせるものであり、「SSH探究」とは、2年次の「総合的な学習の時間」のうち1単位分を割り当てたものである。そして、そうした学習によって生徒がどのように変容したのかを評価する方法としてマザールーブリックを策定し、その有効性や妥当性を検証した。

　後者で最も大きな取り組みが、2013年3月に協定を結んだPCCCRとの相互交流である。現在、4月にタイから来日し、翌年1月にタイを訪問する形で10数名の生徒と3名程度の教員の相互訪問を行い、文化交流をするだけでなく、双方でサイエンスフェアを設け、互いの研究成果を発表している。また、SSHの指定は平成29年に5年間更新され、2期目としての活動が進んでいる。

　一方、SGHについては、平成26年にアソシエイト校としての措定を受け、「バ

ランスの良い世界観を持ち、主体的自律的に行動できるグローバル人材を育成するための学校教育システムの開発」を研究開発の課題に取り組みを進めている。目標としては、「アジアとの協力関係の中で主体的に行動できるグローバルリーダーの育成」、「グローバル人材に必要なキー・コンピテンシーを獲得させる授業方法および学校教育システムの開発」をあげており、必須なキー・コンピテンシーとして　① 社会に自らを位置づけ、主体的に行動する力　② アジアに軸足を置き、バランスよく世界を眺める力　③ 専門的内容をディスカッションできる語学力　④ 利害の対立を御して解決する能力　を仮定し、これらを獲得させるために「アジアの中の日本」というテーマで課題研究および教科横断型SGH授業の開発を行うとともに、並行して「合意形成」「平和構築」「安全教育」といった軸で、教科教育や特別活動のカリキュラム開発と構造化を行っている。

7. 国際交流来校・派遣の実際（2016年度、2017年度）

①プリンセス・チュラポーン・カレッジ・チェンライ校との交流プログラム

　　平成28年4月19日〜26日　　生徒10名　教師3名　タイ国より受け入れ

②シンガポール・ホンカ中学校学校訪問

　　平成28年5月31日（火）教師4名　視察

③韓国カリム高等学校との交流事業

　　平成28年7月29日（金）生徒30名　教師3名　来校

④VOVAオランダ中等教育学校　学校訪問

　　平成28年10月12日（水）教師10名　視察

⑤「JNESTS2.0」中国高校生訪日団　訪問

　　平成28年10月31日（月）貴州省高級中学14名、機械工業学校14名

⑥プリンセス・チュラポーン・カレッジ・チェンライ校との交流プログラム

　　平成29年1月10日〜17日　　生徒10名　教師3名　タイ王国へ派遣

⑦さくらサイエンスプラン　平成29年1月26日（木）

　　（生徒：韓国40名、モンゴル10名、中央アジア諸国50名、教員20名）

⑧プリンセス・チュラポーン・カレッジ・チェンライ校との交流プログラム

　　平成29年4月18日〜25日　　生徒10名　教師3名　タイ国より受け入れ

⑨さくらサイエンスプラン　平成29年7月12日（水）　教員16名　来校

⑩韓国カリム高等学校との交流事業

平成29年7月28日（金）生徒30名　教師3名　来校

⑪日中ティーンエイジアンバサダー　中国訪問

平成29年10月16日〜23日　生徒15名　教員2名

⑫プリンセス・チュラポーン・カレッジ・チェンライ校との交流プログラム

平成30年1月10日〜17日　　生徒12名　教師3名　タイ王国へ派遣

参考文献

1）東京学芸大学附属高等学校,学校要覧,平成29年度(2017)

2）東京学芸大学附属高等学校 帰国生・留学生委員会,タイ王国政府派遣留学生40周年記念誌―
　タイと日本をつなぐ若者たち―(2016)

3）東京学芸大学附属高等学校,60年の歩み 学校創立60周年記念誌(2014)

4）東京学芸大学附属高等学校,平成24年度指定　スーパーサイエンスハイスクール研究開発実
　施報告書(第1年次〜第5年次)，平成25年(2013年)3月〜平成29年(2017年)3月

（東京学芸大学附属高等学校 副校長　宮城政昭）

第2部　大学・高校におけるグローバル教育の実施状況

明治大学付属明治高等学校明治中学校
高校・中学におけるグローバル人材育成の試み

1. 基本情報

学校名	明治大学付属明治高等学校明治中学校
所在地等	〒182-0033東京都調布市富士見町4-23-25 （代表）042-444-9100 http://www.meiji.ac.jp/ko_chu/index.html
生徒数	高校826人　中学519人　計1,346人
受入れ留学生数	4名（2017年度実績）
派遣生徒数	147名（2017年度実績）
国際連携係（分掌）	専任教員9名 （主任1、係主任1、グローバル枠採用教員5、その他2）
留学生受け入れ奨学金等	特になし。短期受入れのため自己負担。
海外留学支援制度等	創立100周年記念鵜澤基金より30万円
長期留学の単位認定等	休学を利用した10ヵ月以上の長期留学制度（休学留学）および1年遅れることのない留学制度（留学留学）の2種類がある。留学留学の場合は出発前に審査があり、帰国後に現地校の成績をもって1年間の単位を学校長が一括認定する。

2. グローバル人材の考え方

　高校生・中学生の場合はまだ「グローバル人材」として育成する時期には入っていない。だが卒業後にグローバル人材として育つよう下地を整える時期である

と考える。自分の価値観や考えが相手に伝わるように表現でき、受け入れてもら
う。また、相手に対しても柔軟に受け入れられる人物の育成をはかりたい。加えて、
一歩踏み出して挑戦する人物であって欲しいと願って働きかけている。

3. 明治高等学校・明治中学校における国際連携事業

　明大明治では文武両道を教育目標のひとつに掲げている。生徒は授業を終えた
ら部活動に励むため一日の大半を仲間と学校内で過ごす。したがって、学校外の
人に会うことは極めて少ない。勉強が将来のグローバル社会でどのように活かさ
れるかについては、大人から聞く「知識」にすぎない。知識に体験を加え、他者
との出会いをさせることで、グローバル社会に興味を抱かせることが明治高等学
校・明治中学校の使命である。

　本校では5つの柱を立てて、全校生徒が在校中に英語力を向上させ、国際交流
に興味を持つようなきっかけを作っている。

3.1　短期海外研修

　夏季休暇中に2～3週間のコース、春季休暇中に2週間のコースを設置している。
夏季海外研修はカナダ、バンクーバーでボドウェル高校が主催し、ブリティッシ
ュコロンビア大学のキャンパスおよび寮を利用したコースである。5つのコース
を設け、2週間コースが2種類、3週間コースが2種類ある。この他にボドウェル高
校で実施されるファウンデーションコースを選ぶこともできる。7月後半から8
月中旬はアジアからの生徒が多く、夏季研修は多国籍で学ぶ環境であるが、主な
国籍は中国・韓国・日本とメキシコに限られてしまう。ファウンデーションコー
スも同様で、韓国と台湾の生徒がほとんどになってしまう。本校生徒が日本人率
をあげてしまう年もあり、調整が必要である。2018年度からはトロント大学主催
のGlobal Citizenship プログラムおよびハーバード大学プレカレッジプログラム
の参加募集も開始する。

　春季海外研修はオーストラリア、サンシャインコーストに2週間ホームステイ
をしながら語学学校に通うものを用意している。こちらも本校生徒が日本人率を
上げてしまっているが、様々な国からの人と机を並べて学習できる。またホーム
ステイは1家庭に原則的に1名の環境であるため、英語での会話をする機会が多

第2部　大学・高校におけるグローバル教育の実施状況

く、短いながらも多くの経験をして戻ってくる。

3.2　留学生の受け入れ

　高校では長期で留学生を受け入れる制度はない。したがって、年間授業計画に差しさわりのない日数および人数しか受入れができない。実績としては1日～10日までの短期の受入れのみである。毎年3～8名の留学生がくるのはスウェーデン、トンバ高校からとオーストラリア、フェアヒルズ高校からである。どちらも日本語を授業で履修している生徒である。生徒たちは在校生の家にホームステイする。ホームステイはボランティアで引き受けてもらい、留学生が来日する日程が確定した段階で登録されている家庭に受け入れ可能か都度問い合わせ、マッチングをしている。この他の受入れについては1回限りのものである。吹奏楽班が交流演奏会をおこない、バスケットボール部や柔道部が交流試合を行うこともある。このような目的で来日する生徒は、同じ活動をしている者同士いい刺激を与えあう。授業の体験をアレンジすることもある。その場合はボランティア生徒に一日校内バディを引き受けてもらい、放課後の班部活動が始まるまで面倒をみる。休み時間や昼休みにお互いが興味を持っていることを英語で交流することで、普段国際交流をする機会もなく、あまり興味もないという生徒が刺激される貴重なチャンスである。

　このような交流は中学3年生から高校3年生までの上級生に依頼することが多く、英語の勉強を始めたばかりの中学1～2年生が経験する機会が少ない。そこで、2006年より明治大学の留学生に来てもらうInternational Hourを行っている。午前中に中学1年（あるいは2年）の英語の授業に来てもらい、小グループに分かれ、日本語と英語の入り交ざった会話を通じて留学生が国紹介をしてくれる。中学生は初めて知ることが多く、質問することがなかなかできないので、質疑応答の時間は設けていない。本校中学生は日本の昔遊びを留学生と一緒にして、自分の好きな日本文化について英語で1分ほど紹介することを課題としている。中学生が1分間英語で話すためには多くの準備時間を要するので、英語の授業担当者が事前にひとりずつに指導をしている。明治大学の日本語授業の1クラスが来てくれることもあったが、多くの場合は大学の国際連携事務室が留学生に募集をかけ、集まった20～30名の学生を紹介してくれる。1～2月に実施する年は午後に国際日本学部に推薦入学が決まっている高校3年生とたこ焼きやのり巻を作りながら

交流する。希望としては学期に1回このような機会が設けられるとよい刺激になるのだが、生活時間帯が中学生と大学生では異なるので、頻繁に行うことができない。

3.3 校内コンテスト

2012年に学校創立100周年記念事業の一環として、2つの校内コンテストが立ち上がった。ひとつはスピーチコンテストである。中学3年および高校1年の全員が英語の授業を通じて指導を受け、原稿を作成する。学年選抜、スピーキング予選を経て本選出場のファイナリストが10名に絞られる。なお、この10名には100周年記念で設立された鵜澤総明（初代校長）基金より短期海外研修の奨学金が一律で30万円支給される。

二つ目はEnglish Presentation Contestである。高校2年生および高校3年生の全員が英語の授業を通じて指導を受け、プレゼンテーションの準備をする。学年選抜、コンテンツ審査、スピーキング予選を経て本選出場のファイナリスト8〜10名が選抜される。こちらもファイナリストは鵜澤総明基金より一律30万円の短期海外研修参加の奨学金が支給される。

海外研修はこの20名専用のコースが20コースほど用意されており、原則として1コース1名、最大でも3名までという規定を設けてある。また、コースは20時間以上の英語の授業を現地で受けることと、ホームステイをすることになっている。出かけられる時期は夏季、冬季、春季と選べるようになっており、部活合宿との調整ができるようになっている。

3.4 長期海外留学

2011年より高校で休学制度を利用した長期留学（10ヵ月以上とする）および元在籍していた学年に復帰できる留学制度を利用した留学の2つの制度が整備された。このため、学費納入の制度を半期ずつから学期ずつに変更してもらった。また、大学推薦については校内の推薦順位からは外すことを認めてもらい、留学に出かけやすくした。留学を希望する生徒は半年〜3ヵ月前までに担任を通じて長期留学の希望を申し出る。成績と行動評価などを総合的に審査し、留学面接の結果とあわせてどちらの制度で留学に行けるか学校が判断する。留学中は2ヵ月に1回メールで定期報告を送ることになっており、それと現地校での成績をもって帰国

後に学校長が出かけていた学年の単位を一括認定する。休学制度を利用した留学は成績の提出は義務付けていないが定期報告および帰国後の面接は義務付けている。学校では制度についての説明および校内の手続きについてはサポートするが、留学先については各自が保護者と協力して留学斡旋機関を通じて留学先を探すことになっている。今後はいくつかの留学先を紹介するシステムを設けることでさらに出かけやすい環境を整備していきたい。

　留学制度を利用する生徒は毎年数名である。2011年より計10名が制度を利用している。中学生には留学制度はないが、保護者の勤務に伴い1年以内であれば再入学できる制度を設けている。中学生の留学も関心が高まっており、将来的には中学生の留学を可能にする制度も検討する必要があるかもしれない。

3.5　短期国内合宿

　明治大学が実施している国内英語研修の形を実現できないか模索していたが、専任教諭は全員部活動を複数担当しているため、長期休みに教諭が合宿を担当することは難しい。長期休みは部活動の合宿及び試合が組まれているためである。本校生徒は98％の生徒が部活動に所属しているため、生徒自身も海外研修に出かけるのは時間的に厳しい。国内で実施される数日間の研修の要望を受けて、2016年度より中学生対象のEnglish Campを開始した。中学生対象のものは福島県にあるブリティシュヒルズにおける研修でプログラムの内容はすべて外注している。引率教員が2名つくが、教科に関わらず中学生を担当している教諭が行く。2年連続で応募者多数のため参加者は抽選で決めた。

　この人気を受けて、2018年度からは高校生対象の国内研修を立ち上げる。こちらは（株）学研プラスとタクトピア（株）がプログラムを担当し、講師は海外大学の現役学生がこのプログラムのために来日し、明治大学清里セミナーハウスを貸し切って行うものである。この合宿は英語研修を中心にするのではなく、異文化理解をテーマに英語で論理的に発表するスキルを身に着けることを目的とする。

4. 留学の効果

　短期研修参加者には必ず事前研修を複数回実施している。現地でトラブルに巻き込まれないようにすることや積極的に行動をすべきポイントについて指導す

る。トラブルが発生するとLineやメールで日本にいる保護者に連絡するため、現地での解決までに数日かかることがある。また、事情を知らない保護者はとても心配になってしまう。出発前に生徒および保護者には、現地のトラブルは現地で必ず解決するよう指導する。その他にも積極的に周囲の人に話しかけるきっかけとなる課題をそれぞれに課している。多くの場合はインタビュー形式でデータを収集するものである。結果は帰国後にポスター発表をする。このような課題は漫然と時間を過ごすことを防止し、積極的にプログラムに参加する姿勢を作っている。

　長期留学生には前述した報告書を義務付けている。長期留学にでかける前と帰国後に面接を行うが、どの生徒も帰国後は目的意識を持ち、前を向いて自分の意見を言葉で表現できるようになっている。自分の将来像についてもしっかりとして展望を持つようになる。長期留学生に対して、抜けてしまった1年間の授業については一切の補習を行わないため、明治高校の勉強に追いつくのが非常に大変である。出発前に成績に不安がある者は、規定を満たしていても休学制度を利用した留学を選ぶ場合もある。

5. 外国語（英語）能力をどう向上させるか

　本校では高校・中学とも週に7時間以上の英語の授業を全生徒が受ける。7時間を総合英語（コミュニケーション英語）、英文法（英語表現）と英会話あるいは演習に分けている。

　授業で使用するテキストは検定教科書ではなく、New Treasure Stage 1〜5（Z会）である。これは英文の量が検定教科書より多いこととワーク、文法問題集が用意されていることと進度が検定教科書よりも速いため2009年より採用している。授業担当者はこのテキストを中心に4技能を向上させるための授業を展開している。

　この他に英語多読を全学年で実施している。年間でどの程度実施するかは各担当者にまかせられているので、決められたプログラムはないが、その緩やかさのおかげで全学年が実施することを可能にした。

　2013年より希望者はTOEIC対策用にNewton e-learningで学習できる。TOEICの受験は高校2年生と3年生に各学期に1回（年間3回）を義務付けている。

希望者はこれ以外に各学期1回ずつ外部団体受験をすることができる。2017年度より高校2年生はTOEICのSWテストも1回受験することを義務付けた。なお、大学推薦を受けるためには最低でも450点を取得する必要がある。高校3年生の平均点は515点程度であり、毎年少しずつ上がっている。

　本校では英検の合格も推薦を受ける条件の1つとしている。中学から高校に推薦されるためには英検準2級の1次試験までの合格、高校から大学には英検2級の合格が必須である。本校ではどちらも97%以上の合格率を維持することができている。

6. 留学促進の課題

　毎年関心は高まっているが、参加費用を補助する制度が乏しく、経済的な理由で参加できない生徒もたくさんいる。また、部活動との兼ね合いで留学は大学生になるまで諦める者もいる。高校では期間や目的が違ったものを多数用意し、一人でも多くの生徒が在校中に1度は参加できるようにしていきたい。

（村松教子）

順天高等学校

英知を持って国際社会で活躍できる人間を育てる－順天高等学校のグローバル教育－

はじめに

　1834年に、和算家福田理軒が創立した順天学園(当時の名称・順天堂塾)は、日本人の海外渡航が自由化された1964年以来、生徒の海外派遣を続けている。その実績をもとに、21世紀の開始に先立つ2000年、これからの世紀における順天学園の教育目標「英知を持って国際社会で活躍できる人間を育てる」を策定し、グローバルに活躍できる人間の育成手段の開発に取り組んできた。2014年、スーパー・グローバル・ハイスクール(SGH)の第1期校に指定され、文部科学省の委託金も利用して研究開発を加速させ、指定最終年度の2018年度に一応の完成を見込んでいる。

1. 基本情報

学校名(法人名)	順天中学高等学校(学校法人順天学園)
所在地等	東京都北区王子本町1-17-13 (代表)03-3908-2966 https://www.junten.ed.jp/contents/
生徒数	中等部323名(1学年3クラス)、高等部737名(1学年7クラス)共学(2018年学校基本調査)
高等部類型	一貫選抜類型(2クラス)、理数選抜類型(1クラス)、英語選抜類型(1クラス)、特進選抜類型(3クラス)
教職員数	専任教員63名、非常勤教員37名、専任職員16名
長期派遣留学生	6名(2018年9月から予定している2名を含む)
長期受入れ留学生	2018年5月現在4名(イタリア・フランス・アメリカ・オーストラリア各1名)

第2部　大学・高校におけるグローバル教育の実施状況

グローバル教育担当組織等	国際部（所属教員23名、教務部、進路指導部、生活指導部との4部体制－留学、帰国子女教育、学校交流、海外研修、海外進学、福祉教育等を担当） SGH委員会（全教員所属、うちコア会議メンバー11名2014年度の指定に伴い設置）
外国人留学生支援等	協定する留学団体の派遣生（5月現在4名）は学費を徴収しない。また、制服、教科書等は原則として貸与する。
派遣留学生支援等	東京都私学財団の補助枠（620万円）を使用し、4名の長期留学（オーストラリア・クイーンズランド）派遣に支援金を供与　交換留学・私費留学の生徒は留学中維持費を免除する。
派遣留学生の単位認定等	長期留学生（10ヵ月以上1年未満）には36単位を限度として留学単位を与える。
応募型短期派遣留学生支援等	トビタテ！留学JAPAN等の個人応募型は応募相談と留学中の出席扱い イオン1％クラブ、UCL－Japan Youth Challenge、外務省カケハシプロジェクトなど引率が必要な団体応募を積極的に考慮する。
外国人スタッフ	正規専任外国人スタッフ3名（米国）、JET－ALT2名（フィリピン、米国）、Gap Year制度利用補助員2名（連合王国）、非常勤教員1名（カナダ）
海外連携校	海外研修時交流先－高校11校、大学5校 来日交流校－高校11校、大学2校

2. グローバルに活躍するために必要な資質・能力

　順天高校では「英知を持って国際社会で活躍できる人間を育てる」ことを教育目標としている。「人材」ではないという意味も込めての文言であるが、いわゆる「グローバル人材」の育成に取り組んでいると表現することもできる。グローバル人材となるために欠かせない3つの資質・能力を定義し、その資質・能力を伸ばすことを本校の教育の中心に据えている。それは①創造的学力（主体性）、②国際対話力（多様性）、③人間関係力（協働性）である。それぞれの資質・能力の到達度を評価するために2016年に12項目からなる基準ルーブリックを策定した。各学

年の初めに、現状の自己評価と来る１年の到達目標を考える機会を設けている。

3. 順天高校における育成の手段「探究型学習」

　上記の資質・能力は、本年改訂が発表された新学習指導要領における「学びに向かう力」と重なるものである。これに対応して高校教育の現場における「学び方」の見直しが進んでいるところでもある。順天高校では、それらの「学び方改革」を踏まえた上で、資質・能力を伸ばす中心的場面として「探究型学習」を据えている。正解が必ずしも存在しない課題に関して、常に探究を続けていくことにより、変化の激しい現代国際社会において主体的に活躍し続けるのに必要な資質・能力が育つと考える。これは、国際バカロレアの目指すLearner Profileの冒頭に掲げられたInquirerの育成を意識したものでもある。

４．探究者(Inquirer)を育てるために

　伸ばすべき資質・能力観が「多様性」を包含している以上、本校の実施する探究型学習は、従来の教師中心の一斉型教育の枠組みではとらえきれない生徒中心の個人ベースの学びを包摂せざるを得ない。一方で、学びを生徒の主体的な自覚のみに依存し、「意識を高くせよ」というスローガンを掲げるだけでは効果は上がらない。本校では、次の二つの視点を大切にしている。①全員の取り組み。②壁の破壊。

　①では生徒全員が、必ず探究型学習に取り組まなくてはならない場面を設定する。一度は必修として取り組んだものから、どのように発展させるかという場面で多様性が発揮される。②では、私立高等学校という「閉鎖的社会」を形作っている各種障壁を取り除く。教える教師学ぶ生徒という役割の壁、高校と大学の間にある壁、社会と教育現場を隔てる壁、国内と国外を分ける壁。主体的に学ぼうとする生徒たちを再び囲い込もうとする力を持つこれらの壁をできるだけ打ち壊せる仕組みを準備した。

4.1 　全員で取り組む海外研修・課題研究

　順天高校では２年次の夏季休暇を利用して全員が海外研修する。海外研修の行

先は6ヵ所ある。それぞれは異なる狙いを持った研修として設計されているので、生徒はまず自ら取り組む課題を設定し、それにしたがって行先を選び、現地を調査対象に探究を進める。①台湾・台北（街歩きと学校交流）、②オーストラリア・シドニー（自然観察と学校交流）、③ニュージーランド・カンタベリ州（現地授業参加）、④カナダ・ヴィクトリア（語学研修と大学での学び）、⑤タイ・チェンマイ・バンコク（社会階層研究）、⑥オーストラリア・ブリスベン（理数探究・大学における実験活動）

　1年2学期から事前研究（文献調査など）を開始し、現地での調査活動計画を2年1学期までに作成する。現地での調査と事後の考察を踏まえて2年次の11月の報告書を完成させ、ポスターや口頭で発表する。この探究活動は全員必修であり、生徒がこの活動を通じて自立したInquirerとなるための道を歩み始めることを期待している。また、全員が海外を体験するということで、国内と国外を隔てる壁の破壊を試みている。

　順天高校でも、全員の海外研修は「海外修学旅行」としてスタートした。全員が一斉に仲間意識をはぐくむために団体行動をする場面が海外に移っただけである第1段階から、海外で交流校を訪問する第2段階、現地でしかできない学びを組み入れる第3段階へ、海外修学旅行から海外研修へと進化させてきた。SGH指定にあたって、海外研修の第4段階への高度化を目指した。その目標は、現地の教育活動にも寄与する、現地の人々とともに学びあう研修を実現することである。探究学習の現場としての海外研修という形は、第4段階に進むための一つのガイドラインとして働いている。

4.2　Global Week　立場を超えてともに学びあう1週間

　生徒各自が個別に課題を設定し探究を進めるために、高等学校には打ち破らなくてはならない壁がある。指導者、助言者の側から見ると二つの壁が見える。一つは、探究を進めるための適切な指導者と共同研究者の不在である。高等学校の教員は探究活動の指導をする訓練を受けておらず、また、自らも探究活動を行った経験に乏しく熱心に語れる話題を持ち合わせていない。さらに、学外から指導者を導入する仕組みも確立されていない。（①教育資源の流通を阻む学校の壁）。もう一つは立場の固定化である。普段教師と生徒の立場の違いに立脚した教育活動を行っているため、「自分もともに探究する」＝「共同研究者」という活動に

抵抗感が大きい（②教師と生徒の立場を分ける壁）。また、主体的な探究を期待されている生徒の側にも同様の壁が存在する。学校から外に出て研究の資源を探そうとは思わないし、教室で机に座ると自動的に受動的な立場に身を置いてしまうという習性は抜き難い。

Global Weekは、10月の終わりから11月の初めにかけての5日間、授業を短縮して14時に終了し、14時半から16時までを「トピック」と称する行事に充てるものである。トピックは生徒と共有したい話題を持つ「話題提供者」を学校内外から招聘し、トピックで提供される話題に関心を持ち、主体的に関われる生徒とともに「話題」に関する「活動」を行う行事である。活動は講義形式、ワークショップ等様々だが、話題提供者には生徒が主体的に関われるように事前準備課題（高校生が2時間程度でこなせる課題）の出題も依頼している。

2017年度は10月27日、11月1日、2日、7日、8日の5日間に延べ83名の話題提供者が54のトピックを実施した。高等部1、2年の生徒は2トピック以上の必修参加、中等部3年と高等部3年は任意参加とした。全員が一度はその場を体験することが、生徒の主体性を高める効果を持つと考えたからである。その結果延べ1,132名の生徒が参加した。また、生徒管理を兼ねて教員の参加を求めた結果、延べ193名の参加を見た。

Global Weekは、生徒が自立した探究者への道を歩む助けとなることを目的としている。54ものトピックを展開する理由は、生徒が主体的に自分の課題に引きつけた話題を選択し、話題提供者と同じ関心を持つ探究者として積極的に関わる環境を作るためである。各トピックの参加人数が多くなりすぎると、教える話題提供者と教わる参加者という立場の壁が強固になるので、トピックを少人数で運営できるように考慮した。最も多いトピックでも41名、最も少ないトピックでは2名の参加生徒で運営した。少人数であるほど、探究者同士として濃密な交流が期待できる。

参加者が教わる立場に陥るのを防ぐために、話題提供者の多様性にも配慮した。提供者の多くは学長（神田外語大学）をはじめとする大学教員（46%）であるが、外部の大学学部生（29%）のほか、本校の在校生（3名：4%）卒業生（2名：2%）を含んでいる。日頃机を並べる同級生が、話題提供者として大学の学長と同じ立場で活動するという光景は自立した探究者の育成に前向きの刺激として作用した。

参加生徒対象のアンケートによると、参加者の3%が話題提供者と連絡先を交

換し、将来の相談予定や共同研究の計画を準備した。主体的な自立した探究者として一部の生徒が成長を始めたことが見て取れる。3%はまだごく一部であるが、毎年刺激を与え続けることによって、壁を乗り越える生徒が増えていくことを期待している。

また、2018年度からは郁文館グローバル高校（文京区）の1年生が全員Global Weekに参加することが決まっている。また、郁文館中学高等学校（文京区）と、聖学院中学高等学校（北区）の生徒も希望制での参加が決まっている。異なる学校の生徒が同じ話題に興味を持つ参加者として活動することで、学校の壁を超えた共同研究の輪が広がることを期待している。

4.3　留学・海外派遣・キャリアデザイン

高校段階の留学は、大きく二つの意義がある。まず、若い新鮮な感性を持って文化体験と文化紹介に取り組むということ。AFSをはじめとする留学組織が一様に掲げる目的である。もう一つは日本に居ては得られない学びを体験すること。いわゆる英語力の習得も含まれるが、多額の費用をかけて留学する目的が英語の習得だけであるというのでは物足りない。東京都私学財団の支援金を利用した本校の長期留学では、日本では得られない形の学びを英語で体験することを目的としている。留学先のクイーンズランド州では教育省（EQI）が教育改革を進め、高校の学びがプロジェクトベースに大きく舵を切っている。Assignmentと呼ばれる探究学習が学びの中心となっている。多くの文献を読み、一次資料も使いこなしての探求・検証報告書が毎学期複数の科目で課されている。日本の高校生には過酷な取り組みであるが、前年度の留学経験者の助言も受けながら、必死に前向きに取り組んでいる。留学後は、学びに向かう姿勢は一変し、積極的な探究活動や新しい学び方の普及活動に取り組むようになる。

トビタテ！留学JAPANは文部科学省が協賛企業の支援を受けて実施する、企画型留学支援金制度である。大学生対象として始まった制度であるが、2015年度より高校生も対象となった。この制度の特徴は、応募者が自ら留学を企画し、その意義をアピールするという主体的な取り組みが求められる点である。本校でも開始から4年間で延べ9名の生徒を送り出しているが、応募と選考の過程を通じて主体性が目覚ましく向上することが確かめられている。経験者は帰国後各種の活動の積極的に応募するようになり、JICAエッセイコンテストの文部科学大臣

賞、朝日新聞社の教育講演会発表など多くの実績を残し、大学選択をはじめとするキャリアデザインを主体的に描くようになっている。

　文化交流、学術体験の両面とも、質の高いプログラムの参加校募集の際は順天高校としてできるだけ積極的に応募するようにしている。外務省のカケハシプロジェクトやイオン1％クラブのティーンエイジアンバサダーのように日本を代表するという体験は生徒を主体的にする。また、UCL-Japan Youth Challengeのように、海外大学への進学と結びついたキャリアデザインにつながるものもある。そして、主体的学びを実現した生徒には、本校が参加するハーバード・プライズブックを用意している。ハーバード大学同窓会の提供するこの賞は生徒の主体的進路選択に役立つ。

4.4　英語教育の高度化

　本校は英語選抜類型を擁することもあり、英語教育には従前から力を入れていた。SGHで課せられた数値目標として卒業時の英検2級取得率70％を掲げているが、今年度おおむね達成できる見込みである。英語学習の双方向化、特にCLIL (Content and Language Integrated Learning) 化に取り組んでいて、毎年行うSGH報告会に併設して公開授業を実施している。この取り組みを加速するため、2018年夏から専任教員1名をQueen Mary London University の修士課程に1年派遣留学させることを決定している。

4.5　スーパー・グローバル・ハイスクール(SGH)の果たした役割

　冒頭に述べたように、本校ではSGHに指定されるはるか以前から既定の教育目標に従ってグローバル人材育成教育に取り組んできた。2014年の指定は、教育目標を目指すために生徒がのばすべき資質・能力を整理して規定し、到達度を測る指標（基準ルーブリック）を整備するきっかけとなった。また、SGH課題研究としてフィリピン・パンガシナン州における教育的支援活動に取り組むことにより、外部機関(Caring for Future Foundation)と連携してフィールドワークを設計実施するモデルケースを構築することができた。このモデルは全校生徒が取り組む海外研修の第4段階への高度化に活かされつつある。

　さらに、SGHで求められていた外部機関、特に大学との連携を模索する中で、大学も高校との連携を模索していたことが明らかになり、お互いの指向が一致す

第2部　大学・高校におけるグローバル教育の実施状況

ることから、高大連携が一気に量的拡大した。その成果が54のトピックを有する
Global Weekに結実している。SGHにおいては、研究開発の成果を校外で普及す
る活動を求められている。この活動は附設教育機関を持たない私立高校が、学校
の枠を超えて他校と連携するきっかけを与えてくれた。グローバル教育は、単独の
教育機関で完成するものではなく、多階層の教育機関をはじめ、さらに広く企業・
団体、地域社会、諸外国機関の協力を必要とする総合的な取り組みである。SGH
の指定が、この方向へ歩みを進めるきっかけになったのは間違いのないことである。

4.6　教員の高度化・高等教育機関との人材交流

　4.2で述べたように、現状では高校教員が多様な探究活動に主体的に関わるこ
とは困難である。教員が研究者としての訓練を受けた経験がなく、ましてや研究
者を指導した経験などないからである。自身が研究体験、研究指導体験をもつ人
材が中等教育の現場で今必要とされている。そのために、研究機関や大学等の高
等教育機関との人員交流が重要である。本校生徒が海外研修で理系探求の共同活
動をしているブリスベンのキャベンディッシュロード州立高校では、州立の先端
医療研究所との間に人員交流があり、教員が所属の行き来をしている。該当教員
は高校において大学レベルの内容を含んだアカデミークラスを担当している。

　本校ではGlobal Weekという形で、疑似的な人員交流を一部実現していること
はすでに述べたとおりであるが、研究者としての訓練を受けた博士号取得者を教
員として雇用する努力も始めている。

　21世紀に入って進んだ日本の大学院重点化政策に起因して博士課程を修了した
人材が急増した。一方、少子化や財源削減の影響で安定した高等教育機関での研
究教育ポストは減少しているにもかかわらず、博士号取得者は自らのキャリアと
して小さくなる一方の大学の研究職しか考慮しない状態が続いている。中等教育
の現場で、研究のスキルを持つ人材が必要とされていることは、博士号保持者に
ほとんど知られていないのではないか。高等教育におけるキャリア指導の一環と
して、博士号保持者の中等教育における役割を、より強調していただきたいと切
に希望している。

（順天高等学校 国際部長・SGH委員長・

理数選抜類型および英語選抜類型コーディネータ・数学科教諭　中原晴彦）

名城大学附属高等学校
SGH事業を通したグローバル人材育成の試み

1. 基本情報

学校名	名城大学附属高等学校
所在地等	〒453-0031愛知県名古屋市中村区新富町1-3-16 （代表）052-481-7436　http://www.meijo-h.ed.jp
学科、生徒数等	2学科8コース・系列 全52クラス 1,854名（2017年度）
SGH主対象生徒数	国際クラス各学年1クラス計3クラス92名（2017年度）
海外研修プログラム	SGH研修　ニュージーランド・台湾・インドネシア・カナダ SSH研修　台湾・ハワイ・タイ 全校対象語学研修　オーストラリア
SGH海外研修プログラム派遣生徒数	ニュージーランド研修23名（国際クラス1年生） 台湾研修18名・インドネシアバリ研修12名（国際クラス2年生） カナダ研修6名（SGH対象生徒より選抜）（2017年度末）
SGH及び国際化推進に関わる校内組織	SGH実行委員会7名（教頭1・教員5・事務1） 校務分掌教育開発部SGH担当4名（教員4） 校務分掌教育開発部国際化推進係（教員5）

2. スーパーグローバルハイスクール（SGH）事業

　SGH事業は、2015年に文部科学省によって開始された事業で指定期間は5年、現在全国123校がその指定を受けている。

第2部　大学・高校におけるグローバル教育の実施状況

　本事業は、生徒の社会課題に対する関心と深い教養、コミュニケーション能力、問題解決力等の国際的素養を身に付け、将来、国際的に活躍できるグローバル・リーダーの育成を図ることを目的としており、SGH指定校は、目指すべきグローバル人物像を設定し、国際化を進める国内外の大学を中心に、企業、国際機関等と連携を図り、グローバルな社会課題、ビジネス課題をテーマに横断的・総合的な学習、探究的な学習を行うことが求められている。

3. 名城大学附属高等学校におけるグローバル人材の考え方

　本校では、グローバルシチズンシップを持った人物をグローバル人材像と位置付け、スキルとマインドセットを向上させることによって、「地球に生きる一市民として、世界（社会）のどこにいても、社会や世界の諸問題について当事者意識をもって考え、他者と協働して解決に向かおうとする意思と意欲」を持った生徒を育てることを目標とした教育を行っている。

　従来、本校生徒は、同質的な文化をもった同世代が集まる校内において、異質なもの・摩擦・失敗・批判に対して敏感となり、議論で前に出ることや他者を巻き込んでネットワークを作ることを苦手とする傾向が見受けられてきた。

　そのため、本校のSGH事業の主軸を担う国際クラスでは、それまでもスキルと共にマインドセットの育成に力を入れていたが、2015年に指定を受けたのをきっかけに、グローバルシチズンシップの獲得に必要なスキルとマインドセットを改めて5つずつ整備した。スキルは①論理的・批判的思考力（思考力）、②ICT活用能力（ICT）、③コミュニケーション力・コラボレーション力（コミュ・コラボ）、④行動力・発信力（行動・発信）、⑤課題発見力・課題解決力（発見・解決）、マインドセットは①アイデンティティを確立する意欲を持つ（ID）、②多様性を認め共感する気持ちを持つ（多様性）、③批判・摩擦・失敗を恐れない（失敗耐性）、④変化に対応する意欲を持つ（変化への対応）、⑤リーダーシップを発揮する意欲を持つ（リーダーシップ）である。（以後（　）内の表記を使用）

　様々な授業や課外の取り組みは、それらのスキルやマインドセットを高めることを目指し、「世界の現状と課題に触れる経験」、「自らの意見を発表し、他者と対話・議論する経験」、「自ら新たなネットワークを構築する経験」を重視して組み立てるようにしている。

4. 授業と課外活動の連携、その段階的設計

　国際クラスでは、探究活動と英語学習を柱として、それらが一連の流れとなるよう設計し、目的や目標を生徒が理解して取り組むよう意識している。具体的には、「多文化共生」「課題探究」を探究活動の軸としながら、国内外での課外活動で体験的に学びを深め、その成果を校内外の研究発表会において発表するという形である（図1）。各授業や課外活動は相互に補完する形で構成し、生徒が各自の課題研究論文を作成・英語で発表するという形を1つのゴールとしている。

図1　国際クラスにおける課題研究の研究開発単位の一例

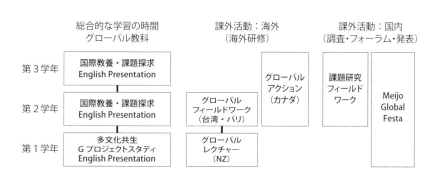

4.1　総合的な学習の時間・グローバル教科

　国際クラスでは、総合的な学習の時間と学校設定のグローバル教科で課題研究を行っている。1年生では「多文化共生」で社会や世界の諸問題について学ぶとともにニュージーランド研修の事前学習を行う。情報科目の読み替えとしている「Gプロジェクトスタディ」では、研究における情報技術の活用を学ぶ。

　2年生からは「多文化共生」の上位科目となる「課題研究」が始まるが、3年生との合同ゼミを基盤に、各自が研究課題を設定して先行研究分析や調査を進め、10,000字程度の論文を執筆する。「国際教養」では、ニュージーランド研修の事後学習及び台湾・バリ研修の事前学習を行うとともに、課題研究の手順や調査手法、研究課題についての知識を深める。

3年生の「課題研究」では、研究成果を発表、ゼミの2年生の研究の支援を行う。「国際教養」では、三修社の『CLIL GLOBAL ISSUES』を使用し、様々な社会課題について英語で議論したり、データを読み解いたりしている。

　また全学年がネイティブ教員による「English Presentation」を履修し、自己紹介から、会話、発表、議論、質疑応答と段階を追ったスピーキングや、課題研究論文発表に向けた要旨やスライドの作成等のライティングを学習する。

　これらの科目を基盤として国内外の課外活動を行うとともに、国内外の課外活動での経験により、科目における学習の深化を図っている。

4.2　課外活動：海外（海外研修）

　全校では夏季休暇中に2週間程度のオーストラリア語学研修、SSH事業では台湾、タイ、イギリスでの研修があるが、SGH事業では3つの研修を実施している。

　1つ目は、国際クラス1年時に行うニュージーランド研修で、エスニックダイバーシティや日系企業のマーケティング戦略、ソーシャルビジネス等についての講義を受ける（2～3週間程度）。2つ目は、国際クラス2年時に台湾かインドネシアバリ州のどちらかを選択して行う研修で、グループでの調査活動・発表・ディスカッションを行う（1週間程度）。3つ目は、SGH対象生徒の希望者から選抜のうえ行うカナダ研修で、講義の受講や探究活動を行いつつ、自ら新たなネットワークを構築する経験を重視する（1週間程度）。

　全ての研修は、授業及び課外に事前学習を行い、研修先に関する文献を読んだり、大学教員からの講義を受けたり、予備調査を行ったりする。事後には、報告書をまとめ、研修報告のプレゼンテーションやポスター発表を行う。これらの研修は語学習得を目的とするものではないが、ホームステイや探究活動を行うなかで英語をツールとする必要が生まれ、短い期間ではあっても参加生徒の英語を含めた様々な学習に対する意欲を高めている。

4.3　課外活動：国内（調査・フォーラム・発表）

　国内での課外活動は、フィールドワーク・フォーラム・研究発表会等を実施したり参加させたりしている。

　フィールドワークは1年生ではクラス全体で行うが、2、3年生ではゼミを基本単位として各自の研究課題に関する調査を行う。課題研究論文の作成に当たって

は、「足を使って学ぶ」ことを重視しているため、論文完成までに生徒1人あたり、8回程度のフィールドワークに出かけている。2017年度は県内の様々な企業・団体の協力により、67箇所で実施することができた。

また、月に1度土曜日には「グローバルサロン」という、ワークショップ型の学習機会をつくっている。起業家や国際機関職員等、様々な講師を招聘し、全校生徒・保護者・近隣の生徒たちが自由参加で集って話し合う。

その他、本校生徒のみが参加する生徒研究発表会や、名城大学のキャンパスで中部圏の高等学校や外国人学校を招いて開催するMeijo Global Festaがある。これらは生徒と教員の共同運営で進められ、Meijo Global Festaでは、名城大学の文系全学部の協力の下でグローバル課題について議論を行うフォーラム部門と、議論や課題研究の成果を発表するプレゼンテーション部門が開かれる。

さらに、SGH全国高校生フォーラムや、SGH甲子園、高校生シンポジウム等、他校等が開催するSGH関連事業や、各大学による英語プレゼンテーションコンテスト等、校外での活動機会は増えている。校内だけの活動で完結することのないよう指導していることもあり、生徒たちは積極的に参加している。

5. 英語力の育成

3年間で履修する英語教科目（コミュニケーション英語と英語表現）は、17単位〜22単位である。国際クラスでは、22単位の英語教科目と、「English presentation」や「国際教養」（3年生）での英語を用いた授業を行っている。

課外時間には、全学年が英単語やリスニング、速読、検定課題等を実施しており、多読やTEDスピーチの完全コピー等を行うこともある。授業や研究発表会で行う英語のプレゼンテーションも各生徒年間6回は超えている。課外活動は、国際クラス担任団が中心となって行うため、年度や担任の教科特性等によって程度の差はあるが、学年を越えて共同実施したり、他学年の前で実施したりすることで、生徒間で指導・継承する形が定着してきた。

また、英語の4技能等においては、Can doリストやルーブリックを事前に生徒に示し、長期的目標とそこから逆算した短期的目標を明確にして取り組ませるように心掛けている。結果として、例年、TOEIC L&Rでは1年生前期（4月〜9月）には平均300〜350点程度の生徒たちが、3年生になると650点程度を取得する（図

2)。実用英語技能検定においても、入学時に3級程度だったのが卒業時には準1級を取得する生徒が30〜40%となる(2017年度末の3年生取得率は46%)。

　目標が明確であること、TOEIC等の成果が見えやすいものが定期的にあること、縦の繋がりの深さから卒業生が現役生の、上級生が下級生の身近なロールモデルとなり、他学年との相互関係を保ちやすいことが、生徒自身が成長実感を育て、学習意欲を向上させていると推察している。

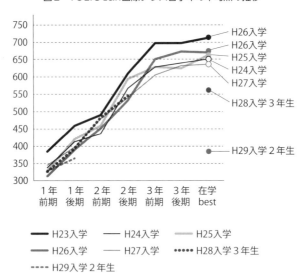

図2　TOEIC L&R国際クラス各学年の平均点の推移

6. SGT・グローバルパスポートを使った振り返りと課題

　SGH事業の取り組みの効果に関しては、春(4月)と冬(1月)に対象生徒全員が行う「スーパーグローバル・テスト」(以下、SGT)で測定している。SGTの質問肢は本校が設定したスキルとマインドセットの各因子とグローバルなキャリア設計に関する因子とし、選択肢は5段階の順序尺度を用いている。このSGTを中心とした調査や「グローバル・パスポート」によって生徒の変容をとらえ、それをもって取り組みの効果を確認している。

　国際クラス第3学年(2017年度)の変容については、SGTによると、以下の点が見られた(図3)。

図3　国際クラス第3学年　各因子のSGT結果の変化

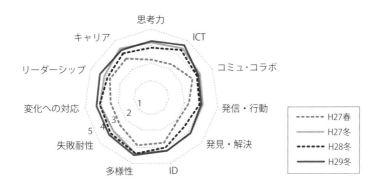

① 　1月の各因子の平均は4.3ポイントである。昨年1月と比較すると全ての因子のポイントが上昇している。t検定では「思考力（＋0.4）」、「ICT活用能力（＋0.3）」、「発見・解決（＋0.5）」、「リーダーシップ（＋0.5）」において有意差が認められた。（$p<0.05$）
② 　入学時から比較すると、平均して0.8ポイント上昇しており、全ての因子で有意差がみられた。特に「思考力（＋1.1）」、「ICT（＋1.3）」、「発見・解決（＋1.0）」が大きく上昇した。

この結果から、諸活動が生徒の向上実感につながっていることがわかる。

これらの向上実感を生んでいる活動は何なのか、「各因子の向上実感に影響したと思う活動」を聞いた調査からは、探究型授業の次に海外研修が影響しているという結果が出た（図4）。探究型授業と海外研修、フィールドワークは不可分の部分があるが、それらが総じて生徒のスキルとマインドセットの向上につながっている様子が見受けられ、それぞれの取り組みが一定の効果はあると考える。

また、本校のSGH事業では、グローバルパスポート制度を策定している。グローバルパスポートとは、パスポートを模したノートで、英語の資格取得、校外の大会等への参加、Meijo Global Festaの運営や参加等、各自の様々な取り組みの実績・成果を記録するものである。ゲーム的要素を取り入れ、記録する実績や成果は、付与されたマイル数に換算していく。年度末にはクラス・学年を通して

第2部　大学・高校におけるグローバル教育の実施状況

図4　国際クラス第3学年　各因子の向上実感の要因

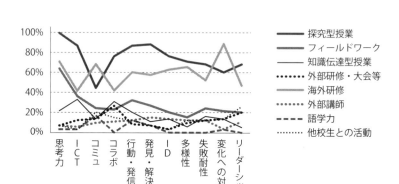

集計結果が発表され、マイルを貯めることを楽しんでいる生徒の姿も見られる。

　本事業では、生徒自身が自分の状態を客観視し、目標を再確認する振り返りを重視している。その一助として、SGT等の結果を生徒にフィードバックしたり、グローバルパスポート制度を活用したりしているが、生徒の実感が伴っていかなければ、振り返りによる意欲喚起は少ない。今後、改めて失敗経験と成功経験のどちらをも生む工夫や、取り組み内容の精選・構造化をしていきたい。

　また、国際クラスでの実践を基に、その要素を校内にどのように普及・展開するかが喫緊の課題である。一般進学クラス文系では、一部、体験学習型の修学旅行や「グローバル概論」、「課題探究」等の授業を設定し、その要素を導入し始めているが、生徒の意欲が高まり、よい循環が定着するには、3年間を見通したゴール設定と段階的な学習内容を可能とするカリキュラム設計、授業や課外活動における仕掛けが必要である。

（名城大学附属高等学校　教育開発副部長（SGH担当）　羽石優子）

大阪府立箕面高等学校

公立高校における真のグローバル人材育成の試み
～公立高校における英語四技能を軸とした学校改革～

1. 基本情報

学校名	大阪府立箕面高等学校
所在地等	〒562-0004 大阪府箕面市牧落4丁目8-66 （代表）072-721-7091 http://minoh-high.sakura.ne.jp/
学部・研究科、学生数等	約1,200名（1学年400名定員）
留学生数	1～3名（例年）
派遣学生数	2～6名（例年）
海外協定校数	なし
国際部の業務内容	海外大学への進学サポート 受け入れ留学生の対応 海外短期研修・国内研修の設計
国際関係職員数	教員3名
派遣留学生の単位認定等	高校にかかる一般的な留学制度（一年留学の場合、一定の成績に応じて、校長が単位認定を行う）

1. 当時の状況と課題

　大阪府立箕面高校は、地域の公立の中堅進学校であり、地域の4番手校で学校の平均偏差値は50（河合塾）と、いわゆる「普通の公立学校」であった。国際教養科を有しているが、中身は20年前の「国際交流」が基軸であり、第二外国語の時間数が多いだけで何の特色もなく、少しだけ英語が強い、という状況であった。

校内の状況は好ましいものではなく、公立の中堅校で良く見られる「温泉学校化」が典型的に起こっており、教員同士の人間関係は極めて悪く、各所で好ましくない状況にあった。また、管理職と現場の先生方の関係も良くなく、コミュニケーション不全が起こっていた。

この「特色のない公立高校」「教員の人間関係が悪い」「温泉学校」に「最年少の民間人校長」が着任することとなったため、当初は強力な反発があったことは、想像に難くないだろう。

2. 大阪府のプロジェクト

平成26年度より大阪府のプロジェクトとして、「骨太の英語力養成事業（平成26年～平成30年）」が始まった。目的は、英語圏の大学進学レベルの英語力の養成であり、測定方法はTOEFL iBTを利用し、当初の目標は各高校で80 overを5名以上、60 overを42名以上と極めて厳しい数値目標が設定された。また各学年2単位（3ヵ年6単位）を設定するなど、各学校の教育課程表を改編し、英語四技能を定着させるための授業を展開すること、と大阪府教育委員会が強力な指導力を持って各学校の教育内容の改編を要求するなど、斬新な政策的教育内容でもあった。対象校は府内に17校あり、①GLHS（Global Leaders High School：大阪府教育委員会が指定するいわゆる「トップ10校」）、②国際科を有する学校群の中でも比較的英語が強い5校、③学校が手を挙げた2校が指定された。また、当該学校には、TOEFL iBTなどに対応可能な英語四技能型授業を展開するために、特定任期付英語教員（SET：Super English Teacher…3年任期のエキスパート、教員免許不要で特免を発行する）が、英語の授業をするのみならず、英語四技能のカリキュラム・教材作成やグローバル人材の育成のための教育手法の拡充などが目的として各校に配置された。

上記のように、日本において、ここまで教育委員会が主となって、英語教育の改革に乗り出したのは、極めて珍しい。この動きを最大限活用し、箕面高校の経営に乗り出した。

3. 基本的な経営哲学とグローバル人材の育成方針

　上記1より、極めて困難な状況よりスタートすることとなった。また、学校のみならず、現在の日本においては、「何をやってもうまくいかない」「そもそも日本人に英語四技能は無理」などというネガティブな雰囲気が漂っている。

　この現状を全て打破する必要があったため、私の経営哲学として「チャレンジ」を常に中心においている。松下幸之助がかつて「ほなやってみなはれ」と言ったように、全ての責任は校長に集中させ、生徒に大きな問題が起こらない限り、全てのチャレンジを認め、成功すれば生徒・先生方の功績であり、失敗すれば校長の命令でチャレンジしたのであるから、それは校長の責任である、と明確に示した。

　またPDCAサイクルもやめた。綿密なPlanを作っている間に状況やマーケットは変化しているため、まずはDoをして、Do→Check→Action→Reflectionというサイクルをスピードを上げることを重視した。そのため、本校においてはPDCAではなく、DCARを基本行動としていた。

　そして、校内におけるコミュニケーション不全などが起こっていたため、トップダウン型のリーダーシップではなく、サーバントリーダー・ボトムアップ型リーダーシップをとり、ヒアリングベースで生徒・先生方の「困っていること」「やりたいこと」を吸い上げ、それを学校経営の方向性と紐づけることで、強力なチームになるように動かしていった。

　そもそも「グローバル人材」とは、「カルチャーコンフリクトを解消し、文化的多様性が高い集団をチームとして導くことができる人材」だと私なりに定義付けている。これは、Ivy Leagueなどのトップの大学群においても共通するグローバル人材像である。また、最先端の教育を行っていると言われているThink Global SchoolやMinerva School at KGI、最先端の企業経営を進めているGoogleやFacebook、Alibabaにおいても、同様のことが言える。

　そのような真のグローバル人材育成は、学校や所属する教員が生徒たちへ働きかけるだけでなく、所属する教員自身もグローバル人材に変化しようとしなくては達成することはできない。そのためには、他人事ではなくオーナーシップを持ち、チームの構成員として貢献することを認識する必要がある。よって、研修を受けるなどという受動的な関わりではなく、チームの構成員のOJTも兼ねた協働開発型の経営が必須となり、生徒たちに先生方のそうした姿を見せ続けることも

重要な要素だと考えている。

4. 具体的な方法

上記で述べたチーム構成員のOJTも兼ねた協働開発型の経営を実現するには、①絶対的な戦力不足、②実現がほぼ不可能なタスク、③物理的な仕事量の多さ、などから学校単体の持ちうる戦力では実現が不可能であると考えた。一方で、「普通の公立学校」で真のグローバル人材育成や、日本中が諦めている英語四技能の授業開発を達成できれば、日本の救世主になれる、と教職員・生徒たちと共有し、外部企業と本校教員とのコラボプロジェクトを始動させた。

戦略の基本は、総花的に大風呂敷を広げるのではなく、「一点突破・全面展開」を基本とし、着実に一つずつ達成し、それを横展開するように仕掛けていくこととなった。詳細は以下のとおりである。

① ベルリッツとのコラボ授業(2016〜2017年)

　…TOEFLに対応した土曜特設講座の開設。協働開発を行う。真の目的は、テスト対策ではなく、アカデミックスキルを中心とした海外大学で授業が受けられるだけの基本的なスキル・マインドセットの定着である。そこにツールとしての英語をTOEFL iBTを素材に展開した。そのため、参加教員は英語科のみならず、全教科の中から有志の先生方が参加した。

② スカイプ英会話の設定

　…テストによる強制的な動機付けから脱却するために導入する。導入当初は、50分の授業の中に、定期テスト直後にテスト内容をフィリピンの先生方に伝えることとともに、フリートークを設定した。生徒たちは、語彙力と英語を話す経験が不足しているため、当初はほとんど会話することができなかった。しかし、「もっと話をしたい」という気持ちから、単語学習を積極的に進め、"mikan"などの語彙学習アプリケーションの利用などもあり、会話力が急速に伸びただけでなく、英語の検定・模擬試験の成績も急速に向上していった。

③ ホワイトボードミーティング

　…英語のみならず、グローバル人に必要な力の一つとして、健全な議論の展開がある。日本の議論は極めて属人的であり、「何を言ったか」より「誰が言ったか」が重視される傾向が強い。この状況を脱却するために、ホワイトボー

ドを学校中に導入し、議論を属人化するのではなく、書いた内容に注目することにより「何を言ったか」を重視するようにした。意識の変化に対するこのような働きかけにより、個人の哲学が深まるだけでなく、他人の意見を尊重し、アイデアを計量判断し、統合する能力が向上していった。

④ 海外短期留学のあり方

　…「2週間」「ホームステイ」「語学留学」は時代遅れである。英会話はスカイプでも十分達成できると判断し、それよりも課題に対して積極的な解決策を提案できる人材の育成を主軸とする。特に「世界を救う勇者」、つまり自分と周りに変化を起こし、社会をより良い世界に導くことができるイノベーターこそがグローバル人材のゴールである、と仮説を立て、それを実現するためのプログラムに変更した。

　MIT Entrepreneurship Centerと強力なコネクションを持つ、Taktopia. Coの長井悠氏、白川寧々氏に協力を仰ぎ、研修を行うことになった。内容は、MIT Entre-Cが開発した"24steps"を元にした内容を日本の高校生版に改編し、最終的には参加する高校生がビジネスピッチ形式のプレゼンテーションをするまでに昇華させる、というものである。

　また、経済的な状況から、海外研修に参加できない生徒のために、国内キャンプも実施した。これは、海外のトップ大学の学生とTOK（Theory of Knowledge）などのメソッドを活用した協働研究型のプレゼンテーションを行う、といったものである。

　これらの研修を受けた生徒は極めて積極的な行動を起こすようになり、自ら学校経営に参画する生徒や海外大学へ進学する生徒が多く輩出されることとなった。

⑤ 図書館のワークショップ空間への変更

　…図書館の稼働率が低く、蔵書の閲覧数も少ない状況であった。また、上記の活動により、学校全体でワークショップスタイルの授業展開することを望む先生方が増えてきた。そのため、大阪府の学校経営推進費という事業に応募し、図書館の大規模改装を行うこととした。ICTにこだわらず、ワークショップがしやすく、より積極的な議論がしやすい空間を設計することとした。Stanford大学のD-Schoolの哲学を元に設計した。稼働率は80%に近づくレベルにまで発展することに成功した。

5. 成果

　上記の活動により、箕面高校は大きく成長することとなった。具体的な数値の変化としては以下のとおりである。

① TOEFL iBTスコアの推移　　　平成26年80 over：0名、60 over：1名
　　　　　　　　　　　　　　　　平成28年80 over：4名、60 over：20名
② 進研模試の英語の偏差値推移　65 over 平成26年：10名 → 平成28年：43名
③ 海外進学結果　　　　　　　　平成26年：0名 → 平成28年：36名
　　　　　　　　　　　　　　　　特に世界トップの大学に多数合格（ミネルバ大
　　　　　　　　　　　　　　　　学など）
④ 国内大学進学の変化… 同志社大学　平成26年：20名 → 平成28年：63名
⑤ 募集状況の改善…　　　国際科の倍率　平成26年：2.4倍 → 平成28年：4.5倍

6. 今後の展望

　この3月で箕面高校を退官し、現在は武蔵野女子学院中学校・高等学校の校長に着任した。

　私の日本における個人的なプロジェクトであり、ライフワークは、以下の3点である。

① 英語四技能のトータルパッケージ化

　　…いまだ中学・高校の教育現場において、海外経験のない日本人に対する英語四技能の教育を、学校全体の仕組みとして成功した例がない。おそらく箕面高校が唯一の成功例であろう。このスキームを一教員レベルの手法論ではなく、学校経営的な側面から全国に広げていくことが私の使命だと思っている。

② 海外進学ノウハウの頒布

　　…アメリカのトップ大学へのエッセイ指導ができる人が、この国にはほとんどいないことが分かった。英語力がある、というレベルではなく、哲学的な部分での学習があまりにも貧弱であることに強い危機感を覚えている。「英語を話せても、国際会議で話ができない日本人」からの脱却こそが、本来めざすべきグローバル人材である、と感じている。

③ 短期留学のあるべき姿

　　…1980年代の"Japan as No.1"の時代に作られた「国際交流」という日本

が極めて優位な時代からの脱却をめざし、一から学ぶ姿勢をつけ、世界に貢献する人材を育成することこそが「真なるグローバル人材の育成」だと感じている。そのためにも、今の中高生の短期留学からの脱却をめざし、世界の最先端に送り込むことが重要だと思っている。

7. 最後に

「そもそも『学校』とは何をするべきところなのか？」が今問われるべき時代が来たのではないか？と考えている。18～20世紀の「学校」が持つ社会的要請と意味は、忠良なる「工場労働者」の育成であった。そのため、いわゆる「Fixed Mindset」が重視され、産業化時代の工業社会に最適化された人材が育成されてきた。

これに対し、21世紀の「学校」が持つ社会的要請と意味は、まったく異なると言って間違いない。特に先進国において、その動きが顕著である。中でも「Growth Mindset」と言われる、現状を打破し、ブレイクスルーし、またカルチャーコンフリクトを解消し、多様な価値観を受容することのできる人材が「グローバル人材」だとされ、極めて重宝されている。

しかし、学校現場はいまだ「Fixed Mindset」が基本であり、調教的側面が極めて強く残っている。私の使命は、21世紀の「学校」に求められる「Growth Mindset」を基本とした、現代における真のグローバル人材を育成する動きに近づいていくことである、と感じている。ぜひ、この事例や哲学に共感される方々と協働でチャレンジをし、この変化の激しい時代と状況に対して一緒に「ワクワク」できれば幸いだと感じております。

（箕面高等学校前校長、武蔵野大学中学校・高等学校校長　日野田直彦）

第2部 大学・高校におけるグローバル教育の実施状況

中村学園女子中学・高等学校
グローバル人材育成の試み

1. 基本情報

学校名	中村学園女子中学・高等学校
所在地等	〒814-0103 福岡県福岡市城南区鳥飼7-10-38 （代表）092-831-0981　　http://nakamura-njh.ed.jp/
科・生徒数等	全日制普通科1,385名（中学：113名、高校：1,272名）
留学生数	7名（2017年12月20日現在）
派遣生徒数	0名（2017年12月20日現在）
海外提携校数	5校
国際交流事務室等の形態	・国際化教育推進委員会が留学生の受入や海外提携校との交流を推進する。 ・SGH委員会が「食のサミット」関連業務を行う。
国際交流関係職員数	専任職員1名
留学生奨学金等	特になし
派遣生徒支援制度等	現地提携機関が支援する。
派遣留学生の単位認定等	事前に留学プログラムの承認を受け履修が証明された場合は、文部科学省が認める36単位までを認定する。

＊以下は、「スーパーグローバルハイスクールSGH」構想調書とSGH指定3年目を終えてのデータを基に記載。

2. グローバル人材の考え方

　本校が考えるグローバル・リーダーとは、日本人としての自覚を持ち、①地球規模の課題に対する幅広い関心を持ち、自主的に学習し教養を深めることができ、②多様性を認めながら、主体性を発揮できるためのコミュニケーション能力を持ち、③自ら課題を設定し、他者と協働して解決にあたることができる資質を持つ人材である。

3. 本校におけるグローバル人材の育成

　本校が考えるグローバル・リーダーに必要な資質を、「食」という地球規模の課題に対し、国内外の機関と連携して解決に取り組むことを通じて育成する。併せて、グローバル・リーダー育成のために必要な教育課程、ルーブリックによる評価法等を開発する。

3.1　課題研究内容

　知徳を備えた女性を育てることを理念とした本校のこれまでの取り組み・強みを生かし、「食と栄養」「食と経済」「食と社会文化」「食と環境」という4つの食に関わるテーマに生徒が取り組む過程で、グローバル・リーダーに必要な素質を身につけさせる。

［1］実施方法・検証評価

　高校1年次は、生徒に対して「グローバル・マインドの醸造」と「広範な知識の獲得」を中心に行い、高校2年次以降のグローバル・リーダー養成のため新たに設置するクラス(SGクラス・40名)の準備を行うものとする。
　具体的には以下の通り。

①グローバル・マインド醸造のため、連携大学の留学生等のべ50名と実施する宿泊研修や10日間にわたる海外研修において多様な文化に触れたり、ディスカッション等を行う機会を設ける。

②広範な知識の獲得のため、連携する国際機関や大学等から専門家を招聘し、「食」に係わる様々な講演を実施する。

③いずれの取り組みもインプット中心で終わらぬよう、英語によるプレゼンの実施など、必ずアウトプット的な取り組みを並行して実施する。

第2部 大学・高校におけるグローバル教育の実施状況

④総合学習の時間や学校独自科目の設定、教科横断型のカリキュラムなど、グローバル・リーダーを育成するための専門の正課クラス（SGクラス・40名）を開設する。

⑤SGクラスではアクティブ・ラーニングや教科横断型の取り組みを行っていくことから、教員の指導力養成を高大接続で実施し、また教員に対する指導方法や評価方法の確立と充実を図るべくルーブリックを作成する。

⑥なお、検証評価については生徒に対するアンケート調査によって意識変化等を定性的・定量的に測定するものとする。また、英語力向上については高校卒業時にCEFRでB1～B2レベルの獲得を目指し、客観的な評価を行う。

⑦そのほか、検証評価についてはルーブリックを策定することから、当該ルーブリックに則した検証評価を実施していく。

[2] 必要となる教育課程の特例等

　「総合的な学習の時間（2単位）」を学校設定科目「探究科（2単位）」に代替する。適用範囲は高校2・3年次にSGクラスに在籍する生徒40名とする。単位認定（2単位）を行う。

3.2　課題研究以外の研究開発の内容・実施方法・検証評価

　日本人としての自覚の養成するために、日本史・家庭科・道徳・茶道を通じて、日本の歴史や文化・生活様式について学ぶ。これを留学生や姉妹校生徒に英語で伝える機会を設ける。

3.3　グローバル・リーダー育成に関する環境整備、教育課程課外の取り組み内容・実施方法

　高校1年生で海外留学生と英語でディスカッション・プレゼンを行うグローバル・キャンパスや、高校1・2年生で海外フィールドワークを実施するなど、グローバル・リーダー育成に関する課外の取り組みを実施していく。

　また、高校3年生では連携する国際機関・企業・大学等と「食のサミット」を開催し、地球規模での課題を模擬国連方式で議論し、そのまとめを国際連合世界食糧計画WFP協会に対して提言を行う。

◎「食のサミット」について

　3年間の集大成と位置づけた「食のサミット」は、世界中の中高校生に「食」

に関連する諸問題とその解決策を考えてもらい、関連する国際機関に提言を行うことを通じて世界の平和と安定に貢献する姿勢を育てることを目的として実施した。ICTを利用した予選には7ヶ国27チームの参加があり、その中から5ヶ国6チームが福岡国際会議場で行われた本選に出場した。英語でのプレゼンテーションコンテストの結果、マレーシアのジョホールバルから参加した本校の姉妹校であるスルタン・イブラヒム・ガールズスクールが優勝したが、どのチームのパフォーマンスも素晴らしく、一般来場者からも称賛の言葉が相次いだ。発表や司会進行そして裏方としてサミットを成功に導いた本校生の姿に、大きな成長を感じた。また、前日に参加者全員で提言書をまとめる準備作業を英語で行ったが、私たち教職員が当初抱いていた不安に反して、生徒たちは予定時間を超過するほど積極的に意見を出し合っていた。「食のサミット」は、今後も継続し実施する予定である。

4. 留学の効果

　在学中の海外留学及び卒業後の海外。進学を勧奨する。そのために、カナダ・アメリカ・オーストラリア・ニュージーランドの各教育機関と提携した。

　また、海外からの留学生を積極的に受け入れることで、多様性を日常のこととして感じられる環境を作る。

5. 外国語（英語）能力をどう向上させるか

　高校2・3年生での全ての英語授業をティームティーチング（TT）で行い、ディスカッション・ディバート・プレゼンテーションを実施する。CEFR：B1〜B2レベルをSGクラス全員が達成する。

◎SGクラス一期生の英語力について

　今年度の3年SGクラスの卒業段階でのCEFRのB1レベル達成率は77％であった。目標値の100％には到達しなかったが、昨年度（2年次）の段階で44％であったことを考えると、飛躍的な上昇である。これは探究科をはじめとする学習活動の成果と英検及びGTECの対策講座を充実させたことによる成果と考えられる。また、学校全体でも、CEFRのB1レベル到達者が、昨年度の37名から今年度は

第2部　大学・高校におけるグローバル教育の実施状況

84名と倍増しており、本事業での取り組みが学校全体に波及し良い効果をもたらしている。

6. 留学促進の課題

　最大の課題は、留学費用である。留学には多額の費用が必要であり、高い学力と意思があっても断念せざるを得ない生徒が多い。

　今後は、提携校との交換留学や無償留学制度の構築が必要である。

7. 協定締結、生徒交流の"ノウハウ"

　この数年間でアメリカ・中国・マレーシアの各校と姉妹校等の提携をすることが出来た。交流が中断される場合もあり、より多くの提携先が必要だと感じる。

　また、平成29年度に行った「食のサミット」は準備段階ではいろいろな困難と不安があったが、実施したことで生徒たちが大きく成長したことが最大の成果だった。今後も継続していくことで更なる成果が得られると確信している。

8. SGH指定3年目を終えて

　SGH指定から3年目を終えて、いろいろなデータを蓄積することが出来た。その中に「SGH事業効果検証　生徒の意識調査」（別紙1）があるが、これを見るとグローバル化やコミュニケーション能力に関する項目を始め各項目で生徒の意識の変容がわかる。また、その意識の変容は行動にも表れており、国内外に関わらず自主的に外部団体が主催する各種研修に参加し、能力の研鑽に努めている。SGH事業がもたらした大きな成果である。以下は、それらの研修の一部である。

■「トビタテ！留学JAPAN」　　■ エクアドル長期留学
■ バレエ研修（ロシア）　　　　■ オーストラリア短期留学
■ カンボジアワークショップ　　■ グローバル人材育成キャンプ
■ TOKIHAキャンプ　　　　　■ 高校生サマーキャンプ（朝鮮奨学会）

中村学園女子中学・高等学校

- バンコク青少年派遣プログラム
- アメリカンビレッジ
- 県私学振興会主催 TOEFL 講座
- 県主催高校生イングリッシュキャンプ
- UC バークレー主催サマーキャンプ
- 英語暗唱スピーチコンテスト
- APCC グローバルブリッジリーダートレーニングキャンプなど

（中村学園女子・中学・高等学校 校長　安達一徳）

高
等
学
校

現場からの追加報告

グローバル人材の育成にかかる費用を
どうマネージするか？

はじめに

　できるだけ早い時期に外の世界を見てほしい。海外留学、海外ボランティア・インターンシップ等を通じて視野を広げ、自分の殻を破って国の内外で活躍できる人材になって欲しい。そんな思いを持っている高校や大学は多いはずである。また、そのために数多くの留学プログラムや支援策を用意している高校・大学も少なくない（図1）。

　しかし、高校・大学のグローバル教育関係者の多くが共通して指摘されるのは、高額にのぼる留学費用の問題である。私立学校であれば、高校の場合でも学費は全国平均で728,280円（入学金を含む初年度生徒等納付金、2017年度、文部科学省）。大学であれば国立文系でも全国平均で538,294円（入学検定料・入学料・授業料、2017年度）、私立大学（文系）ともなれば、1,316,816円（入学料・授業料・施設設備費、2016年度）に及んでいる。この上、さらに海外留学費用を捻出することは決して容易なことではない。

　このことから、多くの生徒・学生が、留学の意思もあり、その能力も十分に備えているにもかかわらず、留学を断念する事例も少なくない。そこで、ここでは大学に焦点を絞り、(1)留学（海外ボランティア、インターシップ等も含む）には、どのような形態があり、(2)一体どのくらいの費用がかかるのか、(3)留学を支援

図1 「高校教師：生徒の留学を応援したい」

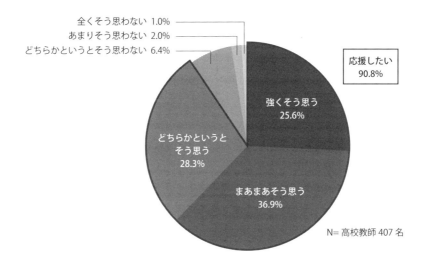

(出所)「トビタテ！留学JAPAN」「高校教師と留学に関する意識調査」(2018年7月5日)
https://s.resemom.jp/article/2018/07/06/45497.html

する奨学金や助成金（公的支援、各種民間団体による助成制度、学校独自の助成・支援制度）にはどのようなものがあるのかを、できるだけ包括的に示してみたいと考えている。

留学等の形態とその経費

短期留学の場合

　日本では、「留学」といえば短期の語学留学（多くの場合、英語能力の向上を狙った）を意味することが多かった。データが手に入る2016年の時点においても、留学者総数96,641名（JASSO, 2016）の内、実に60,145名（62%）が1ヵ月未満の短期留学であり、そのほとんどが語学研修・文化体験、海外ボランティア活動等だといってよい（JAOS, 2016）。

　表1は筆者が所属する明治大学における短期留学プログラムのごく一部を、プログラムの内容、派遣国、派遣期間、単位付与の有無、費用などを大学の公開データをもとにまとめたものである（さらに詳しくご覧になりたい方は、

第2部　大学・高校におけるグローバル教育の実施状況

http://www.meiji.ac.jp/cip/prep/6t5h7p00000hgufe-att/webGuide_to_SA_
2018_0327.pdf を参照）。

表1　明治大学における短期留学の形態と費用（一部抜粋）

主催	プログラム名	派遣国	単位付与	留学期間	概算費用
国際教育センター主催短期留学プログラム	夏季海外研修 春季海外研修	カナダ，イギリス，フランス，オーストラリア，アメリカ，ニュージーランド，スペイン，中国	2単位	3～4週間	34万～60万円
法学部	ケンブリッジ大学コーパスクリスティー・カレッジ夏季法学研修	イギリス	4単位	4週間	34万～54万円
商学部	EBAプログラム（マッセイ大学）	ニュージーランド	2単位	3週間	45万～50万円
政治経済学部	ノースイースタン大学短期留学プログラム	アメリカ	4単位	3週間	57万円
文学部	パリ・ディドロ大学短期留学プログラム	フランス	2単位	3～5週間	40万円
農学部	国際的農業文化理解（ミシガン州立大学）	アメリカ	1単位	2週間	40万～45万円
経営学部	International Business Program	アメリカ	3単位	4週間	55万～70万円
全学部共通科目	短期東南アジア実習ボランティア	タイ	1単位	2週間	27万円
理工学部	国際実習タイプログラム	タイ	1単位	10日間	12万円
情報コミュニケーション学部	アセアン学生交流プログラム	タイ	2単位	2週間	14万円
国際日本学部	海外ボランティアプログラム	インドネシア	2単位	3週間	28万円

（出所）http://www.meiji.ac.jp/cip/6t5h7p000001exav-att/6t5h7p00000qn2ls.pdf

この表を見て分かるように、短期プログラムの多くは語学・文化研修、集中講義、ボランティア・プログラムであり、期間は短いもので10日間、長くても4週間前後というものが多い。派遣国は様々だが、ボランティア活動は、インドネシア、タイといった発展途上から中進国、語学・文化研修、集中講義は、アメリカ、イギリス、カナダ、フランス、オーストラリア、ニュージーランドなど先進工業諸国に集中している。単位も、滞在期間と研修内容によって異なるが、概ね1単位から4単位の範囲で付与されている。当然ながら留学の費用は、派遣先が先進工業諸国の場合より発展途上国、中進国の方が安く、滞在期間が短い方が安くなる（滞在先での移動を伴う場合には割高になる）。しかし、最も安い短期実習プログラム（10日間）でも12万円、3〜4週間の外国語・文化研修、集中講義ともなれば、その費用は34〜60万円（大学授業料の1/3から2/3）にも及ぶ。費用が10万円程度であれば、アルバイトなどで資金を調達することも可能だが、30万円超えるとなると二の足を踏む者も少なくない。

　こうした大学等高等教育機関が行う短期留学についても公的な支援がないわけではない。たとえば、日本学生支援機構（JASSO）による「海外留学支援制度（協定派遣）」が代表的なものであり、派遣機関（大学等）が協定を結んだ海外の高等教育機関に学生を派遣（8日〜1年以内）し単位認定を行う場合には、派遣地域によって月額6〜10万円が給付（https://www.jasso.go.jp/ryugaku/tantosha/study_a/short_term_h/__icsFiles/afieldfile/2017/09/05/yoko_haken.pdf）される。ただ、この奨学金は競争的資金であることから、申請の段階で魅力的なプログラムを提示する必要がある。この奨学金は、学部・研究科単位のプログラムでも大学全体のプログラムでもよいが、申請そのものは大学単位であり、申請できるプログラム数も1機関35プログラムに制限されている（2018年現在）。明治大学の場合、2018年度採択プログラムは26プログラム（採択率は74％）で、約1億7000万円の援助を受けている。

　しかし、JASSOの奨学金はいわば競争的資金であって、こうした公的資金だけを期待してプログラム運営を行うわけにはいかず、学生に相当程度の負担を求めざるを得ない。このため、独自の助成制度を用意している大学も少なくない。本学では2018年度からOB/OGからの寄付金（「未来サポーターズ募金」http://www.meiji.ac.jp/bokin/supporter.html）を原資とした「国際化サポート留学奨励金」を設置して、全学レベルの短期留学プログラムについては助成を行ってい

る。また、各学部・研究科も自らの短期プログラムについては、一人当たり5〜10万円の助成金を用意しているところもある。

中・長期留学の場合

　しかし、留学期間が4ヵ月を超える中・長期の留学（1〜2セメスター以上）になると、滞在費用もかなりの高額にのぼる。大学によって名称は異なるが、①大学・学部・研究科間の協定によって行われる「**協定留学**」と、②学生自らが留学先を見つけ、所属する学部・研究科の承認を得て行う「**認定校留学**」の二種類がある（名称は明治大学におけるものを用いた）。さらに細かく見ると、①の「協定留学」の中には双方向で学生を交換し、お互いに学費を免除する「**学費免除型協定留学**」と相手先の大学での学費を負担する「**学費負担型協定留学**」がある。従来の「協定留学」は「学費免除型協定留学」が主流であったが、アメリカを中心に（昨今ではヨーロッパでも）学費負担を求める「協定留学」が急速に増加している。

　この背景には、海外における高等教育機関の学費高騰という背景がある。図2は2017-2018年学期におけるアメリカの短大、4年制大学の学費を示したものであるが、私立の4年制大学であれば、年間4万ドルから5万ドルの学費は普通という状況にあり、①日本の大学の学費に比べてかなり高額になっていること、②日

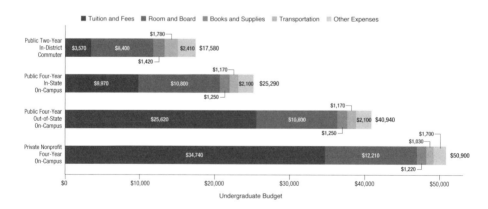

図2　Average Estimated Undergraduate Budget: 2017-2018

Source: https://trends.collegeboard.org/college-pricing/figures-tables/average-estimated-undergraduate-budgets-2017-18 (College Board, 2018).

本からアメリカへの留学希望学生に比べて、アメリカから日本への留学希望者が少ないために、もはや日本からの交換留学生の学費を免除することが社会的に正当化できない状況が生じている。ヨーロッパでも、フランスやドイツを除けば、「協定留学」は学費負担型へと急速に移行しつつある。

　こうした状況の中で中・長期留学は、それが「協定留学」であれ「認定留学」であれ、これまで以上に学生（家庭の）資金的な負担が増加する傾向にあるといってよい。こうした状況に対応するため、多くの大学では留学中の学費減免措置や留学助成制度（奨学金制度）を導入している。ここでは明治大学の事例を取り上げて説明してみたい。

A. 「学費免除型協定留学」の対象校に留学した場合には、本学の学費を納入するだけで相手方の学費を支払う必要はない。それでも、寮費、図書、生活にかかる費用は自己負担となりその費用も大きいことから、GPA基準等をクリアした学生については成績順で、①「外国留学奨励助成金」（海外留学経費助成、最大30万円）が予算の範囲内で支給される。

B. 「学費負担型協定留学」の対象校に留学した場合には、②「外国留学奨励助成金」（海外留学授業料助成、最大で本学の授業料相当額）が給付される。

C. 「認定校留学」の対象者には、②の「外国留学奨励助成金」（海外留学授業料助成）が適用される。（**A・B・C**合わせて300名前後）。

D. 世界のTop Schoolへの入学が認められた学生については、その学費が極めて高い水準にあることから、1学期につき最大300万円（実費ベース）で助成する「**海外トップユニバーシティ留学奨励助成金S**」（2018年度は、スタンフォード大学：International Honors Program（IHP）、ペンシルバニア大学：International Guest Student Program（IGSP）とPenn Summer Global Institute（PSGI）、LSE：Summer Session Program、ケンブリッジ大学：The Pembroke-King's Summer Programme（PKP）、ハーバード大学：Summer Schoolが対象で5名程度。2018年度実績は7名）が用意されている。

E. その他のSummer Sessionや、ダブルディグリー（本学と海外大学の学士号）、デュアルディグリー（本学の学士号と海外の修士号）を目指す学生を対象とした1学期につき最大100万円（実費ベース）を給付する「**海外トップユニバーシティ留学奨励助成金A**」があり、2018年度は、UCB、UCLA、UCI、UCDの各Summer Sessionとアリゾナ州立大学デュアル・ディグリープログラム、ノー

スイースタン大学ダブル・ディグリープログラム（政治経済学部）、ヴィクトリア大学デュアル・ディグリープログラム（経営学部）、テンプル大学デュアル・ディグリープログラム（全学）が対象になっている。

DとEの総額は毎年5000万円で、受給予定者数は合計40名となっている。

その他の助成金・奨学金

以上のような大学独自の助成金の他にも、どの高等教育機関でも申請できる、①JASSOの「海外留学支援制度（協定派遣）」、②官民協働プロジェクトである「トビタテ！留学JAPAN日本代表プログラム」（高校生プログラムもある）、③外務省による対日理解促進交流プログラム「カケハシ・プロジェクト」等がある他、外国政府、各自治体、民間の団体による海外留学助成・奨学制度が存在している。JASSOの「海外留学奨学金パンフレット」には、次の4つのカテゴリーで、留学奨学金が紹介されている。

①JASSO関係：http://ryugaku.jasso.go.jp/datas/master_publication_pages/pdf/020170921164349_Jwji.pdf

②地方自治体：http://ryugaku.jasso.go.jp/datas/master_publication_pages/pdf/020170921164349_dZ238.pdf

③外国政府：http://ryugaku.jasso.go.jp/datas/master_publication_pages/pdf/020170921164349_h7nHU.pdf

④民間団体：http://ryugaku.jasso.go.jp/datas/master_publication_pages/pdf/020170921164349_Xtksr.pdf

結びにかえて：大学の規模・所在地・特色を踏まえた留学戦略

ここまで、様々な留学プログラムのあり方や、これを支える助成制度のあり方をできるだけ包括的に眺めてきた。その理由は、そもそもどのような留学形態があり、どの程度の費用がかかり、どのような財政的支援制度があるのか、そのオプションをできるだけ細かく示したかったからである。

とは言え、すべての大学（高等教育機関）が、あらゆる形態の留学プログラムを準備できるとは限らないし、それが望ましいとも思えない。また、大規模な大学のほうが常に有利だともいえない。大規模大学には大規模大学なりの悩みがある。

大規模になればなるほど、学生と教職員との間の距離は遠くなり、小規模・中規模大学であれば可能な、学生とのコミュニケーションは薄くなりがちである。また、それぞれの大学にはそれぞれの建学の理念があり、どのような人材を生み出そうとしているのかについても、異なった理念や目的がある。さらには、大学の所在地によっては、特定の地域（たとえば、九州なら韓国・中国・東南アジア、北海道ならばロシア）とのつながり中で留学戦略を考えた方がよい場合もある。あるいは、大学が立地する地域の産業界の動向と連動して、留学戦略を考える方が有効な場合もあるだろう。外国語系大学、理工系の単科大学、医科大学、教育系大学のように、大学の性格に即した留学戦略が求められる場合もある。結局、"One-Size-Fits-All"（万能な）留学戦略などはなく、それぞれの大学が自らのニーズに合わせて、様々な留学オプションを"tailor-made"で作り上げるしかない。

（明治大学 国際担当副学長　大六野耕作）

グローバル人材育成に求められる発音教育とは
英会話型発音練習の実践報告

1. はじめに

　2020年の東京オリンピックを目前に日本の英語教育もグローバル化に大きな影響を受けて様々な変化を強いられている（文部科学省2011；経済通産省2011）。グローバル人材を育成する上で、国際語としての英語でのコミュニケーション能力をつけることが急務の課題となってきた。相互理解には発音の正確さが重要である。筆者は大学の一般教養英語のクラスで英語の発音指導を、従来の方法からアクティブラーニング形式の実践コミュニケーションレベルでの習得練習にシフトしている。本論ではその一例を紹介する。

2. 共通語としての英語とその発音

　藤原（2015）が述べているように、英語発音教育が今、アメリカ英語・イギリス英語の正しい発音の習得から明瞭性（intelligibility）重視へとシフトしつつある中で、グローバル社会における日本人の英語の発音と発音教育のあるべき姿に関して、文部科学省の提言する改革や取り組みに具体案はない。

　篠崎（2015）によると、中学校英語学習指導要領（2008）では超分節的特徴を捉えた「正しい発音をする」と記されてはいても具体的な発音モデルは明記されていない。英語が国際語化している中で、Jenkins（2000）はLingua Franca Coreという発音基準を提案した。Kachru（1992）のThree Concentric Circles ModelのExpanding Circleに分類されている非母語話者間のコミュニケーションに最低限耐えうる程度の発音である。学者・指導者が示すintelligibility（通じやすさ）優先の発音と学習者・使用者が目標・必要とするネイティブライクな発音は必ずしも一致してはいない（篠崎2015）。Cruttenden（2008）は、発音で母語話者から「無

教養」のレッテルを貼られる可能性すら示している(p.326)。ASHA(American Speech Language Hearing Association)は "It is important to know that accents are NOT a speech or language disorder." と明言しているが、発音がビジネスシーンや実社会のヒエラルキーに影響を与えている現状は「国際語としての英語」以前とあまり変わってはいない。かつて植民地化していたOuter Circleでは、英語の発音の良し悪しが教養の証であり、ビジネスに直結するため、発音を矯正しようと考える人が多いと言われている。アメリカでも同様の理由からSLP(言語聴覚士)の発音矯正レッスンが教室やオンラインで大盛況である。その実際の発音訓練だが、現在は反復練習型の発音指導だけではなく、超分節要素を含む文脈・談話レベルのよりコミュニカティブな活動の中で教えるべきであると提唱する学者は多い(Setter & Jenkins, 2005; Otlowski, 1998; 藤原2015)。

3. 発音指導に特化した英会話課題の過程とその実践内容

上記を踏まえてより実践的なコミュニカティブセッテイングで発音訓練を試みた。この課題の目的はターゲット音/θ ð/を、より現実に近い形での自発話の中で使用し、定着を図ることである。以下に英会話課題の授業実践を行った過程を紹介する。

3.1　対象学生

私立大学基盤教育外国語の科目「英語」のクラスを履修した日本人大学生(非英語専攻学部1年生)32名が後期講義15回開講中8回分をこの課題に取り組んだ。学生はプレイスメントテストにより上位クラスに属する。実施されたテストは大学で独自に作成した文法中心の選択肢問題で、TOEICなどの英語テストに準拠しているのかは不明である。上位クラスではあるが、発話に自信を持っておらず、英会話と発音に困難を感じている学生が多いことが事前アンケートにより示されている(宮武2017)。

3.2　指導内容

1)学生に音素の具体的な構音方法を提示する。

ここではvisual cueの分かり易いdental fricatives /θ ð/をターゲット音とし

て、学生にも容易に判定できるように舌を5mm出すという具体的な指示を与えた。

2）ひとりひとり、教員から単音構音のフィードバックを受ける。

　　構音に教員からOK判定が出た学生はTA（Teaching Assistant）に任命され、残りの学生を教員のOKをもらうまで指導する。このように他者に構音方法を教えることで、先に構音を習得した学生も更なる上達が見込まれる。

3）グループに分ける。

　　この課題は3から8名ほどで行うのが適正である。英語に慣れていない学生の場合は6〜8名の多い人数にする。負荷が分散されることで学生も課題に取り組みやすい。英会話に慣れている学生群には発話時間を充分に与えることのできる3、4名が良い。今回は、事前アンケートの結果を踏まえて人数も少し多めの5人グループが4つ、6人グループが2つで実施した（32名）。

4）グループ単位で、教員の出した英会話課題に取り組む。

　　教員が留学生に扮し、各グループとキャンパス内で出会った設定で、初対面の会話から自動販売機での飲料水購入までを行う。

　　会話が打ち切られる条件はa）構音エラー：/θ ð/を出すときに舌が5mm出ていない。b）文法エラー、c）状況エラー、d）沈黙、e）日本語の発話（あ、えっと、なども含む）である。

3.3　評価基準とその結果

　　この課題には、自動販売機まで行き飲み物を買うという明確なゴールがあるため、学生たちはグループで一丸となって、ゴールに至る流れとそれに必要な会話文を考え、教員の前で実践発表した。当初はd）の沈黙が打ち切りの主原因であった。英会話に不慣れなため反応時間が長く、沈黙判定となった。そのうちにa）の構音エラーが課題中盤まで続き、グループメンバーによる相互モニターや指導などを繰り返すことで改善されていった。平均3週目には/θ ð/の構音が、意識をすると出せるレベルから徐々に上達し、無意識に出せるようになった。 b）の文法エラーは、よほどの場合を除き判定のみとし解説は行わなかった。c）の状況エラーは、例として"How old are you?"、"Where do you live?"、"What's your name?"などが多かった。これらの状況エラーに関しては、最初から解説はせず、グループ内で理由を探らせた。のちに他のグループとエラーを共有し、何故状況

エラーとなったのかを日本語でディスカッションした。e) 日本語の発話（えっと、あのー等）は、課題の初期に多く発現したが、その後急速に減少し、最後まで残る問題にはならなかった。課題の流れには、自己紹介、招待・勧誘・提案、道案内、指示などの項目が含まれるが、どれもが中学で学ぶレベルの英語で事足りるので、会話文の作り方に問題が出たことはほとんどなかった。学生が一番苦労したのは会話を続けることだった。教員は主として口元のモニターと /θ ð/ の質に主眼を置いたため、最初は会話文や内容にはコメントを控えた。課題の中盤になると、正しい構音が自然に出来るようになり、それにつれて会話にも自信が生まれ、1グループの会話時間が長くなっていった。自発話で構音練習が出来ることで、その後のターゲット音の定着率は高くなったと思われる。しかしながら、今回は数値での判定を行っておらず、具体的な定着率に関しては次回の課題とする。

4. 学生の課題に対する反応と評価

学生は最初、具体的な指示が限られた状態で行う英会話の課題によって途方に暮れストレスを溜めていた。ターゲット音が定着していない状態で、ノートもなく音声言語だけで課題が進むため /θ ð/ が冠詞、指示代名詞を含む機能語など、あらゆる単語に含まれることに驚愕していた。（例：え、これにも th 入ってたっけ？）しかし、この課題がRPG*的要素を持ったゲームであると認識すると、課題を mission と捉えることで、達成への動機付けが強くなった。グループ行動で助け合いながら行えるので、課題終了時のアンケートの自由記述には「楽しかった」という意見がほとんどだった。「週を重ねるごとにクラスの雰囲気が良くなっていった。」「はじめは発音が難しく英語でしゃべるのは気が引けるものだったが、ゲーム感覚でやると思っていたより楽しくなった。」など肯定的な意見が多かった（宮武2017）。

5. 結語

今回紹介した発音に特化した英会話の課題は、判定基準が構音・文法・状況の適切さ、日本語を話さない、沈黙しないなど、実社会の多文化コミュニケーションに通じる英語の力を、より正確な音素の定着を図りながら習得する狙いで実施

した。学生の満足度も高く、ターゲット音素の定着率も高かった。

　この課題は、学生の人数、英語力のレベル、ターゲット音を、クラスとその目標に合わせて様々に変更が可能である。分節音から文までの段階を踏んだ音の反復練習といった従来の方法から、一歩進んで自発話による実践的コミュニケーションでの練習によりターゲット音を正確に定着させる可能性が上がる。学生の英語・教養・専門知識などに応じたレベルと習得目的に合わせてカスタマイズすることができる課題のため、小学校から大学まで汎用性が高い。例えば、大学生レベルだと、自動販売機に向かう途中にあるポスターの説明、一箇所にゴミ箱が数個も置いてある理由（分別ゴミ箱の設置理由）など、キャンパス内にある学生に身近なものを即興で説明させる質問で課題の難易度を変更することが容易である。これによって実生活に直結した英語でのコミュニケーションが可能になる。

　国際語はノンネイティブ間での相互理解に重きを置いているため、ネイティブの理解を妨げる主原因と言われる超分節音とその要である母音の質を犠牲にしているところがある。母音の数を極端に減らす提案は、サバイバル英語の策でしかない。初学習時に正確に定着するまでの時間が割けない今の日本の小中高英語教育カリキュラムでは図らずも国際語レベルへの到達が限界である。

　しかしグローバルとはOuter Circle間のみならずInner Circleも含むことである。結局はネイティブ・スピーカーが理解できる発音がゴールにならなければ真のグローバルな英語とは言えない。日本人大学生の発音の聞き取りやすさの調査（Kashiwagi and Snyder 2008; 2010; 2011）によると、分節音、特に母音に問題があり、聴き手がノンネイティブの場合の方がネイティブよりも理解度が低かったとの結果が出ている。発音教育の最後の砦となる大学の英語のクラスで、発音指導を今一度単音レベルから行うことの意義はこの調査結果からも明らかである。超分節音も含む自発話での会話課題にて分節音の発音矯正を特化することで、即実践に使用できるネイティブも含めての真の国際語としての発音を習得の足掛かりが掴めるだろう。

＊　Role-playing game：各自に割り当てられた役割でお互いに協力しあい、架空の状況下にて与えられた目的の達成を目指すゲームのこと（Wikipedia：https://ja.wikipedia.org/wiki/ロールプレイングゲームより）。

参考文献

柏木厚子、マイケル・スナイダー(2013).「日本人学習者の英語発音のIntelligibility(理解度):ネイティブ・スピーカー及びノンネイティブ・スピーカーを聞き手とした調査」.『学苑』869, pp.50-56

篠崎文哉(2015).「日本人が目指すべき発音とは―中学生を対象としたアンケート結果から」. *JAILA Journal*, 1, pp.62-72

清水あつ子(2011).「国際語としての英語と発音教育」.『音声研究』15(1), pp.44-62

塚脇真由(2015).「グローバル化と日本の英語教育：コミュニケーション志向の観点から」.『英語英米文学論輯：京都女子大学大学院文学研究科研究紀要』13, pp.29-56

藤原愛(2015).「共通語としてのコア（Lingua Franca Core）を考える―日本語母語話者における英語の歯摩擦音の代替音素―」.『明星大学研究紀要―人文学部』51, pp.79-87

宮武香織(2017).「The Cathy Project―Pragmatic Method of Teaching English Pronunciation ―(1)予備調査」.『文化科学研究』29, pp.23-30

文部科学省(2011).「国際共通語としての英語力向上のための5つの提言と具体的施策」について Retrieved from http://www.mext.go.jp/b_menu/shingi/chousa/shotou/082/houkoku/1308375.htm

経済通産省(2011).「グローバル人材育成推進会議中間まとめ」Retrieved from http://www.meti.go.jp/policy/economy/jinzai/san_gaku_kyodo/ sanko1-1.pdf

ASHA.(2018). Accent Modification. Retrieved from: https://www.asha.org/public/speech/development/accent-modification/

Cruttenden, A.(2008). *Gimson's Pronunciation of English*. London: Hodder Education.

Jenkins, J.(2000). *The Phonology of English as an International Language*. Oxford: Oxford Univ. Press.

Kachru, B.(1992).*The Other Tongue : English across Cultures*（2nd. Ed）Illinois: University of Illinois Press.

Kashiwagi, A., & Snyder, M.(2008). American and Japanese listener assessment of Japanese EFL speech: pronunciation features affecting intelligibility. *The Journal of Asia TEFL* 5 (4), pp.27-47.

Kashiwagi, A., & Snyder(2010). Speech characteristics of Japanese speakers affecting American and Japanese listener evaluations. Working Papers in *TESOL & Applied Linguistics*, 10 (1), pp.1-14.

Otlowski, M.(1998). Pronunciation: What Are the Expectations? The Internet *TESL Journal*, IV, (1)

Setter, J. & Jenkins, J.(2005). Teaching English pronunciation: a state of the art review. *Language Teaching*, 38 (1), pp.1-17

謝辞

本論を書くに当たって、国際的な活躍を続ける公務員として、グローバルビジネスマンとしての経験から有用な知見と貴重な助言をくださった高橋栄美氏、Peter Fong氏に深く感謝申し上げます。

（酪農学園大学非常勤講師　宮武香織）

明治大学における「トビタテ！留学JAPAN 日本代表プログラム」の学生サポート体制

1.「トビタテ！留学JAPAN日本代表プログラム」について

　「トビタテ！留学JAPAN日本代表プログラム」は、官民協働で取り組む海外留学支援制度であり、「産業界を中心に社会で求められる人材」、「世界を視野に活躍できる人材」を育成することを目的とする。文部科学省は同プログラムを通じ、2014年から2020年までの7年間に、大学生の海外留学12万人、高校生の海外留学6万人の派遣を目指している。本プログラムでは、月額12万円又は16万円（留学先地域による）、往復渡航費等の一部、大学や大学院での授業料の一部が給付されるなど、従来の国費による留学支援に比べ、学生は手厚い支援を受けることができる。

　本プログラムの最大の特徴は、学生自身が留学先や留学内容を自ら計画し、留学先ではフィールドワークやインターンシップ活動等の実践活動を行う必要があるため、計画する段階から自主性や独自性が求められることである。したがって、語学研修のみ、海外の提携大学への交換留学のみの場合は奨学金支給の対象にならない。海外の研究所や民間企業、非営利組織でのインターンシップ等、留学先が教育機関でない場合でも、受入機関が存在している場合は申請可能である。

　また、著者が短期海外インターンシップ経験のある学生を対象として実施した渡航前後の意識調査では、帰国後，学生は海外で働くことの難しさを実感している一方で、将来、世界を舞台に活躍できる職業に就きたいと考える学生が渡航前の17%から帰国後45%に増加したことが示された（天木，2016）。本調査から明らかになったように、海外インターンシップやボランティア等の実践活動を通じ、学生はコミュニケーションの手段としての英語の重要性を認識し、学生のキャリア意識にも大きな影響を与えることがわかった。実践活動を含む海外留学を支援することは、日本の政府や企業が求めるグローバル人材へと学生を成長させるための効果的な手段であると考える。

2. 明治大学の本プログラム採用状況と学生の留学計画

　本学における申請学生数は年々増加傾向にあり、また、2018年3月現在、第8期までの採用者数では、私立大学の中で3位を維持し続けている（表1参照）。また、学生は応募の際に、理系、複合・融合系人材コース、新興国コース、世界トップレベル大学等コース、多様性人材コース、地域人材コースの5つのコースから1つ選択し、留学計画書を作成する。本学の応募者の傾向として、理工系分野の民間企業や研究所で実践活動を行う理系、複合・融合系人材コース、海外の社会問題等に関するフィールドワークやインターンシップ活動を行う多様性人材コースを選択する学生が多いことが挙げられる（表2参照）。

表1　過去の採用状況（明治大学）

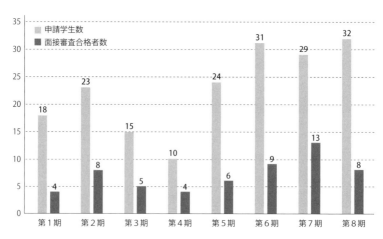

表2　年度別／コース別申請者数（明治大学）

	第1期	第2期	第3期	第4期	第5期	第6期	第7期	第8期
理系、複合・融合系人材コース	9	12	8	4	10	14	12	10
新興国コース	6	3	1	2	0	0	4	5
世界トップレベル大学等コース	0	2	2	1	5	5	4	6
多様性人材コース	3	6	4	3	9	12	8	11
地域人材コース	0	0	0	0	0	0	1	0

応募者が留学先として選択する一番多い国がアメリカ合衆国、次いでドイツ、スウェーデン、フランス、シンガポール、フィリピン等となっている。本プログラムに採用された学生の留学計画の一例を紹介すると、開発途上国の発展に貢献できる人材となるためにフィリピンの非営利組織でインターンシップを行う学生（第7期新興国コース採用）、発展途上国の地方行政支援を行うための国際公務員になる準備としてアメリカの評価機関でインターンシップを行う学生（第6期多様性人材コース採用）、オーストラリアの大学院で次世代ヘルスケアデバイスの開発のために高機能化プラスチック素材の研究を行う学生（第7期理系、複合・融合系人材コース採用）等、留学先での活動内容は多岐にわたる。

3. 学生サポート体制

本学では、大学全体の国際化業務を担う国際連携機構所属教員と国際教育事務室の担当職員が協力し、学生サポートを行っている。国際連携機構所属教員が募集説明会や留学計画書の個別添削指導、面接審査のための個別指導等を担当し、国際教育事務室の担当者は申請書類内容の確認、派遣中の学生の毎月の在籍報告書や月次報告書内容の確認等、申請から帰国までのサポートを行っている。

留学計画書の書類審査を通過した学生のみが面接審査に進むことができるため、明確な目的と意欲的な目標に基づく実践活動を含む留学計画書を作成することが審査を通過するために重要な点である。留学計画書の内容については、原則2回までオンライン上で担当教員が個別指導を行い、担当教員から最終承認を受けた留学計画書のみを国際教育事務室から文部科学省へ一括して申請する流れを取っている（図1参照）。

また、本学の新たな取り組みとして、第8期までの添削指導経験を通じ、留学計画書の中で多くの学生が一番つまずきやすい点や指摘を受ける点などが明確になってきたため、第9期からの応募者に対し、40分間の留学計画書の作成対策動画を視聴できるサービスを導入した。応募者は、自身の留学計画書の作成前に留学計画書対策動画や過去に採用された本学学生の留学計画書をネット上で閲覧することができる（アクセス権限は本学応募者に限定）。

本動画の構成は、「留学計画書を作成する際に重要なこと」と「書類審査の観点」が10分間、「留学計画書の項目詳細について」が30分間の合計40分間である。

図1　学内応募の流れ

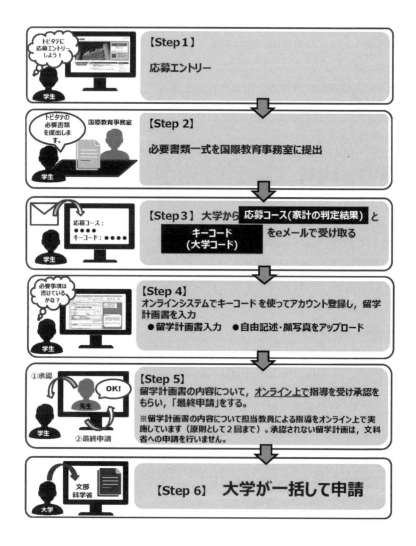

まず、「留学計画を作成する際に重要なこと」については、実現可能性の高い計画書を作成することや、海外留学を通じ自分にしかできなことは何かを考え、情熱や独自性を示す留学計画書が書類選考通過には必要なこと等の6つのポイントに絞り助言を行っている。次に、「審査の観点について」は、本プログラムで求められる人材とは何かを考えるように応募者に促し、学修活動（実践活動を含む）計画を具体的にどのようにわかりやすく記載すべきかなど、詳細に解説している。また、30分間の「留学計画書の項目詳細について」については、留学計画書の各項目の具体的な書き方について解説している。

また、留学計画書に記載する留学計画のタイトルは選考の際に重視されるため、本動画では過去に採用された学生の留学計画のタイトルを一例として取り上げ、審査員が見ただけで応募者の留学計画内容を理解できるタイトルを考えるよう助言している。次に、留学計画の目的と概要に関し、留学を通じて達成させたい目的や目標を実現するための手段や、留学で修得したことを通じ、日本社会のどの分野でどのように貢献できるかについて具体的に書くよう助言している。その他、自由記述書については、本プログラムの合格者と不合格者の自由記述書内容を比較したものを示し、応募者が留学計画を作成する上でどの程度具体的な内容で自由記述書を作成すべきかをイメージできるよう丁寧な説明を心掛けている。助成金獲得のための計画書等を作成した経験がない学生が大半を占めるため、応募者が留学計画書作成のノウハウを学ぶことが重要であり、今後は面接の心得を確実に習得するための動画作成を検討している。

4. サポート体制の充実に向けて

4.1 トビタテ生の活用

本プログラムを利用し海外留学から帰国した学生（以下、トビタテ生）を効果的に活用することが挙げられる。トビタテ生の重要な役割の一つとして、帰国後、留学生増加のための「留学のエヴァンジェリスト（伝道師）」として活動することが文部科学省からも求められており、トビタテ生主体の活動も学内で行われている。一方で、本プログラムは、年2回の応募があるが、次の採用を目指す学生のための応募期間中に卒業してしまうトビタテ生や就職活動時期と重なるトビタテ

生が多く、実際にエヴァンジェリストとして活動に力を注げるトビタテ生は数名に限られてしまう。

その数名程度のトビタテ生が、留学へ挑戦する学生の母数を増やすために学内の留学説明会等で留学体験談を話す機会を提供している。それに加えて、トビタテ生がFacebook上で本学の応募者との交流サイト「明治大学×トビタテ！留学JAPAN日本代表プログラム」や「【エヴァンジェリスト活動】明治大学トビタテコミュニティ」を立ち上げ、トビタテ生が留学から得られたことを伝えるための情報発信や本学学生・教職員との情報共有の場となっている。とはいうものの、活動に力を注げるトビタテ生の人数が限られているため、体験談を学生に幅広く紹介するためには、今後、本学近郊の他大学のトビタテ生と協力し合い、応募者のサポートを検討する必要がある。

4.2　本プログラムの認知度を高める

本プログラム名を認識している学生は学内で増えているものの、応募者に対して求められている人材像等について曖昧なイメージを持っている学生が多い。よって、大学1年次の早い段階から本プログラムの具体的な内容についての理解度を上げる方法を模索したい。そのため、本学主催の留学フェア等の中で本プログラムの説明会やワークショップを行い、本プログラムの主旨や求められている人材像等の具体的な内容についての説明を行う予定である。

4.3　独自の奨学金制度

トビタテ！留学JAPAN日本代表プログラムは、2020年まで継続して留学支援を行うことになっているが、現時点ではそれ以降の実施は未定である。そのため、本プログラムのような実践活動を含む海外留学に対し、支援する本学独自の奨学金制度の設置が課題である。

本学では、海外の大学への2ヵ月間から1年間の留学希望者のために給付型奨学金制度を設置している。例えば、2018年度の海外トップユニバーシティ留学奨励助成金Sでは、米・スタンフォード大学、米・ペンシルベニア大学、英・ケンブリッジ大学ペンブルックカレッジ等に1学期間留学する5名の学生に1人当たり300万円を上限に奨学金を支給している。その他に、留学奨励助成金Aでは、米・カリフォルニア大学バークレー校、カリフォルニア大学ロサンゼルス校、カリフ

ォルニア大学アーバイン校等に1学期間参加する約35名の学生に1人当たり100万円を上限に奨学金を支給する留学助成金制度等がある。

　今後、本学の学生が自らの力で留学先を開拓し、海外の高等教育機関に限らず、留学先が研究所や民間企業等であっても給付型の留学助成支援を受けることができる奨学金制度の設置が急務である。アメリカのトップ大学には卒業生からの多額の寄付金等を安定的に確保し、学生の奨学金をまかなっている大学もある。本学においても卒業生からの寄付金を有効かつ効果的に活用し、実践活動を含む留学計画を実現するための強い意気込みやリーダーシップ力を兼ね備えた学生を支援する明治大学版トビタテ！留学JAPAN日本代表プログラムのような給付型奨学金制度の設立を検討する必要がある。

　また、将来的には、グローバル人材育成に取り組んでいる本学を含む複数の大学とグローバル人材を積極的に採用している民間企業とが産学連携を組み、実践活動を含む海外留学に対し支援を行うためのプラットフォームの構築を検討している。海外展開を行っている企業の現地法人・支店・駐在員事務所に学生をインターン生として派遣し、世界を舞台に活躍できる即戦力になる学生を育成する産学連携の留学奨学金プログラムを検討する予定である。

引用・参考文献

1）天木勇樹. (2016). 短期就業体験型の海外インターンシップによる学生の意識の変化（グローバル人材として必要な素養を醸成するために何をすべきか). グローバル人材育成教育研究. 3(1). 40-49.
2）文部科学省「トビタテ！留学JAPAN日本代表プログラム」http://www.tobitate.mext.go.jp/program/index.html(2018年4月7日参照)

（明治大学国際連携機構特任准教授　天木勇樹）

大学の英語教育現場からグローバル人材育成

1. グローバル化時代の大学英語教育

　急速に進むグローバル化の波を受けて、2020年に大学入学のための英語入試が抜本的に変わる。学習指導要領に目標として掲げられている「英語によるコミュニケーション能力」を高校生が習得したかどうかを評価するために、2020年に外部の民間試験会社が実施する英語4技能入試が、現行のセンター試験の英語に代わって導入される予定である（文部科学省、2017a）。すでに4技能試験の1つであるTEAP導入によるポジティブWashbackの影響に関する報告もあり（佐藤、2018）、今後さらに英語4技能試験を受験して入学してくる学生の英語力向上の可能性に期待が集まっている。

　文部科学省によると、英語4技能入試は大学でのグローバル人材育成の取り組みなど大学教育改革にも寄与することが期待されている（文部科学省、2017）。大学でも高大連携の視点からも、将来的にさらに大学生の英語4技能向上をさらに目指す授業を提供することが必要になってくるだろう。

　筆者はこれまで、文部科学省が掲げるグローバル人材の定義、国際バカロレアの10の学習者像、English as a Linga Franca, English as an International Language, ヨーロッパ言語共通参照枠（CEFR: Common European Framework of References for Languages）を参考に、グローバルコミニケーションの手段としての定義づけを以下のように行い、その定義に沿った授業実践を大学で行ってきた（斎藤2015、Saito 2017）。本論ではその授業実践の一例を紹介する。

　"English ability to think critically and objectively and convey their thoughts and ideas in an organized manner through pair work, discussion, and presentations as well as English ability to understand other people and cultures and understand and convey our own cultures."

「批評的かつ客観的に考え、ペアワークや、ディスカッション、プレゼンテーションを通して、自らの考えや意見をまとめて伝える英語力かつ、他国の文化を理解して、自国の文化を理解して伝えることができる英語力」

2. 4技能統合型アンケート結果報告に基づくプレゼンテーション授業の実践の背景

　上記の定義に掲げる英語力を養うために、学生の学習目標を体系化したBloom's Taxonomyを参照に、TOEICレベルで平均200点から400点の英語力が低レベルの学生が所属するクラスで行った4技能統合型のアンケート結果報告に基づくプレゼンテーション授業の実践を報告する。

　導入予定の英語4技能試験では、表や図を扱った問題が頻出されている。例を挙げるとTEAP試験のリスニング、リーディング、ライティング、TOEICのリスニング、リーディング問題、IELTSのライティング問題である。そのような図表を英語で聞いて、読んで理解するだけでなく、学生が図表を作成して説明する応用力を育成することが、教室からグローバル人材を育成する一歩になろう。理解だけでなく、応用に繋げる必要性は学習目標を体系化したBloom's Taxonomyでも述べられている。

　このクラスではTED Talkを題材にしたCENGAGE Learningから発刊されているKeynote 1を指定テキストとして使用していた。テキストの中では好きな音楽ジャンル、オンラインショッピング、夢の仕事などの質問に対するアンケート結果が表やグラフで紹介されている。その内容を、学生のモティベーションを上げるための能動的活動に繋げられないか模索していたが、その際に学生が学生にアンケートをして、その結果を発表する活動を考案した。この実践活動も定義にある「批評的かつ客観的に考え、ペアワークや、ディスカッション、プレゼンテーションを通して、自らの考えや意見をまとめて伝える英語力」を学生に身に着けさせる活動の一環でもあり、英語レベルやモティベーションが低い学生にもグローバルコミニケーションのツールとしての英語を学ぶ機会を提供しようとする試みでもある。

第2部　大学・高校におけるグローバル教育の実施状況

3.　4技能統合型のアンケート結果報告に基づくプレゼンテーション授業の実践の過程

　以下に実際に4技能統合型のアンケート結果報告プレゼンテーション授業実践を行った過程を紹介する。

① 学生にアンケート結果報告プレゼンテーションの概略を説明（テキストのリーディング箇所を含む）

② アンケート用のトピック例に関してグループ、クラス内でブレスト（トピック例：アルバイト、SNS、将来の夢）

③ 各自がトピックを選択

④ 選んだトピックに関する2つのアンケート用質問を英語で作成（トピックがアルバイトの場合の質問例：How long do you work part-time every day?、How many hours do you sleep?）

⑤ 各自が書いた質問を総数37名の学生中、15名の学生に質問

⑥ 効果的なプレゼンテーションの仕方に関しての指導（指導内容：Introduction, Body, Conclusionのプレゼンテーション構成、ボディランゲージの使い方、デリバリーの仕方）

⑦ プレゼンテーション用のスライドの作成法の指導（効果的な図表の作成と説明法、スライド1枚目にはタイトルと名前、2枚目にはアンケートの目的、アンケートの参加者数、アンケートの質問項目2つ、3枚目と4枚目はアンケート結果をまとめた図表、5枚目にアンケート結果に基づく考察と結論を入れるように指示）

⑧ クラスでアンケート結果をプレゼンテーション

⑨ プレゼンテーションに対する他者評価と自己評価

　実際のプレゼンテーションでは、各学生は将来の夢や、将来の目標年収、行ってみたい外国、アルバイトの業種やアルバイトでの収入など多岐にわたるトピックでアンケートを行い、それに基づくプレゼンテーションを行った。またアルバイト時間・睡眠時間・アルバイトと睡眠時間の相関関係、SNS使用時間・睡眠時間・SNS使用時間と睡眠時間の相関関係、通学時間・睡眠時間・通学時間と睡眠時間の相関関係など、アンケート結果項目をさらに相関関係で分析した結果を紹介した学生も数名いた。

　以下は上記活動をBloom's Taxonomyを参照に分析し、さらに4技能別に分析

336

したものである。Bloom's Taxonomyは教育者が学生の学習目標を体系化するために作成されたものであり、Knowledge（知識）がもっとも低次思考の活動であり、Comprehension（理解）、Application（応用）、Analysis（分析）、Synthesis（統合）、Evaluation（評価）とより高次思考の活動へと続くことを理想としている。下記、表ではTaxonomy分類を説明の便宜上、日本語表記とする。

表5. アンケート結果報告プレゼンテーション活動のTaxonomyと4技能分類

順序	活動内容	4技能	Taxonomy分類
1	プレゼンテーション表現理解	R	理解
2	アンケート用トピックの意見交換	S	知識
3	トピックに基づき2つの質問を作成	W	応用
4	クラスメートに作成した質問をする	S	応用
5	質問結果をスライドにまとめる	W	分析と統合
6	質問結果をプレゼンテーション	S	応用
7	プレゼンテーションの他者評価	L	分析と評価
8	プレゼンテーションへの自己評価	W	評価

注釈：R=reading, S=speaking, W=writing, L=listening

　上記表で示したようにこの一連の活動は、まずはテキストで参考となるアンケート結果報告内容のリーディング箇所を理解して、次に自分が持っている知識の共有と低次思考レベルの活動から始まっている。理解した内容を次に応用する段階ではクラスメートに聞くためにアンケート用の質問を英語で書き、その質問を英語で行う活動へと繋がる。その後、アンケート結果を分析して、結果を分かりやすい形へ統合する活動が続く。その後、アンケート結果をプレゼンテーションの形として応用する活動と、徐々に高次思考活動に繋がる活動として組み立てた。最後に他者評価と自己評価も行った。

　この実践活動はモティベーションが希薄で、英語レベルの低い学生が集まるクラスで、モティベーションを上げるためにもより能動的な活動を取り入れて、かつ、英語レベルの低い学生にも英語をグローバルコミュニケーションのツールと

して使えるようになって欲しいという動機から始まった。終了後、学生からのフィードバックには「グラフを使った英語のプレゼンは初めてだったので難しかった。発表は緊張して、アイコンタクトが少なかったと反省しましたが、覚えたものが発表できて良かった。」や「今回のプレゼンはよりスライドが多かったし、アンケートもとらなきゃいけなかったので、大変だったが、聞くことにより新しい発見があったので面白かった。」等が寄せられた。このアンケート結果のプレゼンテーションは学生にとって新たな挑戦となったようだが、学生の反応は概ね肯定的であった。また各学生は授業外での他学生へのアンケート、アンケート集計、アンケート集計結果をパワーポイントにまとめるなどの活動に主体的かつ積極的に取り組んでいた。

本稿ではBloom's Taxonomyを参考に、英語をグローバルコミニュケーションの道具として使えるようになるための活動の1つとして、低次思考活動から高次思考活動に繋がる4技能統合型のアンケート結果報告プレゼンテーションの授業実践を報告した。World Economic Forumは2020年までにITやAI技術による第4次産業革命がもたらされ、世界の仕事環境が大きく変わると予想している。その時に必要とされるTOP Ten Skillsのうち、問題解決能力、批判的思考、想像力を上位3つのスキルとして挙げている。また一方で人口減少の伴う日本の国際的競争力の低下が予想されている。そのような環境の中、大学の英語の授業でも、4技能を伸ばして発信できる力を育成するだけでなく、さらに問題解決能力、批判的思考、想像力を伸ばして将来のグローバル人材育成に繋がる授業を教師自身が長期的に視点に立ち提供することが必要となるだろう。

参考文献

文部科学省 (2017). 大学入学者選抜改革について Retrieved from http://www.mext.go.jp/b_menu/houdou/29/07/1388131.htm

Anderson et al. (2014). A Taxonomy for Learning, Teaching, and Assessing: A Revision of Bloom's. Essex: Pearson Education Limited.

Gerson (2015). How to Use Bloom's Taxonomy in the Classroom: The Complete Guide.

Saito (2017). Developing a portfolio for English as a tool for global communication in English Profile Studies 6: Critical, Constructive Assessment of CEFR-informed Language Teaching in Japan, Cambridge University Press, p.292〜302

Zimmerman, BJ (2002). Becoming a self-regulated learner: An overview, Theory into Practice 41 (2), 63–70.

注釈：Bloom's Taxonomy は Anderson 等により 2004 年に改定されているが、本稿では評価である自己省察段階が周期的過程の最後にくる Zimmerman の自己調整学習理論を参考に、また改定前には Synthesis に続き Evaluation（評価）が最後の項目となっている改定前の Bloom's Taxonomy を参照としている。

（東京理科大学　斎藤裕紀恵）

論理的思考力育成の授業実践
CLIL型授業と三角ロジックの統合

1. はじめに

　教育の国際化が叫ばれる近年、答えが一つとは限らない課題に対し、国境の枠を越え、多様な価値観をもつ人たちと協働して課題解決できる能力の育成が喫緊の課題となっている。また、答えが1つではない問題を分析し、様々な価値観を持った人たちと協働しながら問題解決することも求められている。そのような高校生の育成にあたっては、高い英語運用能力に加え、論理的・批判的思考力を高めるための授業実践及びアクションリサーチが不可欠であると考える。本稿で述べる批判的思考力とは、未知の事柄に対して、自主的に、正確なデータを蓄え続け、様々な偏見無しに、思考し、推論し、判断する力を指す（Huba & Freed, 2000）。そこで、公立高校において実施した論理的思考力育成の授業実践について以下に述べる。

2. 授業実践で取り入れた考え

2.1　CLIL

　本実践の教材作成のための基準はMeyer（2010）とMehisto（2010）を活用した。フィンランド等の中等教育学校で実施されてきたCLIL型と非CLIL型の授業における学習到達度の比較研究において、CLIL型の方が優位であるとされている（Dalton-Puffer et al., 2010）。CLILの特徴として4つのC（以下、4Cとする）が挙げられる。4Cとは内容（Content）言語（Communication）思考（Cognition）協学（Culture / Community）を効果的に既存知識と結び付けていることを指している（Coyle et al., 2010）。

2.2　改訂版ブルーム分類学

　本授業実践では高次の思考力を伴う課題を課すため、Anderson (2001) が改訂したBloom (1956) の思考の分類を本実践研究で採用した。この思考の分類に基づき、分析する・評価する・創造するといった高次の思考力 (Higher Orders Thinking Skills) に重きを置いたプレゼンテーション課題を対象者に課した。

2.3　三角ロジック

　三角ロジックは、西村 (2017) によると、三角ロジックとは相手を説得させるための手法とし、論理的思考力や批判的思考力を高めるとしている。この手法により、①主張、②データ、③理由づけ (判断基準) の3つの要素を取り入れた思考の整理法が活用できると述べる。例えば、「①主張：窓を開けた方が良い。②データ：(それはなぜか？) 室温が30度だから。③理由付け：(だから何なのか？) 窓を開ければ室温が下がり、快適になる。」という論理が展開できる。この三角ロジックの考えを取り入れることで、自分の考えを論理的に伝えたりすることが可能とされている。

2.4　反転授業

　批判的思考力が高まるとされる反転授業 (Baker, 2000) の手法を適宜取り入れることによって、学習時間を増やし教室内で既存の知識を活用する機会を促し，学習効果を向上させることが期待できる。従来の授業では知識習得に焦点が置かれ、家庭では宿題などの問題を解いていた。しかし、事前に家庭で知識習得をし、教室ではグループワークなど、教師・生徒同士が直接顔を合わせることで、効果的な活動に時間を費やすことが可能となる。本実践では、語彙を習得したり、文法知識を身につけたりといった知識・理解に該当する場面では、オンライン課題等を活用して事前学習させている。そして、実際の授業では既に身につけた知識・理解を活用して、話したり・書いたりといった表現活動の充実を図るよう心がけている。家庭学習にはQRコードを活用し、事前に視聴して欲しい映像などを生徒に課していた。例えば、TEDトークを家庭で視聴し、授業中に内容についてグループ内で共有する活動などを行った。

第2部　大学・高校におけるグローバル教育の実施状況

3. 論理的思考力育成の授業実践例

3.1　基本データ

基本情報	
学校名	千葉県立松戸国際高校（文部科学省より、2007年度までSELHiの指定）
教科書	Unlock（Listening & Speaking Skills 3） Cambridge University Press

学習の到達目標
① 教科統合型学習による言語、批判的思考力を高める。 ② 学術的な課題をこなせるようにするための知識、技能を習得し、運用できる。

クラスについて	
学年	高校3年生（普通科・国際教養科）
実施科目名	教養英語（選択科目）
クラス規模	1クラス平均23人×3クラス
履修条件	英検2級〜 CEFR レベル B1〜*

＊文部科学省.(2015). 各試験団体のデータによるCEFRとの対照表

授業実施内容	
テーマ	ユニバーサルデザイン（2020年東京オリンピック・パラリンピックに向けて）
発表形態	ポスターセッション（4人1組）・10分程度
実施期間	2017年10月〜2017年12月まで
評価方法	ルーブリック評価（3.4を参照）

3.2 プレゼンテーションテーマ（ユニバーサルデザイン）

Ronald L. Mace（1985）によると、ユニバーサル・デザイン（以下、UD）とは「全ての年齢や能力 の人々に対し、可能な限り最大限に使いやすい製品や環境のデザイン」（The Universal Design File, The Center for Universal Design., 1998）と定義している。そこで、2020年東京オリンピック・パラリンピックに向けて「誰もが動きやすい国、日本」の創造への一助となりたいと生徒と考えた。高校生の柔軟な発想で私達の住む街をユニバーサル・デザイン化したいというプロジェクトを開始した。

3.3 （本実践）授業時数

学習項目	授業時数（50mins.）
ユニバーサルデザインとは	2
身近なモノの問題点	1
AIDMAについて	1
データ収集の仕方	1
ポスター作成	2
練習	2
プレゼンテーション発表	2
ライティング	1
振り返り	1
他のクラスの発表鑑賞	1

3.4 評価表（ルーブリック）

評価方法は芸術科教諭と共に作成したルーブリックを用いた。ルーブリックを事前に提示し、それぞれの目標を生徒は確認した。

Criterion	Rating Excellent	Rating Good	Rating Satisfactory	Rating Needs Improvement	Score
	Points 10-9	Points 8-7	Points 6-5	Points 4-3	
Hook Introduction Body &Conclusion	(1) Surprising (2) Introduction (3) Body (4) Conclusion (5) Memorable	Meets any 4 of the 5 criteria	Meets any 3 of the 5 criteria	Meets any 2 of the 5 criteria	

第２部　大学・高校におけるグローバル教育の実施状況

Claim (Inconvenient things)	Your project is related to transportation or public places	Your project is mostly related to transportation or public places	Your project is relatively related to transportation or public places	Your project is NOT related to transportation or public places	
Problems (Evidence)	Based on reliable evidence	Based on evidence	Based on your idea	No evidence or opinion	
Innovation UD (7 rules)	(1) Open to everyone (2) Flexible (3) Simple (4) Easy to understand (5) Safe (6) Easy to use (7) Enough space	5 of 7 rules	4 of 7 rules	3 of 7 rules	
Eye Contact	Eye contact with the audience virtually all the time (except for brief glances at notes)	Eye contact with the audience less than 80% of the time	Eye contact with the audience less than 75% of the time	Little or no eye contact	
Body language	Body language, gestures, and facial expressions add greatly to the message	Body language, gestures, and facial expressions are appropriate	Body language, facial expressions and gestures lack variety and spontaneity	Body language, gestures, and facial expressions are lacking or inappropriate	
Clarity	Speaks clearly all the time with no mispronounced words and unnatural pose	Speaks clearly nearly all the time with no more than one mispronounced word	Speaks clearly most of the time with no more than two mispronounced words	Often mumbles or cannot be understood with more than three mispronounced words	
Time	10 minutes (+/-1 minute)	10 minutes (+/-2 minutes)	10 minutes (+/-3 minutes)	10 minutes (+/-4 minutes)	
Collaboration (During the presentation)	Always listens to shared ideas and supports others. Works consistently for the good of the team.	Listens to shared ideas and supports the efforts of others. Did not disrupt the group.	Did not consistently listen to, share ideas or supports the efforts of others. Made some effort to be a team player.	Rarely listens to shared ideas or helps other team members. Was not a team player.	

Design (Poster) Based on AIDMA	The project was well organized based AIDMA.	The project was organized based on AIDMA.	Most of the project was organized based on AIDMA.	The project was hard to read based on AIDMA.	

*AIDMA (1) Attention (2) Interest (3) Desire (4) Motive (5) Action

3.5 生徒の発表作品

　生徒の今後の創作意欲向上をねらい、授業での生徒の発表や創作物は教室内に留めるだけでなく、地元市民（松戸市民）の方々の目にも触れてもらえる構成を目指した。学校長（当時、水野次郎校長）の働きかけで松戸市役所の「東京オリンピック・パラリンピック推進課（以下、オリ・パラ推進課）」と連携を取ることができ、その後、オリ・パラ推進課の協力によって、本校生徒作品が外部メディアに触れる運びとなった。このような機会に恵まれ、本講座を受講している生徒たちの創作意欲は向上し、授業外の休み時間や放課後なども使って自発的に入念なグループ発表の準備をしていた。以下は主な一覧である。

日付	外部メディア
2017年12月1日	千葉テレビ "News 千葉"
2017年12月6日	ケーブルテレビ "デイリーニュース"
2017年12月9日	千葉日報（新聞）五輪向けユニバーサルデザイン
2018年2月16日〜3月2日	松戸市役所展示（優秀賞作品）
2018年2月28日	ケーブルテレビ "デイリーニュース"
2018年3月4日	千葉日報（新聞）五輪向けユニバーサルデザイン（優秀作品）

3.6 授業実践後の考察

3.6.1 CLIL型授業実践導入の結果

　本実践のCLIL型授業を実践によって、本実践のテーマである4Cの中の1つであるCognition（思考力）の伸長があったかどうかを分析した。検証方法として、森岡・田原（2017）などの先行研究を利用して事前・事後アンケートの作成、分析を行った。有意水準5％で両側検定のt検定を通じて、「情報の整理」「情報の評価」「視点の多様性」の下位尺度では、統制群と比べて実験群のどのクラスも有意差が見られた。しかし，論理性に関連する「論理的整合性」の項目については実験群、統制群共に有意差が見られなかった。また、事後に実施した生徒への聞き取り調査では、「何かを創り上げるには、様々なことを調査し、協力することが大切だと身をもって体験した」、「身の周りの物事の見え方が変わった」などの意見が聞

かれた。以上の結果を踏まえ、今後はCognition（思考力）を向上させるための評価指標（ルーブリック）等を改善しながら、それらの範疇に止まらず、他の3Cについても検証をしていく予定である。

3.6.2　教師としての気付きと課題

今回初めてCLILと反転授業を授業に取り入れたことで気づいた点や苦労した点がいくつかあった。そのことについてを以下に述べる。

① 反転授業の課題

2.4反転授業で上述した通り、反転授業は家庭で事前に知識習得し、教室ではグループワークなど、学習者同士が直接顔を合わせないとできない活動により多くの時間を費やすことができる。しかし、反転授業にも多くの課題があると感じた。その課題の1つがインターネット環境である。インターネットを利用した予習を忘れてしまうと教室内でのグループ活動において既存知識・理解を活用する機会を失ってしまう。ある時、予習を忘れる生徒が特定の時期に集中することに気づいた。そこで、生徒へ聞き取り調査を実施した。その結果、予習を忘れた生徒の大多数が「（予習内容であるTEDトークを）スマートフォンで視聴しようとしたらデータ通信制限になってしまった」と答えていた。契約しているスマートフォンのデータ量は1日〜月末までのサイクルとなり、月末にはスマートフォンのデータ通信の制限がかかってしまうとのことであった。自宅にWi-Fiなどのインターネットを使用できる環境が全員にあるとは限らない。この環境の中、受講者全員に予習動画を視聴させることをどうするのかが今後との課題となった。

② 教員のグループ学習への関与度

池田（2013）によると、CLILの実践において、10項目を満たすように教材を準備し、指導するとしている。その1つの項目の中に「協同学習（ペアワークやグループ活動）を重視する」と記載されている。また4Cの1つである協学（Culture/Community）の力を伸長させることを本実践では1つの目的としていたため授業はグループ活動中心の授業にしていた。生徒への配慮として、グループ内では時間を持て余す生徒が出ないようにそれぞれの役割を明確にし、生徒に必ず確認させていた。しかし、グループ内にはグループ活動についていけず困って

いる生徒も少なからず見受けられた。このような場合、大抵グループメンバー同士が助け合っていたが、教員がどの程度介入してよいのかが悩みであった。

③ 授業準備

　教師ならだれでも授業準備の時間が足りないことについての悩みはあるだろう。本授業実践では4Cの1つである思考（Cognition）の力を伸長させるため、教科横断型の創造性の高いプロジェクト型の授業を目指していた。そのため、1コマの授業（50分）を準備するために必要な文献を読み込み、プロジェクト内容に精通した他教科の教員や専門家のアドバイスを得るために膨大な時間を割いた。（自分自身の知識不足が起因しているが）50分の授業を作り上げるために平均して6,7時間費やしていた。もちろん、この授業準備時間を無駄と思ったことは一度も無い。私自身が新たな知識を得ることに喜びを感じており、生徒が既存知識をどう活用したら深い思考に結びつくかを授業外でも常に考えていた。しかし、自身の行っていたCLIL型の授業を普及させることは現実的ではないと感じている。子安（2016）によると、全国の公立校を対象に2015年に実施された「教員の仕事と意識に関する調査」において、もっとも数値が高かった項目は、小中高いずれにおいても「授業の準備をする時間が足りない」ことを明らかにしている。このことからも、1つの授業準備だけに6,7時間費やす必要があれば、多くの先生方はCLIL型の授業に対して抵抗を感じ、本実践は普及しない。そのため解決策として、次のことを提案したい。それは、学校単位、市町村単位、または都道府県や全国単位でCLIL型の授業案やプリントなどのリソースを共有し閲覧できるWebサイト作成である。多大な時間を費やし、自分の受け持つ生徒へ1度の授業のために授業準備するよりも、多くの先生に授業案や貴重なリソースを提供することで、本実践であるCLIL型授業を取り入れることで多くの先生の抵抗感も和らぎ、授業準備の時間も大幅に短縮することが可能となる。これにより、教員自身にゆとりができることで，勤務校で受け持つ生徒の思考の発達段階に合わせた教材に見直す時間も産まれると信じている。

引用・参考文献

1)　Anderson, L. W., & Krathwohl, D.(eds.)(2001). A taxonomy for learning, teaching, and assessing: A revision of Bloom's taxonomy of educational objectives. New York: Longman.

2) Baker, J.W. (2000). The "classroom flip": Using web course management tools to become the guide by the side. *Paper presented at the 11th International Conference on College Teaching and Learning*, Jacksonville.

3) Bloom, B., Englehart, M. Furst, E., Hill, W., & Krathwohl, D. (1956). Taxonomy of educational objectives: The classification of educational goals. Handbook I: Cognitive domain. New York, Toronto: Longmans, Green.

4) Coyle, D., P. Hood & D. Marsh (2010). CLIL: Content and language integrated learning. Cambridge: Cambridge University Press.

5) Dalton-Puffer, C., Nikura, T. and U. Smit (eds.) (2010). Language Use and Language Learning in CLIL Classrooms. Amsterdam: John Benjamins Publishing Company.

6) Mehisto, P. (2010). Criteria for producing CLIL learning materials. Retrieved from http://www.ccn-clil.eu/clil_criteria_web/index.php

7) Huba, M.E., & Freed, J.E. (2000). Learner-centered assessment on college campuses: Shifting the focus from teaching to learning. Boston: Allyn & Bacon

8) Meyer, O. (2010). Introducing the CLIL-Pyramid: Key strategies and principles for quality CLIL planning and teaching. Heidelberg: Winter. Retrieved from http://ccn-clil.eu/index.php?name=News&nodeIDX=5046.

9) Ronald L. Mace. (1985). UNIVERSAL DESIGN Barrier Free Environment For Everyone, DESIGNERS WEST, vol.33.

10) 池田真. (2013). 「CLILの原理と指導法」『英語教育』. 62. 東京：大修館書店.

11) 子安潤. (2016). 「教員の仕事と意識に関する調査」. Retrieved from https://www.aichi-edu.ac.jp/center/hato/mt_files/p4_teacher_image_2_160512.pdf

12) 西村克己. (2017). 『すぐに使える！論理思考の教科書』. 24-25. 東京：PHP文庫.

13) 森岡明美・田原誠. (2017). 教養教育科目としての『知の理論』入門. 日本国際バカロレア教育学会第2回大会.

14) 文部科学省. (2015). 各試験団体のデータによるCEFRとの対照表.

(早稲田大学本庄高等学院
前任校:千葉県立松戸国際高等学校　細　喜朗)

国際バカロレア（IB）の教育手法を参考とした英語授業実践

　国際バカロレア機構が提供する教育プログラムはグローバル人材の育成に役立つとされ、教育関係者だけではなく企業等の関係者にも注目されはじめている。そのプログラムは探究型・課題解決型の授業形態をとり、特に創造性とクリティカルシンキング（批判的思考）を育成することを特徴としている。こうした特徴は、グローバル人材育成につながるとし、文科省は2020年までに国際バカロレアの教育プログラム実施校を200校に拡大する目標を掲げ、実施校は拡大傾向にある。高大接続の観点からも安倍内閣の教育再生実行会議の第四次提言（2013年10月31日）等を受け、国内の大学入試でも国際バカロレア教育プログラム修了時に得られる資格やその成績が活用されるようになってきた。これまで、海外の大学へのパスポート、等と呼ばれていた国際バカロレアの資格とその成績は、国内の大学にも拡大しつつある。

　このように文科省はグローバル人材育成に向けて国際バカロレアの教育プログラムの活用を掲げているが、同時に2013年末にはグローバル人材育成のための英語教育改革プランを打ち出し、「言語活動の高度化（発表、討論、交渉等）」を推進している。ところが、現在の高等学校の英語授業の状況はどうかと言うと、文科省の改革プラン実現にはほど遠い状態である現状も垣間見える。筆者が非常勤講師を務める大学の学部1年生240名に、高校時代にどのような英語授業を受けていたか尋ねると、「単語・文法を覚えたあと、確認テストを受けた」、「教科書の英文を和訳する」、「受験対策として問題集を解き、答え合わせと解説を聞く」といった回答をした学生が8割以上に上った。言い換えれば、こうした学生は発表や討論、交渉といった「言語活動の高度化」に結びつくような授業を高校時代に受けてこなかった、ということである。現行の検定教科書が必ずしも文部科学省が推進する「言語活動の高度化（発表、討論、交渉等）」に役立つとは限らないという指摘もあるくらいなので、改革への道のりはそう簡単ではないのかもしれない。

一方、国際バカロレアの外国語教育では知識の理解・応用はもちろん、分析したり、評価したり、創造したりする学習活動も重視している。そのため、個別やグループによるプレゼンテーション、生徒同士による討論・議論、さらに多様なライティング活動等が行われる。また、多様な文体の英文（パンフレット、ウェブ上の記事、ブログ、新聞記事など）を加工されていない状態（オーセンティックな状態）で読み進めていく。さらに、国際バカロレアの外国語教育では、教師は英文の事実を確かめる質問に加えて、生徒が自分の意見や主張を論理的に述べることを求め質問も多く投げかけることを特徴としている。国際バカロレアの授業スタイルを参考とした英語授業（注）を行うことで、生徒の学びのスタイルやマインドセットが変わり、グローバル人材育成や言語活動の高度化に役立つのではないだろうか。

そこで以下、筆者が実践した高等学校における授業の内容を示したい。

対象者	高校2年生
実施場所	早稲田大学本庄高等学院（学校法人早稲田大学が設置する高校で、原則全員が早稲田大学に進級する高大一貫教育を実施。）
クラス規模	1クラス41名×2クラス
実施科目名	コミュニケーション英語II
実施期間	2017年5月から2018年2月まで。本稿ではそのうち2018年1月から2月にかけて実施した内容を紹介する（週3時間、1時間あたり50分）
生徒の英語力	生徒（n= 82）が授業実践前に受検したTOEIC®スコアの平均点は489.23点、標準偏差（SD）=184.61であり、集団としての等質性が弱い。

実践にあたり、"Health"をテーマにし、以下のような指導を実施した。

① Pre-reading activity

生徒の知識や経験等とこれから学ぶ内容を関連づけることを主な目的とし、即興で話すこと（やりとり）を学習活動のメインとする活動を実施する。

②While-reading activity

教科書の英文や英語圏で使用されているオーセンティックな英文を読み、内容理解の程度を確かめたり、英文に関連した質問について自分の意見や考えを

述べたりするような活動を実施する。

③ Post-reading activity

　　自分の意見や考えをまとまった英語で相手に伝える活動を実施する。ピアによる相互評価等を行うが、この活動はルーブリック(評価指標)により評価する。

　本稿では、紙面の関係上、②While-reading activity と ③Post-reading activityでの実施概要を紹介したい。

◆ While-reading activity

　まず、生徒に以下のウェブサイトを閲覧するように指示し、適当な時間が来たらQ1からQ5の質問に答えるよう伝える。

http://www.apa.org/helpcenter/work-stress.aspx

Q1. The text introduces 'Common Sources of Work Stress', but they do not indicate ranks. Rank the sources in the 'correct order' with your ideas and thoughts. After that, compare with a classmate's ranking. How are your ranks similar or different?

Q2. Words a-h listed below are taken from the text. Match these words with a synonym from the box. (以下、語彙を示し同義語を選びます。)

Q3. How formal or informal is the tone of a text? Rate the text on a scale of 1 to 7, where 7 is very formal/academic and 1 is very informal. When you rate, give specific reasons to support your answer.

Q4. Decide whether each of the following statements are true or false and justify your answers with a relevant quotation from the text. (以下、正誤問題に回答します。)

Q5. If you were the author of the article, what suggestions would you add for 'managing stress' for Japanese workers? (Write more than 50 words.)

　上のQ1からQ5までの質問は、Bloom (1956) が提唱しAnderson・Krathwohl (2001) が改訂した分類体系(taxonomy)の低次思考力(記憶する、理解する、応用する)と同様、高次思考力(分析する、評価する、創造する)の両方を意識している。例えば、Q2とQ4は英文を読み、語彙を記憶・理解したり、事実を見つけ出したりする学習なので、低次思考力の「理解する」レベルに該当すると考えられる。一方、Q1、Q3、Q5はそれぞれ高次思考力の「評価する」、「分析する」、「創造する」

351

第2部　大学・高校におけるグローバル教育の実施状況

に該当すると考えられる。

　実践を始めた最初の頃は高次思考力を試される質問への回答に対して、多くの生徒が苦労している様子が見られた。しかし、実践10ヵ月目には慣れが出てきたことと語彙・表現の幅が増え、むしろ楽しみながら取りくんでいる様子が見られた。「他の人がどのようなことを考えているのか、違うことが面白い」と答える生徒も複数出てきた。

◆Post-reading activity

　以下のルーブリックを提示し、課題の到達目標を確認する。その後、課題を読むよう指示する。生徒が書いている間、教師は机間指導を行い、英文の誤りを指摘したり、より良い表現についてアドバイスを加えたりする。課題を完成させた後はペアになり、ルーブリックを用いて相互評価を行う。さらに、相手の英文について英語50 words以上でコメントを加える。

Failure to write the minimum number of words will result in a 1-mark penalty in each criterion.

	Criterion A	Criterion B	Criterion C	Criterion D
	Format	Addressing the writing task	Language	Message
	To what extent do you produce the required text type?	To what extent do you address the writing task?	How effectively and accurately do you use language?	How clearly can you develop and organize relevant ideas / opinions?
9-10			A wide range of vocabulary (related to the topic) and some complex sentence structures are used accurately.	The development of ideas / opinions is coherent and effective; supporting details are appropriate.
7-8			A range of vocabulary (related to the topic) and simple sentence structures are used accurately.	The development of ideas / opinions is coherent; supporting details are mostly appropriate.
5-6	The text type is clearly or generally appropriate.		A fairly limited range of vocabulary (related to the topic) and simple sentence structures are used with some errors.	The development of ideas / opinions is evident at times; supporting details are sometimes appropriate.

3-4	The text type is sometimes or occasionally hardly recognizable.	The text includes all or some requirements of the writing topic.	A limited range of vocabulary (related to the topic) and simple sentence structures are sometimes used with some errors.	The development of ideas / opinions is confusing; supporting details are limited and/or not
1-2	The text type is hardly or not recognized.	The text includes few or none requirements of the writing topic.	A very limited range of vocabulary (related to the topic) and simple sentence structures are used with many basic errors.	The development of ideas / opinions is unclear; supporting details are very limited and/or not appropriate.
0	The work does not reach a standard described by the descriptors above.			

International Baccalaureate.(2014). Language B Subject guideを基に筆者が作成

Imagine you are a WHO official and give a speech about the work-related stress. Write a speech script more than 200 words how we can reduce workers' stress levels. When you write a script, you may include key facts below.

Key facts
- Around 35% of cases are associated with mental health problems (WHO, 2018).
- Leaders' behaviour can have an important impact on workers' health (WHO, 2018)
- Lack of decision-making latitude increases the risk of cardiovascular diseases (Karasek, 1990)

　こうした指導を繰り返したところ、「ライティングを繰り返していくことで、どんどん表現がブラッシュアップできた」、「自分で辞書やネットで調べることが増え、語彙・文法力が向上した実感がもてたのは驚いた。問題集での演習をするより効果的だと感じた」といった感想も現れた。

［注］
国際バカロレア機構が提供する教育プログラムは、質保障・知的財産保護の関係で機構から認定を受けた学校でのみ実施できる。ただし、プログラム非実施校である一般の学校において、国際バカロレアの外国語教育のエッセンスを参考とした授業を行うことは妨げられるものではない。ただし、あたかも国際バカロレアの授業の一部であるかのように宣伝することはできない。

参考文献

Anderson, L., & Krathwohl, D. A. (2001). Taxonomy for Learning, Teaching and Assessing: A Revision of Bloom's Taxonomy of Educational Objectives. New York: Longman.

Bloom, B.S. (Ed.). (1956). Taxonomy of Educational Objectives. New York: David McKay Company Inc.

International Baccalaureate. (2014). Language B Subject guide. Cardiff, UK: International Baccalaureate Organization (UK) Ltd

（早稲田大学本庄高等学院　赤塚祐哉）

ICTを活用した協働学習モデルの実践と検証
iPadで始めることばと文化の豪日国際交流プロジェクト

1. はじめに

　前任校の愛媛大学附属高等学校に勤務していた筆者は、2016年9月から2017年6月までの10ヵ月間、松山大学准教授（当時）ブルース・ランダー（Bruce Lander）氏と共同で、西オーストラリア大学教育学部の豪日国際交流プロジェクト（以下、本プロジェクト）に関わった。附属高校生37名を対象にICTを活用し、「21世紀型スキル」を高める協働学習（collaborative learning）の実践研究に取り組んできた。実践研究では、iPadを使用し、日常生活や地域の文化を紹介する動画や電子書籍の作成、また作品に対する相互コメントを通して、ことばと文化の国際交流を行った。本稿では、ことばへの気づきやICTスキルを習得していく過程で見られた学習者の認知行動の変化と事後アンケートの結果に関する実践報告を行った。結果として、ICTを活用した協働学習を経験した学習者は、認知スキルだけでなく、グループワーク・協働的態度・ICTスキルなどの非認知スキルを向上させ、行動志向性が高まることが示唆された。

2. 豪日国際交流プロジェクトの研究報告

2.1　背景

　本プロジェクトは、「21世紀型スキル」に関する研究を行っている西オーストラリア大学教育学部准教授のグレース・オークリー（Grace Oakley）氏とマーク・ペグラム（Mark Pegrum）氏が企画した国際交流プロジェクトであり、オーストラリア政府が出資した豪日交流基金（AJF）の支援を受けた。オークリー氏は、2012年に本プロジェクトと同様の研究プロジェクトを中国において既に実施しており、今回2度目の国際プロジェクトを日本において実施することになった。同

氏がプロジェクトの統括を務め、2016年9月に日本国内の5ヵ所(秋田、松山、久留米、佐賀、熊本)でほぼ同じ時期に本プロジェクトを開始した。ペグラム氏は教育工学が専門で、自身のウェブサイトでデジタルラーニングの普及を推進する活動を行っている(http://markpegrum.com/)。また、ランダー氏は、学習者自律性(Learner Autonomy)やICTを活用した英語教育を専門としており、本プロジェクトの四国代表指導者と国際交流プロジェクトアドバイザーを務めることになった。

2.2 目的

　本稿ではiPadで動画や電子書籍を完成させるまでの間、ことば(ここでは日本語と英語)と豪日文化の国際交流を通して、ことばへの気づきやICTスキルを習得していく過程で見られる附属高校生とオーストラリア中学生の行動観察、そして事後アンケートの結果の分析と考察に関する実践報告を行うことを目的とした。そこで以下のリサーチ・クエスチョンを実践研究の開始時に設定した。

RQ1：生徒はタブレット型情報端末機器を操作して、複言語・複文化交流をどのような形で具現化しているのか。
RQ2：今回のようにグループで取り組む成果共有型の国際交流プロジェクトは、参加者の意識にどのような影響を与えたのか。

2.3 プロジェクト参加校について

　愛媛大学附属高等学校は、全校生徒360名(各学年定員120名)の総合学科小規模校である。平成27年度に文部科学省よりスーパーグローバルハイスクール(SGH)に指定された。愛媛大学全学部の附属高校であり、高大連携教育を展開している。生徒は、1年次「伊豫学(2単位)」「地域の産業(3単位)」、2年次「グローバルスタディーズ(2単位)」「異文化理解(1単位)」を履修し、3年次に愛媛大学教員の指導の下で、「課題研究(3単位)」に取り組む。なお、課題研究の集大成として、課題研究成果発表会が愛媛大学で毎年9月下旬に開催され、生徒は、高校教員や大学教員、一般参加者の前でポスター発表を行い、課題研究の成果を発表することになっている。また、本校がSGH校であることから各種の国際交流も盛んに行われている。これまでに愛媛大学と深い学術・文化交流関係のあるアメリカ・韓国・

オーストラリア・ルーマニア・フィリピンの5カ国の大学や高校との交流を行い、現地での海外研修を実施してきた。今後は台湾との交流も行われる予定である。

交流相手校は、グレートサザングラマースクール（Great Southern Grammar：GSG）の中学部であった。GSGは、西オーストラリア州の州都パースから、南東に約400キロメートル離れた港湾都市アルバニー市に位置している。1999年に創立され、幼稚園から高等学校までの児童生徒を受け入れている。2017年時点で、全校児童生徒数は830名在籍しており、全教職員数は170名であった。今回、交流に参加している生徒は、中学部12名（プロジェクト開始時）であった。オーストラリア側の指導者は、GSG日本語教師であるケーギ厚子氏であった。

2.4 豪日国際交流プロジェクトの概要

本プロジェクトの英訳タイトルは、「Australian-Japanese multimodal e-books for language and cultural exchange」である。このプロジェクトタイトルにもある 'multimodal' という用語は、「マルチモードの、多モードの」という意味であり、今回のプロジェクトのキーワードである。本プロジェクトのねらいは、生徒が、iPadを使用した多モードの交流（multimodal interactions）の中で、他者との「コミュニケーション」「コラボレーション（協働）」そして、「ICTリテラシー」を学ぶことであった。活動期間は、2016年9月から2017年6月の10ヵ月間であった。ランダー氏は、附属高校生が取り組むタスクを5つ用意した。以下それぞれのタスクについて説明する。第1タスクは「グループでの自己紹介（2016年10月～11月）」、第2タスクは「四国・松山の文化の紹介（2016年11月～12月）」、第3タスクは「日本のポップカルチャーの紹介（2017年1月～2月）」、第4タスクは「食事、塾、クラブ活動などの日課の紹介（2017年3月～4月）」、第5タスクは「自分たちの好きな松山の場所の紹介（2017年5月～7月）」であった。

活動内容の手順は、(1)専用のソフト（後で詳述するアプリケーション）を使い、iPadで動画を編集し、(2)作成した動画データをインターネットのクラウドサーバーVimeoにアップロードした。そして、(3)インターネット上で相互に動画を鑑賞し、お互いの動画にコメントをした。その際、高校生は簡単な日本語で、中学生は、英語でコメントをつけた。(4)最後の第5タスク終了時に、プロジェクト参加に関するアンケート調査を行った。

指導上の留意点として、筆者らはプロジェクトの初期からなるべく参加者であ

第2部　大学・高校におけるグローバル教育の実施状況

る生徒との接触を必要最低限に留めた。筆者は、プロジェクトにおけるタスク活動の内容の詳細を生徒に対して電子メールで送り、プロジェクトにおける進捗状況の調整や生徒の学習管理(learning management)を行った。ランダー氏は参加生徒に対して、iPadの基本的な操作や、新しくタスク課題を導入する際に新しく導入したアプリケーションの説明を対面の講義形式で行った。また、ユーチューブ(YouTube)などの動画を用いてウェブセミナー形式で説明を行った。

　37名の生徒を6グループに分けて、活動を行った。また、プロジェクトに関わるすべての活動は、教育課程外の活動として、放課後や昼休みあるいは、家庭での活動の時間を中心に実施された。それぞれのタスクの主な活動は、動画作成が中心であり、1つのグループがおよそ5分以内の動画を全員で作成した。

2.4.1　タスク活動について

　第1タスクでは、生徒は自己紹介の動画を各自で作成した。動画編集に使用したソフトは、iMovie、Comic Life 3、Air Dropであった。各生徒はiMovieを使用し、台詞などの音声を英語で録音した。また、Comic Life 3で作成した動画と録音された英語音声データをiMovieで編集し、個人の動画を作成した。Air Dropを利用して、各生徒個人の完成動画データをグループリーダーのiPadに転送して集約した。その後iMovieで編集し、最長5分以内の1本の動画として完成させた。研究プロジェクトの都合上、第1タスクから、第4タスクまで、生徒は自分の名前を動画内で名乗ってよいが、個人の顔を出して動画の作成を行うことのないように注意した。

　第2タスクでは、四国や松山の文化を紹介する動画を作成した。使用ソフトは、Comic Life3、iMovie、Air Drop、Google Drive、Vimeoである。Vimeoとは、インターネット上にある動画共有サイトのことであり、You Tubeのようにアップロードされた動画に対するコメント機能を備えている。まず、第1タスク同様に静止画を撮影し、Comic Life 3でその画像を編集加工した。編集後、画像をiMovieに転送し、次に音声を入れて動画を作成した。編集を行った動画を、Air Dropによって1台のiPadに転送、集約した。最終的に作成した動画をVimeoにアップロードして相互に閲覧し、コメントできるように設定した(図1)。

　第3タスクでは、日本のポップカルチャーを紹介する動画を作成した。新たに追加した使用ソフトは、Puppet Pals 2とTellagamiであった。Puppet Pals 2は、

自分の顔を含む全身の画像を加工して、操り人形のように編集できるソフトである。録音した台詞を話すタイミングで、操り人形（アバター）の口を開閉させて喋らせることができることが主な特長である。Tellagamiは、自分が好きな3Dキャラクターを自由に選び、加工できる編集ソフトである。Puppet Pals 2と同様に、録音した台詞を話すタイミングで、アバターの口を開閉させて喋らせることができる。

図1　生徒の動画作品

第4タスクでは、学校生活や塾、自宅の近所、自宅での食事など日常生活の紹介を行う動画を作成した。このタスクでは、Book Creatorというソフトを新たに導入した。このソフトは、EPUBに準拠したファイルを出力し電子書籍（ebook）を作成することができるソフトである。完成した電子書籍は標準ソフトであるiBooksで閲覧することができる。はじめに生徒達は、第4タスク活動の説明を受けた。その後、各自のiPhoneやiPad等で撮影した写真をAir DropでiPadに転送し、iMovieで編集した。次の段階では、iMovieで編集した動画を以前のタスク活動で用いたPuppet Pals 2やTellagamiを用いて、動画を編集した。最終的にはBook Creatorを使い、編集した動画を埋め込んで、電子書籍で見られる動画集を完成した。

第5タスクでは、今まで使用したソフト（ただし、なるべくiMovieを除く）を活用し動画の作成を行い、最終的にBook Creatorを使い、電子書籍で閲覧できる動画集を完成させた。この頃になると、タスクの提出締切日以外に特に何も指示を出さなくても生徒達は、グループで放課後や昼休みの空き時間等を利用して自発的に活動に取り組んでいた。表1を見ると、タスク課題が進行するにつれて、使用するソフトが増えていくのが分かる。これは、異なる種類のソフトを使うことで、必要とされるICTスキルを身に付けさせる工夫を行ったからである。

第2部　大学・高校におけるグローバル教育の実施状況

表1　タスク課題と使用ソフト

タスク課題	内容	使用ソフト	
第1タスク	「グループでの自己紹介」 （2016年10月～11月）	iMovie Comic Life 3 Air Drop	
第2タスク	「四国・松山の文化の紹介」 （2016年11月～12月）	iMovie Comic Life 3 Air Drop Vimeo Google Drive	
第3タスク	「日本のポップカルチャーの紹介」（2017年1月～2月）	iMovie Air Drop Puppet Pals 2 Tellagami Vimeo Google Drive	
第4タスク	「食事、塾、クラブ活動などの日課の紹介」 （2017年3月～4月）	iMovie Air Drop Puppet Pals 2 Tellagami Vimeo Google Drive Comic Life 3 Book Creator	
第5タスク	「自分たちの好きな松山の場所の紹介」 （2017年5月～7月）		

3. 分析と結果

3.1　複言語・複文化交流の内容分析

　本節では、動画作品を交換する過程で、どのように日本人高校生と豪国中学生が、複言語・複文化交流を行ったのかについて、実際のコメントによるデータを検証する。複言語交流とは、日本とオーストラリア双方の生徒が「英語」と「日本語」の両方を用いて、言語にこだわらずに、お互いの「ことば」による交流を行うことである。たとえば、相手方のオーストラリアの生徒が、学習対象言語で

ある「日本語」あるいは必要に応じて母語である「英語」を用いるというものである。この際、オーストラリアの生徒の頭の中には、母語(英語)と日本語が同じ脳内に存在している状態になる。つまり、ある人間が、コミュニケーションのための言語として母語に限定せず、母語以外の外国語を適宜選択して使用する能力する能力が必要となる。この場合、複数の言語が脳内に常在しており、学習者によって、それらの言語を使い分けてコミュニケートできる状態が複言語主義(Plurilingualism)(Council of Europe, 2001)と呼ばれる。また、この言語交流を通して、お互いの文化についても、共有される。これを複文化交流と呼ぶことにする。この考え方は、複文化主義(Pluriculturalism)と親和している。

ここでは第1タスクと第2タスクのみ取り上げる。第1タスクの動画においては、ある附属高校生は松山城の紹介をしている動画に対して、豪国アルバニー中学生が初めにローマ字で日本語によるコメントを書き、その後、母国語である英語でコメントを行っているのが観察された(図2)。

次に第2タスクを見てみる。豪国アルバニー中学生が、地元のお店を紹介している動画に対して、附属高校生が英語や日本語でコメントしているのが観察された(図3)。このように、生徒達は、自分の中にある複言語(この場合は、英語と日本語)を適宜使い分けているのが分かった。また、お互いの生徒同士が作成した動画の内容

図2　豪国アルバニー中学生による日本人高校生へのコメント(第1タスク)

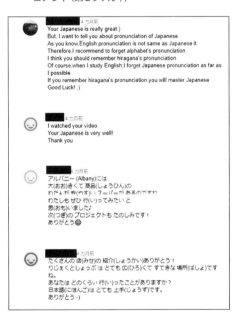

図3　日本人高校生による豪国アルバニー中学生へのコメント(第2タスク))

第2部　大学・高校におけるグローバル教育の実施状況

から、文化的要素も多く学習でき、最後の自由記述アンケートにおいては、「日本の文化についてくわしくなれたし、オーストラリアについてもいろいろなことを知ることができたと思う」(日本人高校生)というコメントや「I found that the course was very educational and I have enjoyed every bit of it. The course was very interesting as it allowed us students who have very little idea of Japanese lifestyle and schooling etc. to understand more about how the Japanese students lives.」(豪国中学生)のようなコメントが見られた。

3.2　Googleフォームによるアンケート(回収生徒：N=35)

アンケート項目の記述言語について、英語による質問項目をランダー氏が担当し、その日本語訳を筆者が担当した。6件法で回答する項目1と項目2について、1…(まったくそうは思わない)から6…(とてもそう思う)の6段階あり、数字が大きくなるほど肯定の度合いが強くなることを示している。参加生徒37名のうち35名から回答を得た。

項目1　On a scale of 1-6 how would you agree to the following statement: "This project has been enjoyable." (このプロジェクトは楽しかったですか。)

とてもそう思う			ふつう		あまり思わない
6	5	4	3	2	1
9名	15名	9名	1名	1名	0名

項目2　On a scale of 1-6 how would you agree to the following statement: "I have learned a lot from this project." (私はこのプロジェクトから多くのことを学びました。)

とてもそう思う			ふつう		あまり思わない
6	5	4	3	2	1
13名	8名	11名	2名	1名	0名

項目3　What did you like best about making the e-books?（電子書籍（e-book）を作成することに関して、どんな活動が一番好きでしたか。）

(N=35)

ICT リテラシー	例：動画編集	18名
コミュニケーション	例：英語を話すこと	9名
コラボレーション	例：グループ学習	3名
情報リテラシー	例：調べ学習	3名
個人の責任と社会的責任	例：（異）文化理解	2名

項目4　How do you think creating the e-books helped you learn English, if at all?（電子書籍を作成することで、英語を学ぶことが（少しでも）できたことに関して、どのように評価していますか。）

（生徒の回答）

・リアクションを取ることの大切さや、声のトーンで聞く人の気持ちが変わることなどが学べてよかったです。

・このプロジェクトで、英語に少しでも関われて良かった。タブレットの扱い方も学べた。

・自分で調べながら英語を使ったのでより英語の力がついたと思う。

・様々な英単語を調べたのでとても知識が増えた。

項目5　What did you learn about using technology through creating the e-books?（電子書籍を作成することをとおして、（iPadやアプリなどの）テクノロジー（技術）を活用したことについて、何を学び取りましたか。）

・IT技術が進歩したことでこのような異文化交流も可能になったこと。

・自分はあまり電子機器を触ることが得意ではないため、その使い方には苦労したが、これからはその技術が大事になることを学んだ。

項目6　What other valuable skills do you think you have learnt through this project? For example: Collaborative skills, iPad skills, group learning skills.（このプロジェクトにおいて、あなたが学んだ他の重要なスキルは何ですか。例：お互いに協力するスキル、iPadを使うスキル、グループ学習に関するスキル）

第2部　大学・高校におけるグローバル教育の実施状況

（N=35）

コミュニケーション	17名
コラボレーション	9名
ICTリテラシー	8名
個人の責任と社会的責任	1名

項目7　What kinds of difficulties did you have when creating the e-books, if any?（電子書籍を作成していたときに、（少しでもあれば）どのような問題がありましたか。）

・豪国中学生の動画にコメントできない時があった。

・英語でしか使い方が書かれていないアプリは使用が難しかった。

項目8　How would you improve this project for future students?（今後、このプロジェクトに参加する生徒さんのために、どのようにこのプロジェクトを改善したらいいと思いますか。）

・もう少しタスクを減らしてもいいと思う。

・教員も英語の紹介文を作成する手伝いをすればさらに質の良いものになると思う。

・日本側のビデオと、オーストラリア側のビデオが、タスクごとに、同時期に送られてくれば、なおよいと思う。

4. 考察と結論

　本稿では、豪日交流基金助成金プロジェクトの教育実践におけるICTを活用した日英複言語・複文化交流の試みとして、その一事例を論じてきた。以下に、リサーチ・クエスチョンに対する考察を述べた。

RQ1：生徒はタブレット型情報端末機器を駆使して、複言語・複文化交流をどのような形で具現化しているのか。

　　Vimeoにおけるコメント欄に見られたように、双方の生徒達は、自分の中にある複言語（この場合は、英語と日本語）を適宜使い分けているのが分かっ

た。また、お互いの生徒同士が作成した動画の内容から、文化的要素も多く学習できた。

RQ2：今回のようにグループで取り組む成果共有型の国際交流プロジェクトは、参加者の意識にどのような影響を与えたのか。

　質問項目(2)「このプロジェクトは楽しかったですか」と質問項目(3)「私はこのプロジェクトから多くのことを学びました」との間には、正の強い相関が見られた（r=.72，p<.001）。このことから、生徒は、今回のプロジェクトは楽しい活動であり、かつ多くのことを学べたと認識していることが示唆された。質問項目(6)「電子書籍を作成することをとおして、(iPadやアプリなどの)テクノロジー(技術)を活用したことについて、何を学び取りましたか」という質問に対して、「IT技術が進歩したことでこのような異文化交流も可能になったこと」を挙げ、「自分はあまり電子機器を触ることが得意ではないため、その使い方には苦労したが、これからはその技術が大事になることを学んだ」というような意見が散見された。

　今回の研究プロジェクトでは、表題にもあるようにICTを活用した日英複言語・複文化交流の試みを行った。結論として、「コミュニケーション」、「コラボレーション(協働)」や「ICTリテラシー」などの汎用的能力の育成のフィージビリティが検証された。また、交流相手校の指導教員であるケーギ厚子氏からも、「お互いの生徒たちが一生懸命色々なことをお互いの生徒に伝えようとしている姿勢を見て、動機付けの大切さをひしひしと感じた」という意見をメールでいただいたことから、日本語と英語による複言語交流をとおして、相互の国際交流への取り組みの意欲を高める可能性が示唆された。

5. まとめと今後の課題

　結果として、ICTを活用した協働学習を経験した学習者は、認知スキルだけでなく、グループワーク・協働的態度・ICTスキルなどの非認知スキルを向上させ、行動志向性が高まったことが分かった。

　また本プロジェクトは、オンラインによる交流であり、最終的にはこれをオフ

第2部　大学・高校におけるグローバル教育の実施状況

ラインへの対面交流へと発展的に繋げていく必要がある。幸いにも、このプロジェクトでは、愛媛・松山での対面交流が実現できた。対面交流が実現できたのは、交流に参加していたオーストラリアの中学生からのリクエストがあったからだ。今回の対面交流を契機として、附属高等学校とGSGとの国際交流を持続可能な取り組みに発展・深化させていくことが今後の課題である。

謝辞

　本研究プロジェクトは、豪日交流基金助成金プロジェクト（AJF-P）「Australian-Japanese multimodal e-books for language and cultural exchange」（研究代表者：グレース・オークリー）の助成を受けておこなわれたものである。ここに感謝の意を示したい。

引用文献

Council of Europe. (2001). *Common European Framework of Reference for Languages: Learning, teaching, assessment.* Cambridge: Cambridge University Press.

（愛媛県立西条農業高等学校　三好徹明）

教育連携部会・高大連携マニュアル
高校という枠組みの限界を認識し、
その一つの解決策として

現場からの追加報告

1. どの程度をどこまで

　グローバル化が進む社会へ高校生（以下、生徒）を送り出す側として、グローバル人材を育成するために行うという意味でのグローバル教育を高校で全員に提供することは、理想ではある。同時に学校運営や広報面を考えた時に、「○○教育を行っています」という場合、全生徒が日常的にその教育を受けられるべきである。

　ではグローバル教育では、どの程度のことが、どのような範囲でできるだろうか。例えば留学は、異文化体験や語学の習得の機会としてだけでなく、参加者の人格形成に大きな影響を与える。こういったことは、できれば高校生のうちに経験することが望ましいが、現実的に生徒全員が留学をすることは考えにくい。無論、学校の特色化の戦略として全員に海外語学研修や留学をさせる学校もあるが、そのようなケースは稀である。ところが、大学在学中に留学する大学生（以下、学生）に動機をきいてみると、「高校のときに行きたいのに行けなかったから」、「高校のときに行った友だちがうらやましかったから」という声が少なくない。高校で留学機会をつくっておき、校内でそれを情報として共有できるようにしておくことは、留学者以外にも以上のような効果がある。

　本稿では月並みのことしか書いてはいないが、これが高校でグローバル教育をどのように展開するかについての判断材料の提供になれば幸いである。また、これを読んでから各校の取り組みを振り返っていただくと、気づくことも多いのではないかと期待する。

2. 何ができて何ができないのか

　学習指導要領に則って授業編成を行う高等学校以下の学校の中で、全員がグローバル教育を受けるとしたら、可能性のある枠は以下の通り。

　①全教科で役割分担

　②生活指導の中で、「世界の中の自分」を意識させる

　③ショートホームルームで(1分間スピーチを英語で・ネイティブが実施など)

　④学校設定教科・科目として、グローバル教育を開設

　⑤「総合的な学習の時間」でグローバル教育を実施

　⑥留学生と触れる機会を、全員に提供

　⑦フェスティバルの実施

　以上のいずれかを実現しようとしても、どの程度日常に落とし込めるかは、以下のようなハードルを乗り越える必要がある。

　現行及び次期学習指導要領によると、全ての教科においてグローバル教育の展開が可能な要素はある(①)。それを教務主導で整理し、全教員が自分の担当する教科以外の教科の単元にも言及できるようにしておくことは、不可能ではない。しかし、教科担当者としては自分の教科の自立性の方に目が向きやすく、このような形の実現は簡単ではない。

　それでは日常生活の中で、生活指導にグローバルな側面を入れられないだろうか(②)。例えば清掃時、ごみの分別を指導する際、それらがどこから来てどこへ行くのかを意識させたり、プラスチックごみが環境に与える影響について示したりしながらの指導もできなくはない。ただし、そのような情報が生徒にとってどれだけ現実感のあるものになるのであろうか。教員としての持ち味が試されるし、こういったことを学校全体で浸透させることは、一筋縄ではいかない。

　ホームルームでの活動を利用して、グローバル教育が展開できないだろうか(③)。朝のHRでの伝達を重視している、その時間は朝読書やドリル学習・小テストなどを行いたい、キャリア教育の一環として日本語でスピーチをしたいなど、グローバル教育実施を阻む理由はいくらでも上がってくる。

　学校設定教科・科目の場合(④)、(1)どの教科の教員が担うのか、(2)授業枠はどのように捻出するか、といったことを克服する必要がある。特に進学に力を入れている学校では、教科教育に最大限の枠を充当しているため、このようなことの実現は簡単ではない。

スーパーグローバルハイスクールは、主に総合的な学習の時間にグローバル教育を展開している（⑤）。しかし、これも大学・社会へつながる「探究型」の授業をゼミ方式で行いたいとなれば、全員対象のグローバル教育は不可能となる。

①～⑤の実現が難しいとして、せめて留学生や地元の外国人との交流の機会を1年に1回は設けたいとしよう（⑥）。その場合、対象学年に在籍する生徒数はどれくらいで、留学生などの外国人の人数はどれくらいいるであろうか。両者の数があまりに違うと、せっかく交流の場を設けても実りあるものにはなりにくい。また、そのような機会がその場限りにならない工夫が必要である。交流に向けて、どのような準備をし、どのような振り返りをさせるか、時間はどのようなコマ（ロングホームルームか特定の教科か、あるいはある日の午後など時間帯を区切るか）を用いるかなど、気を付けるべき点は少なくない。

生徒全員が民族衣装を着て一日授業を受ける、各国の食事を食堂で提供する、といったイベントも可能である（⑦）。しかしこのような試みは一過性のものであり、日常に落とし込むことは難しい。

3. 学校という枠にとらわれない企画として、本学会の実践例

上の項で述べたように、全員対象のグローバル教育の実現は簡単ではない。一方、課外活動に目を移すと、ESS活動やインターアクトなどグローバル教育につながるものは、少なからずある。

本学会教育連携部会が企画・実施してきた高大連携企画は、少人数への機会提供ではあるものの、生徒・学生の日常的な学びの延長線上にあるようにデザインされている。「高大連携」といえば、高校側から大学の先生へ講義をお願いするイメージが先行している、という話をよく聞く。高大がウィンウィンの関係を築いている一つの実践例として、紹介したい。

第2回関東支部大会において「学校種の枠を超えた横断的グローバル人材育成の可能性を探る」という大会テーマを設定し、シンポジウムではグローバル人材育成における高大連携の可能性について議論された。そこで行われた特別企画として行われた、大学生と企業人を交えた協働学習のデモンストレーションを、本件は元としている。右の表にあるように、今まで3回の企画があった。

第2部　大学・高校におけるグローバル教育の実施状況

	プレ企画 （2015年12月）	第1回 （2016年6月＠産能大）	第2回 （2017年6月＠中央大）
テーマ	「ローカルな社会」の変化から見えるグローバル化の本質を探る	グローバルに活躍する女性	グローバリズム・ローカリズムの視点から見る日本
スピーチの長さ	7分	7分	5分
フィールドワーク	○	×	○
フィールドワーク活動場所	高校近くの商店街⇒グローバル化対応を提案	N/A	各チームが考えた、「地元」
参加チーム数	7	4	7
生徒・学生比	2対2	2対2	2対1
事前指導	○	○	○
時期	11月7日（土）顔合わせ 11月8日（日）フィールドワーク 12月5日（土）中間発表 12月19日（土）本番	5月6日（金）顔合わせ 6月4日（土）本番	4月29日（土・祝）顔合わせ GW：フィールドワーク期間 6月17日（土）本番
中間発表	○	×	×
企業人のサポート	△（講評のみ）	○	○
振り返り	×	○（口頭で）	◎（紙で2度）

この連携の特徴は、以下の通り。

　①発表は生徒が英語で行う

　②学生が取材やプレゼン準備のリードをする（本番では司会を担当）

　③生徒対学生の比率は2対2が基本

　④社会人のフィードバックを受ける

　⑤振り返りを行う

　グローバル人材として必要な要素に、自分の守備範囲のことは英語でコミュニケーションを取れる、というものがある（①）。参加する生徒には、自分で調べた事程度は英語で発信できるようになってもらいたい。

　高校以下でも、探究型の授業は総合的な学習の時間を中心に進んではいる。しかし、問題設定や取材対象へのアプローチなど、この手の学びは学生の方が経験豊富だ（②）。またディスカッションは、生徒ではなかなかうまく扱えないものである。「与えられたテーマに対して、この言い方だと弱い」などという発言が自分に向けられるような機会は、生徒には多くない。生徒にとって、学生とともにこのような経験をすることは、近い将来の自分をよりイメージしやすくなる。同時に、学生にとっては自ら学んだことを他者に教えることで理解の強化になる。注意点として、学生が一人になってしまうと生徒たちはお客さんになってしまう。生徒の前で学生同士が議論し合える体制を築くことが望ましい（③）。

　本学会では設立当初からの特徴であるが、教育界の外にいる方々へ学生・生徒がプレゼンを行うことで鍛えられてきたという点を踏襲している（④）。原案となった学生のデモンストレーションは、午前中にお題を示し、午後には発表であった。しかし、高校生では、英語がよくできる帰国子女以外にこのような対応ができる生徒は少ない。学生との協働を通して大きな気づきを与えるためにも、事前準備期間のある活動の方が望ましいと考える。

　振り返りは、紙で書かせることで、実施する側も参加者も多くの気づきが得られる（⑤）。また、その場ののりに左右されるのではなく、振り返りさせたい項目が紙に書いてあることで、それから注意をそらさない利点もある。学校では体験できない学びの場をその場限りにしないためにも、振り返りはしっかりと行いたい。

第 2 部　大学・高校におけるグローバル教育の実施状況

4. おわりに

　グローバル教育の必要性が声高に言われて久しいが、それが普及しきったということは言い難い。この本の読者、とくに高校教育関係者がこれからも切磋琢磨し、高校でのグローバル教育の充実化を一緒にできていければなによりだ。

　高大連携企画に関しては、準備・実施をする上で注意すべき細かい点が多々あるが、本稿では割愛した。本学会が発行する学会誌『グローバル人材育成研究』5 巻第 1 号に、実践報告が掲載されている。そちらを参照されたい。

（教育連携部会長・桐蔭学園グローバル教育センター　奥山則和）

海外で活躍される皆様へ "GO GLOBAL"

将来海外（アジア・アセアン圏）で活躍したい学生が事前に学んでほしい事

1. はじめに

　私は現在、グローバル人材育成教育学会の正会員として余暇を利用しボランティアにて複数の大学で将来のグローバル人材になられる学生達に講義をする貴重な機会を頂いている。講義を通じて「将来海外で活躍したい学生が今のうちに学んでおきたい事」事例をケーススタディ中心に学習し、アクティブラーニングの形でその日のうちに学習した成果をプレゼンしてもらっている。

　この講義を通じて私自身も多くの事を学生達から学ばせて頂いており、このような機会を頂いていることに心から感謝している。今回、グローバル人材育成教育学会の小野博会長のご厚意を頂き、私がお伝えしたいことの要約を寄稿させて頂く機会を得た。

2. 海外勤務（アジア・アセアン圏）で必要とされる語学力とは

　海外勤務で必要とされる語学力はどれぐらいかと言えば、「中学校で学ぶ英文法」「基本単語3000語」「将来自分が活躍したい業界での専門用語300語」で十分と考えている。相手も英語が母国語ではないので、ネイティブスピーカー並みの語彙とスピードは不要である。それよりも大切なのは、ロジカルシンキングで話しを「要約」して伝える力である。1分以内に結論から先に伝えて、その後に理由を添える話し方が重要である。この訓練を事前にしっかりとして頂きたい。

3. 異文化理解力

　海外で活躍するにはその地域の異文化を理解することが不可欠である。私達は基本的価値観を同じにする組織で、詳しく説明しなくても理解してくれるメンバ

第2部　大学・高校におけるグローバル教育の実施状況

ーで構成された中で生活してきた。これはグローバルの現状からみた場合は非常にユニークな状況であることを強く認識する必要がある。このような状況は「ハイコンテクスト」といわれる。グローバルで活躍する現場では、ほとんどの場合は共通概念・共通価値観のあまり無い「ローコンテクスト」での状況である。「あうん」の呼吸は通じない。説明と確認の連続の状況が普通である。だから私達は「言わなくても通じるコミュニケーション」から「簡潔にわかり易く説明して確認するコミュニケーション」にシフトする必要があると思う。結論の分からない長い説明は受け入れられない。要領よく結論から述べて、その後にその理由や根拠を言う習慣が非常に大切である。お互いの文化や思考体系・価値観をリスペクトしながら、同じ土壌で共通の課題を議論する。その時のやり方は「ローコンテクスト」を基本とし、ロジカルシンキングをベースにしたコミュニケーションを実践すべきであると考える。

4. リーダーシップとマネジメント

　次に重点的に考えたいのは、海外でのリーダーシップとマネジメントの難しさである。セーフティーネットの整備された状況とは限らず、法律も全く違う社会習慣に飛び込むわけである。「日本ではこうだ！」というのが口癖の人は信頼されないし尊敬もされない。その地域に根差しながら、不確実性の状況でハンドリングすることが要求される。勿論コンプライアンス違反は許されない。そういう状況にいきなり入りこむ前に私たちは事前準備ができる。私達にはいち早く海外に飛び込んだ先人の経験があり、その状況に対応する知恵がある。これを海外赴任前教育に活かさない手は無いと思う。海外赴任前教育では実際に現場で起こりうる事例を基に受講者にケーススタディを通じて疑似体験をして頂き、自分自身で解決策を考えてメンバーに説明する実習をして頂く。その後にメンバーで議論を深め、そのグループとして解決策を決定していく。この実習は非常にハードである。メンバーの考えはほとんどの場合ばらついているし、それぞれにそう考える理由がある。それをグループとしての意見をまとめる作業自体がリーダーシップとマネジメント力強化につながる実習になる。自分の意見を簡潔にロジカルに説明し、メンバーの意見に傾聴し、それぞれの考えから最適の対応を導く訓練である（この実習は使用言語を英語ですれば効果が倍増する）。

5. マナーと教養のある振舞いを心がける

　最後に海外生活におけるアドバイスをいくつかお伝えしたいと思う。自分の国のことを説明する機会が多くあるので準備をしておくこと。例えば「アベノミクス」など。そして赴任する地域の歴史や文化を事前に学ぶ。その地域に好奇心を持ち、その地域の事が好きになり、その地域に貢献したいという気持ちがあれば、その気持ちが相手に伝わる。また食事の時間も大切と心得てほしい。いつも同じ赴任者同士だけで食事に行ったりしがちであるが、これは重要なコミュニケーションの機会を失っていることになる。できるだけ地域の社員と食事を共にし、仕事以外の会話も楽しむべき。その中から新しい情報や信頼が生まれる。

　かなりの信頼関係が生まれるまでは政治や宗教の話はしないほうが良い。思わぬ問題に発展する場合がある。自分は会社・学校を代表しているという事を忘れないこと。

6. おわりに

　以上、海外赴任前教育について述べてきたが、この機会を頂いたことに感謝を表したい。私の限られた海外勤務経験からの考察ではあるが、これから海外で活躍される方々の少しでもお役に立てれば幸いと考える。グローバルな社会で活躍することは国内で仕事する以上の困難があるが、グローバルであるが故の得難い達成感や貢献意識を経験できる機会と思う。これから海外で活躍される方々の成功とご多幸をお祈りする。

引用・参考文献

1) エドワード・T・ホール (1993) 「文化を越えて」阪急コミュニケーションズ

2) 鳥原　隆志　(2011) 「インバスケット思考」 WAVE出版

3) ジャン・ポール・ネリエール (2011) 「世界のグロービッシュ」 東洋経済新聞社

　　　　　　(グローバル人材育成教育学会正会員 日系企業中国駐在員　金岡正浩)

第2部　大学・高校におけるグローバル教育の実施状況

異文化対応力育成研究専門部会の発足から現在までの活動について

1. 異文化対応力育成研究専門部会の発足

　学会誌第5巻第1号にて既に報告した内容と一部重複するが、本専門部会発足の経緯について概略を説明する。グローバル人材育成には英語力修得も必要であるが、それに加えコミュニケーション能力と異文化対応力の育成も必要だと考えている。前者のコミュニケーション能力については、小野博先生（福岡大学他）や工藤俊郎先生（大阪体育大学）を中心に研究を行い、すでに学会誌等にて報告をしてきた。今後は後者の異文化対応力の育成方法と評価方法の開発が必要であると考え、本学会に専門部会を設けることとなった。

2. これまでの協専門部会における協議の経緯

　小野博先生の呼びかけに対して九州支部の15人の会員から参加の意思が表明され、2017年6月5日に福岡大学で開催した準備会には8人の会員が出席した。それ以降に実施した会議・研究会は下記のとおりである。

・2017年6月17日　臨時理事会に於いて異文化対応力専門部会発足の了承；関東支部大会（中央大学）にて

・2017年7月16日　研究会にて小野先生より新専門部会発足の経緯・趣旨の説明；九州支部大会（西九州大学）前日
　1）工藤俊郎先生（大阪体育大学）「異文化対応力評価尺度作成に向けて」
　2）青柳達也先生（佐賀大学）「17種類の内外の異文化対応力測定法の調査・分析」

・2018年1月13日　福岡市にて小野先生、工藤先生、青柳先生、筆者による会議；異文化対応力を測定調査するための具体的な質問項目についての協議。青柳先生が調査した17種の内外の調査項目を検討した結果、Byram（1997[1]、2008[2]）によるIntercultural Communicative Competenceの概念が異なる数種類のアセスメントの要素を包括しているのではないか、との結論に合意を得た。その概念は次の5つからなる：「態度」「知識」「解釈と関連づけのスキル」「発見と相互交流のスキル」「批判的な文化意識／政治教育」。この各概念を構成する複数の下位要素に基づいて質問項目を作成開始した。

・2018年2月17日　関西支部大会開始前午前中に会議；古村が作成した質問項目について参加者により議論を行い、学生が回答しやすい文書へと改訂。

・2018年3月　4校の協力を得てPostテストを実施。78名からの回答を分析。

3. 異文化対応力測定方法開発の経緯

　本章では、前述した関西支部大会において筆者が講演させていただいた「異文化対応力測定方法開発の試み」の内容に基づいて、開発の経緯を説明する。

3.1 測定方法開発の必要性

　2012年度に文部科学省によるグローバル人材育成事業が始まって以降、海外留学、海外語学研修やインターンシップ等様々なプログラムが多くの大学や高等学校にて実施されている。これらのプログラムの成果は英語テストの成績の変化だけでは十分に測定できないと考えられる。なぜなら学生が海外での生活を経験して得た能力は語学力だけではなく、異なる文化や価値観をもつ人々との交流の中で、様々な問題や葛藤を経験したことによって得たもの、即ち、異文化対応力に変化があったと考えられるからである[3]。この能力の測定ツールに有料のものはあるが、限られた予算の中で使用できる新な測定方法の開発が必要とされている。

3.2 Intercultural Competenceの研究史

　一般的に異文化対応力は、Intercultural Competenceとして、国際的に研究されている。初期の研究として、1962年にはガードナー[4]がよりよい海外経験ができる人の特性として、(1)非常に高い精神的安定性、(2)外交性、(3)「世の中のすべての人間に価値がある」と思っていること、(4)文化共通現象の存在を肯定する、(5)直観力を挙げている。ハリス[5]は、1973年に平和部隊の隊員の候補を探す際のプラス評価の対象として、「忍耐、辛抱強さ、我慢と丁重さ」を挙げた。隊員のトレーナーはこれらの特徴を目安に隊員候補を探したとされる(プリブル、2006[6]：137–138より引用)。その後ルーベン(1976)[7]は、よりよい異文化コミュニケーションに必要とされる態度は(1)相手への尊敬と敬意を積極的に示すこと、(2)非評価的・非決断的な態度で返答すること、(3)相手のニーズに基づいたコミュニケーションを心がけることであると述べている。

　以上のように異文化間におけるコミュニケーション力についての研究が始まったが、次には誰がその能力を評価するのか、という問題点にスピッツバーグとクーパが着目した[8]。評価者によって評価が変わるため、評価の基準が必要だとして、「自覚的コミュニケーション能力」の3つの次元を挙げた；(1)動機づけ(異文化の人々とのコミュニケーションを強く望む気持)、(2)知識(効率的にコミュニケートする方法の自覚と有効な情報を収集し、知的に理解する能力)、(3)技能(効率的にコミュニケートするために必要な能力)(プリブル、2006[6]：137–138より引用)。

3.3 実際に留学した日本人学生の調査の一例

　塚崎(2018)[9]は、留学を経験した日本人大学生10名に下記に関するインタビューを行った。

(1)留学や外国に興味を持つまでの経緯

(2)留学や海外長期滞在を決心するまでの経緯

日本人学生の長期海外滞在や長期留学に至った要因を突き止めることができれば、学生の留学を後押しする環境提供ができる可能性が高まる、もしくは、現在の日本の国際化に関する課題を突き止め得る可能性を持つと考えた。インタビューした学生の留学先と留学形態は以下のとおりである(表1参照)。

表1 留学した学生の留学先と留学形態

		大学	国	留学形態
1	女	N県立大学	カナダ	語学留学
2	男	N大学	カナダ	ワーキングホリデー
3	女	N県立大学	韓国	交換留学
4	女	N大学	オーストラリア	ワーキングホリデー
5	男	R大学	アメリカ	交換留学
6	女	O大学	インド	交換留学
7	女	S大学	アメリカ	語学留学
8	男	W大学	カナダ	ワーキングホリデー
9	男	K大学	オーストラリア	高校留学
10	女	N外国語大学	中国	交換留学

　インタビューの結果、なんらかのメリットがあった、と全ての留学経験者は感じていた。一方、デメリットや後悔が無かった経験者が多く、後悔が少しでもあった者でも結果として多くのメリットが留学にはあった(30)。本稿では、彼らが感じたメリットの項目を表2に示す。

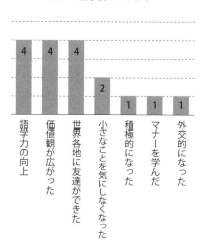

表2　留学後のメリット

これらの項目は「異文化接触」のプラス結果と考えられるため、異文化対応力測定テストの質問項目として使用することができる。

3.4 Intercultural Competenceの統一定義

Intercultural Competence（以降IC）の定義はこれまでの50年間に多くの定義が作られてきたが[10]、統一された定義は現在のところは存在しない。しかしながら、研究会にて様々な定義を吟味した結果、今回の本部会で作成する測定テストにおける『異文化対応力』の定義は、「単にその国の文化規範や価値観に触れ、自文化との差異を知識として蓄積するだけではなく、その中で生じるさまざまな問題に遭遇し、葛藤を体験し、そしてそれを解決し、多様性の中で自文化や自分自身を相対的に認識できること。異文化に対する感受性と対応力を持っていること」としたい（八島（2002）[11]にて述べられたものをまとめた、関（2007）[12]での引用を要約）。

3.5 本部会で作成する測定テストの項目

国際学会でよく引用されるICのモデルには、ベネットの「異文化感受性発達モデルThe Developmental Model of Intercultural Sensitivity（DMIS）[13]やバイラムの「Intercultural Communicative Competence理論[1),2)]」がある。またこれらに加えて、2017年度の九州支部大会にて青柳先生（佐賀大学）が説明されたGlobal Perspective Inventory（GPI）、Intercultural Development Inventory（IDI）、Global Competence Aptitude Assessment（GCAA）などのアセスメントの項目も検討し、それぞれアプローチにおける差異点について研究会にて考察を行った。その結果前述した

Byram（1997, 2008）によるIntercultural Communicative Competenceのモデルが、今回検討してきた複数のアセスメントの異なる要素を包括しているとの結論に至った。

ByramのICモデルは次の5種のカテゴリーから構成される。

I. 態度：好奇心があり開放的であること。他文化への不信と自文化への信条をいったん保留しようとする（旅行者やビジネス関連のアプローチとは異なる）。

II. 知識：社会集団について、自国と対話相手の出身国の産物と習慣、社会的なまたは個人同士の相互交流（interaction）の一般的過程に関するもの。

III. 解釈と関連づけのスキル：他文化の文書や出来事を解釈、説明し、自国の文書や出来事にそれらを関連づける能力。

IV. 発見と相互交流のスキル：ある文化とその文化の習慣についての新しい知識を習得する能力、リアルタイムでコミュニケーションと相互のやりとりを行うという制約のもとで、知識、態度、スキルをうまく操作する能力。

V. 批判的な文化意識/政治教育：自己の文化や国、他の文化や国における物の見方、実際行動、産物に対し、批判的にかつ明確な基準に基づいて評価する能力。

　これらの各カテゴリーはそれぞれ、複数の下位要素を含んでいるが、その内容は抽象的であるため、その要素を具体的な行動にできるだけ結び付けて、回答者が自分の考えや行動を想定して答えやすくなるようにテスト項目を作成した。具体的には、「I. 態度：好奇心があり開放的であること」に関する質問をする際には、好奇心や開放的であることを示す可能性のある行動の頻度を尋ねることにより、回答をより客観的に評価できる指標とできるよう試みた。紙面の関係上質問項目の具体例としては、表3にて数例を提示する。

表3　質問項目具体例の一部

1	SNSやメール等で時々連絡を取り合う外国人の友達はいますか？
2	外国の映画やYouTubeを観たり、外国の音楽を聴いたりしますか？
3	日本での日常生活を過ごす中で、文化的な違和感や疑問を感じたことがありますか？
4	企画されたイベントの中で、外国人の人と交流したり、活動したことがありますか？
5	個人的に連絡をとり、外国人の人と交流したり、活動したことがありますか？

　上記の質問1に対しては、「ない」、「月1、2回」、「週1、2回」、「毎日」のように具体的な頻度を回答してもらい、また、質問2〜5に対しては、「ない」、「時々」、「度々」、「いつも」との回答選択肢を設定している。

4. 1回目の調査結果について

　2018年2月末に小野会長より会員の皆様へ、海外派遣からの帰国生を対象に調査協力のお願いをしたところ、3校から調査結果をいただくことができた。通常は、PreとPostの2回の調査を行い、当該の海外派遣プログラムが参加者の『異文化対応力』に何らかの影響を与えたのか、与えたとすれば、どのような能力について成果が出たのか、を調査するべきであるが、トライアルとしての測定テストが完成した時期の都合により、派遣後のPostテストのみ実施することができた。合計で78名からのご回答をいただいた。その結果について要約を本稿にて報告する。データのとりまとめと因子分析は、大阪体育大学の工藤先生が行ってくださった。今回は下記2点について報告する。

I.　全部で48項目の質問に対する回答に対して、不備のあった項目および分析に適さない項目を除いた37項目を用いて因子分析を(78名中66名分に対して)行った。全体の傾向を鑑みて因子分析は5因子を想定して行なった。ただし、分析に使用できたデータ数が多くなかったこともあり、現行の質問項目の中には抽出された因子に対して寄与が明確でないものもある。代替する新たな項目を作成する必要があるかもしれない。2018年度夏の海外派遣では今回と同じ質問項目を使用してデータ数を増やし、分析精度を高め、質問項目の検討を行なう予定である。

II.　今回はPostデータのみだったため、海外派遣の前後にどのような変化が見られたかを調べることはできなかったが、78名の方の派遣期間や授業形態・活動形態の違いによって、回答に何か違いが現れたかに着目して、各グループの平均値を下記のように比較した。但し、この調査は主観的観点によってなされた、という点に留意していただきたい。結果については、一部のみ下記に報告する。

・派遣期間による差異：　　短期(1ヵ月以内：N=62)
　　　　　　　　　　　　　長期(6ヵ月から1年間未満：N=16)

Q1.上記2種類のグループ間で平均値に0.5（4点評価）以上の差が見られた項目は何か？

・授業形態・活動形態（短期研修経験者の中での比較）による差異：
グループa（日本人との授業：N=34）
グループb（外国人との授業：N=10）
グループc（授業ではなくボランティア活動：N=8）

Q2.上記3グループ間で平均値に0.5（4点評価）以上の差が見られた項目は何か？

4.1 「態度」に関する項目について

(1)外国人の友人との交流頻度：
短期＜長期、c<a<b；長期派遣者と外国人との授業受講者が高い。
(2)馴染みのないことに対して違和感を感じる頻度：
b<a=c；日本人との授業受講者とボランティア活動参加者が高い。

4.2 「知識」に関する項目について

(1)自国と留学先の国とのこれまでの関係と現在の関係について：
短期＜長期、c<a<b；長期派遣者と外国人との授業受講者の知識が豊富。
(2)異文化の人々との効果的交流方法・自国の出来事についての異文化の人々がどう見ているのか・留学先での出来事を自国の人々がどう捉えているかについて：短期＜長期、長期派遣者の知識が豊富。
(3)異文化の人々との間で誤解が生じる原因について：
c<a<b；外国人との授業受講者の知識が豊富。

4.3 「解釈と関連づけのスキル」に関する項目について

(1)自文化と多文化を比較する際にその根拠を説明できるスキル：
c<b<a；日本人との授業受講者が高い。
(2)文化の違いで誤解された時に違いを説明できるスキル：
短期＜長期、c<b<a；長期派遣者、日本人との授業受講者が高い。

第2部　大学・高校におけるグローバル教育の実施状況

4.4　「発見と相互交流のスキル」に関する項目について

(1)異文化の人の行動が理解できない場合、その理由を尋ねて理解するスキル：

　　c<b<a；日本人との授業受講者が高い。

(2)留学先の人々と交流した際に、その国の文化に関する知識をうまく利用する
　　スキル・異文化の人の出身国と自国との過去から現在までの関係を調べるス
　　キル：

　　短期＜長期；長期派遣の場合が高い。

(3)異文化の人と議論する際、自分の知識やスキルを使って結論を導くスキル：

　　a<b<c；ボランティア活動をした学生が高い。

4.5　「批判的な文化意識／政治教育」に関する項目について

(1)異文化の人との議論で文化の違いを配慮して参加者全員が納得できるように
　　結論を導くスキル；

　　短期＜長期、a＝c<b；長期派遣者と外国人との授業受講者が高い。

5. 今後の展開

　2018年の夏季に実施される派遣プログラムについて、PreとPostの調査をする予定である。すでにいくつかの大学へ調査紙を送っている。

　具体的にはこの調査による結果を基に、2018年9月29日に開催される第5回九州支部大会において、異文化対応力育成研究専門部会会員によるシンポジウム「異文化対応力の測定と海外研修プログラムでの利用」を小野会長にコーディネーターをお願いして開催する予定である。3名の会員による報告は以下のとおりである

(1)「異文化対応力の測定方法」工藤 俊郎（大阪体育大学）

(2)「異文化対応力とは」青柳 達也（佐賀大学）

(3)「福岡大学の海外研修プログラムと異文化対応力」佐々木 有紀（福岡大学）

　これらの調査結果を基に研究発表や論文執筆をさらに活発に行うことによって、今後より多くの学会関係者に参加、協力していただき、異文化対応力の評価方法及び育成方法の開発が進んでいくことを期待している。

引用・参考文献

1) Byram, M.(1997). *Teaching and assessing intercultural communicative competence.* Multilingual Matters.

2) Byram, M.(2008). *From foreign language education to education for intercultural citizenship: Essays and reflections* (Vol. 17). Multilingual Matters.

3) Deardorff, D. K.(2006). Identification and assessment of intercultural competence as a student outcome of internationalization. *Journal of Studies in International Education* 10(3): 241–266. doi:10.1177/1028315306287002.

4) Gardner, G. H.(1962). Cross cultural communication. *The Journal of Social Psychology, 58*(2), 241-256.

5) Harris, J. G.(1973). A science of the South Pacific: Analysis of the character structure of the Peace Corps volunteer. *American Psychologist, 28*(3), 232-247.

6) プリブル・チャールズ.(2006). 科学としての異文化コミュニケーション―経験主義からの脱却. ナカニシア出版

7) Ruben, B. D.(1976). Assessing communication competency for intercultural adaptation. *Group & Organization Studies,* 1(3), 334-354.

8) Spitzberg, B. H., & Cupach, W. R.(1984). *Interpersonal communication competence* (Vol. 4). SAGE Publications, Incorporated.

9) 塚崎成寛.(2018). 日本の海外留学者における状況と促進要因について. 平成29年度長崎大学経済学部卒業論文集.

10) Spitzberg, B. H., and G. Changnon.(2009). Conceptualizing intercultural competence. In D. K. Deardorff(Ed.), *The SAGE handbook of intercultural competence,* (pp. 2–52). Thousand Oaks: SAGE.

11) 八島智子.(2002). 異文化接触の教育的効果(態度変容とコミュニケーション能力の習得)に関する研究. 平成11年度－平成13年度科学研究費補助金(基盤研究C(2)研究成果報告書.

12) 関久美子.(2007). 短期留学プログラム派遣生の異文化適応力. 新潟青陵大学短期大学部研究報告, (37), 83-91.

13) Bennett, Milton J.(1993). Towards a developmental model of intercultural sensitivity. In R. M. Paige(Ed.), *Education for the intercultural experience. Yarmouth,* ME: Intercultural Press

（長崎大学 言語教育研究センター 教授　古村由美子）

第3部

資　料　編

［解説］グローバル人材の育成を求める 戦後教育改革の流れ

1. はじめに：大まかな時代区分

　2018（平成30）年は、明治維新の年から数えてちょうど150年になる。その150年を教育行政制度の変遷という観点から振り返ってみると、大きく3つの時期に分けられる。

1.1　近代化の時代（1868〜1945）

　まず前半の70余年、つまり1868年の明治政府の誕生から1945（昭和20）年の敗戦まで、日本の教育は中央政府の統制・計画のもとで、ひたすら「西洋（欧米）に追いつけ・追い越せ」をスローガンにする近代化路線を走り続けた。そこでは「和魂洋才」と「富国強兵」が教育政策の主柱となり、小学校から大学までが急速に整備され、国家有為の人材（つまり近代国家としての諸制度をつくり、それを責任をもって担える人材）を育成することが高等教育の主目的とされた。つまり西洋科学技術の積極的な導入と、「富国化＝上からの近代化」を強力に進めるための立法府・行政府・司法府の整備とそれに必要な人材の育成機関として帝国大学が、また「強兵＝軍事力の整備」のための人材養成機関としての陸軍・海軍の士官学校が整備された。軍隊創設後まもなく「軍人勅諭」を出して軍の綱紀粛正を促し（1882）、大日本帝国憲法の発布（1889）で立憲政治体制を整えると同時に「教育勅語」を出して国民のあり方を示した（1890）。

　義務教育が全国に普及し、国定教科書によって学童が学ぶべき内容が決まり、天皇が神格化され、国民は天皇の赤子＝臣民となるべく教育された。その「近代化」路線によって「富国」化に成功する一方、「強兵」化が日清戦争（1894〜95）と日露戦争（1904〜05）の勝利をもたらしたものの、第一次世界大戦（1914〜17）の「漁夫の利」に増長して満州事変（1931）から日中戦争（1937〜45）を拡大し、第二

世界大戦（1939〜45）に重なる太平洋戦争（1941〜45）の悲惨な結末を招くことになった。

1.2 民主化の時代（1945〜1980）

1945年から今日に至る戦後日本の教育行政制度は、前半の約35年が「民主化の時代」、後半の40年近くが「国際化の時代」と分けられる。

連合軍（GHQ）の占領統治下（1945〜51）で進められた戦後教育改革は、戦前の皇国史観を否定し、軍事教育を排除し、米国式の民主主義制度を導入することから始まった。新しい憲法（1947施行）では天皇は神格化を否定して「国民の象徴」とされ、明治時代にできた貴族・華族制度（天皇制国家を権威づける身分制度）が廃止され、軍隊も廃止された。それと同時に教育基本法・学校教育法が公布され、六三三四制が実施された（1947）。小学校から高校までの初等中等教育では中央政府が国定教科書をつくって統制を図る戦前の方式を廃止し、文部省が学年別に何をどこまで教えるべきかの基準を「学習指導要領」の形で示し、民間の教科書会社が編集した教科書を文部省が「検定」して使用を認め、各都道府県の教育委員会、および各学校がどの教科書を使うかを自由に「採択」するという検定教科書制度が導入された。そこでは全国一律に同じ内容を教えることが「平等」であり、「民主的」である、とされた。

それと同時に、戦前の皇国史観に基づく皇民教育に対する反省・反発から、明治以来敗戦までの日本の歴史を「軍国主義・帝国主義」と否定的に描く教科書・教材が流布し、1947年に発足したばかりの日本教職員組合も「平和教育」の名のもとに近代日本の歴史を否定的に説明する風潮が広がった。それに対し、文部省は教職員の政治活動を徐々に抑圧し、左傾化する日教組と右傾化する文部省との反目・対立が1950年代から教員の勤務評定反対運動、60年安保騒動を経て、60年代末から70年代前半の大学紛争へと続いた。

その間、教育行政は文部省の最高諮問機関である中央教育審議会（学識経験者、経済人、官僚OBらで構成）が基本方向を決め、それに基づいて文部省がほぼ10年おきに学習指導要領を改訂して、教育内容を決めていった。当時の文部官僚たちは「教育現場の左翼化を正常に戻し、全国津々浦々で平等の水準でしっかりした教育が行われている。日本の初中教育は世界の中でも最も優れた実績を挙げている」と自賛していた。

第3部　資料編

1.3　国際化の時代からグローバル化の時代へ（1980〜）

　そうした文部省の自信が大きく揺らぐきっかけになったのが1980年、中学・高校の歴史教科書問題だった。第一次大戦以降、日本が中国大陸に領土を広げたことが、教科書によって「侵攻」「侵略」と書かれているのを文部省の検定意見で「侵出」「進出」などの表現に改めるようになった。それを日本のマスコミが大きく取り上げたことがきっかけになり、中国・韓国両政府から抗議され、検定教科書の記述が外交問題にまで発展した事件だった。その原因として中韓両政府が日本の教科書検定制度をよく理解できなかったことと、大手マスコミの一部が表現の問題で誤報したことが重なったことが挙げられるが、日中関係、日韓関係に悪影響をもたらしたことは確かで、教科書の記述が国際紛争の一因になるという、新しい時代（教育問題の国際化）に入ったことを物語っていた。

　その直後に誕生した中曽根内閣（1982〜87）は、「戦後政治・戦後教育の総決算」をスローガンに掲げて「国際化時代に対応した教育改革に取り組む」として、84年に首相に直結する諮問機関として臨時教育審議会を法律で設置し、85年から87年まで4回にわたる答申を得て、教育の国際化＝多様化・自由化・個性化を目指すことを打ち出した。21世紀に向けて留学生を10万人受け入れるという計画もその一環であり、「国際化」の主眼は高等教育＝大学の国際競争力を高めながら、国際化に対応する人材を育成することにあった。

　それと同時に、中曽根内閣の進める教育改革路線には、「日教組はずし」という側面もあった。つまり戦後の教育行政は70年代まで事実上、文部省と日教組の対立と綱引きによって動いてきたが、文部省が全国の教育委員会に「日教組たたき」を指示して徐々に日教組の弱体化を図る一方、臨教審のメンバーには日教組関係者を加えず、日教組をほとんど無視する方針をとることによって、日教組の教育行政に対する発言力・影響力が急速に落ちていった。

　その結果、1950年代には全国の公立学校教員の日教組加入率が80％以上あったのが、中曽根内閣時代に激減して85年には50％を割り、社会党委員長が首相になった村山内閣時代の95年には社会党支持団体だった日教組が文部省との「対立から協調へ」と路線を大きく方針転換したものの、組織率の低迷には歯止めがかからず、2017年の23％まで一貫して減少し続けている。

　日教組は1947年に発足、「教え子を戦場に送らない」をスローガンに「教育の民主化」と「反戦・平和運動」の旗手を任じてきたが、「教育の民主化」は70年

390

代までにほぼ行き渡る一方、「反戦・平和＝反米、『日の丸・君が代』反対」の政治運動に対する国民の支持が得られなくなった。特に80年代以降の「国際化」の荒波に対して、「国際化に対応する教育をどうするか」「これからの日本を担う人材をどう育てていくか」などという問題意識を持てずに思考停止状態を続けた結果、教育現場での対応に立ち遅れて、その存在意義が大きく失われたと考えられる。

つまり、戦後の教育行政は約40年間、「民主化」「平和教育」を巡る文部省対日教組の構図で進められてきたものが、80年代半ば以降、内閣（首相官邸）主導で「国際化に対応した教育のあり方」が示されるようになり、官邸が文部省を直接統括する、という構図に変わってきたと言える。それは従来の文部行政が官邸という強力な後ろ盾を得て、権限を広げるという反面、官邸の意向の変化によって文部省が右往左往することにもなった。そして、その官邸主導＝政治主導体制では与党の政治的判断が重視され、さらには経済界の意向が敏感に反映されることにもなった。

文部官僚たちは明治時代以来百年以上にわたって「教育は国家百年の計」を錦の御旗にして、「教育はその時々の政治的思惑に煩わされず、経済界、社会の直接的な要求に応えるのではなく、常に長期的観点から慎重に思慮して政策面でのかじ取りをしなければならない」と、時代の変化に超然とする姿勢を取ることを良しとしていた。それが明治憲法の制定と教育勅語の発令から約百年経って、「時代の変化」、つまり日本経済の発展と日本の国際的地位の変化に対応して、教育行政を大きく変えていくという「教育改革」への政策転換を政治主導で決定的に方向づけられることになった。それは端的に言って「国際化」をキーワードに、これからの日本の教育のあり方を新たな「国家百年の計」として根本的な構造改革へと舵取りすることに他ならなかった。こうして文部行政は80年代半ばから90年代を構造改革に向けての助走期間として内部調整し、後述するように、21世紀に入って早々、小泉内閣で「政治主導による教育の構造改革」が急速に実行されるに至るのであった。

1.4　先行する経済のグローバル化（2000〜）

ここで改めて戦後70年を振り返ってみると、日本経済自体は1970年初めから本格的な「国際化の時代」を迎えていた。輸出産業が高度経済成長を支え、1979

第3部　資料編

年にはハーバード大のエズラ・ヴォーゲル教授が書いた"Japan as Number One"が日米両国でベストセラーになるなど、経済界が海外進出に自信を深める一方、その担い手となる人材不足が問題になってきたことが挙げられる。

　戦後の日本経済は1ドル＝360円の固定相場制に支えられて成長し、とりわけ輸出産業が円安による恩恵を受けて発展してきた。それが72年の日米間協議で為替の変動相場制への移行が決まり（ニクソン・ショック）、70年代半ばには1ドルが一気に300円台から260円台にまで円高が進行した。日本国内では第1次石油ショックと重なって、消費者物価が急騰するインフレ状態となったが、輸出産業も合理化の努力で苦境を乗り切り、成長を維持し続けた。

　これに拍車をかけたのが80年代に日本経済の強さを反映して急速に進行した円高ドル安だった。85年には先進国の蔵相・中央銀行総裁がニューヨークのプラザホテルに集まって「ドル高是正のための協調介入」が決まり（プラザ合意）、1ドル＝250円台から88年には120円台に迫るまで円高が急速に進んだ。その結果、日本は世界一の債権国にのし上がり、米国は逆に世界一の債務国に転落した。その「強い円」を背景に日本企業が米国内の不動産物件を次々に買収し、日本人の海外旅行ブームが始まった。それがとりわけ「英会話」熱を煽ることになった。戦後占領期、東京オリンピック期に次いで、第3次の英会話ブームと言える。

　ところが1990年代に入ると同時に日本経済の「バブル」が崩壊し、その後、日本経済は急速に失速して「失われた10年、20年」と言われるほどの低迷を続けることになった。日本が「国際化」の牽引装置として誇っていた護送船団方式（主要メーカーと下請け企業、銀行、商社がセットで乗り出す）が、欧米からの「自由化」を求める圧力に押されて「規制緩和」を進める過程で崩れ始めた。それと同時に、官公庁並みに倒産の心配がないと思われていた銀行が「自由化」の荒波で次々に統廃合し、しかも外資系にM&A（吸収・合併）される激震が続いた。ただし為替相場の円高基調は変わらず、95年ごろまでには1ドル＝80円台まで進行し、日本人の海外旅行ブームにさらに拍車がかかり、「英会話ブーム」もまた、さらに広がることになった。

　それと同時に90年代半ばにはインターネットが急速に普及する「情報通信技術（ICT）革命」が始まった。90年代後半から経済界では「グローバル」「グローバリゼーション」という言葉が急激に使われるようになり、同時に日本国内のさまざまな地域、企業で日系ブラジル人、日系ペルー人など「出稼ぎ外国人」を多数

392

受け入れることが進行して、地域社会で多国籍の人種が住む「多文化共生社会」になってきた。

こうして2000年代には自由化＝規制緩和で国家間の関税障壁がどんどん崩れ、国境がきわめて低くなり、ヒト、モノ、カネ、情報が高速で世界中を駆け巡る「グローバル時代」に入ったことを否応なく痛感させられるようになった。

こうした中で21世紀に入る直前から、まず経済界で、それまでの「国際化」という言葉が「グローバル化」に取って代わられるようになり、その経済界の圧力で政府も新世紀の教育改革のスローガンとして「国際化」以上に「グローバル化」に対応した教育、が唱えられ始めた。

その端的な例として、2000年春に財界の総本山、日本経済団体連合会が「グローバル化時代の人材育成について」政府に提言し、それを受ける形で文科省の諮問機関、大学審議会が「グローバル化時代に求められる高等教育のあり方について」答申をし、文部行政に「グローバル化時代にふさわしい人材の育成」を強く求めることになったことが挙げられる。

文部省は2001年1月、中央省庁の再編で科学技術庁と合併し、文部科学省と装いを新たにした早々、新世紀を迎えたところで「グローバル化」の急激な進展に対応するために否応なく、戦後最も大きな教育改革に取り組まざるを得なくなったと言える。つまり教育界も経済界の後を大急ぎで追って「グローバル化の時代」へと移行してきたのだった。

2. グローバル人材を育成するための動き（2000〜）

2.1 「グローバル人材」に経済界は何をどこまで求めるのか

1980年代からの「国際化の時代」に求められる人材として、産業界では「国際人」「国際派」という言葉が流布していた。その「国際人」「国際派」とは、端的に言って、海外駐在員たちであり、欧米留学組であった。彼らは外国の事情に通じていて、英語がある程度でき、企業内では海外事情を解説する役回りで、どちらかと言えば翻訳・通訳が中心の「英語屋さん」と見なされる人たちであり、組織では往々にしてライン（課長―部長―局長・役員）からはずれたスタッフ（専門職）として処遇され、社内の比率ではざっと1割以下の少数派であった。

第3部　資料編

　それに対し、「グローバル人材」は日本国内でも海外でも十分に活躍できるだけ仕事面で有能で、とりわけ外国人相手に外国語（主に英語）で高い交渉能力を持つ、というまさにラインとスタッフを兼ね備えた「スーパー・エリート」が漠然とイメージされている。企業のビジネス活動がグローバル化すればするほど、社内のあらゆる部署で必要とされる人材、と見なされ、トヨタやソニーなどグローバル企業では経営陣の間で「社員の半分はグローバル人材に」などと強調する発言が聞かれるようになった。

　また外資系だけでなくIT（情報通信）企業、大手メーカーの間でも社内の会議では英語を公用語化する動きも2000年代から出始めた。それは「グローバル人材は英語が出来なくてはならない」というイメージ（端的には思い込み）が産業界に流布したからだが、それは実はまだイメージ先行の段階であって、企業が期待する「グローバル人材」の必要条件とは何か、そこに英語力が含まれるのか、含まれるとすれば、果たしてどのレベルの英語力なのか、という点はあいまいなものでしかなかった。

　それについて議論・検討が進みだしたのは2010年代になってからだ。まず2007年秋に経済産業省が「産学人材育成パートナーシップ」事業を立ち上げ、2009年に経済人と大学人で構成する「グローバル人材育成委員会」を設立して「真にグローバルに通用する人材」について、さまざまな角度から議論し、2010年4月に報告書をまとめた。そこで「グローバル人材」を「多様な（文化背景・価値観を持つ）人々と共に仕事をし、新しい価値を生み出して活躍できる人材」と再定義して、求められる能力として① 社会人基礎力　② 外国語でのコミュニケーション能力　③ 異文化理解・活用力、の3点を挙げた。

　これを受ける形で政府が2011年に「グローバル人材育成推進会議」を設立。同会議が2012年6月に公表した「審議まとめ」で「グローバル人材の概念」として要素Ⅰ（語学力・コミュニケーション能力）、要素Ⅱ（主体性・積極性、チャレンジ精神、協調性・柔軟性、責任感・使命感）、要素Ⅲ（異文化に対する理解と日本人としてのアイデンティティ）を掲げ、特に語学力（英語力）の目安として① 海外旅行会話レベル　② 日常生活会話レベル　③ 業務上の文書・会話レベル　④ 二者間折衝・交渉レベル　⑤ 多数者間折衝・交渉レベル、の5段階を提示して、2022年までに20代前半の若者の約10％が ④ ⑤ レベルの「潜在的候補者」になっていることを目指したい、と目標設定した。

394

つまり政府は、「グローバル人材」の必要条件に「レベルの高い英語力」を設定し、当面、若者世代の英語力を高めることが「グローバル人材」の育成に急務だと規定したと言える。

　しかし、この規定ははたして適切なのだろうか。政府の提唱を受けて、一般にも「これからの社会では英語が絶対必要」「英語ができればグローバル人材になれる」というイメージが広く定着しつつあるが、その意味するところは本当なのだろうか。

　筆者が44年間、新聞記者あるいは大学教師として、海外勤務経験者に軽く千人以上接してきた実感からして、海外で優れた活躍をしてきた人たちの多くは要素Ⅱ、Ⅲで特に優れた人たちであり、それをベースに何よりも仕事面で専門家（プロ）として有能で、業績をしっかりと出せることが最も重要であることを意識していて、要素Ⅰについては「英語力は日常会話レベルで大したことないが、意思疎通は何とかできた」と言う人の方がむしろ多かった。つまり彼らにとって、英語力は別に必要条件ではなかった。逆に英語力が優れている人の中では、性格的に問題があったり、経営判断できずに要素Ⅱ、Ⅲで劣っていて、現地の人たちから信頼も尊敬もされていない人の方がむしろ多かった。そうした人たちは以前の「英語屋さん」「英語オタク」並みの扱いで、仕事の面ではそれほど能力が高い人たちではなかった。現地の人たちが皆、英語を話す時に、日本人で「英語が話せる」という理由だけで信頼され、尊敬さることはまずありえないからだ。

　もちろん、要素Ⅰ、Ⅱ、Ⅲともに兼ね備えた「スーパー・エリート」もいたが、それはまさに「グローバル人材」の1～2割程度であり、残りの8～9割はまずもって要素Ⅱ、Ⅲに優れた人たちだった。これをわかりやすく図示すれば、A図のようになる。

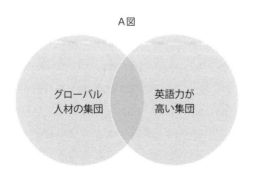

第3部　資料編

　つまり実際には「グローバル人材」と「英語力が高い」とは同心円で重ねて考えるべきでは決してなく、「グローバル人材」集団と「英語力が高い集団」とはごく一部が重なっているだけで、「英語などできなくてもグローバル人材にふさわしい」集団がたくさんいるし、あるいは逆に「英語ができてもグローバル人材とは言えない」集団が大勢いる、と考えた方がよほど実態に合っている。

　もっと踏み込んで言えば、グローバル人材に必要不可欠な要素はⅡとⅢであり、Ⅰのコミュニケーション力で英語は必ずしも必要不可欠のものではない。要素Ⅰまで備えた人はまさにこのＡ図で重なった部分の人であり、数で言えば、グローバル人材集団の1〜2割程度にとどまる。逆に言えば、グローバル人材で英語力も高い、というのはきわめてハードルが高く、まさに21世紀に期待される「スーパー・エリート」集団に他ならない。

　では、産業界が本気でそういう「スーパー・エリート」層の大量輩出を求めているのだろうか。筆者には、とてもそうは思えない。むしろ、ある程度の英語力（つまり英語でそこそこ仕事ができる）を期待しているのに、現実にはほとんどの社員が英語が苦手で、いつまでも英語が上達もしない、という現実に苛立ち、大学レベルでもっと高い英語力をつけてから入社してほしい、と思っているだけなのではないだろうか。そこで改めて問題になるのが、では、どの程度の英語力を期待しているのか、という点だ。

　政府が想定した3要素5段階論を見ると、実に奇妙な段階説を設けている。まず① 海外旅行会話レベル　② 日常生活会話レベル、というのはネイティブなら小学生レベルであり、それを習得するのに理屈で考える必要もなく、論理的思考力もいらなければ、知的能力も学力もほとんど必要とはしない。その異文化社会に入って生活すれば早ければ数日、遅くとも1ヵ月もいれば、相当程度、習得してしまうようなレベルのものだ。要するに知的能力ではなく「慣れ」の問題と言える。

　それに対し、③の業務上の文書・会話レベル、というのは、それが日本語でも入社して1年以上はかかるし、それだけの訓練をしてどうにか習得できるものだ。それを英語でやるとなると、まずそれ専用に特訓しなければ、とても身に着くものではない。ましてや④、⑤の折衝・交渉レベルになると、日本語の世界でも向き・不向きもあれば能力差も大きく出て、ビジネスの世界ではどんなに早くても数年は十分かかるはずだ。それを英語でやるとなると、英語力が相当高い人でも、

こなせるのは1割程度の人にとどまるだろう。

つまり現実には日本では「グローバル企業」であっても、社員の間で英語力が③程度が1〜2割いるかどうか、④ ⑤レベルは1〜2%にとどまっている、というのが実情ではないだろうか。逆に言えば、それだからこそ、産業界の間で「英語力の高いグローバル人材」の育成が急務、という大合唱が起きているのではないだろうか。

2.2　グローバル人材育成に向けた学校教育の構造改革

では、そうした経済界の求めに対し、教育行政はどう対応してきたのだろうか。

まず21世紀幕開けの2001年春に誕生した小泉内閣は文部官僚だった遠山敦子を文部大臣に抜擢し、まず「国立大学の構造改革の方針」（通称「遠山プラン」）を示したのを皮切りに、小学校から大学まで、「"画一と受け身"の20世紀型の教育」から「"自立と創造"の21世紀型の教育」へと「教育の構造改革」に取り組むことを決定した。その改革の理念は①児童生徒、学生の「個性」と「能力」に応じた教育　②「社会性・公共性」と「国際性」を持った人材の育成　③「多様性」を持った学校づくりと親や子ども本人に進学先を自由に選ばせる「選択」の重視④学校の活動を社会に「情報公開」し、教育研究の成果を外部が「評価」し、社会に還元させる、を4本柱にした。

その具体策として、2002年度から高校で英語教育の重点校として「スーパー・イングリッシュ・ランゲージ・ハイスクール（SELHi）事業を始め、同年に全国で16校、翌03年に12校、04年に40校、05年に25校、06年に34校、07年に16校を指定した。また02年6月には「世界的研究拠点の形成のための重点的支援」として国際競争力のある大学づくりのための「21世紀COEプログラム」の公募を開始した。全国一律・画一的な教育支援策から少ない予算を重点配分する支援策への転換でもあった。

とりわけ英語教育については2002年7月には文相が閣議後の記者会見で「『英語が使える日本人』の育成のための戦略構想」を公表し、03年3月には、そのための「行動計画」を発表した。その計画では5年後の2008年には中学卒業段階で実用英語技能検定（英検）3級程度、高校卒業段階で英検準2級〜2級程度、大学卒業段階で「仕事で英語が使える」ことを具体的な目標に掲げた。

こうした教育行政の転換期に呼応して、文相の諮問機関、中央教育審議会が

第3部　資料編

2003年3月に「新時代にふさわしい教育基本法と教育振興基本計画のあり方」について答申した。占領期にできた教育基本法を「グローバル化時代」に合わせて改正することを提言したものだが、与党（自民・公明）内の調整に手間取り、野党の反対をかわすために表現をやわらげ（あいまいにし）、そうした政党間の妥協の産物のような形の政府案が2006年末にようやく国会で成立し、施行された。ただし、この改正基本法に基づき、政府の教育振興基本計画が定められた意味は大きい。同計画は第1期（2008〜12年度）、第2期（13〜17年度）、第3期（18〜22年度）と4年ごとの中期計画を策定して実施していくもので、政府の指示に従って全都道府県、政令指定都市（20）、中核市（45）もそれぞれ同様の教育振興基本計画を立てている。また全国の1718市区町村に対しても同様の基本計画を策定するよう求めていて、17年3月末現在、策定率は79％に達していた（文科省調査）。

　中教審はまた2003年12月に「新たな留学生政策の展開」を答申し（その延長で、08年度に福田内閣が2020年までの目標として「留学生30万人計画」を打ち上げる）、05年1月には「我が国の高等教育の将来像」、同9月には「新時代の大学院教育」について答申して高等教育の改革を促す一方、同10月には「新時代の義務教育の創造」を答申し、小学校での英語教育を提言した。

　これを受けて、文科省の学習指導要領が従来、ほぼ10年に一度だった改訂のテンポを速めることになった。2008年には「いじめ」や自殺に追い込まれないための「生きる力」の育成や小中学校の授業時間数の増加や小学高学年（5、6年）での「外国語活動の導入」が明示され、11年度から義務付けられることになった。具体的には「英語の音に慣れ親しむ」「外国語のコミュニケーションに対する関心・意欲・態度を育てること」が目的で、年間35単位時間（週に1回50分）、歌やゲームで遊ぶのが中心と言ってよい。

　1998年に告示され、2002年から実施された「ゆとり教育」重視の指導要領は、学校完全5日制の導入と教科内容の軽減を進めていた。これは文部省との協調路線に転換した日教組がかねてから「教員の負担軽減と受験競争の抑止」を求めて要求していたものだった。しかし新制文部科学省は、2012年の改訂で逆転して「脱ゆとり教育」化を図り、授業時間数も小学6年間で5645コマに増え、中学3年間も2940コマから3045コマに増えた。13年4月から実施された高校の学習指導要領では「授業を実際のコミュニケーションの場面とするため、授業は英語で行うことを基本とする」方針が盛り込まれた。

398

［解説］　グローバル人材の育成を求める戦後教育改革の流れ

　さらに13年6月に安倍内閣が閣議決定した「第2期教育振興計画」では「小学校における英語教育実施学年の早期化、指導時間増、教科化、指導体制の在り方等や、中学校における英語による英語授業の実施について、検討を開始し、逐次必要な見直しを行う」方針が打ち出された。これに基づいて17年3月には学習指導要領の戦後9回目の改訂が発表され、小学校では20年から3、4年生に「外国語活動」が新たに毎週1時間加わり、5、6年生も英語が検定教科書を使う「教科」となり、現在の「話す・聞く」に「読む・書く」が加わって、6年間の授業時間数は5785コマに増えることになる。中学校では授業時間数は変わらないが、「英語の授業を英語で行う」方向が明記され、21年から「主体的・対話的で深い学び（アクティブ・ラーニング）」の導入やコンピューター・プログラミング教育の充実が図られることになった。

2.3　今後の課題

　高校用の詳しい指導要領は2018年に公表され、22年から実施されることになるが、既に授業内容では「英語で発表・討論・交渉などの活動を行う授業」に、という方向付けがなされている。だがそれがどれだけ実際にできるのかは、かなり疑問視せざるを得ない。

　先ず何よりも、それを担えるだけの英語教員がどれだけいるかという現場教員の資質・能力の問題があるし、生徒側の問題も大きい。例えば、文科省は英語力の具体的な指標として、「読む（Reading）」「聞く（Listening）」「話す（Speaking）」「書く（Writing）」の4技能について、中学卒業段階で「英語検定3級程度以上の割合を50％以上にする」を目標にしてきた。だが、2017年夏に実施した英語力調査結果（全国6万人が対象）では、R29％、L29％、S33％、W47％で、すべて50％以下であり、英検3級以上の取得者は41％にとどまっていた。

　また高校卒業段階での文科省の目標は「英検準2級程度以上」だが、2017年度に実施した調査でも、そのレベルに達している生徒は39％だった。4技能についての前年の調査でもR34％、L34％、S13％、W20％と低く、しかもテストで零点という生徒がS19％、W15％もいた。

　つまりこれまで10年以上、文科省が掲げてきた英語力の目標には中学も高校も遠く及ばない、というのが現実であり、全国一律に英語力を引き上げる、という文科省の指導方法に基本的な問題があることを物語っている。英語力調査と同時

第3部　資料編

に行った中学3年生の意識調査では「英語が好きではない」が45％もいて、「英語を使って国際社会で活躍できるようになりたい」という「グローバル人材」志向はわずか10％しかいなかった。

　また中教審は2014年末に大学入試改革について答申、文科省はそれに基づいて2020年からの大学入試で「読み・書き・聴き取り・話す」の4技能の達成度（＝到達度）を測定する外部試験の結果を大学に報告する制度を導入することを決めた。それに対してもまた、外部試験の導入の具体的な方法にどれだけ「客観的妥当性・公平性」が確保できるのかという疑問が出ているし、それが実際に高校生、大学生の英語力を高めることにどれだけ効果があるのか、を疑問視する声はたくさんある。

　「グローバル化時代」の掛け声とともに、ビジネスマンの間では「英語力を高める」ための講座や英会話教室に通うことがますます盛んになっている。海外旅行を体験した人たちの多くが英会話教材を買い込み、現在は第5次の「英会話」ブームが起きていると言ってもよい。そうした社会的な風潮が、今後、「グローバル人材」の育成に追い風となるかどうか、また教育行政が今後、どれだけ実効性のある施策に取り組んでいけるのか、注意深く見守っている必要がある。

（国際教養大学名誉教授 本学会理事　勝又美智雄）

［年表］戦後日本の教育行政と
　　　　グローバル人材育成の動き

○：日本政治・社会の主な出来事　●：文部行政の動き　□：経済界・民間企業の動き　◆：グローバル人材育成教育学会の動き

東久邇宮内閣［1945年8月17日－1945年10月9日］

● 　45年 9月　　文部省が国定教科書から戦時教材の削除を通達(墨塗り教科書)

○ 　　　同月　　占領軍が出版物の検閲制を実施

幣原内閣［1945年10月9日－1946年5月22日］

● **連合国軍最高司令官総司令部(GHQ)が教育に関する4大改革を指令**

　　45年10月　　「日本教育制度の管理政策」…教育内容、教職員、教材の検討・改訂につい
　　　　　　　　て包括的な指示、文部省に総司令部との連絡機関の設置と報告義務を課す

　　　　同月　　「教職者の調査、認可」…軍国主義者、極端な国家主義者を教職から追放

　　　　12月　　「国家神道、神社神道への政府の保証、支援などを廃止」…政教分離の確立

　　　　同月　　「修身、日本歴史、地理の授業停止と教科書・教師用参考書の回収」

○ 　46年 2月　　NHKラジオで「カムカム英語会話」放送始まる。前年出版された『日米会
　　　　　　　　話手帳』が360万部の大ベストセラーに(戦後第1次「英会話」ブーム)

● 　　　 3月　　米国教育使節団が来日、①教育行政の分権化、②国語改革としてのローマ
　　　　　　　　字使用、③都道府県・市町村教育委員会制度の創設、などを提唱する報告
　　　　　　　　書を提出

吉田内閣(第1次)［1946年5月22日－1947年5月24日］

● 　46年 8月　　内閣総理大臣所管の「教育刷新委員会」(後に教育刷新審議会と改称)が設
　　　　　　　　置され、教育文化に関わる重要問題について答申

○ 　　　11月　　日本国憲法が公布され「教育を受ける権利」(第26条第1項)、「教育を受け
　　　　　　　　させる義務」(第27条第2項)を規定した(施行は47年5月)

● 　47年 3月　　教育基本法、学校教育法が公布される

● 　　　 4月　　小学校6年、中学校3年、高等学校(全日制)3年が修業年限とする6・3・3
　　　　　　　　制の実施

〔**1947年 新学習指導要領の制定**〕修身・日本歴史・地理の廃止、社会科・家庭科・自由研究の
　　　　　　　　　　　　　　　　　創設

401

第3部　資料編

片山内閣［1947年5月24日－1948年3月10日］

- ● 　47年 6 月　日本教職員組合（日教組）が結成される
- ● 　48年 1 月　文部省が新しい高等学校設置基準を省令で定める

芦田内閣［1948年3月10日－1948年10月15日］

- ● 　　48年　　新制高校が発足
- ● 　48年 7 月　教育委員会法が公布され、教育委員の公選制、教育長・指導主事の免許制などが規定される

吉田内閣（第2次）［1948年10月15日－1949年2月16日］

- ● 　49年 1 月　教育公務員特例法が公布され、教員の任免、給与、服務、研修などが規定される

吉田内閣（第3次）［1949年2月16日－1952年10月30日］

- ● 　49年 5 月　教育職員免許法が公布される
- ● 　　　 6 月　教育基本法の理念に基づく社会教育法が公布される
- ○ 　　　 10月　GHQによる検閲制廃止
- ○ 　　　 同月　中華人民共和国（北京政府）成立
- ● 　　　 12月　私立学校法が公布される
- ● 　50年 4 月　図書館法が公布される
- ○ 　　　 6 月　朝鮮戦争勃発（～53年7月、休戦協定）
- ○ 　　　 8 月　警察予備隊の設置（54年に自衛隊に拡大）
- ● 　　　 9 月　第2次米教育使節団が来日して第1次報告書の提言の実施状況を調査し、①義務教育の無償化の徹底、②教育施設の整備、③教員養成制度の整備、④大学教育の充実化などを求める報告書をまとめる
- ○ 　51年 5 月　すべての児童の幸福をはかるための「児童憲章」が制定される
- ○ 　　　 7 月　ユネスコ（国際連合教育科学文化機関）に日本が加盟する
- ○ 　　　 9 月　サンフランシスコ講和会議で対日平和条約・日米安全保障条約に調印し、日本が主権国家として独立を回復する。
- ● 　　　 11月　日本教職員組合の第1回教研集会が開催される
- ○ 　52年　　占領期の49～51年に米ガリオア・プログラムで日本人約1,000人が米国に留学したが、日本独立後には米フルブライト・プログラムを導入することで政府間が合意。52年以降、日本の各界のリーダーを育成するため2000年までに約6,500人が米国に留学した。
- ● 　　　 6 月　内閣の教育刷新審議会を廃止、文部大臣の最高諮問機関として「中央教育審議会」を設置
- ● 　　　 8 月　義務教育無償の原則を具体化する義務教育国庫負担法が公布される
- ● 　　　 10月　父母と教員の会の全国協議会が開催され、日本PTAが発足する

[年表] 戦後日本の教育行政とグローバル人材育成の動き

吉田内閣(第4次) [1952年10月30日-1953年5月21日]

- ○ 53年 2月 NHKのテレビ放送開始
- ● 4月 国立大学の大学院が発足

吉田内閣(第5次) [1953年5月21日-1954年12月10日]

- ● 53年 8月 学校図書館法が公布される
- ● 54年 3月 文部省が「国費外国人留学生制度」を創設、政府の費用で外国人留学生の受入れを始める
- ● 6月 教員の政治的活動を制限するため教育2法(教育公務員特例法、義務教育諸学校の教育の政治的中立の確保を求める臨時措置法)が改正される
- ● 同月 防衛庁設置法、自衛隊法が公布される

鳩山内閣(第1次) [1954年12月10日-1955年3月19日]

鳩山内閣(第2次) [1955年3月19日-1955年11月22日]

鳩山内閣(第3次) [1955年11月22日-1956年12月23日]

- ● 56年 7月 中央教育審議会が答申で、①留学生・研究者の受入れおよび派遣、②学術文献・資料等の交流、③人物交流等のための中央機関の設置を中心に、国際交流促進の必要性を提言する
- ○ 同月 1人当りの実質国民総生産(GNP)が、前年に戦前の水準を超えたことに基づいて、政府が経済白書で「もはや戦後ではない」と宣言する
- ● 10月 文部省が新しい大学設置基準を省令で定める
- ○ 12月 日本が国際連合に加盟し、国際社会への本格復帰を果たす

石橋内閣 [1956年12月23日-1957年2月25日]

岸内閣(第1次) [1957年2月25日-1958年6月12日]

- ● 57年 日教組による勤務評定の実施阻止闘争が全国各地で起きる

〔1958〜1960年 学習指導要領改訂〕道徳の時間の新設、基礎学力の充実、科学技術教育の向上等、系統的な学習を重視

岸内閣(第2次) [1958年6月12日-1960年7月19日]

- ○ 60年 1月 新日米安全保障条約が調印され、引き続き日本国内における米軍の基地使用を認める
  前年から労働組合、大学などで激しくなった「安保反対闘争」がこの年の6月の国会の条約批准のあとまで広がり、岸内閣が責任を取って総辞職した

403

第3部　資料編

池田内閣(第1次)[1960年7月19日－1960年12月8日]

○　60年 9月　池田内閣は首相の諮問機関、経済審議会の答申に基づき「国民所得倍増計画」を発表、年10%近い経済成長で10年後には一般家庭の収入が倍増することを提唱した。以後、日本社会は「政治の季節」から「経済の季節」に移る

池田内閣(第2次)[1960年12月8日－1963年12月9日]

●　61年　文部省が全国中学校一斉学力テストを開始(～64年度)、高校受験競争を促す。日本母親大会が「高校全入運動」を始める

●　62年　文部省が『日本の成長と教育』を発表して教育投資の重要性を強調。全国の高校増設を促し、技術者養成のための高等専門学校が全国で開設される

●　　 3月　義務教育諸学校の教科用図書の無償に関する法律が公布される

●　63年 1月　中央教育審議会が、大学における外国語科目の教育を「専門教育の基礎として重要であり、国際理解を深め、教養を高めるためにも大きな意義をもつ」と位置づける

●　　 10月　内閣総理大臣の諮問機関である経済審議会が「経済発展における人的能力開発の課題と対策」を首相に答申、経済成長社会で求められる「ハイタレント・マンパワー」を養成するため、学校教育で能力主義の徹底を図るよう求める

池田内閣(第3次)[1963年12月9日－1964年11月9日]

○　64年　東京オリンピック(10月)を機会に第2次「英会話」ブームが到来する

○　　 4月　日本が経済協力開発機構(OECD)に加盟する

佐藤内閣(第1次)[1964年11月9日－1967年2月17日]

●　66年10月　中央教育審議会が「後期中等教育の拡充整備について」の答申で、高校教育の充実を求めると同時に「期待される人間像」を発表し、若者の愛国心と遵法精神の育成を強調する

佐藤内閣(第2次)[1967年2月17日－1970年1月14日]

○　67年 3月　国際間比較テストで日本の小学生の数学の成績が世界一となる

○　69年 1月　東大安田講堂事件で東大が入試中止。67年ごろから各大学で学生処分反対運動とヴェトナム戦争反対運動が連動して、新左翼の全共闘運動が活発になり、70年初めまで全国的に大学紛争が続く

〔1968～1970年 学習指導要領改訂〕時代の進展に対応した教育内容の改善、算数における集合の導入等

[年表] 戦後日本の教育行政とグローバル人材育成の動き

佐藤内閣(第3次) [1970年1月14日－1972年7月7日]

● 71年 6月　中央教育審議会が、「今後における学校教育の総合的な拡充整備のための基本的施策」を答申し、幼稚園から大学院までの総合的な教育改革を促す。特に大学では外国語教育について「国際交流の場での活用能力の育成と、外国語能力の検定を行うこと」を提言する

● 72年 4月　文部省が国立大学の授業料を3倍に値上げ。私立大学との授業料格差(10対1)を縮小させることに加え、国庫負担を減らすことがねらい

○ 　　 5月　沖縄返還(施政権が米軍から日本に移る。沖縄県復活)

田中内閣(第1次) [1972年7月7日－1972年12月22日]

田中内閣(第2次) [1972年12月22日－1974年12月9日]

○ 73年 2月　円為替、占領期以来の固定相場制(1ドル＝360円)から変動相場制に移行
○ 　　10月　第4次中東戦争が勃発し、日本でも石油危機(オイル・ショック)が起きる
● 74年 5月　中央教育審議会が、①国際理解教育の推進、②外国語教育の改善、③大学の国際化を提言する

三木内閣 [1974年12月9日－1976年12月24日]

● 75年 7月　私立学校振興助成法が公布される。私学への国費援助が始まる
○ 　　同月　沖縄海洋博開幕。皇太子・美智子妃が初めて沖縄を訪問、ひめゆりの塔の前で火炎瓶を投げられる
○ 　　 9月　天皇・皇后が訪米
○ 76年 7月　ロッキード疑獄事件で田中角栄前首相が収賄で逮捕される

福田(赳)内閣 [1976年12月24日－1978年12月7日]

● 77年 5月　大学入試センター発足

〔1977〜1978年 学習指導要領改訂〕「君が代」を国歌と規定。各教科等の目標・内容を中核的事項に絞る

大平内閣(第1次) [1978年12月7日－1979年11月9日]

● 79年 1月　国公立大学で初の共通一次試験が実施される
○ 　　同月　ダグラス・グラマン疑獄事件
○ 　　 2月　イラン革命で、第2次石油危機が起きる
○ 　　 6月　第5回先進国首脳会議が初めて日本で開催(東京サミット)される

第3部　資料編

大平内閣(第2次) [1979年11月9日－1980年6月12日]

○　　　80年　　日本の自動車生産台数が世界第一位となる

伊東正義(臨時代理) [1980年6月12日－1980年7月17日]

鈴木(善)内閣 [1980年7月17日－1982年11月27日]

● 81年 2月　東京・中野区で教育委員準公選の郵便投票を実施

● 　　 6月　大学教育の機会を広範に拡大する「放送大学学園法」が公布される

○ 82年 6月　日本の歴史教科書の記述に韓国・中国政府が抗議して、教科書問題が外交
　　　　　　　問題に発展する

● 　　 7月　政府の臨時行政調査会が、私学助成の総額抑制と研究教育プロジェクト助
　　　　　　　成の重視を文部省に求める

中曽根内閣(第1次) [1982年11月27日－1983年12月27日]

○ 83年　　円高が徐々に進行し、海外旅行ブームが始まる(円相場は83年1月に1ドル
　　　　　　220円台、プラザ合意後の86年8月に150円台、88年11月に120円台に)

● 同年　　バブル経済を謳歌して第3次「英会話」ブームが進行する

● 　 8月　文相の諮問機関である21世紀への留学生政策懇談会が「留学生受け入れ10
　　　　　　万人計画」を提言する

中曽根内閣(第2次) [1983年12月27日－1986年7月22日]

● 84年 8月　首相の諮問機関として法律で臨時教育審議会が設置される

● 85年 6月　臨時教育審議会が、「個性の尊重」を基本理念にした教育改革の方向を示す
　　　　　　　第1次答申を提出、①学歴社会の弊害の是正、②大学入学者選抜制度・大学
　　　　　　　入学資格の改革、③6年制中等学校の設置、④単位制高等学校の設置などを
　　　　　　　提言する

● 　　 9月　文部省が入学式・卒業式で「日の丸」の掲揚、「君が代」の斉唱を徹底する
　　　　　　　ように全国の教育委員会に通知

○ 　　 同月　先進5か国蔵相会議でドル高対策のための協調介入で合意する(プラザ合意)

● 　 11月　国立大学協会が入試機会の複数化を87年春から実施することを決める

● 86年 4月　臨時教育審議会が第2次答申として、教育改革の全体像として①生涯学習体
　　　　　　　系への移行、②初等中等教育の改革、③高等教育の改革、④教育行財政の
　　　　　　　改革などを提言する

○ 　　 同月　首相の私的諮問機関、「国際協調のための経済構造調整研究会」が内需拡大、
　　　　　　　金融自由化の報告書(前川レポート)を提出、その後の政府の経済・金融政
　　　　　　　策の基本方針となる

● 　　 5月　国立大学協会が87年春の入試(2次試験)の複数受験制と大学のグループ分
　　　　　　　けを決定

406

[年表] 戦後日本の教育行政とグローバル人材育成の動き

中曽根内閣(第3次) [1986年7月22日－1987年11月6日]

○	87年 4月	日本国有鉄道が民営化され、JRグループ各社(7社)が開業。公営企業の民営化が民間活量の導入による自由化・規制緩和の象徴となる
●	同月	臨時教育審議会が第3次答申で、①生涯学習体系への移行のための基盤整備、②教科書制度の改革で検定制度の強化、③高校入試の改善、④高等教育機関の組織・運営の改革(大学教員の任期制の導入を含む)などについて提言する
●	8月	臨時教育審議会が、最終となる第4次答申で、①教育で「個性重視の原則」を確立すること、②生涯学習体系をつくるため文部省に生涯学習局を設置し、大学の秋季入学制を認めること、③社会の変化に対応する最も重要な課題として国際化・情報化への対応を急ぐこと、などを提言する

竹下内閣 [1987年11月6日－1989年6月3日]

| ○ | 88年 7月 | リクルート社疑惑事件が発覚、政財界、文部省、マスコミを巻き込む政治的事件となる |
| ○ | 89年 1月 | 昭和天皇が死去(87歳)。皇太子・明仁が即位し、平成と改元される |

宇野内閣 [1989年6月3日－1989年8月10日]

〔1989年 学習指導要領改訂〕生活科の新設、道徳教育の充実

海部内閣(第1次) [1989年8月10日－1990年2月28日]

| ● | 90年 1月 | 初の大学入試センター試験実施 |
| ○ | 2月 | 株価の暴落が始まり、翌年にかけてバブル経済の崩壊が顕著になる |

海部内閣(第2次) [1990年2月28日－1991年11月5日]

●	90年 4月	文部省、日の丸・君が代を高校で義務化
●	6月	生涯学習振興法が公布される
○	10月	東西冷戦の象徴だった「ベルリンの壁」が壊され、東西ドイツが統一する

宮澤内閣 [1991年11月5日－1993年8月9日]

●	91年12月	文部省が92年度から公立学校での月1回の土曜日休校(週休2日制)の実施を決める
●	92年 7月	文部省の「21世紀に向けての留学生政策に関する調査研究協力者会議」が、留学生受け入れ体制の整備を提言する
○	9月	自衛隊のPKO派遣部隊がカンボジアへ出発。自衛隊の海外派遣の始まり
○	10月	天皇・皇后が中国を訪問する

407

第3部　資料編

細川内閣［1993年8月9日－1994年4月28日］

羽田内閣［1994年4月28日－1994年6月30日］

村山内閣［1994年6月30日－1996年1月11日］

○	95年	94年7月に円相場が1ドル＝96円台まで上がり、第4次「英会話」ブーム。96年末から円安に反転し、ブームも失速
●	同年	文部省、学校でのいじめ対策に苦慮。96年には小中学生の不登校が8万人を超える
●	同年	日教組が文部省との対決路線を協調路線に転換する
○	1月	阪神・淡路大震災が発生
○	3月	地下鉄サリン事件が発生（のちにオウム真理教の犯行と判明）

橋本内閣（第1次）［1996年1月11日－1996年11月7日］

| ● | 96年 7月 | 中央教育審議会が、「詰め込み教育」を批判して①「生きる力」の育成、②子供と社会全体の「ゆとり」の確保を提言する答申を出す |

橋本内閣（第2次）［1996年11月7日－1998年7月30日］

| ● | 97年 7月 | 文相の諮問機関である留学生政策懇談会が、「留学生受入れ10万人計画」の目標を維持することを提言 |

〔1998年～1999年　学習指導要領の全面改訂〕教育内容の厳選、「総合的な学習の時間」の新設、学校の完全週休2日制の実施、などで各教科の学習内容を3割減にする「ゆとり教育」を進める

小渕内閣［1998年7月30日－2000年4月5日］

●	98年10月	文相の諮問機関である大学審議会が、大学の①個性化と教育研究の質の向上、②自律性の確保、③改革を進めるための組織運営体制の整備、などを提言する
●	99年 3月	留学生政策懇談会が、①大学の質的充実のための構造改革の推進、②世界に開かれた留学生制度の構築、③官民一体となった留学生支援の充実を提言する
○	8月	国旗・国歌法が公布される
●	12月	中央教育審議会が、「高度化・複雑化する社会で活躍できる人材の養成」を提言する
□	2000年3月	日本経済団体連合会が、①教育における競争原理の導入、②教育における出口管理（修得度の確認）、③大学教育の充実、④創造性と体験を重視した小・中・高校教育の推進、⑤家庭、地域社会の教育力の回復、⑥帰国子女教育、外国人留学生への支援と海外への人材育成の協力を求める、などを提言する

［年表］戦後日本の教育行政とグローバル人材育成の動き

森内閣（第1次）［2000年4月5日－2000年7月4日］

森内閣（第2次）［2000年7月4日－2001年4月26日］

● 00年11月　文相の私的諮問機関である国際教育協力懇談会が、①開発途上国の教育事情とニーズの把握、②教育人材の派遣、③国際的な遠隔教育プログラムの開発を提言する

● 　同月　大学審議会が、①グローバル化時代を担う人材の育成、②高度で多様な教育研究の展開、③情報通信技術の活用、③学生・教員等の国際的流動性の向上、⑤高等教育機関の組織運営体制の改善と財政基盤の確保、などを提言する

小泉内閣（第1次）［2001年4月26日－2003年11月19日］

○ 01年　「グローバル時代の到来」として産業界で英語公用語化の動きが活発になり、第5次「英会話」ブームが到来する

● 　6月　文部科学省が「国立大学の構造改革の方針」（遠山プラン）で、①国立大学の再編・統合、②民間の経営手法の導入、③第三者評価による競争原理の導入、などを示す

○ 　9月　アメリカでニューヨークの超高層ビル、国防省に飛行機が激突する同時多発テロが発生

● 02年4月　文科省が「スーパー・イングリッシュ・ランゲージ・ハイスクール（SELHi）」事業を開始する

● 　6月　文科省が「世界的研究教育拠点の形成のための重点的支援－21世紀COEプログラム－」の公募を開始する

● 　7月　国際教育協力懇談会が、大学による国際開発協力の促進について提言する

● 03年3月　中央教育審議会が、「21世紀を切り拓く心豊かでたくましい日本人を育成する」ために教育基本法の改正を提言する

小泉内閣（第2次）［2003年11月19日－2005年9月21日］

● 03年7月　国立大学法人法が成立、翌年度から国立大学が法人化され、①民間型の経営手法の導入、②第三者評価による競争原理の導入が決定する

● 　12月　中央教育審議会が、①留学生受入れ体制の強化、②高校・大学の海外留学の推進と支援、を提言する

● 04年7月　文科省に設置された「国際的な大学の質保証に関する調査研究協力者会議」が大学の卒業資格、学位などのあり方、E-ラーニングの導入、大学間の国際連携のあり方などについて報告書をまとめる

● 05年1月　中央教育審議会が、高等教育への公財政支出の拡充と民間資金の積極的導入を提言する

● 　8月　文科省初等中等局長の諮問機関、「初等中等教育における国際教育推進検討会」が、国際社会で主体的に行動するために必要な態度・能力を育成する教育の必要性を提言する

第3部　資料編

● 　　9月　　中央教育審議会が、①大学院教育の目的の明確化と体系的なカリキュラム、②国際的な大学院の質保証の必要性を提言する

〔2003年 学習指導要領一部改訂〕文科省が「ゆとり教育が学力低下を招いた」と問題視して、学習指導要領に示していない内容を「発展的な学習内容」として指導できることを明確化し、個に応じた指導の例示に小学校の習熟度別指導や小・中学校の補充・発展学習を追加

小泉内閣(第3次) [2005年9月21日－2006年9月26日]

● 　05年10月　中央教育審議会が、義務教育段階で「学校力」「教師力」の強化による、子どもの「人間力」育成を提言する

○ 　06年 5月　内閣の経済財政諮問会議(議長は首相)が、①人材の国際競争力の強化、②産業の国際競争力の強化、③地域の国際競争力の強化、④国際社会への貢献、などを提言する

● 　　 8月　国際教育協力懇談会が、開発途上国の諸課題を解決するために、日本の「知」を活かした国際協力(「知のODA」)の必要性を提言する

安倍内閣(第1次) [2006年9月26日－2007年9月26日]

● 　06年12月　教育基本法が改正され、教育振興基本計画の策定等を定める

● 　　同月　文科省が「グローバルCOEプログラム」の公募を開始する

● 　07年 1月　内閣に設置された教育再生会議が「社会総がかりで教育再生を」と題して4次にわたる提言を行う。教育内容、教育現場、教育支援システム、大学・大学院改革での具体的な取り組みを求める(～同年12月)

○ 　　 5月　首相が提唱する「アジアと世界を結ぶ橋渡し役」として、有識者を集めた「アジア・ゲートウェイ戦略会議」が、①アジア高度人材ネットワークのハブを目指した留学生政策の再構築、②世界に開かれた大学づくり、を提言する

福田(康)内閣 [2007年9月26日－2008年9月24日]

● 　07年11月　中央教育審議会が「審議のまとめ」で、ゆとり教育について「成果はあったが課題が残る」と報告。文科省が学習指導要領の全面見直しに入る

● 　08年 4月　中央教育審議会が、改正教育基本法の目標・理念を実現するため、「教育立国」に向けて取り組むことを提言する

● 　　 5月　内閣に設置された教育再生懇談会が、「留学生30万人計画」を国家戦略にして取り組む方針を示す

麻生内閣 [2008年9月24日－2009年9月16日]

● 　09年 4月　文科省が「大学の国際化のためのネットワーク形成推進事業(グローバル30)」を実施

[年表] 戦後日本の教育行政とグローバル人材育成の動き

鳩山(由)内閣 [2009年9月16日－2010年6月8日]

● 　10年4月　　公立高校の授業料無償化が始まる

● 　　　同月　　文科省・経産省が設置した「産学人材育成パートナーシップグローバル人
　　　　　　　　材育成委員会」が、人材のモビリティ（流動性）の高い社会システムの構築
　　　　　　　　を提言する

〔2008～2009年 学習指導要領改訂〕「脱ゆとり教育」で、1980年以来減少していた授業時間数
　　　　　　　　を増加させ、小学5、6年から「外国語活動」の時間を新た
　　　　　　　　に導入

菅内閣 [2010年6月8日－2011年9月2日]

● 　11年1月　　中央教育審議会が、「グローバルに活躍する博士の養成」を提言する

○ 　　3月　　　東日本大震災が発生する

● 　　4月　　　文科省に設置された「産学連携によるグローバル人材育成推進会議」が、
　　　　　　　　教育界・産業界・国の三者の連携によるグローバル人材の育成と支援を提
　　　　　　　　言する

○ 　　5月　　　内閣に官房長官を議長とする「グローバル人材育成推進会議」が設置され
　　　　　　　　る

□ 　　6月　　　日本経済団体連合会が「グローバル人材の育成に向けた提言」を公表し、
　　　　　　　　企業・産業界、大学、政府に求められる取組みをそれぞれ示す

野田内閣 [2011年9月2日－2012年12月26日]

□ 　12年2月　　日本生産性本部が「グローバル人材育成に向けた研修プログラムに関する
　　　　　　　　調査報告書」を公表する

○ 　　6月　　　グローバル人材育成推進会議が「グローバル人材育成戦略」を公表する…「グ
　　　　　　　　ローバル人材」の要素は以下の3点とされる
　　　　　　　　要素I：語学力・コミュニケーション能力
　　　　　　　　要素II：主体性・積極性、チャレンジ精神、協調性・柔軟性、責任感・使命感
　　　　　　　　要素III：異文化に対する理解と日本人としてのアイデンティティ

安倍内閣(第2次) [2012年12月26日－2014年12月24日]

● 　13年1月　　内閣に「教育再生実行会議」が発足。首相、官房長官、文科相、教育再生
　　　　　　　　担当相、有識者などで構成し、同年2月から2017年6月までに全10回の提
　　　　　　　　言をし、文科省などにその実現に取り組むよう促す

● 　　2月　　　教育再生実行会議が「いじめ問題への対応」について第1次提言を公表する

● 　　4月　　　教育再生実行会議が「教育委員会制度」について第2次提言を公表する

□ 　　同月　　　自由民主党のグローバル人材育成部会が、①グローバル人材育成のための
　　　　　　　　1兆円の集中投資、②「グローバル人材育成推進法（仮称）」の制定を提言
　　　　　　　　する

411

第3部　資料編

●	同月	中央教育審議会が、第2期教育振興基本計画の方向について答申し、①社会を生き抜く力の養成、②未来への飛躍を実現する人材の養成、③学びのセーフティネットの構築、④絆づくりと活力あるコミュニティの形成、を提言する
●	5月	教育再生実行会議が「大学教育の在り方」について第3次提言を公表する
□	6月	日本経済団体連合会が、①採用活動の多様化、②社員のグローバル化対応力の強化、③人事・評価制度のグローバル共通化、④大学院等における社員の学び直し、を提言する
◆	9月	グローバル人材育成教育学会が発足する
◆	10月	グローバル人材育成教育学会が第1回全国大会を開催（会場校：福岡大学）
●	同月	教育再生実行会議が「高等学校教育と大学教育との接続・大学入学者選抜の在り方」について第4次提言を公表する
●	12月	文科省が「グローバル化に対応した英語教育改革実施計画」を策定し、2014年度以降、小学3・4年で週1～2コマ、5・6年で週3コマ、中学で英語の授業を英語で行い、高校卒業段階で英検2級以上を達成することを目指し、2020年度から全面実施すると発表
●	14年 4月	文科省が「スーパーグローバル大学創成支援事業」を実施する
●	7月	教育再生実行会議が「学制等の在り方」について第5次提言を公表する
●	9月	文科省初等中等局長の諮問機関、「英語教育のあり方に関する有識者会議」が、「聞く」「話す」「読む」「書く」の4技能の育成と評価方法の改善を提言する
◆	11月	グローバル人材育成教育学会が第2回全国大会を開催（会場校：国際教養大学）…テーマ「大学のグローバル化　新たな展開」
●	12月	中央教育審議会が、「聞く」「読む」「話す」「書く」の4つの技能を総合的に育成・評価する大学入試制度を提言する

安倍内閣（第3次）［2014年12月24日－2017年11月1日］

●	15年 3月	教育再生実行会議が「『学び続ける』社会、全員参加型社会、地方創生を実現する教育の在り方」について第6次提言を公表する
●	5月	教育再生実行会議が「これからの時代に求められる資質・能力と、それを培う教育、教師の在り方」について第7次提言を公表する
●	6月	文科省が「生徒の英語力向上推進プラン」を策定し、国・都道府県で達成目標（GOAL2020）の設定を求める
●	7月	教育再生実行会議が、「教育立国実現のための教育投資・教育財源の在り方」について第8次提言を公表する
●	9月	中央教育審議会大学分科会が、高度な専門知識と倫理観を基礎に、グローバルに活躍し未来を牽引する「知のプロフェッショナル」育成のための大学院改革を提言する
◆	11月	グローバル人材育成教育学会が第3回全国大会を開催（会場校：明治大学）…テーマ「日本・アジアにおけるグローバル人材育成の現在と未来」
○	16年 4月	熊本地震が発生する

[年表] 戦後日本の教育行政とグローバル人材育成の動き

□	同月	日本経済団体連合会が、「イノベーションを起こし、グローバル社会で活躍する人材の育成」を提言する
□	5月	関西経済同友会が、「内なるグローバル化(外国人の活用)」と「外なるグローバル化(アジア諸国での人材活用)」を提唱する
●	同月	教育再生実行会議が、「全ての子供たちの能力を伸ばし可能性を開花させる教育へ」と題する第9次提言を公表する
○	6月	近畿財務局が学校法人森友学園に国有地を売却した件が政治問題になる
◆	12月	グローバル人材育成教育学会が第4回全国大会を開催(会場校:大阪大学)…テーマ「タフな環境を生き抜くグローバル人材(不確実性時代の人材育成)」
○	17年 1月	学校法人加計学園の獣医学部新設が認められた件が政治問題になる
●	6月	教育再生実行会議が「自己肯定感を高め、自らの手で未来を切り拓く子供を育む教育の実現に向けた、学校、家庭、地域の教育力の向上」について第10次提言を公表する
◆	9月	グローバル人材育成教育学会が第5回全国大会を開催(会場校:北海道情報大学)…テーマ「フロンティア精神とグローバル人材〜世界をフィールドとしてミッションを遂行するために〜」

安倍内閣(第4次) [2017年11月1日−]

●	11月	大学入試センター、「大学入試共通テスト」の試行調査を実施
●	18年 3月	中央教育審議会が、第3次教育振興基本計画について答申し、2030年以降の「超スマート社会」「人生100年時代」に向けて、成果を測定する客観的な根拠に基づくPDCAサイクルを徹底した教育政策を行うべきだと提言する
●	5月	教育再生実行会議が「これまでの提言の実施状況」について報告書を公表
◆	10月	グローバル人材育成教育学会が第6回全国大会を開催(会場校:名城大学)…テーマ「グローバル人材教育のこれまで、そしてこれから〜連携する高大、産官学からグローバル人材へ〜」

［参考］ 民間における グローバル人材育成の取り組みなど

1. 英語の社内公用語化の取組み

■ 国際ビジネスコミュニケーション協会「上場企業における英語活用実態調査」
　（2013）

英語使用状況	① 75％の企業で英語が使用されている ② 英語使用部署では4技能のバランスがとれた英語力が必要とされている ③ 4割以上の企業が英語能力向上を重視している
グローバル人材育成と求められる英語力	① 5割以上の企業が「海外勤務できる人材育成の推進」に取り組んでいる ② 5割以上の企業がグローバル人材育成のための取り組みを実施している ③ 約8割の企業が「英語研修」を実施している ④ 約7割の企業が国際部門での業務遂行には「700点以上のスコアを期待」している ⑤ 約3割の企業が海外出張者選抜にTOEIC L&Rを利用している ⑥ 約3割の企業が海外赴任者選抜にTOEIC L&Rを利用している

出典：国際ビジネスコミュニケーション協会HP
http://www.iibc-global.org/toeic/official_data/lr/katsuyo_2013.html

■ 国際ビジネスコミュニケーション協会「英語が社内公用語の企業で働くビジネス
　パーソンへの意識調査」（2015）

① 社員が「勤務先で重視されている」と感じる英語スキルは「スピーキング」が
　最も高く、また転職経験の多い人は「ライティング」が重視されていると認
　識している

［参考］民間におけるグローバル人材育成の取り組みなど

② 社員が最も課題に感じている英語スキルは、「スピーキング」（66%）であり、役職別比較では、一般社員と中間管理職は「スピーキング」が最大の課題であり次に「リスニング」である。一方、マネジメント層では「スピーキング」（65%）の次に「ライティング」（47%）が課題であると回答する

③ 役職が高くなるほど、英語スキルを継続的に学習する傾向にあり、TOEICスコア800点以上の割合が増加

④ 社員が英語スキル向上のために取り組みたいことは「自宅などで自学自習する」（49%）、2位「外国人と英語で会話する」（40%）、3位「テストを受験する」（38%）となっている

出典：国際ビジネスコミュニケーション協会HP
http://www.iibc-global.org/iibc/press/2015/p041.html

■ 日本貿易振興機構「日本企業の海外事業展開に関するアンケート調査」（2015）

英語公用化の取組みの実施状況	全体 (n=3,005)	大企業 (n=638)	中小企業 (n=2,367)
取り組みを行っている	8.7	17.9	6.1
（うち）海外拠点との日常業務連絡に英語使用をルール化	2.5	4.4	2.0
組織のビジョンや社内規程を英文化	2.5	8.6	0.9
入社採用試験を英語で実施	1.2	1.7	1.0
社内の公式連絡文書を英語で作成	1.1	2.7	0.7
取締役会以外の社内会議を英語で開催	0.8	2.5	0.3
経理、人事等の管理業務システムを英語で構築	0.7	2.4	0.3
取締役会を英語で開催	0.6	1.4	0.4
社内の決裁文書を英語で作成	0.5	1.1	0.3
その他	3.3	6.1	2.5
取り組みは行っていないが、検討している	14.7	17.6	13.9
取り組みは行っておらず、今後も行う予定はない	64.6	54.9	67.3
無回答	12.0	9.6	12.7

出典：日本貿易振興機構HP
https://www.jetro.go.jp/ext_images/_Reports/01/02a8f069fc27694f/20150165.pdf

第3部　資料編

2. 民間企業のグローバル人材育成に対する認識と取組み

■ 日本生産性本部「グローバル人材育成に向けた研修プログラムに関する調査　報告書」(2012)

● 我が国企業におけるグローバル人材育成課題

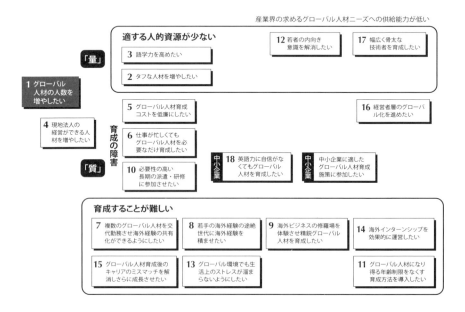

● グローバル人材育成研修プログラムの全体像

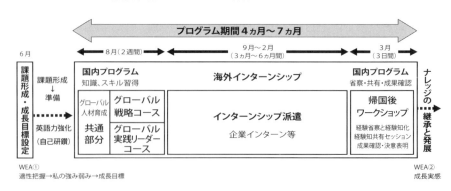

※ プログラムは「国内研修」と「海外研修」に大別され、海外インターンシップ派遣（海外研修）がメインであり、国内研修を海外インターンシップのための事前及び事後研修として位置づける。

出典：日本生産性本部HP
http://www.meti.go.jp/meti_lib/report/2012fy/E002540.pdf

[参考] 民間におけるグローバル人材育成の取り組みなど

■ 日本政策金融公庫総合研究所「中小企業のグローバル人材の確保と育成〜海外展開に取り組む企業の事例から〜」(2013)

● 国籍と経験属性によるグローバル人材の類型と役割

		異文化圏での業務経験の有無	
		あり	なし
国籍	日本人	タイプA 【海外業務経験を有する日本人】 ○海外展開に係る全社方針の策定 ○日本本社と現地法人の調整等 ○技術・生産指導	タイプB 【海外業務経験の無い日本人】 ○海外展開に係る全社方針の策定 ○技術・生産指導 ○日系企業を対象にした販路開拓 ○販売条件の交渉
	外国人	タイプC 【日本での経験を有する外国人】 ○本社と進出先の調整 ○ローカル企業への販路開拓 ○経営の現地化 ○現地政府との交渉等	タイプD 【日本での経験が無い外国人】 ○ローカル企業への販路開拓 ○経営の現地化 ○現地政府との交渉等

出典：日本政策金融公庫総合研究所HP
https://www.jfc.go.jp/n/findings/pdf/soukenrepo_13_11_29.pdf

■ 日本在外企業協会「『日系企業における経営のグローバル化に関するアンケート調査』結果報告について」(2017)

● 設問「日本人のグローバル人材育成制度についてどのような制度を導入していますか？」に対する回答

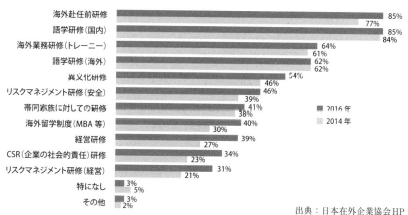

出典：日本在外企業協会HP
https://joea.or.jp/wp-content/uploads/survey_globalization_2016.pdf

3. グローバル人材育成に対する国民の意識

■ 内閣府「教育・生涯学習に関する世論調査」(2016)

● 設問「あなたは、グローバル人材を育成していくために、今後、教育においてどのような取組が重要であると思いますか」に対する回答(複数回答)

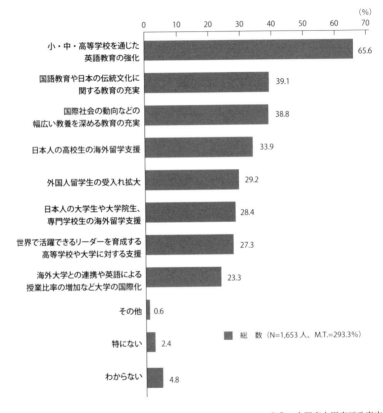

出典：内閣府大臣官房政府広報室HP
https://survey.gov-online.go.jp/h27/h27-kyouiku/index.html

(年表と参考資料の作成：明治大学大学院博士課程　黒石　啓太

監修：勝又美智雄)

学会誌
「グローバル人材育成教育研究」
目次

第1巻 第1号（創刊号）

グローバル人材育成教育研究　第1巻第1号（創刊号）2014

目次

巻頭言
学会設立の歩み
発起人名簿

招待論文

問題提起「日本におけるグローバル人材像の構築」

（「グローバル人材像」は、はたしてグローバルなのか？）……………………… 橋田 力　1

演劇的手法による大学生のコミュニケーション能力育成の実践 ……………… 青柳 達也　7

異文化理解とコミュニケーション能力の育成 ………………………………… 伊藤 健一　15

全員留学によるグローバル人材の育成（国際教養大学の挑戦と展望）……… 勝又 美智雄　22

複眼的思考・批判的思考（真にグローバルな人間に求められる「行動する教養」）……… 漆原 朗子　30

CALL 教材と協働学習を取り入れたインタラクティブな英語授業の実践 ……… 林 裕子　38

コミュニケーション能力育成講座とその効果測定

（グローバル人材育成における応用可能性について）……………………… 工藤 俊郎・小野 博　46

論文

グローバル人材育成を目指した短期集中英語学習とその効果……………… 林 裕子・小野 博　55

会告

各種お知らせ ……………………………………………………………………… 66

投稿規程 …………………………………………………………………………… 68

役員名簿 …………………………………………………………………………… 70

編集後記

編集後記 …………………………………………………………………………… 71

第1巻 第1号(創刊号)

Journal of the Japan Association for Global Competency Education Vol. 1, No. 1 (2014)

CONTENTS
Page

Preface

A Brief History of JAGCE

List of Proposers

Invited Papers

Towards the Development of Global Professionals in Japan (Is the Idea of "Global Human
Resources" Really Global?) ·· Tsutomu HASHIDA 1

Practical Report on Communication Competence Training Using Drama Technique (Focusing
on the Example of the Training in Japan and the United States) ······················· Tatsuya AOYAGI 7

Promoting Cross-cultural Understanding and Communication Skills ······················· Kenichi ITO 15

Global Competency Education through Study-abroad Program (Challenges and Perspectives of
AIU) ··· Michio KATSUMATA 22

Multi-Dimensional and Critical Thinking ("Proactive Liberal Arts" Required for Truly Global
Human Resources) ·· Saeko URUSHIBARA 30

Enhancing Interaction through Collaborative Learning and Use of CALL Materials in English
Language Lessons ·· Yuko HAYASHI 38

A Program for Developing Communication Abilities and the Measurement of Its Effects (On the
Possibility of Applying the Program to Global Human Resource Development) ········ Toshio KUDO and Hiroshi ONO 46

Research Paper

Implementing an Intensive English-as-a-Global-Language Programme within the Development of
Global Competency ································· Yuko HAYASHI and Hiroshi ONO 55

Announcements

Official News ·· 66

Contribution Rules ·· 68

Board of Directors ·· 70

Editor's Postscript

Editor's Postscript ·· 71

第1巻 第2号

グローバル人材育成教育研究　第1巻 第2号　2014

目次

巻頭言 .... 勝又　美智雄

特集「グローバル人材育成教育とインターンシップ」

招待論文

海外大学と日本コンソーシアムで実現する社会連携型キャリア演習の実践

(アジアにおける海外インターンシップモデルの設計) .... 小松　俊明　　1

米国ディズニーワールドにおける体験型インターンシッププロジェクト .... 伊藤　健一　　7

日本人学生と留学生のネットワークで海外進出(Breakthroughプロジェクトの挑戦) .... 阿比留　正弘　13

マレーシアのエンジニアリング会社での実地研修(国立高等専門学校機構の

海外インターンシッププログラム) .... 鞍掛　哲治・室屋　知佐　21

論文

明治大学政治経済学部のグローバル化戦略(プログラムの有機的連関を通じた

相乗効果を目指して) .... 大六野　耕作　30

実践報告

九州企業のグローバル化への対応と英語の重要性(福岡における英語を使用

する企業の事例) .... 髙松　侑矢　39

日本人高校生の海外修学旅行と英語学習動機づけの変化(異文化体験は日本人

高校生の英語学習意欲を高めるか) .... 大畑　京子　51

会告

各種お知らせ 60

投稿規程 62

編集後記

編集後記 64

第1巻 第2号

Journal of the Japan Association for Global Competency Education Vol. 1, No. 2 (2014)

CONTENTS

Page

Preface .... Michio KATSUMATA

Featured Theme: Global Competency Education and Internship

Invited Papers

Joint Overseas Career Training Program in cooperation with local university and Japanese

consortium (Designing Overseas Internship Model within Asia) .... Toshiaki KOMATSU   1

Disney International Program and its Educational Value .... Kenichi ITO   7

Advances in the Overseas Market by the Breakthrough Project .... Masahiro ABIRU   13

Practical Training at the Engineering Company in Malaysia (The Overseas Internship Program

of National Institute of Technology) .... Tetsuharu KURAKAKE and Chisa MUROYA   21

Research Paper

A Strategy for Globalization at the School of Political Science and Economics, Meiji University

(Through the Integration of Existing Programs) .... Kosaku DAIROKUNO   30

Practice Reports

Kyushu Headquarters Facing Globalization and the Importance of English (A case study of a Firm

Where English is Spoken, Headquartered in Fukuoka) .... Yuya TAKAMATSU   39

Overseas School Trips of Japanese High School Students and Changes of Their Motivation

for English Study (Does Intercultural Experience Enhance Their Motivation?) .... Kyoko OHATA   51

Announcements

Official News 60

Contribution Rules 62

Editor's Postscript

Editor's Postscript 64

学会誌目次

第2巻 第1号

グローバル人材育成教育研究　　第2巻第1号　　　　2015

目次

巻頭言 .... 小野　博

論文

アクティブ・ラーニング・コースとしてのグローバル・インターンシップ（インターンシップにおける
産学連携を目指して）... 田邉　信　　1

実践報告

地方私立大学での国際化に対する教職員態度の研究 .... 安達　理恵　　9

ICT を活用したグローバル人材育成プログラム（Web 作品制作、ショートフィルム制作、コンピュータ
プログラミング）... 穴田　有一　　20

語学留学の成果に関する意識調査（語学プラス α の語学留学の可能性を探る）............ 足立　恭則　　31

グローバル化に向けた大学英語教育への提案（グローバルコミュニケーションツールとしての
英語）.. 斎藤　裕紀恵　　43

特集　「TOEIC®・TOEFL®対策指導の可能性を探る」

（第1回 活用の広がりと波及効果）... 横川　綾子　　51

会告

各種お知らせ 54

投稿規程 56

第 2 巻 第 1 号

Journal of the Japan Association for Global Competency Education Vol. 2, No. 1 (2015)

CONTENTS   Page

Preface ⋯⋯⋯⋯⋯⋯⋯⋯⋯⋯⋯⋯⋯⋯⋯⋯⋯⋯⋯⋯⋯⋯⋯⋯⋯⋯⋯⋯⋯⋯ Hiroshi ONO

Research Paper

Global Internship as an Active Learning Course (Toward an Industry–University Collaboration
in Internships) ⋯⋯⋯⋯⋯⋯⋯⋯⋯⋯⋯⋯⋯⋯⋯⋯⋯⋯⋯⋯⋯⋯⋯⋯⋯ Shin TANABE   1

Practical Reports

A Study of the Faculty Members' Attitudes towards Internationalization at a Local Private University
in Japan ⋯⋯⋯⋯⋯⋯⋯⋯⋯⋯⋯⋯⋯⋯⋯⋯⋯⋯⋯⋯⋯⋯⋯⋯⋯⋯⋯ Rie ADACHI   9

Education Program for Fostering Global Person by Utilizing ICT (Making Web Work, Short Film and
Computer Program) ⋯⋯⋯⋯⋯⋯⋯⋯⋯⋯⋯⋯⋯⋯⋯⋯⋯⋯⋯⋯⋯ Yuichi ANADA   20

An Awareness Survey of Semester-Long Language Study Abroad Programs (Exploring Benefits Beyond
Language Gain) ⋯⋯⋯⋯⋯⋯⋯⋯⋯⋯⋯⋯⋯⋯⋯⋯⋯⋯⋯⋯ Takanori ADACHI   31

Suggestion to University English Education towards Globalization (English as a Tool for Global
Communication) ⋯⋯⋯⋯⋯⋯⋯⋯⋯⋯⋯⋯⋯⋯⋯⋯⋯⋯⋯⋯⋯⋯ Yukie SAITO   43

Feature Article

Exploring pedagogical possibilities for TOEIC® and TOEFL® (The First Issue: Increased Application
and Possible Washback) ⋯⋯⋯⋯⋯⋯⋯⋯⋯⋯⋯⋯⋯⋯⋯⋯⋯ Ayako YOKOGAWA   51

Announcements

Official News ⋯⋯⋯⋯⋯⋯⋯⋯⋯⋯⋯⋯⋯⋯⋯⋯⋯⋯⋯⋯⋯⋯⋯⋯⋯⋯⋯⋯⋯⋯⋯⋯⋯   54

Contribution Rules ⋯⋯⋯⋯⋯⋯⋯⋯⋯⋯⋯⋯⋯⋯⋯⋯⋯⋯⋯⋯⋯⋯⋯⋯⋯⋯⋯⋯⋯   56

学会誌目次

第 2 巻 第 2 号

グローバル人材育成教育研究　　第 2 巻第 2 号　　　2015

目次

巻頭言(第 2 巻第 2 号発刊にあたって) ‥‥‥‥‥‥‥‥‥‥‥‥‥‥‥‥‥‥‥‥‥‥ 大六野 耕作
‥‥‥‥‥‥‥‥‥‥‥‥‥‥‥‥‥‥‥‥‥‥ 近藤 佐知彦

論文

自己理解にもとづく「グローバル人材育成」(レゴワークショップを活用したモチベーション
喚起) ‥‥‥‥‥‥‥‥‥‥‥‥‥‥‥‥‥‥‥‥‥‥‥ 筒井 久美子・船山 和泉　1

Learning Progression with regard to Cultivating a "Global-Local-Mind": Essential
Competencies for the 21st Century ‥‥‥‥‥‥‥‥‥‥ 林 炫情・森原 彩　14

実践報告

スポーツを通じたグローバル人材の育成～青年海外協力隊スポーツ隊員の事例紹介～ (1)
青年海外協力隊に期待すること ‥‥‥‥‥‥‥‥‥‥‥‥‥‥‥‥ 黒田 次郎　23

日本の大学を卒業した外国人社員の職場における葛藤と解決方略(中小製造業企業を事例
として) ‥‥‥‥‥‥‥‥‥‥‥‥‥‥‥‥‥‥‥‥‥‥‥‥‥‥‥ 鍋島 有希　33

理工系大学院生のグローバル人材育成に向けた短期海外研修 (―PAC分析による参加者の
意識変容に着目して―) ‥‥‥‥‥‥‥‥‥‥‥‥‥‥‥‥‥‥ 中橋 真穂　46

通訳教育における否定表現への対応と指導法 ‥‥‥‥‥‥‥‥‥‥‥ 吉村 理一　58

解説・講座

アウトバウンド促進授業実践としての COIL(オンライン国際連携学習)
(世界のピアと協働学習を通して生まれる外向き志向) ‥‥‥‥‥‥‥ 池田 佳子　65

特集

「TOEIC®・TOEFL®対策指導の可能性を探る」
(第 2 回 スコアの要件化と事例報告) ‥‥‥‥‥‥‥‥‥‥‥‥‥ 横川 綾子　71

会告

各種お知らせ ‥‥‥‥‥‥‥‥‥‥‥‥‥‥‥‥‥‥‥‥‥‥‥‥‥‥‥‥‥‥‥‥‥‥‥　74

投稿規程 ‥‥‥‥‥‥‥‥‥‥‥‥‥‥‥‥‥‥‥‥‥‥‥‥‥‥‥‥‥‥‥‥‥‥‥‥‥　76

第2巻 第2号

Journal of the Japan Association for Global Competency Education Vol. 2, No. 2 (2015)

CONTENTS
Page

Preface .... Kosaku DAIROKUNO
.... Sachihiko KONDO

Research Papers

"Global Human Resource Development" Based on Self-Understanding (Enhancing motivation with
a use of LEGO® Serious Play® Workshop) .... Kumiko TSUTSUI and Izumi FUNAYAMA   1

Learning Progression with regard to Cultivating a "Global-Local-Mind": Essential Competencies for
the 21st Century .... Hyunjung LIM and Aya MORIHARA   14

Practical Reports

Global Human Resource Development through Sport - The Case Study of Japan Overseas Cooperation
Volunteers - (The Expectations of Japan Overseas Cooperation Volunteers) .... Jiro KURODA   23

Foreign Employees Conflicts and Resolution Strategies in Japanese Enterprise (Small and Medium-
Sized Manufacturing Case Study) .... Yuki NABESHIMA   33

A Study Abroad Program for Graduate Students in the Engineering/Science field within the
Development of Global Human Resources (Focused on changes in attitudes of participants
by PAC analysis) .... Maho NAKAHASHI   46

A Method of Handling and Coaching Negative Expressions in Interpreter Education ...... Riichi YOSHIMURA   58

Explanatory Notes

COIL (Collaborative Online International Learning) As a Pedagogical Practice for Study Abroad
Promotion (Generating Outward Mindset through Global Peer Learning) .... Keiko IKEDA   65

Feature Article

Exploring pedagogical possibilities for TOEIC® and TOEFL® (The Second Issue: Test score
requirements and a case report) .... Ayako YOKOGAWA   71

Announcements

Official News 74

Contribution Rules 76

学会誌目次

第3巻 第1号

グローバル人材育成教育研究　第3巻第1号　　2016

目次

巻頭言 ………………………………………………………………………………小野　博

招待論文
グローバル人材の育成に向けた英語教育について
（マーケティングフレームワークによる考察と提言）………………………………柳岡法篤　1

論文
理工系学生の国際意識に関する超短期海外派遣プログラムの効果
（スリランカと英国の事例から見えるもの）……… アーナンダ　クマーラ・太田絵里・村田美穂　9

実践報告
国際的環境科学者志望意欲の向上を目的とした教育実践とその効果
（― スーパーサイエンスハイスクール指定校による教育実践 ―）
　………………………………… 大前佑斗・吉野華恵・大島敦子・三井貴子・高橋弘毅　19
Global Studies による教育実践がグローバル人材志望意欲に与える影響の推定
　………………………………… 大前佑斗・糟谷理恵子・吉野華恵・三井貴子・高橋弘毅　30
短期就業体験型の海外インターンシップによる学生の意識の変化
（グローバル人材として必要な素養を醸成するために何をすべきか）………………………天木勇樹　40
TOEIC® Speaking のタスクを活用した4技能統合型スピーキング活動
　………………………………………………………………………………横川綾子　50
留学に頼らない「学内グローバル PBL」授業設計に向けた考察
（外国人学生と日本人学生とのグローバル PBL を通して）………………………………佐々木　宏　58

会告
投稿規程……………………………………………………………………………………… 67

第 3 巻 第 1 号

Journal of the Japan Association for Global Competency Education Vol. 3, No. 1 (2016)

CONTENTS
Page

Preface ·· Hiroshi ONO

Invited Paper

English Education for Developing Global Professionals (A Marketing Framework Approach)
··· Noriatsu YANAGIOKA   1

Research Paper

Effects of Super-Short Type Study Abroad Program on Science and Engineering Students'
International Awareness (Case Study on Sri Lanka and the United Kingdom)
··· Ananda Kumara, Eri Ota and Miho Murata   9

Practical Reports

A Quantitative Analysis of Effectiveness of Education Designed to Motivate Prospective International
Environmental Scientists (- Education in Super Science High School -)
·· Yuto OMAE, Kae YOSHINO, Atsuko OSHIMA,
Takako MITSUI and Hirotaka TAKAHASHI   19

Estimating Effects of Global Studies on Student's Motivation for Global Human Resources
··Yuto OMAE, Rieko KASUYA, Kae YOSHINO,
Takako MITSUI and Hirotaka TAKAHASHI   30

Changes in Students' Global Perspectives through Short-Term Overseas Internship Programs
(How to Help Students Develop Skills Necessary for Global Careers)
··· Yuki AMAKI   40

Four-skills Integrated Speaking Practice Activity with the Use of a Task in TOEIC® Speaking
··· Ayako YOKOGAWA   50

An Effective Class Design of an "On-Campus Global PBL"
(A case of Global PBL with both international and Japanese students)························· Hiroshi SASAKI   58

Announcement

Contribution Rules ··   67

学会誌目次

第3巻 第2号

グローバル人材育成教育研究　第3巻第2号　2016

目次

巻頭言：「グローバル人材」の需要と供給
.... 勝又美智雄

特集「国際バカロレアとスーパーグローバル」
招待論文
教育業界の世界の潮流と国際バカロレア：求められるスキルと大学改革
....坪谷 ニュウエル 郁子　1
グローバル人材育成に資する国際バカロレア：ディプロマプログラムを中心に
.... 赤塚祐哉　7
グローバル大学学長式辞のテキストマイニング分析：
グローバル人材にふさわしい視座を嚮導できているか
.... 三上貴教　15

論文
経営学における言語監査の役割：人的資源管理の観点から
.... 髙松侑矢　23

実践報告
TOEIC® 600点4年次進級要件導入の現況と考察：小規模理系大学による野心的な試み
.... 横川綾子　31
国際親善の視点での道徳教育における協同学習を通じた創造力の育成：
小学校における「漢字作り」授業の考察から
.... 陳　卓君　41

論壇
グローバル人材育成のパイオニアとして：国際教養大学の成功の秘密と教訓（その1）
.... 勝又美智雄　50

会告
投稿規程... 58

第 3 巻 第 2 号

Journal of the Japan Association for Global Competency Education Vol. 3, No. 2 (2016)

CONTENTS   Page

Preface
.... Michio KATSUMATA

Invited Papers
Global Trends in the Educational Sector and International Baccalaureate:
　Skills in Demand and University Reform
.... Ikuko TSUBOYA-NEWELL　1
International Baccalaureate to Fostering Global Citizens: Focusing on the Diploma Programme
.... Yuya AKATSUKA　7
A text-mining analysis of speeches by the presidents of global universities in Japan:
　Do they lead their freshmen to nurture global perspectives?
.... Takanori MIKAMI　15

Research Paper
The role of Linguistic Auditing in Business Administration:
　From a Human Resource Management Perspective
.... Yuya TAKAMATSU　23

Practical Reports
Report and Analysis of a Newly-Introduced TOEIC® 600 Score Requirement for the Fourth-Year Curriculum:
　The Ambitious Attempt of a Small Science University
.... Ayako YOKOGAWA　31
The development of creativity by cooperative learning from International Goodwill in Moral Education:
　From analysis of the lesson of Chinese characters creating in primary school
.... Zhuojun CHEN　41

Column
As a Pioneer of Global Competency Education: Secrets and Lessons from the Success of AIU (Part I)
.... Michio KATSUMATA　50

Announcement
Contribution Rules 58

431

学会誌目次

第4巻 第1号・第2号

グローバル人材育成教育研究　第4巻第1号・第2号　2017

目次

巻頭言

……………………………………………………………………… 竹内　典彦　i

研究論文

国際バカロレアの外国語科目の教育手法とその効果：
　英語運用能力の向上と内発的動機づけに焦点をあてて

……………………………………………………………………… 赤塚　祐哉　1

「21世紀型市民」の育成に向けた学術科目連動型サービス・ラーニング：
　Introduction to Multicultural Studies を事例に

……………………………………………………………………… 田邉　信　11

実践報告

スポーツを通じたグローバル人材の育成：
　青年海外協力隊スポーツ隊員に対する期待（3）青年海外協力隊スポーツ隊員の展望

……………………………………………………………………… 黒田　次郎　23

外国人留学生のインターンシップ参加を通したキャリア探索

……………………………………………………………………… 横須賀柳子　31

語学 TA 派遣型への海外研修プログラム再構築：
　理系学生によるアクティブな英語運用と日本語指導による異文化交流

……………………………………………………………………… 小野　真嗣　43

現職の学校教員はグローバル人材を育成するために
　どのような教育内容や技能が必要と考えているか

………………………… 川﨑　由花・澤山　郁夫・クレア グレイディ　53

論壇

グローバル人材育成のパイオニアとして：
　国際教養大学の成功の秘密と教訓（その2）

……………………………………………………………………… 勝又美智雄　59

特別寄稿

ボストン訪問報告

……………………………………………………………………… 穴田　有一　67

会告

会誌『グローバル人材育成教育研究』投稿規定　……………………………… 72

グローバル人材育成教育学会会則　……………………………………………… 74

第 4 巻 第 1 号・第 2 号

Journal of the Japan Association for Global Competency Education
Volume 4, Numbers 1-2 (2017)

Contents

Preface

·· Norihiko TAKEUCHI　i

Research Papers

The Effects of the Approaches to Teaching and Learning of the Foreign Language Subject
of the International Baccalaureate:
　Focusing on the Increase of English Competency and Intrinsic Motivation
··· Yuya AKATSUKA　1
Academic Course-based Service-learning for "21st Century Citizenship":
　A Case of Introduction to Multicultural Studies
·· Shin TANABE　11

Practical Reports

Global Human Resource Development through Sport:
　The Expectations of Japan Overseas Cooperation Volunteers,
　The prospects of Japan Overseas Cooperation Volunteers
·· Jiro KURODA　23
Career exploration during internship of non-Japanese undergraduate students
·· Ryuko YOKOSUKA　31
Science Students' Language Learning and Teaching in Overseas Study Tour:
　To Produce the Opportunity for Active English Use
·· Masatsugu ONO　43
What kinds of subject matter and skills do teachers consider necessary for global education?
··························· Yuka KAWASAKI, Ikuo SAWAYAMA and Clare GRADY　53

Column

As a Pioneer of Global Competency Education:
　Secrets and Lessons from the Success of AIU (Part II)
··· Michio KATSUMATA　59

Special Contribution

A Report on a Visit to Boston
··· Yuichi ANADA　67

Announcements from the Association

Contribution Rules ·· 72
The Constitution of the Association ··· 74

第5巻 第1号

グローバル人材育成教育研究　第5巻第1号　2017

目次

巻頭言
.... 田原博幸

研究論文
海外大学への進学を選択するプロセスに関する予備的考察
　（高校交換留学体験者が英語圏に進学する場合）
.... 岩本　綾　1
欧米のビジネススクールにおけるグローバル人材育成
　（コーネル大学とスペイン・IESE の比較研究）
.... 戸田千速　13
若手科学者育成国際会議の頭脳循環戦略
　（リンダウ会議〈ドイツ〉、HOPE ミーティング〈日本〉、GYSS〈シンガポール〉に注目して）
.... 樋田有一郎　23

報告
グローバル人材に求められる発信力の養成と言語教育：母語と外国語教育の接点
　（2017 年度関東支部大会 シンポジウム I 報告）
.... 勝又美智雄　36
企業が求めるグローバル人材の感性とスキル？：文理のボーダーを超えて
　（2017 年度関東支部大会 シンポジウム II 報告）
.... 大六野耕作　38
学会専門部会企画としての高大連携による協働型探究学習の実践
　（JAGCE「教育連携部会」企画委員会活動報告）
.... 奥山則和・金丸紋子・村松教子・赤塚祐哉・内田富男　40
グローバル人材育成教育学会異文化対応力育成研究専門部会の発足
.... 小野　博・古村由美子　50

解説・講座
考える道具としての言語教育のための資料
　（英語を使って考えることを目指す）
.... たなかよしこ　52

会告
大会プログラム（2017 年度前半期）.. 60
投稿規程.. 64
原稿執筆・投稿ガイドライン.. 66

第 5 巻 第 1 号

Journal of the Japan Association for Global Competency Education Vol. 5, No. 1 (2017)

CONTENTS   **Page**

Preface
.... Hiroyuki TAHARA

Research Papers

A Preliminary Study of the Process by Which Japanese High School Students Choose an Overseas University
  (Cases in Which Overseas Exchange Program Alumni Go to an English-Speaking-Country)
  ....Aya IWAMOTO   1

Global Human Resources Education in Western Business Schools
  (A Comparative Study of Cornell University in US and IESE in Spain)
  .... Chihaya TODA   13

Young Scientists-fostering Summits as a Brain-circulation Strategy:
  (Focusing on Lindau, HOPE and GYSS)
  .... Yuichiro HIDA   23

Reports

Kanto Chapter Conference 2017: Symposium I
  .... Michio KATSUMATA   36

Kanto Chapter Conference 2017 : Symposium II
  .... Kosaku DAIROKUNO   38

SIG on Educational Interworking
  .... Norikazu OKUYAMA, Ayako KANAMARU, Noriko MURAMATSU,
                                                          Yuya AKATSUKA and Tomio UCHIDA   40

A New SIG
  .... Hiroshi ONO and Yumiko FURUMURA   50

Explanatory Note

Utilizing Second Language Learning as a Thought-provoking Tool: Fostering Academic Genre Knowledge
  ....Yoshiko TANAKA   52

Announcement

Conference Program in 2017 (June-September)..   60
Contribution Rules   64
Guidelines   66

学会誌目次

第5巻 第2号

グローバル人材育成教育研究　第5巻第2号　2018

目次

巻頭言
.... アーナンダ・クマーラ

研究論文
海外で活躍する「グローバル人材」に求められる要件の構造
　（海外駐在経験者へのインタビュー調査から）............................ 市村光之　1
日本における外国人留学生の就職状況に関する一考察
　（英語コースに所属する外国人留学生のライフストーリー分析から）
　.. 中橋真穂, ショーン・アンダーソン　13

研究ノート
グローバル人材・市民の育成を目指す異校種間連携
　（K-16カリキュラム開発の可能性）.................................... 高城宏行　24

実践報告
オムニバス形式授業による海外留学促進講座の意義と課題 .... 天木勇樹　30
開発途上国への海外派遣プログラムにおける学生たちの「学び」について
　（関西学院大学「国際ボランティア」プログラムの事例）................. 安居信之　41

論壇
高校生は英語外部検定試験についてどれほど知っているのか
　（大学入試改革を高校生の視点から眺めてみる）........................ 奥山則和　48

解説・講座
国際バカロレアの外国語科目「Language B」における評価活動と学習内容 .... 赤塚祐哉　56

第5回全国大会（北海道）報告
海外とのミッション遂行に求められるもの
　（2017年度全国大会　シンポジウムⅠ　報告）........................ 中山健一郎　61
観光立国日本をグローバル人材育成の観点からどう支えるか〜北海道の観光を例として〜
　（2017年度全国大会　シンポジウムⅡ　報告）........................ 竹内典彦　64
次期学習指導要領が中等教育と大学に与える影響
　〜国際バカロレアとイングランドのカリキュラムとの関連性〜
　（2017年度全国大会　教育連携部会企画　報告）...................... 奥山則和　68

支部大会報告
コスモポリタン教育の核心〜「内にコスモスを持つ者」たちの軌跡とその展望〜
　（2017年度中部支部大会　シンポジウム　報告）...................... 鈴木繁夫　70
国際教育プログラムと成果測定・評価を考える
　（2017年度関西支部大会　シンポジウム　報告）...................... 横川綾子　72

報告
ボストン訪問報告（第3回論文賞副賞）................................ 横川綾子　74

会告
大会プログラム（2017年度後半期）.. 78
投稿規程.. 80
原稿執筆・投稿ガイドライン... 82

436

第 5 巻 第 2 号

Journal of the Japan Association for Global Competency Education Vol. 5, No. 2 (2018)

CONTENTS
Page

Preface

.... Ananda KUMARA

Research Papers

The Structure of Intercultural Competence Factors for Japanese Business Persons
  (Based on Interviews with Experienced Staff of Overseas Assignment)
.... Mitsuyuki ICHIMURA   1

A Study on International Students Searching for Work in Japan
  (Utilizing Life-Story Method for International Students Who Belong to an English-Taught Course)
.... Maho NAKAHASHI and Shawn ANDERSSON   13

Research Note

Cultivating Globally Competent Human Resources/Citizens in Collaboration among Different Levels of Education
  (Possibility of K-16 Curriculum Development) .... Hiroyuki TAKAGI   24

Practical Reports

Significance and Challenges of a Team-Taught Course Promoting Study Abroad
.... Yuki AMAKI   30

Student's Learning in Overseas Long/Medium-Term Participatory Program to Developing Countries
  (A Case Study of "the International Volunteers" in Kwansei Gakuin University)
.... Nobuyuki YASUI   41

Column

To What Extent Do High School Students Know English Qualifications Applicable for University Entrance
Examinations?
.... Norikazu OKUYAMA   48

Explanatory Note

Assessment Instruments and Learning Contents of International Baccalaureate Language B
.... Yuya AKATSUKA   56

Reports on the 5th National Conference 2017 in Hokkaido

Symposium I .... Kenichiro NAKAYAMA   61
Symposium II .... Norihiko TAKEUCHI   64
Panel Discussion by SIG on Educational Interworking .... Norikazu OKUYAMA   68

Reports on Chapter Conferences 2017-18

Chubu Chapter Conference 2017: Symposium .... Shigeo SUZUKI   70
Kansai Chapter Conference 2017: Symposium .... Ayako YOKOGAWA   72

Report

The Boston Visit Report: Prize for the Best Paper Award 2016 .... Ayako YOKOGAWA   74

Announcement

Conference Programs in 2017-18 (October-February) 78
Contribution Rules 80
Guidelines 82

あとがき

世界で信頼・尊敬される日本人像を求めて

グローバル人材育成教育学会理事　**勝又美智雄**

　「グローバル人材育成教育学会」という名前を聞いただけで、たいていの人は英語教師の集まり、と思っている。たしかに多くの大学・高校では「グローバル人材」の育成プログラムの担当者としては英語科の教員、あるいは英語教育の専門家が圧倒的に多い。

　だが学会の実態は異なる。現に創設者の小野博会長は工学・医学博士であり、大六野耕作副会長は国際政治経済学教授、宮内ミナミ副会長も工学博士だし、創設から4年間、副会長を務めた私も元新聞記者で大学では北米事情や日米関係論を中心に教えていた。いずれも英語教育の専門家でも英語教員でもない。

　そもそも「グローバル人材」とは、自分が専門とする職業分野で優れた業績を挙げられる「プロ」としての実力が高く、しかも人間的な魅力にあふれた国際教養人、と定義するならば、その育成教育を担当する教員として何も英語教師に限るべきではない。むしろ英語教育の世界とは縁が薄いが、本業で有能なうえ、国際舞台で活動することに慣れている人の方が適しているだろうし、何より、日本人である以上、日本人としての誇りを持ち、自分の日本観を日本語できちんと説明できることがまず最も重要なことだと私たちは考えている。日本語で説明できないことを英語で説明できるわけがないのだから。

　そういう国際性のある人たちが集まってできた学会であり、これまで5年間、人材育成のあるべき姿を模索しながら、留学などさまざまなプログラムの実践報告を調べ、精力的に研究活動をしてきた成果として、この「ガイドブック」を作成した。全国に大学が800校、高校が3,500校以上あることからすれば、ここに収録した学校は、その数％でしかないが、いずれも「グローバル人材教育」に意欲的に取り組んでいる学校であり、他に類書がないだけに、多くの学校にとって

あとがき

参考になる有益な情報が詰まっている、と自負している。もちろん、時間的な制約で、収録したかったのにできなかった学校も数多くある。それらは今後、読者の反応、意見を聴きながら、改訂版をつくる際に充実させていきたいと考えている。

　資料編の解説でも詳述した通り、「グローバル人材の育成」は、現在進行中の日本の教育の構造改革の大きな柱となっている。それが今後の日本が世界に貢献し、日本が世界から信頼され、尊敬されるためのしっかりとした土台となるからだ。

　その意味で、本学会の果たすべき役割はますます重要になると自覚しているし、今後、さらに英語教師にとどまらず、さまざまな教科の教師、国際人として活躍しているビジネスマン、教育に関心を持つ多くの市民が参加して、議論を盛り上げ、研究活動がますます活発になっていくことを期待している。

５周年記念出版編集委員会

編集委員長	大六野耕作
編集副委員長	斎藤裕紀恵
編集委員	小野　博
	勝又美智雄
	内田　富男

グローバル人材育成教育の挑戦
大学・高校での実践ハンドブック

2018年11月15日　第1刷発行

監修者	グローバル人材育成教育学会
編　者	グローバル学会5周年記念出版編集委員会
発行者	浦 晋亮
発行所	IBC パブリッシング株式会社
	〒162-0804 東京都新宿区中里町29番3号 菱秀神楽坂ビル9F
	Tel. 03-3513-4511　Fax. 03-3513-4512
	www.ibcpub.co.jp
印刷所	株式会社 シナノパブリッシングプレス
装　幀	斉藤啓（ブッダプロダクションズ）

© 2018グローバル人材育成教育学会
Printed in Japan

落丁本・乱丁本は、小社宛にお送りください。送料小社負担にてお取り替えいたします。
本書の無断複写（コピー）は著作権法上での例外を除き禁じられています。

ISBN978-4-7946-0566-5